U0920302

浙江省哲学社会科学规划重点基地重点项目（11JDYW01Z）
浙江省哲学社会科学重点研究基地越文化传承与创新研究中心资助出版

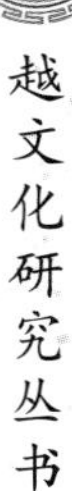

越文化研究丛书

渠晓云　著

中古会稽士族研究

中国社会科学出版社

图书在版编目（CIP）数据

中古会稽士族研究/渠晓云著．—北京：中国社会科学出版社，2018.9

ISBN 978－7－5203－2630－8

Ⅰ．①中…　Ⅱ．①渠…　Ⅲ．①士—群体—研究—中国—中古　Ⅳ．①D691.9

中国版本图书馆 CIP 数据核字(2018)第 117791 号

出 版 人　赵剑英
责任编辑　郭晓鸿
特约编辑　席建海
责任校对　赵雪娇
责任印制　戴　宽

出　　版　中国社会科学出版社
社　　址　北京鼓楼西大街甲 158 号
邮　　编　100720
网　　址　http://www.csspw.cn
发 行 部　010－84083685
门 市 部　010－84029450
经　　销　新华书店及其他书店

印　　刷　北京明恒达印务有限公司
装　　订　廊坊市广阳区广增装订厂
版　　次　2018 年 9 月第 1 版
印　　次　2018 年 9 月第 1 次印刷

开　　本　710×1000　1/16
印　　张　23.25
插　　页　2
字　　数　335 千字
定　　价　99.00 元

目　　录

总　论

分　论

绪　论

“中古会稽士族研究”是笔者在浙江省越文化研究中心的一个重点项目。虽然课题早就申请下来了，但笔者心中一直有疑惑：要不要包括定居在会稽的侨姓士族？如果包括侨姓，侨姓恐怕又要占很大的比例，这和笔者想侧重研究中古会稽本土士族的初衷有异。如果不包括侨姓士族，又偏离了历史的实际，他们就定居在会稽，如何能忽略？所以，笔者迟迟无法下笔，不知如何解决这个问题。经过长期反复地阅读和思考，终于有一日笔者想明白了。

第一节　题目术语的内涵与外延

秦始皇二十五年（前222），置会稽郡。西汉会稽郡，东接于海，南近诸越，北枕大江，地跨吴越，领20余县。东汉顺帝永建四年（129），分立会稽郡、吴郡，吴郡治所在吴县（今苏州市吴中区），会稽郡治在山阴（今绍兴市越城区），包括15县。至西晋初统10县，分别是山阴、上虞、始宁、剡、诸暨、余姚、句章、鄞、鄮、永兴，大致相当于今绍兴市、宁波除宁海、象山外的其余地区，以及杭州市萧山区。刘宋、南齐两代无所改置，仍领10县。本书所指会稽，大致同此。

中古，指定都在江南的六个王朝东吴、东晋、宋、齐、梁、陈。公元3世纪初至6世纪末，中国经历了很多政权。其中吴、东晋、宋、齐、梁、陈都城皆在建康（今江苏南京），在历史上被称为“六朝”。《宋史·张守传》：“建康自六朝为帝王都。”① 南宋张敦颐撰《六朝事迹编类》记录吴、东晋、宋、齐、梁、陈建康古迹。

与“士族”相近或相同的词语很多。毛汉光统计有28种之多。他认为，虽然这其中有的指家门贵盛者、有的指身份华贵者、有的指权势显赫者等，但都是对同一个社会阶层的不同称呼。② 学界多用“世族”“势族”和“士族”。唐长孺认为：“‘势族’和‘世族’在多数情况下可以互通，但是毕竟不是同义语。”③ 孙明君认为：“士族乃是指由地主阶级中享有政治、经济特权的家族所组成的一个特殊阶层。”④ 本书用“士族”，有两个用意：第一，如前人所言指出身高门、身份华贵，就其家族而言；第二，士族中有“士”这个字，突出了士人的个人价值。

会稽士族，指会稽本土士族，不包括王谢等侨姓士族⑤。这一概念的界定基于两方面的考虑：其一，侨姓南迁不论在江南定居多久，史书记载都保留其北方原籍，而汉代迁来的大姓则被看作迁入地的家族，标识为“会稽人”；其二，汉代以来定居在会稽的大族是有别于侨姓士族、吴郡士族的独立的历史存在，有其文化上的独特性。

既然会稽士族指会稽本土士族，那么，在研究的过程中是否能忽略同在会稽的侨姓士族？答案显然是否定的。那么，侨姓士族在本课题中该以何种样貌出现？这就涉及了本书应该如何安排结构和内容。

第二节　研究现状

中古时期，会稽本土出现了很多世家大族，这些士族多以儒学闻名，在中古时期的政治、文化等方面作出了重要的贡献。目前对于会

---

① 《宋史》卷375《张守传》，中华书局1977年版，第11616页。

② 参见毛汉光《中国中古社会史论》，上海书店出版社2002年版，第141页。

③ 唐长孺：《唐长孺文存》，上海古籍出版社2006年版，第136页。

④ 孙明君：《两晋士族文学研究》，中华书局2010年版，第4页。

⑤ “侨姓”指唐柳芳提出的西晋末南渡的北方大族。“‘过江’则为侨姓，王、谢、袁、萧为大”（《新唐书》卷199《柳冲传》，中华书局1975年版，第5677页）。

稽士族的研究，主要集中在以下两大方面。

第一，对会稽士族的研究，主要涵括在江东士族中。方北辰《魏晋南朝江东世家大族述论》概述了江东世家大族的政治活动、文化活动、集团结构等。王永平《六朝江东士族之家风家学研究》，讨论了江东大族的家学和家风。吴正岚《六朝江东士族的家学门风》，概括了江东士族的总体文化特征，解析了个别家族的文化个性等。对会稽士族的专门研究，台湾学者刘淑芳《六朝会稽士族》一文，考察了会稽士族的家族兴衰、谱系、政治没落的原因等问题。

第二，会稽士族的个别研究，主要集中在会稽虞氏、贺氏、孔氏等大族。

首先是对会稽士族谱系的梳理。清人周嘉猷《南北史世系表》中有《会稽山阴孔氏世系》《会稽余姚虞氏世系》《会稽山阴贺氏世系》等。刘淑芬《六朝会稽士族》一文附有《山阴孔氏世系表》《余姚虞氏世系表》《山阴贺氏世系表》等。吴从祥《六朝会稽贺氏家族研究》一书附有《贺氏谱系表》。

其次是对各个会稽家族的历史研究。唐燮军、翁公羽《汉唐之际的余姚虞氏及其宗族文化》一书对余姚虞氏的姓源辨析、谱系考释及其生存环境等方面作了考察。吴从祥《六朝会稽贺氏家族研究》一书考察了六朝时期贺氏家族的兴衰，并从仕职、交游等方面考察了贺氏的家族特征。此外，还有一些单篇论文如张承宗、孙中旺《会稽孔氏与晋宋政治》，王永平《江表儒宗：会稽贺氏之家风与家学》、兰溪子《汉唐余姚虞氏世家述略》等考察了个别家族的政治、家学、家风等问题。

纵观近年来的学术研究状况可以发现，对会稽士族的研究取得了一些成就，但不足之处有二：其一，学者们或将会稽士族置入江东士族中，与吴郡士族一起讨论；或对会稽某一家族作专门研究，较少对会稽士族作全面、整体的考察。整体研究仅有台湾学者刘淑芬《六朝的城市与社会》一书中的《六朝会稽士族》（学生书局 1992 年版）一文。会稽士族是有别于侨姓士族、吴郡士族的独立的历史存在，有其独特的价值，有必要对其进行整体的观照和深入的研究。其二，内容较单一。学者们多以史学研究方法为主，进行线性的梳理，较少采用其他研究方法。这在一定程度上影响了研究的深度。

第三节 研究结构和内容

那么，该如何结构全书？既不能忽略侨姓在会稽的存在，又能重点突出本土士族。这不仅涉及本书的结构，也与笔者自身对从事学术研究的价值的认识相关联。经过多年的苦思，笔者终于对从事学术研究价值的定位豁然开朗：一切文学、历史、哲学的研究，归根结底是一种文化，一种对本民族传统文化的自觉传承。这一认识是一个艰苦的过程，后记中笔者还会详细讲述。

于是，在本课题中笔者以文化为主体，主要考察会稽士族在中国文化中到底作出了怎样的贡献。为了更深入地了解会稽士族，必定需要了解他们所处的地域文化环境；若要了解某地的地域文化环境，势必要从古到今来观照。此时的思考已经水到渠成，笔者采用了总论和分论来结构全书。

总论分四章。第一章考察东汉会稽文化的儒学化和会稽士人的兴起，以及东吴会稽士族的文化生态传承。第二章分析侨姓南迁后会稽文化生态的演变，包括东晋会稽文化中心的形成、会稽名士生活与中国士人文化传统。从东晋开始，会稽第一次成为中国文化的中心。侨姓士族自然就在东晋、南朝的会稽文化环境中呈现。第三章是南朝会稽文化的发展。包括在会稽的南朝名士的隐逸情怀、谢灵运与山水诗的繁荣、佛道文化对文艺的影响。第四章总论中古会稽士族的学术著述及贡献，分别以表格的形式将会稽士族的著述从经、史、子、集四方面作全面统计，并根据统计分析某类著述分布的朝代、家族、著述的学术重点等，最后总结中古会稽士族的主要学术贡献。

分论分三章。分别从会稽虞氏、会稽孔氏、会稽贺氏三大家族的发展历程，来考察各自家族在各个时期作出的文化贡献，同时，重点考察家族中的个体对中华文化具有的文化意义和价值。

总　　论

近现代以来，生产力大幅提升，极大改变世界的现代化。文化方面，挟带着现代性意识形态从西方扑面而来。现代性的一个主要特征，是对传统持有的虚无主义的态度。现代中国三种主要意识形态，进化史观、社会主义和民族主义皆来自西方。传统与现代就这样被割裂。传统文化的失落，使我们在无根地漂泊，从而导致目前蔓延在社会各个阶层的精神危机。寻找失落的传统，迫在眉睫。

传统文化是由地域文化和核心文化碰撞而产生。传统需要保存，需要记忆，需要肯定，需要掌握，也需要培养。伽达默尔说："甚至最真实最坚固的传统，也并不因为以前存在的东西的惰性就自然而然地实现自身，而是需要肯定、掌握和培养。传统按其本质就是保存，尽管在历史的一切变迁中它一直是积极活动的。"①

什么是中华传统文化的精华？我们民族的传统文化是如何逐渐形成的？士人，即知识分子起了多大的作用？我们应该从目前的生活情境出发，积极展开与传统的对话，透过传统经典文本，体察传统的思维方式，寻求失落的自我，在历史存在中发现自我的价值。

① ［德］伽达默尔：《真理与方法》，洪汉鼎译，上海译文出版社 1999 年版，第 361 页。

第一章　东汉东吴会稽文化生态与会稽士人的兴起

《庄子·逍遥游》中记载："宋人资章甫而适诸越，越人断发文身，无所用之。"[①] 庄子虽然讲的是寓言，但可以看到此时越人对身体发肤的态度与中原文化完全不同。《汉书·地理志》载：越人"文身断发，以避蛟龙之害"[②]。显然此时的越地，尚未受到中原文化的影响。古越国人口稀少，环境恶劣，生产方式、生活水准远远落后于中原之地。生存的艰辛是古越人面临的首要问题。吴国的强大威胁着越国的生存，使之处于种族覆亡的边缘。严峻的生存现实，磨砺着古越人的性格，从而形成强悍、尚武、轻死的精神特征。秦汉以后，大一统的王朝，使得会稽地域的文化生态有了极大的转变，会稽士族正是在此时的转变中兴起，并在两晋南朝时期发展壮大。

第一节　秦汉移民与会稽人口结构的变化

一　秦汉会稽移民

越人强悍尚武的传统，使得会稽直到秦汉仍然是比较特殊的一个区域。

---

① （清）郭庆藩撰，王孝鱼点校：《庄子集释》，中华书局1961年版，第31页。

② 《汉书》卷28下《地理志下》，中华书局1964年版，第1669页。

秦统一中国后，对尚武的越人多次迁徙。先是将浙东的于越人迁到乌程、余杭、黟、歙、芜湖、石城县以南，又将天下有罪之民和谪吏迁至山阴。于越人被迁至浙西的山区，中原人进入了浙东平原。①

南部浙闽山区仍然是越人的聚居之地。闽越王无诸和东海王摇，皆越王勾践之后，秦并天下后，皆被废为君长，其统治之地为闽中郡。入汉之后，立无诸为闽越王，立摇为东海王（世俗称为东瓯王）。西汉时中央政府在吴越之地设会稽郡，统领东南。《汉书·地理志》记载："吴、粤（越）之君皆好勇，故其民至今好用剑，轻死易发。"② 汉代越人建立的诸侯政权经常发生攻伐之战。建元三年（前138），闽越发兵围东瓯。东瓯请求天子救助，当时的太尉田蚡以"越人相攻击，固其常"的理由而不加救助，后在庄助的主张下发兵救助，未至而闽越引兵而去。"东瓯请举国徙中国，乃悉举众来，处江淮之间。"③ 后闽越攻打南越，东越内部又反复发生混乱及杀王之举。杜佑《通典·州郡》亦曰："闽越遐阻，僻在一隅，凭山负海，难以德抚。"④

平定越族的混乱之后，汉代统治者采取了移民的方式，削弱好勇尚武的越族。《史记·吴王濞传》："上患吴、会稽轻悍，无壮王以填之，诸子少，乃立濞于沛为吴王，王三郡五十三城。"⑤ 《史记·东越列传》载武帝言："东越狭多阻，闽越悍，数反复，诏军吏皆将其民徙到江淮间。东越地遂虚。"⑥ 至此，东瓯和闽越的全部越人都迁往了江淮之间。后来迁到江淮之间的越人，有一部分迁入了河东郡。《史记·河渠书》载："久之，河东渠田废，予越人，令少府以为稍入。"如淳注："时越人有徙者，以田与之，其租税入少府。"⑦ 《汉书·沟洫志》也如是记

---

① 参见葛剑雄、曹树基、吴松弟《简明中国移民史》，福建人民出版社1993年版，第126页。

② 《汉书》卷28下《地理志下》卷二十八，中华书局1964年版，第1667页。

③ 《史记》卷114《东越列传》，中华书局1963年版，第2980页。

④ 王文锦等点校：《通典》卷182《州郡》，中华书局1988年版，第4850页。

⑤ 《史记》卷106《吴王濞传》，中华书局1963年版，第2821页。

⑥ 《史记》卷114《东越列传》，中华书局1963年版，第2984页。

⑦ 《史记》卷29《河渠书》，中华书局1959年版，第1410—1411页。

载，颜师古注曰：“越人习于水田，又新至，未有业，故与之也。”[①] 大量越人被迁走，武帝又将关东贫民徙入会稽。元狩四年（前119）冬，“关东贫民徙陇西、北地、西河、上郡、会稽，凡七十二万五千口”[②]。这次关东贫民的迁徙，会稽人口“约增十四万五千口”[③]。

经过秦汉政府下令的强制性迁徙移民，会稽在汉代逐渐成为一个南北杂居的区域。

二　移民家族与会稽士人

除了政府有目的的迁徙之外，由于西汉末、东汉末年中原大乱，许多大族为避乱来到江南。会稽聚集了一批中原文化士人。在东汉尚未建立的更始年间（23—26），“时天下新变，道路未通，避乱江南者皆未还中土，会稽颇称多士”[④]。会稽士族多是移民家族。例如，会稽虞氏于两汉之际自河东郡迁徙南来；会稽贺氏在西汉末，迁来会稽；会稽山阴孔氏本居梁国，于东汉末年避乱会稽。

这些移民家族带来了中原文化与各自的家学传统，与会稽的地域文化融合，陶冶出了更有个性的家族文化。所以，汉代的会稽文化名人多出自移民家族。比如著名大学者王充，先祖是魏郡元城（今河北大名县一带）人，西汉末年移居会稽。《论衡·自纪》曰：“王充者，会稽上虞人也，字仲任。其先本魏郡元城，一姓孙。几世尝从军有功，封会稽阳亭。一岁仓卒国绝，因家焉，以农桑为业。世祖勇任气，卒咸不揆于人。岁凶，横道伤杀，怨仇众多。会世扰乱，恐为怨仇所擒，祖父汎举家檐载，就安会稽，留钱唐县，以贾贩为事。生子二人，长曰蒙，少曰诵，诵即充父。祖世任气，至蒙、诵滋甚，故蒙、诵在钱唐，勇势凌人，末复与豪家丁伯等结怨，举家徙处上

---

① 《汉书》卷29《沟洫志》，中华书局1964年版，第1680页。

② 《汉书》卷6《武帝本纪》，中华书局1964年版，第178页。

③ （清）王鸣盛著，黄曙辉点校：《十七史商榷》，上海书店出版社2005年点校本，第60页。

④ 《后汉书》卷76《任延传》，中华书局1965年版，第2460—2461页。

虞。”[1] 王氏先居会稽阳亭，以农桑为业。世祖王勇任气，横道伤杀，仇家众多。祖父王汎时，举家迁往会稽钱塘，经商为业。伯父王蒙、父王诵，任气凌人，与豪家结怨，举家迁往上虞。

第二节 汉代会稽文化的儒学化转变

汉武帝“罢黜百家，独尊儒术”之后，会稽文化逐渐儒学化。汉代循吏在会稽郡任太守，会稽士人在中央做官，还有私人教授会稽士子等途径，儒学得以在越地广泛传播。会稽郡成了深受儒学浸润的重要区域。

一 汉代循吏的作用

会稽儒学的传播与汉代循吏的关系密切。《荀子·儒效》曰：“儒者在本朝则美政，在下位则美俗。”[2] 董仲舒曰：“今之郡守、县令，民之师帅，所使承流而宣化也。故师帅不贤，则主德不宣，恩泽不流。”[3] 作为“师帅”的郡守、县令，负有承流宣化的责任。余英时指出：汉代循吏具有政治和文化的两重功能。循吏最大的特色是扮演了“师”的角色。[4] 会稽太守第五伦、任延、张霸、刘宠等人，在会稽郡或破除落后风俗，或举贤士、尊高举、励志节、重学经，发挥了非常重要的“师”的作用。

第五伦任会稽太守时，破除了会稽郡的落后风俗。《后汉书》本传载：“会稽俗多淫祀，好卜筮，民长以牛祭神，百姓财产以之困匮，其自食牛肉而不以荐祠者，发病且死先为牛鸣，前后郡将莫敢禁。”第五伦到官，移书属县，晓告百姓。“其巫祝有依托鬼神诈怖愚民，

---

① 黄晖校释：《论衡校释》，中华书局 1990 年版，第 1187 页。

② 王先谦：《荀子集解》，《诸子集成》（第 2 册），中华书局 1996 年影印本，第 76 页。

③ 《汉书》卷 56《董仲舒传》，中华书局 1964 年版，第 2515 页。

④ 参见余英时《汉代循吏与文化传播》，《士与中国文化》，上海人民出版社 2003 年版，第 139 页。

皆案论之。有妄屠牛者，吏辄行罚。”[①] 百姓初颇恐惧，或祝诅妄言，第五伦案之愈急，后遂断绝，百姓以安。

张霸永元（89—104）中为会稽太守，举贤士，劝教化。张霸始到越，贼未解，郡界不宁，乃移书开购，明用信赏，贼遂束手归附，不烦士卒之力。童谣曰：“弃我戟，捐我矛，盗贼尽，吏皆休。”[②]《益部耆旧传》曰：“张霸为会稽太守，举贤士劝教讲授，一郡慕化，但闻诵声。又野无遗寇。”又《东观汉记》曰：“张霸字伯饶，蜀郡成都人。年数岁，有所噉，必先让父母，乡里号曰张曾子。后作会稽太守。儿童歌曰：‘城上乌鸣，哺父母。府中诸吏皆孝友’”[③] “郡中争励志节，习经者以千数，道路但闻诵声”[④]。

任延更始元年（23）拜会稽都尉，举高行，劝孝子。当时天下新变，道路未通，“避乱江南者皆未还中土，会稽颇称多士”。任延到，皆聘请高行，敬待以师友之礼。掾吏贫者，辄分奉禄以赈给之。每时行县，辄使慰勉孝子，就餐饭之。吴有龙丘苌者，隐居太末，王莽时，四辅三公连辟，不到。掾吏曰请召之。任延曰：“龙丘先生躬德履义，有伯夷之节。都尉扫洒其门，犹惧辱焉，召之不可。”[⑤] 遣功曹奉谒，修书记，致医药，吏使相望于道。过一年，龙丘苌乃乘辇诣府门，愿得先死备录。遂署议曹祭酒。不久龙丘苌病卒，任延亲自临殡，不朝三日。从此，郡中贤大夫争往仕宦。

刘宠三迁拜会稽太守，简烦苛之政，民自教化。会稽山民愿朴，有白首不入市井者，颇为官吏所扰。刘宠“简除烦苛，禁察非法，郡中大化”。后征为将作大匠。山阴县有五六老叟，龙眉皓发，自若邪山谷间出，人赍百钱以送刘宠。刘宠慰劳之曰：“父老何自苦？”对曰：“山谷鄙生，未尝识郡朝。它守时吏发求民间，至夜不绝，或狗

---

① 《后汉书》卷41《第五伦传》，中华书局1973年版，第1397页。

② 《后汉书》卷36《张霸传》，中华书局1973年版，第1242页。

③ 《汉诗》卷8注引，逯钦立辑校：《先秦汉魏晋南北朝诗》，中华书局1983年版，第216页。

④ 《后汉书》卷36《张霸传》，中华书局1973年版，第1241页。

⑤ 《后汉书》卷76《任延传》，中华书局1973年版，第2460—2461页。

吠竟夕，民不得安。自明府下车以来，狗不夜吠，民不见吏。年老遭值圣明，今闻当见弃去，故自扶奉送。”刘宠曰：“吾政何能及公言邪？勤苦父老！”① 为人选一大钱受之。

二 私人教授的途径

除了循吏的教化，私人教授也是传播儒学的途径。

王望在明帝（58—75 年在位）时“客授会稽”②。会稽上虞王充少孤，乡里称孝。后到京师，受业太学，师事班彪。好博览而不守章句。家贫无书，常游洛阳市肆，阅所卖书，一见辄能诵忆，遂博通众流百家之言。后归乡里，“屏居教授”③。

第三节 东汉会稽士人的兴起与会稽士风学风的初步形成

汉代儒学一统，会稽与中央的交流日渐密切。会稽士人群体兴起，著述风气盛行，社会风尚重德操、重信义，士风崇实、耿直。正如陈寅恪《书〈世说新语·文学类〉钟会撰〈四本论〉始毕条后》所说：东汉中晚期，“主要之士大夫，其出身则大抵为地方豪族，或间以小族，然绝大多数则为儒家之信徒也。职是之故，其为学也，则从师受经，或游学京师，授业于太学之博士。其为人也，则以孝友礼法见称于宗族乡里。然后州郡牧守、京师公卿加以征辟，终致通显。故其学为儒家之学，其行自必合儒家之道德标准，即仁孝廉让等是”④。

① 《后汉书》卷 76《刘宠传》，中华书局 1973 年版，第 2478 页。
② 《后汉书》卷 39《王望传》，中华书局 1973 年版，第 1297 页。
③ 《后汉书》卷 49《王充传》，中华书局 1973 年版，第 1629 页。
④ 陈寅恪：《金明馆丛稿初编》，生活·读书·新知三联书店 2001 年版，第 48 页。

一 会稽士人的兴起

西汉会稽士人在现存典籍中寥寥无几，比之西汉，东汉的会稽士人大放光彩。根据范晔《后汉书》、谢承《后汉书》、王充《论衡》、虞预《会稽典录》等资料，会稽士人统计如表1－1所示：

表1－1 东汉会稽士人统计

姓名	籍贯	资料来源
郑弘	会稽山阴	《后汉书·郑弘传》
杨璇	会稽乌伤	《后汉书·杨璇传》
杨乔	会稽乌伤	《后汉书·杨璇传》
钟离意	会稽山阴	《后汉书·钟离意传》
王充	会稽上虞	《后汉书·王充传》
魏朗	会稽上虞	《后汉书·党锢传·魏朗传》
朱儁	会稽上虞	《后汉书·朱儁传》
许荆	会稽阳羡	《后汉书·循吏传·许荆传》
孟尝	会稽上虞	《后汉书·循吏传·孟尝传》
黄昌	会稽余姚	《后汉书·酷吏传·黄昌传》
包咸	会稽曲阿	《后汉书·儒林传·包咸传》
包福	会稽曲阿	《后汉书·儒林传·包咸传》
赵晔	会稽山阴	《后汉书·儒林传·赵晔传》
彭修	会稽毗陵	《后汉书·独行传·彭修传》

续 表

姓名	籍贯	资料来源
戴就	会稽上虞	《后汉书·独行传·戴就传》
韩说	会稽山阴	《后汉书·方术传·韩说传》
谢夷吾	会稽山阴	《后汉书·方术传·谢夷吾传》
严光	会稽余姚	《后汉书·逸民传·严光传》
曹娥	会稽上虞	《后汉书·列女传·曹娥传》
孝妇双	会稽上虞	《后汉书·循吏传·孟尝传》
顾奉	会稽	《后汉书·张霸传》
公孙松	会稽	《后汉书·张霸传》
澹台敬伯	会稽	《后汉书·儒林传·薛汉传》
贺纯	会稽山阴	谢承《后汉书》
吴君高	会稽	王充《论衡·对作》
周长生	会稽	王充《论衡·对作》
盛吉	会稽山阴	虞预《会稽典录》
孟英	会稽上虞	虞预《会稽典录》
梁宏	会稽句章	《会稽典录》
郑云	会稽句章	《会稽典录》
董昆	会稽余姚	《会稽典录》
董黯	会稽句章	《会稽典录》

续　表

姓名	籍贯	资料来源
高丰	会稽	《会稽典录》
任光	会稽鄞县	《会稽典录》
王修	会稽句章	《会稽典录》
周归	会稽余姚	《会稽典录》
陈修	会稽乌伤	《会稽典录》
沈勋	会稽	《会稽典录》
淳于翼	会稽	《会稽典录》
陈业	会稽	《会稽典录》
骆俊	会稽乌伤	《会稽典录》
陈宫	会稽	《会稽典录》
虞国	会稽余姚	《会稽典录》
虞歆	会稽余姚	《会稽典录》
盛宪	会稽	《会稽典录》
徐弘	会稽	《会稽典录》
陈瑞	会稽	《会稽典录》
魏徽	会稽	《会稽典录》
皮延	会稽山阴	《会稽典录》
伍贱	会稽余姚	《会稽典录》
张京	会稽	《会稽典录》

范晔《后汉书》记载的会稽士人有23人，包括2位女性。谢承《后汉书》载1人，王充《论衡》记录2人，虞预《会稽典录》记录25人。总计有51人。这些会稽士人具有以下两大共同特征。

（一）主修经学

学术上主修经学。钟离意，会稽山阴人，通《春秋》《诗》。《后汉书·钟离意传》载：少为会稽郡督邮，其时部县亭长有受人酒礼者，府下记案考之。钟离意封还记，入言于太守曰："《春秋》先内后外，《诗》云'刑于寡妻，以御于家邦'，明政化之本，由近及远。今宜先清府内，且阔略远县细微之愆。"① 太守甚贤之，遂任以县事。举孝廉，再迁，辟大司徒侯霸府。显宗即位，征为尚书。

王充，会稽山阴人，受业太学，博通百家。《后汉书·王充传》载：王充少孤，乡里称孝，"后到京师，受业太学，师事扶风班彪。好博览而不守章句。家贫无书，常游洛阳市肆，阅所卖书，一见辄能诵忆，遂博通众流百家之言。后归乡里，屏居教授。仕郡为功曹，以数谏争不合去"②。著《论衡》85篇，20余万言，释物类同异，正时俗嫌疑。年渐70，志力衰耗，作《养性书》16篇，裁节嗜欲，颐神自守。

黄昌，会稽余姚人，就经学。《后汉书·黄昌传》载："本出孤微。居近学官，数见诸生修庠序之礼，因好之，遂就经学。"③ 政尚严猛，好发奸伏。历任蜀郡太守、河内太守、颍川太守。后征拜将作大匠。进补大司农，左转太中大夫。

包咸，会稽曲阿人，善《论语》《鲁诗》。《后汉书·包咸传》载："少为诸生，授业长安，师事博士右师细君，习《鲁诗》《论语》。"④ 建武（25—55）中，入授皇太子《论语》，又为《论语章句》。拜谏议大夫、侍中、右中郎将。后迁大鸿胪。包福，包咸子，

① 《后汉书》卷41《钟离意传》，中华书局1973年版，第1406页。
② 《后汉书》卷49《王充传》，中华书局1973年版，第1629页。
③ 《后汉书》卷77《黄昌传》，中华书局1973年版，第2496页。
④ 《后汉书》卷79下《包咸传》，中华书局1973年版，第2570页。

拜郎中，也以《论语》，入授和帝（89—104 年在位）。包氏父子皆为帝王师。

赵晔，会稽山阴人，通《韩诗》。少为县吏，举檄迎接督邮，深以为耻。于是委弃车马，“到犍为资中，诣杜抚受《韩诗》，究竟其术”①。杜抚“嘉其精力，尽以其道授之”②。积 20 年不还，家人为之发丧制服。至杜抚卒，范晔经营丧事葬之，然后归家。

贺纯，会稽山阴人。谢承《后汉书·贺纯传》载：“少为诸生，博极群艺。十辟公府，三举贤良方正，五征博士，四公车征，皆不就。后征拜议郎，数陈灾异，上便宜数百事，多见省纳。迁江夏太守。”③

谢夷吾，会稽山阴人。《后汉书·谢夷吾传》载：少为郡吏，学风角占候。太守第五伦擢为督邮。举孝廉，迁荆州刺史、巨鹿太守。为政爱育人物，有善绩。第五伦为司徒，令班固撰文荐之曰：“少膺儒雅，韬含六籍，推考星度，综校图录。”④

魏朗，会稽上虞人，“从博士郤仲信学《春秋图纬》，又诣太学受《五经》，京师长者李膺之徒争从之。”⑤ 个性矜严，闭门整法度，家人不见其堕容。著书数篇，号《魏子》。

韩说，会稽山阴人，“博通五经，尤善图纬之学。举孝廉。与议郎蔡邕友善”⑥。

澹台敬伯，会稽人，“师博士薛汉”⑦。

郑云，会稽句章人，“学《韩诗》《公羊春秋》”⑧。

---

① 《后汉书》卷 79 下《赵晔传》，中华书局 1973 年版，第 2575 页。

② （晋）虞预：《会稽典录》卷上，《鲁迅辑录古籍丛编》，人民文学出版社 1999 年版，第 3 卷，第 256 页。

③ 《后汉书》卷 63《李固传》注引谢承《后汉书·贺纯传》，中华书局 1973 年版，第 2082 页。

④ 《后汉书》卷 82 上《谢夷吾传》，中华书局 1973 年版，第 2713 页。

⑤ 《后汉书》卷 67《魏朗传》，中华书局 1973 年版，第 2201 页。

⑥ 《后汉书》卷 82 下《韩说传》，中华书局 1973 年版，第 2733 页。

⑦ 《后汉书》卷 79 下《薛汉传》，中华书局 1973 年版，第 2573 页。

⑧ （晋）虞预：《会稽典录》卷上，《鲁迅辑录古籍丛编》（第 3 卷），人民文学出版社 1999 年版，第 254 页。

董昆，会稽余姚人，“少游学，师事颍川荀季卿，受《春秋》”①。

陈修，会稽乌伤人，“少为郡干，受《韩诗》《穀梁春秋》”②。

（二）为官仁惠清正

会稽士人多学儒学，受儒学影响颇深，做官者多为良吏。他们或行政仁惠、清廉，或执法公正、严峻。下面分两点予以论述。

1. 仁惠政风

郑弘、钟离意、盛吉、孟尝、陈修等人，为官仁惠，顾念百姓，不惜丢官。

山阴郑弘，少为乡啬夫，太守第五伦行春，见而深奇之，召署督邮，举孝廉。拜为驺令，“政有仁惠”。③ 建初八年（82），为大司农。在职二年，所息省三亿万计。时岁天下遭旱，边方有警，人食不足，而帑藏殷积。郑弘又奏宜省贡献，减徭费，以利饥人。

山阴钟离意，少为郡督邮。时部县亭长有受人酒礼者，府下记案考之。钟离意言于太守曰：“明政化之本，由近及远。今宜先清府内，且阔略远县细微之愆。”④ 太守甚贤之，遂任以县事。建武十四年（38），会稽大疫，死者万数，钟离意独身自隐亲，经给医药，所部多蒙全济。显宗（明帝）时为尚书仆射。帝性褊察，好以耳目隐发为明，故公卿大臣数被诋毁，近臣尚书以下至见提拽。朝廷莫不悚栗，争为严切，以避诛责；唯钟离意独敢谏争，数封还诏书，臣下过失辄救解之。

山阴盛吉，拜廷尉，性多仁恩，对刑人多有哀矜之情。每年到了冬月，罪囚当断，夜晚省察刑状，手持丹笔，其妻执蜡烛，夫妻相向垂泣。其妻常谓吉曰：“君为天下执法，不可使一人滥罪，殃及子

① （晋）虞预：《会稽典录》卷上，《鲁迅辑录古籍丛编》（第3卷），人民文学出版社1999年版，第255页。

② 同上书，第261页。

③ 《后汉书》卷33《郑弘传》，中华书局1973年标点本，第1154页。

④ 《后汉书》卷41《钟离意传》，中华书局1973年标点本，第1406—1409页。

孙。”[①] 视事12年，天下称其有恩。

上虞孟尝，“其先三世为郡吏，并伏节死难”。孟尝到官，“革易前弊，求民病利”。后以病归，隐处穷泽，身自耕傭。“邻县士民慕其德，就居止者百余家。”[②]

余姚周归，为临湘令。长沙太守徐祝，二月行县，以草浊秽，敕令清除道路。周归拒绝不听，理由是减损人力，会妨碍农时。于是徐祝责督邮，周归遂弃官而去。[③]

乌伤陈修，迁豫章太守。“性清洁恭俭，十日一炊，不燃官薪。”按月受俸，受米不受钱。后“迁合浦太守，大著治声，卒于官舍”[④]。合浦百姓怀其惠政，护丧归葬。

2. 执法清正

谢夷吾、董昆等人，执法公正，明达法制。

山阴谢夷吾，执法公正，不包庇公职人员。为荆州刺史时，在南鲁县省录囚徒，逢汉章帝巡狩鲁阳（今河南鲁山）。有亭长强奸民妻，县令断言“和奸”。汉章帝以为：“吏奸民，何得言和？观刺史决，当云何？”谢夷吾呵斥曰：“亭长，诏书朱帻之吏，职在禁奸。今为恶之端，何得言和！”处决断案一县三百多案件，都与汉章帝合。汉章帝叹曰：“使诸刺史尽如此者，朕不忧天下矣。”于是汉章帝特迁谢夷吾为钜鹿太守，并在其上任前亲自接见，赐予车马剑带，敕之曰：“钜鹿剧郡，旧为难治。以君有拨烦之才，故特授任，无毁前功！”[⑤]

余姚董昆，明达理法，才能拨烦。县长潘松署为功曹史，因其明察法令，转为狱史。刺史虞孟到县行部，董昆断案皆能公正合法。虞孟问董昆：“本学法令，所师为谁？”董昆对曰：“事荀季卿。”虞孟曰：“史与刺史同师。”又问：“从何职为狱史？”县长俱告。叹曰：

---

① （晋）虞预：《会稽典录》卷上，《鲁迅辑录古籍丛编》（第3卷），人民文学出版社1999年版，第252页。

② 《后汉书》卷76《孟尝传》，第2472—2473页。

③ （晋）虞预：《会稽典录》卷上，《鲁迅辑录古籍丛编》（第3卷），人民文学出版社1999年版，第261页。

④ 同上书，第262页。

⑤ 同上书，第254页。

“刺史学律令，犹不及昆。”后来董昆迁廷尉卿，依然“执法清峻，闭门不发私书”[1]。

更有黄昌，执政严猛。会稽余姚黄昌，出自孤门微族。就经学，习文法，仕郡为决曹。刺史行部，见黄昌，甚以为奇，辟为从事。后拜为宛县县令，“政尚严猛，好发奸伏”[2]。朝廷举能，迁蜀郡太守。先太守李根年老多悖政，百姓侵冤。及黄昌到任，百姓诉讼的有七百余人。黄昌悉为断理，莫不得其所。又秘密批捕盗帅一人，使其供出诸县强暴之人的姓名和居处，于是分遣掩讨，没有遗脱。宿恶大奸，都奔走他境。

二　高士与孝子

（一）高士严光

《后汉书·严光传》载：严光字子陵，一名遵，会稽余姚人也。少有高名，与光武同游学。及光武即位，乃变名姓，隐身不见。帝思其贤，乃令以物色访之。后齐国上言：“有一男子，披羊裘钓泽中。”帝疑其光，乃备安车玄纁，遣使聘之。三反而后至。舍于北军，给床褥，太官朝夕进膳。

司徒侯霸与光素旧，遣使奉书。使人因谓光曰：“公闻先生至，区区欲即诣造，迫于典司，是以不获。愿因日暮，自屈语言。”光不答，乃投札与之，口授曰：“君房足下：位至鼎足，甚善。怀仁辅义天下悦，阿谀顺旨要领绝。”霸得书，封奏之。帝笑曰：“狂奴故态也。”车驾即日幸其馆。光卧不起，帝即其卧所，抚光腹曰：“咄咄子陵，不可相助为理邪？”光又眠不应，良久，乃张目熟视，曰：“昔唐尧著德，巢父洗耳。士故有志，何至相迫乎！”帝曰：“子陵，我竟不能下汝邪？”于是升舆叹息而去。

复引光入，论道旧故，相对累日。帝从容问光曰：“朕何如昔

---

① （晋）虞预：《会稽典录》卷上，《鲁迅辑录古籍丛编》（第3卷），人民文学出版社1999年版，第256页。

② 《后汉书》卷77《黄昌传》，中华书局1973年版，第2496—2497页。

时？”对曰：“陛下差增于往。”因共偃卧，光以足加帝腹上。明日，太史奏客星犯御坐甚急。帝笑曰：“朕故人严子陵共卧耳。”除为谏议大夫，不屈，乃耕于富春山，后人名其钓处为严陵濑焉。建武十七年（41），复特征，不至。年八十，终于家。帝伤惜之，诏下郡县赐钱百万，谷千斛。①

从以上记载可以看到严光的主要事迹有以下六件。

第一，少有高名，和刘秀是同学。

第二，光武帝刘秀即位，严光改变姓名，隐居不见。光武帝令全国物色寻访。齐国上书说：有一男子披羊裘钓泽中。光武帝怀疑此即是严光，于是三聘乃至。

第三，光武帝得严光“怀仁辅义天下悦，阿谀顺旨要领绝”的书信，笑着说：“狂奴故态也。”当日去馆中探望。严光卧床假眠，光武帝抚摸他的肚子说：“咄咄子陵，不可相助为理邪？”严光良久才睁开眼说：“昔唐尧著德，巢父洗耳。士故有志，何至相迫乎！”

第四，二人相对几天，论道故旧。光武帝从容问：“朕何如昔时？”严光对曰：“陛下比以往胖了些。”共仰卧，严光的脚放光武帝腹上。第二日太史奏：有客星触犯御座。光武帝笑曰：“朕故人严子陵共卧耳。”

第五，除为谏议大夫，不屈，隐居富春山，经常垂钓。后人名其钓处为严陵濑（位于今浙江桐庐县南）。

第六，后又特征，仍然不至。年八十，终于家。

自此，严陵濑、钓台已然成为隐士文化的象征，引来后世无数文人墨客的吟咏。不同的人，不同时代的人，见到严陵濑会生出不同的感慨来。于是，严陵濑蕴含的隐士文化意义就在后世的吟咏中日益丰富。

另有山阴陈业，少有特操。当世英俊之士桓俨，避地会稽时，意欲相见，终不能见。桓俨后来要泛海交州，临去，遗书于陈业，系在山阴白楼亭柱上，曰：“从容养高，动静履直。季世多艰，爰适乐土。侧闻高风，饥渴话言。知乃深隐，邈然终时。求仁斯得，勤而无憾。

① 《后汉书》卷83《严光传》，中华书局1973年版，第2763页。

齐踪古贤，何其优哉!"[①]

山阴赵晔，“少尝为县吏，奉命迎接督邮，而以为耻，弃车马而去”[②]。至犍为资中从杜抚受《韩诗》。20年后乃归。州召补从事，不就。举有道，卒于家。

山阴张匡，也学《韩诗》，作章句。“举有道，博士征，不就，卒于家。”[③]

（二）孝子孝女

受儒学的影响，会稽多出孝子孝女。

会稽上虞朱儁，少孤，母尝贩缯为业。朱儁“以孝养致名，为县门下书佐，好义轻财，乡间敬之”[④]。后太守徐珪举儁孝廉，再迁除兰陵令，政有异能，为东海相所表。

会稽句章董黯，“家贫，采薪供养，得甘果，奔走以献母。母甚肥大。邻人家富，有不孝子，母甚瘦小”[⑤]。

会稽虞国，“少有孝行。为日南太守，行惠政”[⑥]。

会稽上虞曹娥，父能抚节按歌，婆娑乐神。汉安二年（143）五月五日于县江迎伍君神，溯涛而上，被水淹死而不得其尸。“曹娥年十四，号慕思父，沿江而哭，七日七夜，其声不绝，亦投江而死。三日后，抱父尸出。县长度尚悲怜其义，为之改葬，令邯郸子礼为之作碑。”[⑦]

会稽上虞寡妇双，“奉养姑至孝”[⑧]。

三　东汉会稽士风学风

儒学与古老的越文化相碰撞而生发出重德操、重信义、崇实耿直

---

① （晋）虞预：《会稽典录》卷上，《鲁迅辑录古籍丛编》（第3卷），人民文学出版社1999年版，第264页。

② 《后汉书》卷79下《赵晔传》，中华书局1973年版，第2575页。

③ 《后汉书》卷79下《张匡传》，中华书局1973年版，第2575页。

④ 《后汉书》卷71《朱儁传》，中华书局1973年版，第2308页。

⑤ （晋）虞预：《会稽典录》卷上，《鲁迅辑录古籍丛编》（第3卷），人民文学出版社1999年版，第257页。

⑥ 同上书，第265页。

⑦ 同上书，第293—294页。

⑧ 同上书，第253页。

的文化因子，会稽郡良臣义士、孝子贤女连间。

（一）崇德

两汉会稽士人重德行、节操。

西汉山阴陈嚣，渔则化盗，居则让邻，太守高其德义，刻石旌表其间，号曰“义里”。同郡有位车姓老妪，年80余，无子，慕嚣仁义，欲求寄命。陈嚣“朝夕定省，如其所亲，出家财以供肴膳。妪以寿终”。于是著名，流称上国。刘向、扬雄“荐嚣待义，可厉薄俗”①。

东汉余姚董昆，清约守贫。郡守第五伦，嘉其美名，署上计吏，举察孝廉，为天下之最。“经史德行称第一。”②

会稽乌伤陈修，家贫，为吏，常步儋上下，常食干粮。每至正腊，僵卧不起。同僚请其饮食，从不肯往，“其志操如此”③。

（二）守信

会稽士人亦重信义。会稽山阴郑弘，师同郡河东太守焦贶。楚王刘英谋反发觉，以疏引焦贶，焦贶被收捕，因病于道亡没，妻子闭系诏狱，掠考连年。“诸生故人惧相连及，皆改变名姓，以逃其祸，郑弘独髡头负𫓧锧，诣阙上章，为焦贶讼罪。显宗觉悟，即赦其家属。郑弘躬自送焦贶丧及妻子还乡里，由是显名。”④

上虞卓恕，“为人笃信，言不宿诺。与人期约，虽遭暴风疾雨，雷电冰雪，无不必至”⑤。尝从建业还家，辞太傅诸葛恪，曰某日当亲觐。至是日，诸葛恪为主人，宾客会者，皆以为会稽、建业相去千余里，道阻江湖，风波难至，岂得如期？须臾，卓恕至。一座尽惊。

---

① （晋）虞预：《会稽典录》卷上，《鲁迅辑录古籍丛编》（第3卷），人民文学出版社1999年版，第247页。

② 贺氏：《会稽先贤像传》，《鲁迅辑录古籍丛编》，人民文学出版社1999年版，第3卷，第303页。

③ （晋）虞预：《会稽典录》卷上，《鲁迅辑录古籍丛编》（第3卷），人民文学出版社1999年版，第261页。

④ 《后汉书》卷33《郑弘传》，中华书局1973年版，第1155页。

⑤ （晋）虞预：《会稽典录》卷下，《鲁迅辑录古籍丛编》（第3卷），人民文学出版社1999年版，第283—284页。

《图经》载：郑云与梁弘，“皆为主簿，俱敦终始之义，州里称之”①。

（三）批判

会稽士人善疑崇实，敢于批判。《会稽典录》载：王朗任会稽太守时问功曹虞翻：“曾闻士人叹美贵邦旧多英俊，功曹好古，宁识其人邪？”虞翻对曰：“有道士山阴赵晔，征士上虞王充，各洪才渊懿，学究道源，著书垂藻，络绎百篇，释经传之宿疑，解当世之盘结，或上穷阴阳之奥秘，下据人情之归极。”②

会稽上虞王充，“好论说，始若诡异，终有理实。以为俗儒守文，多失其真，乃闭门潜思，绝庆吊之礼，户牖墙壁各置刀笔，著《论衡》八十五篇，二十余万言。释物类同异，正时俗嫌疑”③。

山阴赵晔，“著《吴越春秋》《诗细历神渊》”④。蔡邕至会稽，读到《诗细历神渊》，以为“长于《论衡》”。于是回京师传播，学者皆诵习之。此书“以历言诗，犹《诗纬》之《泛历枢》也”⑤。

四　王充《论衡》的文化意义

（一）“异书”《论衡》的流传

王充（27—100）主要生活在1世纪。《论衡》在王充身后，流传不广，只在吴越之地流传，并未传到中原。有两个人对《论衡》的流传起了重要作用：一是汉末大学者蔡邕，二是汉末会稽太守王朗。

2世纪70年代，179年，蔡邕亡命江海，来到吴会之地，依靠泰山羊氏的救助，在江南待了12年。就是在此期间，得到了王充《论衡》。回中原后，经常偷偷阅读，以助谈资。《抱朴子》曰：“王充作

---

① 鲁迅按语引《图经》，（晋）虞预《会稽典录》卷上，《鲁迅辑录古籍丛编》（第3卷），人民文学出版社1999年版，第254页。

② 《三国志》卷57《虞翻传》注引《会稽典录》，中华书局1964年版，第1325页。

③ 《后汉书》卷49《王充传》，中华书局1973年版，第1629页。

④ （晋）虞预：《会稽典录》卷上，《鲁迅辑录古籍丛编》（第3卷），人民文学出版社1999年版，第256页。

⑤ 惠栋语，王先谦集解：《后汉书集解》，中华书局1984年版，第901页。

《论衡》，北方都未有得之者。蔡伯喈尝到江东得之，叹其文高，度越诸子。及还中国，诸儒觉其谈论更远，嫌得异书。或搜求至隐处，果得《论衡》，捉取数卷，将去，伯喈曰：‘惟我与尔共之，勿广也。’”[①]《后汉书·王充传》注引《抱朴子》曰：“时人嫌蔡邕得异书，或搜求其帐中隐处，果得《论衡》，抱数卷持去。邕丁宁之曰：‘唯我与尔共之，勿广也。’”[②]《后汉书·王充传》注引《袁山松书》曰：“充所作《论衡》，中土未有传者。蔡邕入吴始得之，恒秘玩以为谈助。”[③]

蔡邕竟然私藏《论衡》，不让世人知晓，仅仅是为了自己能在言谈中让旁人惊呆，这实在不像一个大学者应有的风度。不过，蔡邕毕竟是王充的知音，“叹其文高，度越诸子”，而且，他是第一个把《论衡》从吴会带到了中原。

又过了十几年，196 年，汉末王朗任会稽太守，又得《论衡》。及还中原，时人都认为其才华大有长进。《后汉书·王充传》注引《袁山松书》曰：有人说“‘不见异人，当得异书。’问之，果以《论衡》之益”[④]。从此之后，《论衡》才在中原流传开来。

蔡邕、王朗在得到《论衡》后，言谈发生了巨大的改变，以致《抱朴子》和《袁山松书》中都指出：当时的中原人听到他们的言谈，一致认为他们得到了“异书”。那么，《论衡》到底奇异在哪里呢？

（二）异在哪里

异，就是不同。异书，当指书中的观点和那个时代的主流观点大不相同。那么，汉代思想界的主流是什么呢？应该就是汉代谶纬学说。据王充《论衡·自纪》所述：“充既疾俗情，作《讥俗》之书；又闵人君之政，不得其宜，不晓其务，愁精苦思，不睹所趋，故作

① 黄晖校释：《论衡校释》引，中华书局 1990 年版，第 1238 页。

② 《后汉书》卷 49《王充传》注引《抱朴子》，中华书局 1973 年版，第 1629 页。

③ 《后汉书》卷 49《王充传》注引《袁山松书》，中华书局 1973 年版，第 1629 页。

④ 同上。

《政务》之书；又伤伪书俗文多不实诚，故为《论衡》一书。”① 又《论衡·佚文》曰：“《诗》三百，一言以蔽之曰：‘思无邪。’《论衡》篇以十数，亦一言也，曰：‘疾虚妄。’”② 又《论衡·对作》曰：“是故《论衡》之造也，起众书并失实，虚妄之言胜真美也。故虚妄之语不黜，则华文不见息；华文放流，则实事不见用。故《论衡》者，所以铨轻重之言，立真伪之平，非苟调文饰辞，为奇伟之观也……虚妄显于真，实诚乱于伪，世人不悟，是非不定，紫朱杂厕，瓦玉集糅，以情言之，岂吾心所能忍哉！……冀悟迷惑之心，使知虚实之分；实虚之分定，而后华伪之文灭，则纯诚之化日以孳矣。”③

可见，王充《论衡》全书以“疾虚妄”为旨归，是对汉代天人感应，尤其是东汉图谶纬学说弥漫整个社会的不满、怀疑，进而批判。批判的矛头直指当时的政治风气、经学学风，甚至先秦儒家的学说。这是历代学者一致的看法。

南朝宋范晔（398—445）在《后汉书·王充传》中这样描述王充及《论衡》：“好论说，始若诡异，终有理实。以为俗儒守文，多失其真，乃闭门潜思，绝庆吊之礼，户牖墙壁各置刀笔，著《论衡》八十五篇，二十余万言。释物类同异，正时俗嫌疑。”④ 唐刘知幾《史通·自叙》曰：“儒者之书，博而寡要，得其糟粕，失其菁华。而流俗鄙夫贵远贱近，传兹抵牾，自相欺惑，故王充《论衡》生焉。”⑤ 章太炎《国故论衡·检论》卷3《学变》曰：“汉晋间学术则五变，董仲舒以阴阳定法令，垂则博士，神人大巫也。使学者人人碎义逃难，苟得利禄，而不识远略，故扬雄变之以《法言》。……华言积而不足以昭事理，故王充始变其术曰：‘夫笔著者，欲其易晓而难为，不贵难知而易造；口论务解分而可听，不务深迂而难睹也。’作为

① 黄晖校释：《论衡校释》，中华书局1990年版，第1194页。

② 同上书，第870页。

③ 同上书，第1179页。

④ 《后汉书》卷49《王充传》，中华书局1973年版，第1629页。

⑤ （唐）刘知幾著，（清）浦起龙通释，王煦华整理：《史通通释》，上海古籍出版社2009年版，第270页。

《论衡》，趣以正虚妄，审乡背，怀疑之论，分析百端，有所发摘，不避上圣，汉得一人焉，足以振耻，至于今亦鲜有能逮者也。”[①] 民国初年，孙人和《论衡举·正序》：“谶纬纷作，淆乱群经，尚论恢奇，标举门户。或废视而任听，或改古以从今，卒致真伪杂糅，是非倒植。仲任生当两汉之交，匡正谬传，畅通郁结。《九虚》《三增》，启蒙砭俗；《自然》所论，颇识道原。虽间逞胸臆，语有回穴，要皆推阐原始，不离于宗。至若征引故实，转述陈言，可以证经，可以考史，可以推寻百家。其远知卓识，精深博雅，自汉以来，未之有也。”[②] 晚清刘熙载《艺概·文概》曰：“王充《论衡》独抒己见，思力绝人。虽时有激而近僻者，然不掩其卓诣。”[③]

胡适撰文《王充的〈论衡〉》，在《现代学生》杂志1920年第一卷上连载，对王充的时代，王充哲学精神皆有精辟深刻的论述。胡适指出：“王充的时代——西历二七至一百——是很可注意的，这个时代有两种特别色彩。第一，那时代是迷信的儒教最盛行的时代。我们看汉代的历史，从汉武帝提倡种种道士迷信以后，直到哀帝、平帝、王莽的时候，简直是一个灾异符瑞的迷信时代。西汉末年最特别是谶纬的书……图谶的起源很有政治和宗教的意味……光武末年（西历五七），初起灵台、明堂、辟雍，又宣布图谶于天下。明帝（西历五八至七五）、章帝（七六至八八）继续提倡这一类的书，遂使谶纬之书布满天下……但是汉朝的君主和学者都是神迷了心窍，把这些书奉作神圣的经典，用来改元定历，决定嫌疑。这种荒谬可笑的迷忌，自然要引起一般学者的反抗……王充也是这种反抗运动的一个代表。不懂得这个时代的荒谬迷忌的情形，便不能懂得王充的哲学。”[④] 但是那时代，又是一个天文学发展时代。王充的实验态度，是汉代天文学的基

① 章太炎：《学变》，傅杰编校《章太炎学术史论集》，中国社会科学出版社1997年版，第270页。

② 《论衡校释·附编三》，黄晖校释，中华书局1990年版，第1253页。

③ （清）刘熙载撰，袁津琥校注：《艺概注稿》，中华书局2009年版，第81页。

④ 胡适：《王充的〈论衡〉》，《论衡校释附编四》，《论衡校释》，中华书局1990年版，第1267页。

本精神。“依我看来，王充的哲学，只是当时的科学精神应用到人生问题上去。故不懂得当时的科学情形，也不能了解王充的哲学。”① “王充的哲学的动机，只是对于当时种种虚妄和种种迷信的反抗。王充的哲学的方法，只是当时科学精神的表现。”② “他的哲学的宗旨，只是要对于当时一切虚妄的迷信和伪造的假书，下一种严格的批评。凡是真有价值的思想，都是因为社会有了病才发生的。汉代的大病就是‘虚妄’。汉代是一个骗子时代。那二百多年之中，也不知造出了多少荒唐的神话，也不知造出了多少荒谬的假书。”“《论衡》的精神只在‘订其真伪，辨其实虚’八个字。所以我说王充的哲学时批评的哲学，他的精神只是一种评判的精神”“这种精神的表现，便是怀疑的态度。怀疑的态度，便是不肯糊里糊涂的信仰，凡事需要经我自己的心意‘铨订’一遍。”③

王充不再深陷在神学弥漫的时风中，而用自我的智慧和觉悟，看到了不一样的世界。

（三）对未来的指向

王充对未来的指向有以下三点。

1. 理想人格

《论衡·超奇》曰：“能说一经者为儒生，博览今古者为通人，采掇传书以上书奏记者为文人，能精思著文联结篇章者为鸿儒。”④

王充在比较了儒生、通人、文人、鸿儒之间的差别后，提出了最高的人格境界是“鸿儒”。读书人应该能在博览群书的基础上，有独立的思考，并能用文章表达出来。“鸿儒”的最重要的特征，就是有超奇的思想。“故夫鸿儒，所谓超而又超者也。”“故夫丘山以土石为体，其有铜铁，山之奇也。铜铁既奇，或出金玉。然鸿儒，世之金玉

① 胡适：《王充的〈论衡〉》，《论衡校释附编四》，《论衡校释》，中华书局 1990 年版，第 1272 页。

② 同上书，第 1273 页。

③ 同上书，第 1280 页。

④ 黄晖校释：《论衡校释》，中华书局 1990 年版，第 607 页。

也，奇而又奇矣。”①

鸿儒，既博学精思，又能结篇著述，还必须具备超奇的思想，对历史、自然、社会、人生等都有远见卓识。王充就是他自己推崇的那种鸿儒代表。

2. 哲学审美思潮

汉武帝以来“罢黜百家，独尊儒术”，儒家的著作都成经典，很多学者终其一生沉浸在其中研究。但是，王充却作《问孔》《非孟》，大胆质疑，完全跳出时俗之外。

对王充的批判精神，如前所述，历来肯定的比较多。但是，也有不少人认为他批判圣人太过，纯是异端邪说。宋代以来某些道学家就持此看法，到了清代，乾隆对他的批评可做这方面的代表。《四库全书》载乾隆读王充《论衡》后的观感：“向偶翻阅诸书，见有王充《论衡》，喜其识博而言辩，颇具出俗之识，其全书则未之览也。兹因校四库一书，始得其全卷而读之，乃知其背经违道，好奇立异之人，而欲以言传者也。夫欲以言传者，不衷于圣贤，未有能传者也。孔、孟为千古圣贤，孟或可问，而不可刺，充则刺孟而且问孔矣。此与明末李贽之邪说何异？夫时命坎坷，当悔其所以自致坎坷耳，不宜怨天尤人，诬及圣贤……读《论衡》者，当效其博辩，取其轶才，则可；效其非圣灭道，以为正人笃论，则不可。”② 可见，正是王充思想具有强烈批判色彩而引起后代的毁誉相参的看法。

那么，王充的思想只有批判吗？他是否提出了新的思想观点？其思想的根源到底是什么呢？

首先，王充主张天道自然无为。《论衡·感类》曰：“夫天道无为。如天以雷雨责怒人，则亦能以雷雨杀无道。古无道者多，可以雷雨诛杀其身，必命圣人兴师动军，顿兵伤士。难以一雷行诛，轻以三军克敌，何天之不惮烦也？”③

① 黄晖校释：《论衡校释》，中华书局 1990 年版，第 607 页。

② 《论衡校释附编三》，黄晖校释《论衡校释》，中华书局 1990 年版，第 1245—1246 页。

③ 黄晖校释：《论衡校释》，中华书局 1990 年版，第 802 页。

其次，认为万物生于天地之间，皆为自然而然，犹如胎儿在母腹中，形体自然而成，并非母亲所塑。《论衡·自然》曰："春观万物之生，秋观其成，天地为之乎？物自然也？如谓天地为之，为之宜用手，天地安得万万千千手，并为万万千千物乎？诸物在天地之间也，犹子在母腹中也。母怀子气，十月而生，鼻口耳目，发肤毛理，血脉脂腴，骨节爪齿，自然成腹中乎？母为之乎？"[①] 天地之气，阴升阳降，万物自生："夫天覆于上，地偃于下，下气烝上，上气降下，万物自生其中间矣。"[②] 因此，人的生死皆为物理之变化。物皆有生有死，人亦如此，追求成仙自是徒劳。《论衡·道虚》曰："夫人，物也，虽贵为王侯，性不异于物。物无不死，人安能成仙？"[③]

最后，齐物的观点。王充主张要用真实的眼光去看待自然世界、看待客观外物，《论衡·齐世》："人，物也；物，亦物也。人生一世，寿至一百岁。生为十岁儿时，所见地上之物，生死改易者多。至于百岁，临且死时，所见诸物，与年十岁时所见，无以异也……六畜长短，五谷大小，昆虫草木，金石珠玉，蜎飞蠕动，无以异者，此形不异也。"[④]

显然，王充在批判的同时，创立起来的思想深受道家的影响。《庄子·知北游》："天地有大美而不言，四时有明法而不议，万物有成理而不说。"[⑤] 天地万物是真实的存在，而在此真实中蕴含着大美。万物真实的存在就显示了美，物各有其美；人也是万物之一，人应该真实，只有真实才能体现人的真性情。

所以，王充思想的核心，对虚妄的批判，就是为了揭示真实之美。对此，胡适《王充的〈论衡〉》曰："中国的思想若不经过这一番破坏的批评，决不能有汉末与魏晋的大解放。王充的哲学是中古思想的一大转机。他不但在破坏的方面打倒迷信的儒教，扫除西汉的乌

---

① 黄晖校释：《论衡校释》，中华书局1990年版，第780页。

② 同上书，第782页。

③ 同上书，第318页。

④ 同上书，第804页。

⑤ （清）郭庆藩集释，王孝鱼点校：《庄子集释》，中华书局1997年版，第735页。

烟瘴气，替东汉后的思想打开一条大路；并且在建设的方面，提倡自然主义，恢复西汉初期的道家哲学，替后来魏晋的自然派哲学打下了一个伟大的新基础。”①

3. 文学观点

王充真和美相联系的思想，让他对著述的虚伪抱持强烈批判的同时，提出了文章著述的作用和以下两个要求。

第一，文章真美，才能感人。针对汉代著述失实、虚妄、溢美等现象，王充提出了“真美”。《论衡·对作》曰：“是故《论衡》之造也，起众书并失实，虚妄之言胜真美也。故虚妄之语不黜，则华文不见息；华文放流，则实事不见用。”②《论衡·艺增》曰：“世俗所患，患言事增其实，著文垂辞，辞出溢其真，称美过其善，进恶没其罪。”③

就如同植物，下有根株，上有荣叶；如同果实，内有果核，外有皮壳。著述文章，就是士人的荣叶、皮壳；关键是要有根株、果核，就是内心的真诚。《论衡·超奇》曰：“有根株于下，有荣叶于上；有实核于内，有皮壳于外。文墨辞说，士之荣叶、皮壳也。实诚在胸臆，文墨著竹帛，外内表里，自相副称。意奋而笔纵，故文见而实露也。”④ 只有精诚在内，发诸文章，则外内表里相称，才能真正动人：“精诚由中，故其文语感动人深。”⑤ 人有真实的自我，文章著述要反映内心，才能真正动人。

第二，忠于内心，才能独创。一个人只有内心精诚，对存在的现象或者问题，才能有源自内心自我的真实看法。因为个人的内心是独特的，因此，对问题的看法也应该是独创的，“奇巧俱发于心，其实一也”⑥。比如，孔子因鲁史作《春秋》，能立意创新，寄予褒贬，就

① 胡适：《王充的〈论衡〉》，《论衡校释附编四》，《论衡校释》，中华书局 1990 年版，第 1284 页。

② 黄晖校释：《论衡校释》，中华书局 1990 年版，第 1179 页。

③ 同上书，第 381 页。

④ 同上书，第 609 页。

⑤ 同上书，第 612 页。

⑥ 同上书，第 609 页。

是因为他精湛的思想皆发自肺腑。《论衡·超奇》曰："孔子得史记以作《春秋》，及其立意创意，褒贬赏诛，不复因史记者，眇思自出于胸中也。"①

王钟陵《中国中古诗歌史》曰："王充在对宗教神学虚妄之美的批判中对于'真美'观念的提倡，应该说正是建安文学高潮和整个魏晋南北朝时期美学观念、审美趣味发生重大转变的极为深刻的思想前孕。"② 为什么先秦理性精神早已发扬，而直到魏晋才出现了人的觉醒的高潮？为什么人的主题在汉末魏晋会成为文学的一个强烈声音？为什么以田园山水诗派为标志的对于自然美的自觉认识，直到魏晋以后才逐步形成？"这一切都必须以王充为转折点的我们民族思想发展的历程上，从王充的'真美'观转化为思想的现实上来予以解释。"③

第四节　东吴时期会稽士族文化生态的传承

东吴（222—280）历时59年，但是孙氏对江东的统治要从汉末孙策自领会稽太守算起。汉末军阀割据，王朗在会稽任太守，为孙策所逼，"虽流离穷困，朝不谋夕，而收亲旧，分多割少，行义甚著"④。《三国志·王朗传》注引《献帝春秋》："孙策率军如闽、越讨朗。朗泛舟浮海，欲走交州，为兵所逼，遂诣军降。"⑤ 汉献帝兴平二年（195），孙策渡江转战，占据会稽，自领会稽太守。江东地区逐渐成为孙氏的统治区域。

一　会稽士人与汉末流寓士人

东汉末年，由于战乱，一批北方士人来到会稽。会稽士人对于北

① 黄晖校释：《论衡校释》，中华书局1990年版，第606页。
② 王钟陵：《中国中古诗歌史》，人民出版社2005年版，第40页。
③ 同上。
④ 《三国志》卷13《王朗传》，中华书局1964年版，第407页。
⑤ 《三国志》卷13《王朗传》注引《献帝春秋》，中华书局1964年版，第407页。

方流寓士人，多尽量接济善待。

《三国志·骆统传》载：骆统字公绪，会稽乌伤人也。父俊，官至丞相，为袁术所害。统母改适，为华歆小妻，统时八岁，遂与亲客归会稽。其母送之，拜辞上车，面而不顾，其母泣涕于后。御者曰："夫人犹在也。"统曰："不欲增母思，故不顾耳。"事嫡母甚谨。

骆统以悲悯情怀而著名。汉末饥荒，为了救助北方流寓士人和乡人，减少自己的饮食，宁愿挨饿，而不愿独饱。《三国志》本传载："时饥荒，乡里及远方客多有困乏，统为之饮食衰少。其姊仁爱有行，寡归无子，见统甚哀之，数问其故。统曰：'士大夫糟糠不足，我何心独饱！'姊曰：'诚如是，何不告我，而自苦若此？'乃自以私粟与统，又以告母，母亦贤之，遂使分施，由是显名。"① 骆统的姐姐和母亲也对其行为竭力支持。以随陆逊破蜀军于宜都，迁偏将军。黄武（222—228）初，曹仁攻濡须，使别将常雕等袭中州，统与严圭共拒破之，封新阳亭侯，后为濡须督。数陈便宜，前后书数十上，所言皆善，文多故不悉载。年三十六，黄武七年（228）卒。

钱塘人全琮，倾家接济中州避乱士人百余人。"是时中州士人避乱而南，依琮居者以百数，琮倾家给济，与共有无，遂显名远近。"②

但是，也有当地武力豪族，怠慢流寓士人。《三国志·步骘传》载：临淮淮阴人步骘，汉末世乱，避难江东，单身穷困，与广陵卫旌同年相善，两人种瓜自给，昼勤四体，夜诵经传。会稽焦矫，是会稽郡豪族，放纵门客为所欲为。因做过征羌县令，因称焦征羌。步骘与卫旌在当地谋食，担心被焦征羌门客所侵，于是共脩刺奉瓜，来献给焦矫。当时焦矫正在内卧。二人站在外面等了一个时辰，卫旌想要离开，步骘止之曰："本所以来，畏其强也；而今舍去，欲以为高，只结怨耳。"良久，焦征羌开牖见之，身隐几坐帐中，设席致地。步骘、卫旌只能坐在窗外。卫旌越发觉得羞耻，而步骘辞色自若。焦征羌做食，身享大案，殽膳重沓，用小盘饭与步骘、卫旌，只有菜茹而已。

---

① 《三国志》卷57《骆统传》，中华书局1964年版，第1334页。
② 《三国志》卷60《全琮传》，中华书局1964年版，第1381页。

卫旌不能食，步骘极饭致饱乃辞出。卫旌怒骘曰："何能忍此？"步骘曰："吾等贫贱，是以主人以贫贱遇之，固其宜也，当何所耻？"①

而流寓士人，以其名节，影响当地民风。如《后汉书·桓晔传》载：桓晔到吴郡，扬州刺史刘繇赈给谷食所乏者，悉不受。后东适会稽，住止山阴县故鲁相钟离意舍，太守王朗饷给粮食、布帛、牛羊，一无所留。"初平中，天下乱，避地会稽，遂浮海客交阯，越人化其节，至闾里不争讼。为凶人所诬，遂死于合浦狱。"②

二　会稽士人与孙吴政权

孙策到会稽，得到了会稽士人的支持。孙吴政权的建立，与江东豪族的支持密切相关。陈寅恪《论东晋王导之功业》曰："孙氏之建国乃由江淮地域之强宗大族因汉末之扰乱，拥戴江东地域具有战斗力之豪族，即当时不以文化见称之次等士族孙氏，借其武力，以求保全而组织之政权。"③ 下面以虞翻、贺齐、阚泽三人为例说明。

（一）孙策之萧何——虞翻

孙策任会稽太守，像前会稽太守王朗一样，复待虞翻以交友之礼，亲自去他府上。《三国志·虞翻传》载："翻既归，策复命为功曹，待以交友之礼，身诣翻第。"④ 虞翻武力惊人，又有谋略，对孙策稳定、统治江东出谋划策，被孙策称"为吾萧何"⑤。

在征讨山越的战事中，虞翻一人护卫孙策，大步行进就能追上孙策的战马。《三国志·虞翻传》注引《吴书》曰：孙策征讨山越，斩其渠帅，悉令左右分行追逐贼，独骑与虞翻相遇山中。虞翻问左右安在，孙策曰："悉行逐贼。"虞翻曰："危事也！"令孙策下马："此草深，卒有惊急，马不及萦策，但牵之，执弓矢以步。翻善用矛，请在

---

① 《三国志》卷52《步骘传》，中华书局1964年版，第1236页。

② 《后汉书》卷37《桓晔传》，中华书局1973年版，第1260页。

③ 陈寅恪：《金明馆丛稿初编》，生活·读书·新知三联书店2001年版，第57页。

④ 《三国志》卷57《虞翻传》，中华书局1964年版，第1320页。

⑤ 《三国志》卷57《虞翻传》注引《江表传》，中华书局1964年版，第1319页。

前行。”到了平地，劝孙策乘马。孙策曰：“卿无马奈何？”答曰：“翻能步行，日可二百里，自征讨以来，吏卒无及翻者，明府试跃马，翻能疏步随之。”[①] 行及大道，得一鼓吏，策取角自鸣之，部曲识声，小大皆出，遂从周旋，平定三郡。

虞翻帮助孙策说服豫章太守华歆（字子鱼），不费一兵一卒，直接取得豫章。《三国志·虞翻传》注引《江表传》：孙策讨黄祖，旋军欲过取豫章，特请虞翻语曰：“华子鱼自有名字，然非吾敌也。加闻其战具甚少，若不开门让城，金鼓一震，不得无所伤害，卿便在前具宣孤意。”虞翻即奉命辞行，径直到郡，请被褠葛巾与（敌）相见，谓华歆曰：“君自料名声之在海内，孰与鄙郡故王府君？”歆曰：“不及也。”翻曰：“豫章资粮多少？器仗精否？士民勇果孰与鄙郡？”又曰：“不如也。”翻曰：“讨逆将军智略超世，用兵如神，前走刘扬州，君所亲见，南定鄙郡，亦君所闻也。今欲守孤城，自料资粮，已知不足，不早为计，悔无及也。今大军已次椒丘，仆便还去，明日日中迎檄不到者，与君辞矣。”[②] 虞翻既去，华歆明旦出城，遣吏迎孙策。后三日，便遣虞翻还郡。

裴松之认为，王朗、华歆在战乱扰攘之时，抗猛锐之锋，俱非所能。歆之名德，实高于朗，而《江表传》述翻说华，云“海内名声，孰与于王”，此言非也。然王公拒战，华逆请服，实由孙策初起，名微众寡，故王能举兵，岂武胜哉？策后威力转盛，势不可敌，华量力而止，非必用仲翔之说也。若使易地而居，亦华战王服耳。按《吴历》载翻谓歆曰：“窃闻明府与王府君齐名中州，海内所宗，虽在东垂，常怀瞻仰。”华歆答曰：“孤不如王会稽。”翻复问：“不审豫章精兵，何如会稽？”对曰：“大不如也。”虞翻曰：“明府言不如王会稽，谦光之谭耳；精兵不如会稽，实如尊教。”因述孙策才略殊异，用兵之奇，歆乃答云当去。翻出，歆遣吏迎策。二说有不同，此说为胜也。[③]

---

① 《三国志》卷57《虞翻传》注引《吴书》，中华书局1964年版，第1318页。
② 《三国志》卷57《虞翻传》注引《江表传》，中华书局1964年版，第1318页。
③ 同上书，第1319页。

《江表传》的记载与《吴历》中的记载，虞翻的言语稍有不同，但是，确实是虞翻说服豫章太守华歆。

在孙策死后，虞翻担心会稽出现混乱，劝说各长吏留制服行丧。《三国志·虞翻传》载：孙策薨，诸长吏并欲出赴丧，虞翻曰：“恐邻县山民或有奸变，远委城郭，必致不虞。”① 因留制服行丧。诸县皆效之，咸以安宁。

孙策堂兄定武中郎将孙暠趁孙策暴亡，屯驻乌程，整率吏士，欲取会稽。《三国志·虞翻传》注引《会稽典录》，载虞翻说孙暠曰：“讨逆明府，不竟天年。今摄事统众，宜在孝廉，翻已与一郡吏士，婴城固守，必欲出一旦之命，为孝廉除害，惟执事图之。”② 最终说服孙暠退兵，再一次让会稽吏民免于战火，稳定了会稽的局面。

孙策重视儒士。听说余姚隐者高岱，命令陆昭迎接，并且认真读《左传》，想与其讲论。可惜高陆二人皆中了别人的离间，话不投机，最终被杀。《三国志·孙策传》注引《吴录》曰：时有高岱者，隐于余姚，策命出使会稽丞陆昭逆之，策虚己候焉。闻其善《左传》，乃自玩读，欲与论讲。或谓之曰：“高岱以将军但英武而已，无文学之才，若与论《传》而或云‘不知’者，则某言符矣。”又谓岱曰：“孙将军为人，恶胜己者，若每问，当言‘不知’，乃合意耳。如皆辨义，比必危殆。”岱以为然，及与论《传》，或答“不知”。策果怒，以为轻己，乃囚之。知交及时人皆露坐为请。策登楼，望见数里中填满。策恶其收众心，遂杀之。③

孙策最欣赏虞翻的博学，认为其学问足以和中州士大夫匹敌。《三国志·虞翻传》注引《江表传》：“策既定豫章，引军还吴，飨赐将士，计功行赏，谓翻曰：‘孤昔再至寿春，见马日磾，及与中州士大夫会，语我东方人多才耳，但恨学问不博，语议之间，有所不及耳。孤意犹谓未耳。卿博学洽闻，故前欲令卿一诣许，交见朝士，以

---

① 《三国志》卷57《虞翻传》，中华书局1964年版，第1319页。

② 《三国志》卷57《虞翻传》注引《会稽典录》，中华书局1964年版，第1319页。

③ 《三国志》卷46《孙策传》注引《吴录》，中华书局1964年版，第1109页。

折中国妄语儿。卿不原行，便使子纲；恐子纲不能结儿辈舌也。’”翻曰：“翻是明府家宝，而以示人，人倘留之，则去明府良佐，故前不行耳。”策笑曰：“然。”因曰：“孤有征讨事，未得还府，卿复以功曹为吾萧何，守会稽耳。”①

（二）战功屡立——贺齐

自建安初年至黄武中期的二三十年时间里，贺齐大部分时间投身于征讨山越和抗御曹魏的战争之中，军功显赫，拜安东将军，封山阴侯。

建安元年（196），孙策引兵渡江，据会稽郡，察举贺齐为孝廉。建安五年（200），平福建侯官，立郡县。会稽太守王朗奔福建东冶，侯官长商升起兵响应。孙策任用永宁长韩晏领南部都尉，领兵讨伐商升，以贺齐为永宁长。韩晏败，贺齐领都尉事。商升畏惧贺齐威名，遣使结盟。贺齐因而告喻，陈述祸福，商升因此送上授印，出舍求降。但是，叛军头领张雅、詹强等人不愿投降，杀死商升，张雅自称无上将军，詹强称会稽太守。当时张雅兵多，贺齐兵少，不足征讨，贺齐驻军息兵。张雅与女婿何雄争势两乖。贺齐令越人乘机离间，二人遂举兵相向。贺齐于是趁机征讨，一战大破，张雅、詹强等皆震惧，于是率众出降。

建安八年（203），建安、汉兴、南平复乱，贺齐进兵建安，立都尉府。历任威武中郎将、偏将军、后将军。

（三）“帝师儒”——阚泽

孙权任用贫寒出身的阚泽，为太子少傅。什么原因会让阚泽担此重任呢？

据《三国志·阚泽传》记载：

阚泽字德润，会稽山阴人也。家世农夫，至泽好学，居贫无资，常为人佣书，以供纸笔，所写既毕，诵读亦遍。追师论讲，究览群籍，兼通历数，由是显名。察孝廉，除钱唐长，迁郴令。

① 《三国志》卷57《虞翻传》注引《江表传》，中华书局1964年版，第1318—1319页。

> 孙权为骠骑将军，辟补西曹掾；及称尊号，以泽为尚书。嘉禾中，为中书令，加侍中。赤乌五年，拜太子太傅，领中书如故。[①]

从以上材料可以看到以下五个性格特征。

第一，阚泽好学。阚泽家世农民，但自幼好学，家贫无钱，为人抄书赚些纸笔，抄完即诵读完。

第二，博览群籍，兼通历数。到处拜师学习，穷究典籍。

第三，儒学宗师，富有远见。阚泽以经传文多，难得尽用，于是斟酌诸家，刊约礼文及诸注说，以授二宫，为制行出入及见宾仪。又著《乾象历注》以正时日。每次朝廷大议，经典所疑，辄向其谘访。以儒学勤劳，封都乡侯。初，魏文帝即位，孙权尝从容问群臣曰："曹丕以盛年即位，恐孤不能及之，诸卿以为如何？"群臣未对，阚泽曰："不及十年，丕其没矣，大王勿忧也。"孙权曰："何以知之？"阚泽曰："以字言之，不十为丕，此其数也。"文帝果七年而崩。

第四，个性谦恭笃慎。宫府小吏，呼召对问，皆为抗礼。人有非短，口未尝及，容貌似不足者，然所闻少穷。孙权尝问："书传篇赋，何者为美？"阚泽欲讽喻以明治乱，因对贾谊《过秦论》最善，孙权览读焉。

第五，执法和正。当初吕壹奸罪发闻，有司穷治，奏以大辟，有人以为宜加焚裂，彰示元恶。孙权咨访阚泽，阚泽曰："盛明之世，不宜复有此刑。"孙权从之。又诸官司有所患疾，欲增重科防，以检御臣下，阚泽每曰"宜依礼、律"[②]。

学问广博，富有识见，个性笃慎，执法中正，这样的士子确实堪当帝王师。所以，阚泽去世时，孙权痛惜感悼，不进食者数日。虞翻称阚泽曰："阚生矫杰，盖蜀之扬雄。"又曰："阚子儒术德行，亦今之仲舒也。"[③] 范晔评曰："严、程、阚生，一时儒林也。"[④]

---

① 《三国志》卷53《阚泽传》，中华书局1964年版，第1249页。

② 同上。

③ 《三国志》卷53《阚泽传》注引《吴录》，中华书局1964年版，第1250页。

④ 《三国志》卷52，中华书局1964年版，第1257页。

三　东吴时会稽文化的传播

（一）孙吴政权对学术文化的态度

孙吴政权对学术文化的态度有以下两点。

1. 孙权提倡开卷有益

孙权建立政权，提倡儒学。孙权鼓励武学之士应该好好读书，理由是开卷有益。孙权劝导吕蒙、蒋钦读书最为著名。《三国志·吕蒙传》注引《江表传》曰：

> 初，权谓蒙及蒋钦曰："卿今并当涂掌事，宜学问以自开益。"蒙曰："在军中常苦多务，恐不容复读书。"权曰："孤岂欲卿治经为博士邪？但当令涉猎见往事耳。卿言多务孰若孤，孤少时历《诗》《书》《礼记》《左传》《国语》，唯不读《易》。至统事以来，省三史、诸家兵书，自以为大有所益。如卿二人，意性朗悟，学必得之，宁当不为乎？宜急读《孙子》《六韬》《左传》《国语》及三史。孔子言'终日不食，终夜不寝以思，无益，不如学也'。光武当兵马之务，手不释卷。孟德亦自谓老而好学。卿何独不自勉勖邪？"蒙始就学，笃志不倦，其所览见，旧儒不胜。后鲁肃上代周瑜，过蒙言议，常欲受屈。肃拊蒙背曰："吾谓大弟但有武略耳，至于今者，学识英博，非复吴下阿蒙。"蒙曰："士别三日，即更刮目相待。大兄今论，何一称穰侯乎？兄今代公瑾，既难为继，且与关羽为邻。斯人长而好学，读《左传》略皆上口，梗亮有雄气，然性颇自负，好陵人。今与为对，当有单复以（卿）待之。"密为肃陈三策，肃敬受之，秘而不宣。权常叹曰："人长而进益，如吕蒙、蒋钦，盖不可及也。富贵荣显，更能折节好学，耽悦书传，轻财尚义，所行可迹，并作国士，不亦休乎！"①

① 《三国志》卷54《吕蒙传》注引《江表传》，中华书局1964年版，第1274—1275页。

孙权劝说作为东吴掌事的重要人物吕蒙、蒋钦应该好好读书，增加识见。吕蒙推辞曰军务繁忙，无暇读书。孙权再劝，苦口婆心。理由有五：其一，并非期望你们成为治经博士，而应涉猎史书，当知往事。其二，你们事物繁多，哪有我多。我小时读过《诗》《书》《礼记》《左传》《国语》等经书；就是执事以来，又读三史和兵书，自以为大有收获。举自己读书来什么读书的重要性。其三，你二人天性朗悟，只要学一定会有收获，那么为什么不读呢？鼓励的同时，给予厚望。其四，当务之急先读《孙子》《六韬》《左传》《国语》及三史。开出具体的书目，可操作性。其五，光武帝刘秀常有兵马之务，但手不释卷；曹孟德到老都是非常好学。举汉代武略文韬兼具的刘秀、曹操，皆是好学之人。孙权语重心长，吕蒙、蒋钦果然被说服，开始好学读书。吕蒙被鲁肃称赞为“士别三日即更刮目相待”，更为鲁肃出三密策。连孙权都叹服：成年后，能好学如吕蒙、蒋钦，恐无人能及；富贵荣显之后，能折节好学，耽悦经书，轻财尚义，行为可迹，这才是真正的“国士”。

孙权在位时，虽未立学官，但是，孙氏宗室在地方任时，立地方学官，为中央输送人才。孙瑜，孙静第二子，孙权堂兄，在汉末领丹阳太守时，立地方学官。“济阴人马普笃学好古，瑜厚礼之，使二府将吏子弟数百人就受业，遂立学官，临飨讲肄。是时诸将皆以军务为事，而瑜好乐坟典，虽在戎旅，诵声不绝。”① 孙奂，孙静第四子，领江夏太守。“奂亦爱乐儒生，复命部曲子弟就业，后仕进朝廷者数十人。”②

2. 孙休置学官

永安元年（258），孙休即位。同年即下诏置学官，诏曰：“古者建国，教学为先，所以道世治性，为时养器也。自建兴以来，时事多故，吏民颇以目前趋务，去本就末，不循古道。夫所尚不惇，则伤化败俗。其案古置学官，立五经博士，核取应选，加其宠禄，科见吏之中及将吏子弟有志好者，各令就业。一岁课试，差其品第，加以位

① 《三国志》卷51《孙瑜传》，中华书局1964年版，第1206页。
② 《三国志》卷51《孙奂传》，中华书局1964年版，第1208页。

赏。使见之者乐其荣，闻之者羡其誉。以敦王化，以隆风俗。”①

孙休好学，本传载其“锐意于典籍，欲毕览百家之言”，尝言：“书籍之事，患人不好，好之无伤也。”因此，孙休对教育非常重视，认为一国建立，当以“教学为先”。教育不仅可以引领风尚，也可以为时代培养国器。但是孙吴建国以来，忙于时务，官吏和百姓也多趋于眼前之事务，这实际是“去本就末，不循古道”。正因为所尚不淳朴，社会就会伤化败俗。有鉴于此，按照古代设立学官，置五经博士，教育子弟，每年考试，差其品第，加以赏赐。使得国人见之者乐其荣耀，听说者羡其美誉。如此，整个社会的教化风俗就会改变。大儒韦昭被任命为第一任博士祭酒。

（二）会稽士人与私人教授

孙权时期，虽然未置官学，但是私学传授一直并未间断。流寓到会稽的士子与会稽本地士人注重学术文化，为文化传播做着各自的努力。

1. 流寓士人在会稽的私学传授

流寓士人到会稽，时以其学问，教授学生。《三国志·程秉传》注引《吴录》：河南徵崇，字子和，“治《易》《春秋左氏传》，兼善内术。本姓李，遭乱更姓，遂隐于会稽，躬耕以求其志。好尚者从学，所教不过数人辄止，欲令其业必有成也。所交结如丞相步骘等，咸亲焉。严畯荐崇行足以厉俗，学足以为师。初见太子登，以疾赐不拜。东宫官僚皆从谘询。太子数访以异闻”②。

皇象寓居山阴，吴郡张温来就学，居住在山阴蕊山下的华融家。《三国志·孙綝传》注引《文士传》：华融字德蕤，广陵江都人。祖父避乱，居山阴蕊山下。时皇象亦寓居山阴，吴郡张温来就象学，欲得所舍。有人告张温曰：“蕊山下有华德蕤者，虽年少，美有令志，可舍也。”③ 张温遂止华融家，朝夕谈讲。

① 《三国志》卷48《孙休传》，中华书局1964年版，第1158页。

② 《三国志》卷53《程秉传》注引《吴录》，中华书局1964年版，第1249页。

③ 《三国志》卷64《孙綝传》注引《文士传》，中华书局1964年版，第1446—1447页。

2. 会稽士人私学教授

当时私学讲授者，皆为通经大儒。这些儒者，即使身处逆境，也不忘传道。虞翻因个性疏直，得罪孙权，被迁徙交州，“虽处罪放，而讲学不倦，门徒常数百人”①。

身为大儒，多受时人尊敬。阚泽州里先辈丹杨唐固，修身积学，称为儒者，著《国语》《公羊》《穀梁传》注，在会稽“讲授常数十人”②。孙权为吴王，拜唐固为议郎，自陆逊、张温、骆统等皆拜之。

兼通百家的识见，让这些大儒又可以培育出新的大儒。钱塘范平，“研览坟素，遍该百氏，姚信、贺邵之徒皆从受业”③。

言传身教，人格感召，在身后还能赢得弟子服丧三年，像孔门弟子对孔夫子的敬重。会稽孔冲，在任豫章太守时，有私学传授。《晋书·许孜传》载：许孜，东阳吴宁人，孝友恭让，敏而好学。“年二十，师事豫章太守会稽孔冲，受《诗》《书》《礼》《易》及《孝经》《论语》。”④ 许孜学毕，还乡里。孔冲在豫章丧亡，许孜闻问尽哀，负担奔丧。送丧还会稽，蔬食执役，制服三年。

综上，正如前述，汉代以来会稽子弟人才辈出。虞预《会稽典录》记载了东吴太平三年（258），会稽太守濮阳兴与门下书佐山阴朱育的一段关于会稽名士的对话。朱育是一奇才，爱好文字，造出异字千数以上。虞预《会稽典录》载：朱育“少好奇字，凡所特达，依体象类，造作异字千名以上”。太守濮阳兴在正旦宴会宴请诸位掾吏，问书佐朱育，是否记得汉末会稽太守王朗与功曹虞翻的那段精彩对话。于是，朱育就回顾了当时情形。

> 昔初平末年，王府君以渊妙之才，超迁临郡，思贤嘉善，乐采名俊，问功曹虞翻曰：“闻玉出昆山，珠生南海，远方异域，各生珍宝。且曾闻士人叹美贵邦，旧多英俊，徒以远于京畿，含

① 《三国志》卷57《虞翻传》，中华书局1964年版，第1321页。
② 《三国志》卷53《阚泽传（附唐固传）》，中华书局1964年版，第1250页。
③ 《晋书》卷91《范平传》，中华书局1974年版，第2346页。
④ 《晋书》卷88《许孜传》，中华书局1974年版，第2279页。

香未越耳。功曹雅好博古，宁识其人邪？”翻对曰：“夫会稽上应牵牛之宿，下当少阳之位，东渐巨海，西通五湖，南畅无垠，北渚浙江，南山攸居，实为州镇，昔禹会群臣，因以命之。山有金木鸟兽之殷，水有鱼盐珠蚌之饶，海岳精液，善生俊异，是以忠臣系踵，孝子连闾，下及贤女，靡不育焉。”①

王朗听后，笑曰：“地势然矣，士女之名可悉闻乎？”虞翻对曰：“不敢及远，略言其近者耳。”于是虞翻一口气列举了会稽的 17 位士人孝女，即孝子句章董黯、太中大夫山阴陈嚣、太尉山阴郑弘、鲁相山阴锺离意、陈宫、费齐，以及道山阴赵晔、征士上虞王充、交阯刺史上虞綦毋俊、决曹掾上虞孟英、主簿句章梁宏、功曹史余姚驷勋、主簿句章郑云、主簿任光、章安小吏黄他、扬州从事句章王修、河内太守上虞魏少英、尚书乌伤杨乔、近故太尉上虞朱隽、上虞女子曹娥等。

王朗听后说：“是既然矣，颍川有巢、许之逸轨，吴有太伯之三让，贵郡虽士人纷纭，于此足矣。”虞翻对曰：“故先言其近者耳，若乃引上世之事，及抗节之士，亦有其人。”于是，又举了可以与巢许并列，彪炳史册的抗节之士，越王翳、鄞大里黄公、征士余姚严遵。王朗听后笑曰：“善哉话言也！贤矣，非君不著。太守未之前闻也。”

濮阳府君听完朱育的回顾，说：“这些人都听说过了，他们以后的，你还知道谁？”朱育曰：“瞻仰景行，敢不识之？”于是朱育又列举了 13 位名士烈女，即洁身清行、志怀霜雪、贞亮之信的太守上虞陈业，聪明大略、忠直謇谔的侍御史余姚虞翻，偏将军乌伤骆统，渊懿纯德、学通行茂的太子少傅山阴阚泽，雄姿武毅、立功当世、勋成绩著的后将军山阴贺齐，探极秘术、言合神明的太史令上虞吴范，立言粲盛的文章之士御史中丞句章任奕、鄱阳太守章安虞翔，弟犯公宪、自杀乞代的处士邓卢叙，代父死罪的吴宁斯敦、山阴祁庚、上虞樊正，以及丧身不顾、死不亏行的松阳柳朱、永宁瞿素两位女子。府

① 《三国志》卷 57《虞翻传》注引《会稽典录》，中华书局 1964 年版，第 1325 页。

君听后，曰：“皆海内之英也。”

会稽士人在儒学的影响下，与古老的轻悍尚武的越地文化相碰撞，孕育出一大批具有独特文化个性的士人。晋武帝司马炎平吴统一中国后，还在为这片新得的土地上总有寇乱而发愁，策问该如何治理新平的吴地。策曰：“吴、蜀恃险，今既荡平。蜀人服化，无携贰之心；而吴人趑雎，屡作妖寇。岂蜀人敦朴，易可化诱；吴人轻锐，难安易动乎？今将欲绥静新附，何以为先？”华谭对曰：

> 蜀染化日久，风教遂成。吴始初附，未改其化，非为蜀人敦悫而吴人易动也。然殊俗远境，风土不同，吴阻长江，旧俗轻悍。所安之计，当先筹其人士，使云翔阊阖，进其贤才，待以异礼。明选牧伯，致以威风。轻其赋敛，将顺咸悦，可以永保无穷，长为人臣者也。①

华谭提出：吴越之地因有长江阻隔，旧俗轻悍，只要在其地选拔人士，任用贤才，减少赋税，当会保此地平安。朝廷采纳此策，于是陆机、贺循等人纷纷被召入洛。

---

① 《晋书》卷52《华谭传》，中华书局1974年版，第1450页。

第二章　侨姓南迁东晋会稽的文化生态演变

西晋末侨姓南迁，陈郡谢氏、琅琊王氏、陈留阮氏、高阳许氏、太原孙氏、太原王氏、谯郡戴氏等北方大族分别定居在会稽各地，与会稽孔氏、虞氏、贺氏、谢氏等本土士族处于共同的生存空间。文化大族的流入，使得会稽迅速成为经济文化中心。经济上，成为东南富庶之地，所谓“今之会稽，昔之关中”①。文化上，一时中原衣冠之盛，咸萃于越，高士文人，名流云集。

第一节　东晋会稽文化中心的形成

北方大族南迁，大多都选择了地广人稀、有秀丽山水的会稽郡。那么，南迁大族为什么会选择定居在会稽郡？原因有以下两点。

一方面，与当时江东士族所处地域，以及东晋初年笼络江东士族的总体政策相关。侨姓大族南渡，皆在京城建康为官。但是，建康本为孙吴旧都，吴人势力强大，人口繁盛。而附近的吴郡、义兴、吴兴等都是江南士族强盛之地。如果侨姓大族要想开发庄园，定会与当地的士族形成竞争，招致仇恨，这也与笼络吴人的政策的不符合。于是，侨姓大族渡过钱塘江，来到江东士族力量较弱、地广人稀、风景

---

① 《晋书》卷77《诸葛恢传》，中华书局1974年版，第2042页。

优美的会稽郡。如陈郡谢氏的庄园在上虞东山，王羲之的庄园选择剡地金庭。所以，会稽便成为侨姓大族聚居之地。白居易《沃洲山禅院记》记录了东晋名士或止栖或交游于剡地的盛况："东南山水越为首，剡为面，沃洲天姥为眉目。夫有非常之境，然后有非常之人栖焉……高士名人有戴逵、王洽、刘恢、许元度、殷融、郄超、孙绰、桓彦表、王敬仁、何次道、王文度、谢长遐、袁彦伯、王蒙、卫玠、谢万石、蔡叔子、王羲之凡十八人，或游焉，或止焉。"①

另一方面，会稽山水秀丽，为士人的游山、悟道提供了良好的环境。六朝时的会稽峰峦连绵，清流泄注，湖水镜澈，茂林修竹，风景秀丽。据《世说新语・言语》注引《会稽郡记》记载："会稽境特多名山水。峰崿隆峻，吐纳云雾，松栝枫柏，擢干疏流。潭壑镜澈，清流灌注。"② "嵊山与嵊山接。二山虽曰异县，而峰岭相连，其间倾涧怀烟，泉溪引雾，吹畦风馨，触岫延赏。是以王元琳谓之神明境，事备谢康乐《山居记》。"③

在侨姓士族与会稽本土士族的共同经营下，会稽第一次成为中国文化的中心。

一　在会稽的名士

在会稽的名士以谢安、王羲之、王胡之和孙绰四人为例分别论述。

（一）谢安

谢安（320—385），字安石。四岁时被桓彝目为"风神秀彻，当继踪王东海"④。王东海，即太原晋阳王承，曾任东海太守，东晋初年

① 朱金城笺校：《白居易集笺校》卷 68，上海古籍出版社 1988 年版，第 3684 页。

② 余嘉锡笺疏：《世说新语笺疏》，中华书局 2007 年版，第 172 页。

③ 陈桥驿校证：《水经注校证》卷 40，中华书局 2007 年版，第 946 页。

④ 《世说新语・德行》注引《文字志》，余嘉锡笺疏《世说新语笺疏》，中华书局 2007 年版，第 42 页。

名士。太尉王衍见而雅重之，“以比南阳乐广”[①]，其风神“清淡平远”[②]。一个四岁的孩子，桓彝比之名士王东海，可见谢安幼时超凡脱俗。至总角之龄，“神识沈敏，风宇畅条”[③]。谢安超迈的风神，深为丞相王导所器重，少年谢安即名重当世。

青年谢安，无处世意。初辟司徒府，除佐著作郎，以疾辞。复除尚书郎、琅琊王友、吏部郎，皆不就。《世说新语·赏誉》注引《续晋阳秋》曰：“初，安家于会稽上虞县，优游山水，六七年间，征召不至，虽弹奏相属，继以禁锢，然晏然不屑也。”[④] 谢安被朝廷禁锢终身，亦晏然不屑。《世说新语·雅量》注引《中兴书》曰：“安先居会稽，与支道林、许询共游处。出则渔弋山水，入则谈说属文，未尝有处世意也。”[⑤] 遂栖迟东山，纵情丘壑。曾经往临安山中，坐石室，临浚谷，悠然叹曰：“此去伯夷何远！”[⑥] 在会稽上虞东山，谢安居住了近二十年。与同在会稽的王羲之、孙绰、许询、支遁等人过着悠然玄远的隐居生活。

谢安乐山水，善文学，平日“以敷文析理自娱”[⑦]。《隋书·经籍志》载：晋太傅《谢安集》十卷（梁十卷，录一卷）。今诗存《兰亭诗》二首和《与王胡之诗》，存文六篇，其中书信三。谢安善清谈，多能发己见。弱冠后拜诣王濛，清谈良久，被王濛评为“此客亹亹，为来逼人”[⑧]。年少时，请阮裕谈论《白马论》。阮裕为论以示谢。于时谢不尽解阮语，重相咨尽。精通论难的阮裕乃叹曰：“非但能言人

---

① 《世说新语·品藻》注引《江左名士传》，余嘉锡笺疏《世说新语笺疏》，中华书局2007年版，第604页。

② 《世说新语·言语》注引《王中郎传》，余嘉锡笺疏《世说新语笺疏》，中华书局2007年版，第157页。

③ 《晋书》卷79《谢安传》，中华书局1974年版，第2072页。

④ 余嘉锡笺疏：《世说新语笺疏》，中华书局2007年版，第552页。

⑤ 同上书，第437页。

⑥ 《晋书》卷79《谢安传》，中华书局1974年版，第2072页。

⑦ 《世说新语·赏誉》注引《续晋阳秋》，余嘉锡笺疏《世说新语笺疏》，中华书局2007年版，第565页。

⑧ 《晋书》卷79《谢安传》，中华书局1974年版，第2072页。

不可得，正索解人亦不可得!”①《世说新语·文学》载：

> 支道林、许、谢盛德，共集王家，谢顾谓诸人曰：“今日可谓彦会，时既不可留，此集固亦难常，当共言咏，以写其怀。”许便问主人：“有《庄子》不?”正得《渔父》一篇。谢看题，便各使四坐通。支道林先通，作七百许语，叙致精丽，才藻奇拔，众咸称善。于是四坐各言怀毕。谢问曰：“卿等尽不?”皆曰：“今日之言，少不自竭。”谢后粗难，因自叙其意，作万余语，才峰秀逸，既自难干，加意气凝托，萧然自得，四坐莫不厌心。支谓谢曰：“君一往奔诣，故复自佳耳。”②

《庄子·渔父》一篇在众清谈名家支道林、许询、王濛等人，各自发表一番言说后，谢安尚能作万余语，且才峰秀逸，萧然自得，可见谢安对《渔父》篇独有心得，同时也可见出谢安的清谈能力。青年谢安喜欢清谈，不认同清谈误国的说法。《世说新语·言语》载：

> 王右军与谢太傅共登冶城。谢悠然远想，有高世之志。王谓谢曰：“夏禹勤王，手足胼胝；文王旰食，日不暇给。今四郊多垒，宜人人自效；而虚谈费务，浮文妨要，恐非当今所宜。”谢答曰：“秦任商鞅，二世而亡，岂清言致患邪?”③

面对王羲之认为清谈引发尚浮虚的社会风气，谢安的反诘非常巧妙。根据张可礼《东晋文艺系年》，王羲之与谢安共在京师的时间是晋永和三年（347），其时王羲之45岁，谢安28岁。谢安40余岁才出仕，之前一直过着隐居衡门的生活，有高世之志是他那个时期心态的反映。而王羲之此时已任护军将军，处处以国家前途为系念，所以认为虚谈废物、浮文妨要，这是王羲之这个时期心态的真实流露。

---

① 余嘉锡笺疏：《世说新语笺疏》，中华书局2007年版，第255页。

② 同上书，第281页。

③ 同上书，第153页。

谢安栖居东山时，平常在家则着意培养佳子弟。《世说新语·言语》载：

> 谢太傅问诸子侄："子弟亦何预人事，而正欲使其佳？"诸人莫有言者，谢玄答曰："譬如芝兰玉树，欲使其生于阶庭耳。"[1]

谢安的教育方式是"处家常以仪范训子弟"，即言传身教，耳濡目染，培育谢家的"芝兰玉树"。据《世说新语·德行》谢安夫人教儿，问："那得初不见君教儿？"答曰："我常自教儿。"[2] 在教育中注重方法，尊重子侄。《世说新语·纰漏》载：谢安二哥谢据尝上屋熏鼠，谢据之子谢朗无从知父作此事，听闻人道"痴人有作此者"，戏笑之。时时言此，非复一过。谢安告诉谢朗曰："世人以此谤中郎，亦言我共作此。"[3] 谢朗懊热，一个月闭斋不出。谢安虚托引己之过，以相开悟，可谓德教。《世说新语·假谲》载：谢玄年少时，"好着紫罗香囊，垂覆手，太傅患之，而不欲伤其意。乃谲与赌，得即烧之"[4]。谢玄即领悟叔父之意，遂止。

谢安重视子弟的文学素养，常与子弟在一起，讲论文艺，有时即兴形容物象，有时谈论《诗经》，以此考察子弟的审美与胸襟。《世说新语·言语》：

> 谢太傅寒雪日内集，与儿女讲论文义，俄而雪骤，公欣然曰："白雪纷纷何所似？"兄子胡儿曰："撒盐空中差可拟。"兄女曰："未若柳絮因风起。"公大笑乐。即公大兄无奕女，左将军王凝之妻也。[5]

胡儿，谢朗小字，谢安兄谢据长子，文义艳发。谢无奕女，王凝

---

① 余嘉锡笺疏：《世说新语笺疏》，中华书局2007年版，第173页。

② 同上书，第46页。

③ 同上书，第1070—1071页。

④ 同上书，第1013页。

⑤ 同上书，第155页。

之妻，即谢道韫。宋陈善《扪虱新话》曰：“撒盐空中”是米雪，“柳絮因风起”是鹅毛雪，“乃知谢氏二句，当各有所谓，固未可优劣论也”。余嘉锡评：“二句虽各有谓，而风调自以道韫为优。”① 谢道韫因此获“咏絮才”的美称。又《世说新语·文学》载：

> 谢安因子弟集聚，问《毛诗》何句最佳？遏称曰：“昔我往矣，杨柳依依；今我来思，雨雪霏霏。”公曰：“讦谟定命，远猷辰告。”谓此句偏有雅人深致。②

遏，谢玄小字，谢安兄谢无奕子。谢玄喜欢“昔我往矣，杨柳依依；今我来思，雨雪霏霏”之句，出自《诗经·小雅·采薇》，描写物态，慰藉人情，从文学角度而言，确是《诗经》中的名句。谢安认为有雅人深致的“訏谟定命，远犹辰告”句，出自《大雅·抑》。訏谟，即大谋，谓不为一身之谋，有天下之虑。远犹，即长远的政策。要确定宏大的规划，要宣布长远的政策。这两句诗就文学性而言，不及杨柳句，但其意具有以社稷为重的宏大格局。谢安虽栖居东山，但其具有胸怀天下的气度。谢安特重此句，也暗示谢家子弟当需胸怀大志。这次关于《毛诗》何句最佳的问答谢道韫应该也在场。《晋书·王凝之妻谢氏传》载：“叔父谢安问：‘《毛诗》何句最佳？’道韫称：‘吉甫作颂，穆如清风。仲山甫永怀，以慰其心。’安以为有雅人深致。”③ 谢道韫称道的诗句出自《诗经·大雅·烝民》。此诗是仲山甫被周宣王派到齐国筑城，临行前尹吉甫所作的一首送别诗。谢道韫称美的四句“吉甫作颂，穆如清风。仲山甫永怀，以慰其心”是该诗结尾，写到吉甫作赠歌，和美如清风，因为仲山甫临行有深长的思虑，所以做颂宽慰其心。仲山甫为国事忧虑，尹吉甫深懂其心故作诗宽慰。谢道韫应该是羡慕二人的人生道路有如此共同旨趣的友人吧。《晋书》曰谢安称此句有“雅人深致”。但在《世说新语》中“雅人

① 余嘉锡笺疏：《世说新语笺疏》，中华书局2007年版，第155—156页。

② 同上书，第278页。

③ 《晋书》卷96《王凝之妻谢氏传》，中华书局1974年版，第2516页。

深致”是用来评价谢安自己最欣赏的“訏谟定命，远犹辰告”句的。后人认为从谢安称道的诗句中看不到雅人深致，如王士祯《古夫于亭杂录》二云：“太傅所谓‘雅人深致’，终不能喻其旨。”从以上分析来看，应该是评价谢道韫称道的诗句“吉甫作颂，穆如清风。仲山甫永怀，以慰其心”，既有作诗之雅人，又有忧虑国事之深致。

谢安栖迟东山，教育子弟，游山玩水。名士刘惔曰：“若安石东山志立，当与天下共推之。”① 余嘉锡笺疏引施注苏诗卷七《游东西岩诗》题下注云：

> 东山在会稽上虞县西南四十五里，晋太傅文靖公谢安所居，一名谢安山。岿然特立于众峰间，拱揖亏蔽，如鸾鹤飞舞。其巅有谢公调马路，白云、明月二堂址。千嶂林立，下视沧海，天水相接，盖绝景也。下山出微径，为国庆寺。乃安石故宅。②

谢安不仅到处游览，隐居之所也是鸾鹤飞舞、千嶂林立、天水相接的绝美之地。

谢安在其弟谢万被废黜后，为了整个家族利益而出仕，其时已经四十岁。虽在朝廷，“东山之志始末不渝”③。《晋书》本传载：“于土山营墅，楼馆林竹甚盛，每携中外子侄往来游集。”后会稽王司马道子专权，而奸谄颇相扇构，谢安出镇广陵之步丘，筑垒新城以避之。“安虽受朝寄，然东山之志始末不渝，每形于言色。”④ 遗憾的是雅志未就，遂遇疾笃。

东晋士风比之西晋士风有了很大的变化，从行为上的放达转而追求一种精神的满足，即雅化了，是更高层次的放达。比之谢鲲、谢尚、谢万等的放达，谢安以雅量高致为尚，《世说新语·德行》注引《文字志》评其“弘粹通远，温雅融畅”⑤。《世说新语·雅

---

① 余嘉锡笺疏：《世说新语笺疏》，中华书局 2007 年版，第 552 页。

② 同上。

③ 《晋书》卷 79《谢安传》，中华书局 1974 年版，第 2076 页。

④ 同上。

⑤ 余嘉锡笺疏：《世说新语笺疏》，中华书局 2007 年版，第 42 页。

量》载：

> 谢太傅盘桓东山时，与孙兴公诸人泛海戏。风起浪涌，孙、王诸人色并遽，便唱使还。太傅神情方王吟啸不言。舟人以公貌闲意悦，犹去不止。既风转急，浪猛，众人皆喧动不安。公乃徐曰："如此，将无归！"舟人即承响而回。于是审其量，足以镇安朝野。①

《世说新语·赏誉》载王献之语谢安："公故潇洒。"谢曰："身不潇洒，君道身最得，身正自调畅。"②《续晋阳秋》曰："安弘雅有气，风神调畅也。"余嘉锡注引赵蕤《长短经·臣行篇》引虞世南论谢安曰："夫斯人也，岂以区区万户之封，动其方寸者欤？若论其度量，近古以来，未见其匹。"③

谢安隐居东山时潇洒自得，为天下名士之楷模；出仕时亦洒脱，为东晋风流宰相。

（二）王羲之

王羲之（303—361），字逸少，是王导的堂侄。少年王羲之表现出不凡气质。《晋书》本传载："羲之幼讷于言，人未之奇；年十三，尝谒周顗，周察而异之"，又为从父王敦看好，认为其是"吾家佳子弟，当不减阮主簿"④，东床坦腹的故事更显示了他的风度。"及长辩赡，以骨鲠称"，庾亮称其"清贵有鉴裁"⑤，殷浩称其"清鉴贵要"⑥。《世说新语·赏誉》注引《晋安帝纪》曰："羲之风骨清举也。"

王羲之起家为秘书郎，后为庾亮参军，迁长史，宁远将军、江州刺史。之后朝廷频招侍中、吏部尚书皆不就。复授护军将军，又推

① 余嘉锡笺疏：《世说新语笺疏》，中华书局2007年版，第437页。
② 同上书，第585页。
③ 同上书，第444页。
④ 《晋书》卷80《王羲之传》，中华书局1974年版，第2093页。
⑤ 同上书，第2093—2094页。
⑥ 余嘉锡笺疏：《世说新语笺疏》，中华书局2007年版，第565页。

辞。扬州刺史殷浩素雅重王羲之，劝他应命，写书给他："悠悠者以足下出处足观政之隆替，如吾等亦谓为然。至如足下出处，正与隆替对，岂可以一世之存亡，必从足下从容之适？幸徐求众心。卿不时起，复可以求美政不？若豁然开怀，当知万物之情也。"①

殷浩以"从容之适"和"美政"来形容王羲之的两种理想。"从容之适"只有在牵绊越少的情况下才能实现，"美政"则只有积极从政方能实现；前者出世，后者入世。两者要兼顾实属难事，所以殷浩希望王羲之放弃"从容之适"，实现"美政"。王羲之以《报殷浩书》作答："吾素自无廊庙志，直王丞相时果欲内吾，誓不许之，手迹犹存，由来尚矣，不于足下参政而方进退。自儿娶女嫁，便怀尚子平之志，数与亲知言之，非一日也。若蒙驱使，关陇、巴蜀皆所不辞。吾虽无专对之能，直谨守时命，宣国家威德，固当不同于凡使，必令远近咸知朝廷留心于无外，此所益殊不同居护军也。汉末使太傅马日磾慰抚关东，若不以吾轻微，无所为疑，宜及初冬以行，吾惟恭以待命。"②

王羲之称自己素"无廊庙之志"，但是若蒙驱使，关陇、巴蜀皆所不辞。可以看到，王羲之内心不仅尚子平之志由来已久，"美政"也是他的理想。所以，殷浩以求"美政"的理由打动了王羲之。因早有此志，王羲之对自己信心很足，终拜护军将军。又苦求宣城郡，不许。后因时任会稽内史的王述居母丧，乃以王羲之为右军将军、会稽内史。

这是永和七年（351），王羲之49岁，带着全家来到了会稽山阴。此后，直到去世之前，再没有离开会稽。

任职期间，王羲之皆以国家大局为重。殷浩与桓温不和，王羲之以国家之安在于内外和，劝殷浩不要与桓温闹矛盾。永和八年（352）殷浩北伐，王羲之以为必败，以书止之，言甚切至，殷浩不听，结果大败。殷浩耻于失败，次年又图再举，王羲之《又遗殷浩书》直言相

---

① 《晋书》卷80《王羲之传》，中华书局1974年版，第2094页。
② 同上。

劝，书中分析北伐失败的原因："自寇乱以来，处内外之任者，未有深谋远虑，括囊至计，而疲竭根本，各从所志，竟无一功可论，一事可记，忠言嘉谋弃而莫用，遂令天下将有土崩之势，何能不痛心悲慨也"①。王羲之本有骨鲠之气，直言殷浩现在做的应该是"宜更虚己求贤，当与有识共之，不可复令忠允之言常屈于当权"。在这篇书中，王羲之指出目前军破于外、资竭于内的政局，不宜北伐。当务之急，当"与朝贤思布平政，除其繁苛，省其赋役，与百姓更始"。只有这样，才可以允塞群望，救倒悬之急。同时，王羲之呈书给会稽王司马昱，希望他能阻止殷浩北伐。王羲之如此急切地反对北伐，并非出于不图恢复中原、苟安江南的保守心态。从王羲之书信中的分析，他认为当时的东晋朝廷根本不具备北伐中原的条件，如果一意孤行，只可能使这个偏安的朝廷走向覆亡。王羲之以东晋朝廷的安全来权衡北伐问题。第二年，殷浩遭遇叛将姚襄袭击，大败。桓温见殷浩失败，上疏获准。殷浩被废，流放到东阳信安县（今浙江衢州）。从此，殷浩便只得钻研佛理了。

一次次无功而返的北伐，给东晋百姓带来许多负担，这也是王羲之反对北伐的原因之一。所以，王羲之希望减赋税、除繁苛，给百姓喘息的机会。任会稽内史时，王羲之对百姓充满仁爱，努力向上级争取为会稽郡减少赋税。朝廷赋役繁重，"吴会尤甚，王羲之每上疏争之，事多见从"②。其时东土饥荒，王羲之写给友人书叹息都处饥荒，不知如何解决："知郡荒，吾前东周旋五千里，所在皆尔。可叹！江东自有大顿势，不知何方以救其弊，民事自欲叹复为意。"③ 面对荒灾，王羲之先是"辄开仓振贷"；另一方面，想办法减少粮食浪费，即会稽郡内断酒（禁酿酒），虽不见批复，但执意实行，断酒一年，省百余万斛米，效果显著："断酒事终不见许，然守之尚坚，弟亦当思同此怀。此郡断酒一年，所省百余万斛米，乃过于租。此救民命，

---

① 《晋书》卷80《王羲之传》，中华书局1974年版，第2094页。

② 同上书，第2097页。

③ （唐）张彦远：《法书要录》卷10，人民美术出版社1984年版，第343—344页。

当可胜言。”[①]

另外王羲之任会稽内史时，作《遗尚书仆射谢安书》[②] 陈述对漕运、冗政、贪污、百姓流亡等国家重大问题的见解，提出了有力的解决办法。例如对于百姓流亡，户口日减的情形，出现这种情况的主要原因是“军兴以来，征役及充运死亡叛散不反者，虚耗至此”，以及“课补不擒，家及同伍寻复亡叛”。这就是说，征役、充运、课捕是百姓流亡的重要原因。加之，“百工医寺，死亡绝没，家户空尽，差代无所，上命不绝，事起或十年、十五年，弹举祸罪无懈息，而无益实事，何以堪之？”[③] 这样沉重的负担百姓不堪忍受，所以，王羲之希望在上者能轻刑名，以绝百姓亡叛。如此则都邑既实，可保证为政之本。王羲之从国家的为政之本考虑，认为只有百姓安稳生活、不去流亡，才能保证国家的安全。

在任会稽内史的第三年，永和九年（353）三月三日，王羲之在会稽山阴的兰亭召集了一次盛大的集会，共有42人参加。这次集会共辑诗37首，王羲之既是召集者，则诗集序就由他来写，这就是散文名篇《兰亭集序》。序曰：

> 永和九年，岁在癸丑。暮春之初，会于会稽山阴之兰亭，修禊事也。群贤毕至，少长咸集。此地有崇山峻岭，茂林修竹。又有清流急湍，映带左右。引以为流觞曲水，列坐其次。虽无丝竹管弦之盛，一觞一咏，亦足以畅叙幽情。是日也，天朗气清，惠风和畅。仰观宇宙之大，俯察品类之盛，所以游目骋怀，足以极视听之娱，信可乐也。[④]

王羲之开篇即点出聚会的时间和事由。接着便开始记述事情的经过。山水与人相互交融，交相辉映，“群贤毕至，少长咸集”，便开始

---

① （唐）张彦远：《法书要录》卷10，人民美术出版社1984年版，第368—369页。

② 王羲之任会稽内史时，谢安尚未出仕。其时谢尚任尚书仆射，此书当是与谢尚。

③ 《晋书》卷80《王羲之传》，中华书局1974年版，第2097—2099页。

④ 同上书，第2099页。

关注山水："崇山峻岭"是人所处场所，"茂林修竹"与"清流急湍"是人周围环境，"映带左右"象征着人与自然的无言融合。环境交代之后又是诗会的过程，但是诗会的进行又时刻不忘自然的赋予："游目骋怀，足以极视听之娱"。在这一段中，王羲之将诗会的过程与山水的描写始终结合在一起，此种安排富有深意。在这里自然不再是可以外化为"娱目欢心"的对象，而是在诗会中不可或缺、激发人思维和灵感的源泉，是诗人欢畅于其中，并与之对话、与之交融的存在。在这种存在中，人是自然的一个因子，人在其中领悟了生存的真谛。在山水中悟道并乐在其中，对于王羲之及其诗友来说是人生乐事，故而王羲之以"信可乐也"结束了对诗会的回忆。

然而世间无不散之筵席，快乐总归要过去，王羲之在作此序言之时就深刻体会到了这种感觉：

> 夫人之相与俯仰一世，或取诸怀抱，悟言一室之内；或寄所托，放浪形骸之外。虽趣舍万殊，静躁不同，当其欣于所遇，暂得于己，快然自足，曾不知老之将至。及其所之既倦，情随事迁，感慨系之矣。向之所欣，俯仰之间，已为陈迹，犹不能不以之兴怀。况修短随化，终期于尽。古人云"死生亦大矣"，岂不痛哉！

由诗会带来的乐趣之消逝联想到生命的消逝，不由得发出"岂不痛哉"的感慨。王羲之接着进一步进行论述：

> 每览昔人兴感之由，若合一契，未尝不临文嗟悼，不能喻之于怀。固知一死生为虚诞，齐彭殇为妄作，后之视今，亦犹今之视昔。悲夫！故列叙时人，录其所述，虽世殊事异，所以兴怀，其致一也。后之览者，亦将有感于斯文。

对于此段的理解，尤其是对于"一死生为虚诞，齐彭殇为妄作"的理解，研究者多有不同的看法。有人认为这不是王羲之的思想，甚至以此为由来证明《兰亭集序》为伪作，这种看法宋人即有，近人郭沫若亦提出心仪老庄的王羲之不会有“一死生为虚诞，齐彭殇为妄作”的想法，因此伪作说确然无疑。郭说一出，附者纷纷。对于此说，反对者亦不乏其人。罗宗强指出，“认此二语非羲之之思想者，实对于东晋玄风与羲之思想之实质均无深入之了解”。在分析了王羲之一些文章及其行为之后，罗氏指出“在羲之的整个思想里，融合着儒、释、道诸家，而其最根本之旨趣，实于人生有甚深之眷恋”，从而得出这样的结论：“羲之游兰亭之时，见万类群品之繁盛生殖，见山川风日之美丽怡人，不禁悲从中来，于是有‘一死生为虚诞，齐彭殇为妄作’之议论。这实在是顺理成章的事。”①

那么，如何理解王羲之对于生死问题的进一步思考？上文提到王羲之对这一问题的思考并未止于对死亡之必然的悲伤与恐惧。在悲痛之际，王羲之突然转到了对于古人文章的阅读：“每览昔人兴感之由，若合一契，未尝不临文嗟悼，不能喻之于怀。”在古人作品中读出“兴感之由”，并与之产生契合之情。什么是古人“兴感之由”，且与王羲之有契合之情？在当时的情境下，王羲之指得应该就是自然。下文“固知一死生为虚诞，齐彭殇为妄作”中“固”字不能理解为“因此”，因为这里“一死生为虚诞，齐彭殇为妄作”的结论，并不能由上句得出，而是上一段的结论。《说文解字》曰“视之已然者曰固”，《辞海》中“固”有“诚然，本来”的意思，在这里当取此义，因其已是上一段的结论。其与下一句“后之视今，亦犹今之视昔”的关系应为让步关系。此时王羲之在“一死生为虚诞，齐彭殇为妄作”的思想上又向前迈了一步。今如何视昔？与本段前两句相联系，首先是感受古人的“兴感之由”，其次是生死问题。我们今人读到的是古人作品，感受到的是古人“兴感之由”，有谁还会去关注古人之死生与寿命之短长？此时的王羲之已将自身置于历史之中。之后在悲伤于生命消逝之时，又一次发出感慨：“后之视今，亦犹今之视昔，悲夫！”短暂的生命留给后人的只是可以让其兴感的诗文：“故列叙时人，录其所述，虽世殊事异，所以兴怀，其致一也。后之览者，亦将

① 罗宗强：《玄学与魏晋士人心态》，浙江人民出版社 1991 年版，第 319—320 页。

有感于斯文。”行文至此，王羲之的思想得到了升华，个体生命的消逝被赋予了沧桑的历史感，从而跳出了对个体生命的一己关怀，将个体与整个人类的历史融合起来，而这种融合又与自然进行了二度融合，形成了一种整体的生命观。

除了序文外，王羲之在此次聚会中作了两首《兰亭诗》。其中，五言诗首章曰：

三春启群品，寄畅在所因。
仰望碧天际，俯磐渌水滨。
寥朗无涯观，寓目理自陈。
大矣造化工，万殊莫不均。
群籁虽参差，适我无非新。[①]

首二句总写暮春时节万象更新，诗人面对春景寄托畅怀。三四句写俯仰之间所见春景：无涯的碧天，盘桓的渌水。景象辽远开阔。五六句写在此寥廓无涯的自然景象中，诗人悟得了自然的真理。最后四句写所悟之道：造化如此伟大，对万物莫不均等。虽然万物表象参差不同，但新鲜生动的春景皆让我满足陶醉。诗表现出王羲之超逸的风度。沈德潜评“不独序佳，诗亦清超越俗”[②]。

永和十一年（355）三月九日，王羲之在父母墓前发誓去官。外部原因是顶头上司扬州刺史王述，“检查会稽郡，辩其刑政，主者疲于简对”[③]，王羲之深以为耻，遂辞官不做。前任会稽内史王述少有名誉，与羲之齐名，而羲之甚轻之。王述在山阴丁忧期间，王羲之仅有一次吊唁，之后再无交集。于是，王述心生嫌隙。王述任扬州刺史后，王羲之曾希望朝廷将他管辖的会稽从扬州分出，这样就可和扬州并列，而不必受其辖制。这种提议，自然遭到朝廷拒绝，也因此为时贤所笑。这次所谓的上级视察，让王羲之深以为耻。与其做官受人辖

① 逯钦立辑校：《先秦汉魏晋南北朝诗》（中册），中华书局1983年版，第895页。
② 沈德潜：《古诗源》卷8，中华书局1963年版，第156页。
③ 《晋书》卷80《王羲之传》，中华书局1974年版，第2101页。

制，何如辞官过从容闲适的生活！于是在父母墓前发誓："维永和十一年三月癸卯朔，九日辛亥，小子羲之敢告二尊之灵：羲之不天，夙遭闵凶，不蒙过庭之训。母兄鞠育，得渐庶几。遂因人乏，蒙国宠荣。每仰咏老氏、周任之诫，常恐死亡无日，忧及宗祀，岂在微身而已！是用寤寐永叹，若坠深谷。止足之分，定之于今。谨以今月吉辰，肆筵设席，稽颡归诚，告誓先灵。自今之后，敢渝此心，贪冒苟进，是有无尊之心而子也。子而不子，天地所不覆载，名教所不得容。信之诚，有如皎日。"①

从此，王羲之归隐，后移居嵊县金庭，开始了从容闲适的生活。那本来也是王羲之向往已久的人生乐趣。王羲之归隐之所以选择移居金庭（今浙江省嵊州市金庭乡），一方面是因为此地山水极美，至唐代还被称为"天下绝景"。唐裴通《金庭观晋右军书楼墨池记》曰："越中山水奇丽，剡为最。剡中山水奇丽，金庭洞天为最。洞在县东南，循山趾右去凡七十里，得小香炉峰，峰则洞天北门也。谷抱山阙，云重烟峦，回亘万变，清和一气。花光照夜而常昼，水色含空而无底。此地何事，常闻异香；有时值人，从古不死。真天下绝景也。"

除了山水形胜之故，还因为金庭出产药材。王羲之家族信奉天师道，平日服食养生，离不开好药材。《晋书·王羲之传》载："羲之雅好服食养性，不乐在京师；初渡浙江，便有终焉之志。"② 晚岁后移居嵊县金庭，越加注重服食。

早在王羲之任会稽内史时，就对金庭作了考察，早有退隐之计。《十七帖》记曰：

> 吾前东，粗足，作佳观。吾为逸民之怀久矣，足下何方复及此。似梦中语耶！无缘言面，为叹，书何能悉。③

此书中的"佳观"，应该就是王羲之在金庭的庞大庄园，后世称为

① 《晋书》卷80《王羲之传》，中华书局1974年版，第2101页。
② 同上书，第2098页。
③ （唐）张彦远：《法书要录》卷10，人民美术出版社1984年版，第318页。

金庭观。正如陈寅恪《述东晋王导之功业》指出，“其欣赏自然界美景的能力甚高，而浙东山水佳胜，故于此区域作‘寻田问舍’之计”①。一时间，剡地居住诸多高隐、名僧，如阮裕、戴逵、谢敷、许询、支遁、竺道深、于法开等。许询更是特从永兴移居到剡，与王羲之为邻。

在金庭过着快乐的隐居生活。王羲之常常纵情山水，弋钓为娱，采药石不远千里。本传记载：与东土人士尽山水之游，以弋钓为娱。“与道士许迈共修服食，采药石不远千里，遍游东中诸郡，穷诸名山，泛沧海，叹曰：‘我卒当以乐死’。”②

回到金庭观，则种树摘果，教养子孙：“顷东游还，修植桑果，今盛敷荣，率诸子，抱弱孙，游观其间，有一味之甘，割而分之，以娱目前。”衣食之余，与亲人知交时共欢燕：“虽不能兴言高咏，衔杯引满，语田里所行，故以为抚掌之资，其为得意，可胜言耶!”③ 以为此生心愿与此毕矣。升平五年（361）卒于金庭，葬焉。

王羲之一生的成就，皆在会稽。任会稽内史，赈灾禁酒，减少赋税，是为良吏；在此期间有举行兰亭雅集，形成并影响后世的雅集传统。辞官后，书法不辍，留下大量法帖，被《法书要录》辑录一卷为《右军书记》。絮絮叨叨，皆为日常琐事，亦可见其深情，不仅书为名品，文亦为小品，可称为絮语派小品。

（三）王胡之

王胡之（？—356），字修龄，王导的堂弟王廙次子，弱冠有声誉，“少有风尚，才器率举，有秀悟之称”④，长而“治身清约，以风操自居”⑤。

王胡之也是一位逍遥名士，寓居会稽东山时非常贫困，却不愿接

---

① 陈寅恪：《述东晋王导之功业》，《金明馆丛稿初编》，生活·读书·新知三联书店2001年版，第70页。

② 《晋书》卷80《王羲之传》，中华书局1974年版，第2101页。

③ 同上书，第2102页。

④ 《世说新语·赏誉》注引《王胡之别传》，余嘉锡笺疏《世说新语笺疏》，中华书局2007年版，第579页。

⑤ 同上，第578页。

受乌程令陶范馈赠的一船米。王胡之在谢安处，咏屈原《少司命》中的“入不言兮出不辞，乘回风兮载云旗”，跟人讲吟诵时，但“觉一坐无人”①。被名士刘惔评为“名士之高操者”②。

王胡之“好达玄言”③，常与当时的清谈名士谈玄。《世说新语·企羡》载：在武昌做庾亮记室参军时，为和当时清谈领袖殷浩面谈，向庾亮请假曰：“下官希见盛德，渊源始至，犹贪与少日周旋。”④《世说新语·容止》：秋夜气佳景清之时，和殷浩、王羲之等人同登武昌南楼理咏，音调始遒，吸引一向严谨的庾亮加入，“与诸人咏谑，竟坐甚得任乐”⑤。《世说新语·赏誉》：王胡之长于玄谈，而且常常有惊人之语，被支遁评为：“见司州，警悟交至，使人不得住，亦终日忘疲。”⑥

王胡之亦喜山水。做官后，“胡之常遗世务，以高尚为情，与谢安相善”⑦。隐居东山的谢安说：“司州可与林泽游。”⑧ 会稽东山的山水间留下了二人一起出游的身影。谢安四言《与王胡之诗》六章记录了二人同游之乐：或投纶同咏，或褰褐俱翔，或啸歌丘林，或入室鸣琴。一幅知己相得之图如在目前。王胡之后任吴兴太守，刚至，就迫不及待去看吴兴印渚。《世说新语·言语》注引《吴兴记》曰：“於潜县东七十里，有印渚，渚旁有白石山，峻壁四十丈。印渚盖众溪之下流也。印渚已上至县，悉石濑恶道，不可行船；印渚已下，水道无险，故行旅集焉。”⑨ 周遭峻壁石濑的印渚，引发了王胡之喜好山水的

① 余嘉锡笺疏：《世说新语笺疏》，中华书局 2007 年版，第 712 页。

② 同上书，第 577—578 页。

③《世说新语·赏誉》注引宋明帝《文章志》，余嘉锡笺疏《世说新语笺疏》，中华书局 2007 年版，第 576 页。

④ 余嘉锡笺疏：《世说新语笺疏》，中华书局 2007 年版，第 746 页。

⑤ 同上书，第 727 页。

⑥ 同上书，第 579 页。

⑦《世说新语·赏誉》注引《王胡之别传》，余嘉锡笺疏《世说新语笺疏》，中华书局 2007 年版，第 574 页。

⑧ 同上。

⑨ 余嘉锡笺疏：《世说新语笺疏》，中华书局 2007 年版，第 164 页。

雅致，叹曰：“非唯使人情开涤，亦觉日月清朗。”①

谢万评王胡之弟王耆之，“乐托之性，出自门风”②。乐托，即落拓。王胡之不拘细节之落拓，正出自王氏门风。王胡之传承了王衍、王澄等名士的落拓之风。

除了谈玄、游山外，王胡之也善文学创作。《世说新语·品藻》注引《王胡之别传》曰：“胡之好谈谐，善属文辞，为当世所重。”③《隋书·经籍志》载：晋西中郎将《王胡之集》十卷。今存诗二篇，文四篇。《赠庾翼》八章和《答谢安》八章，二篇赠答诗，被《文馆词林》收入。

《赠庾翼诗》前三章称赞庾翼的“通广外润，雅裁内正”的高尚风度和使“昆领载崇，太阳增辉”将领气势。第四章写“上善居下”的人生态度。第五章写二人“自然冥会”的友情：“友以淡合，理随道泰。余与夫子，自然冥会。暂面豁怀，倾枕解带。玉液相润，琼林增蔼。心齐飞沈，相望事外。譬诸龙鱼，陵云潜濑。”第六章、第七章写虽然一人是辅汉者，一人是遁迹者，但皆能“妙善自同”，各行外内臣道。末章抒写了对远离尘世、高尚山水的向往：

回驾蓬庐，独游偶影。
陵风行歌，肆目崇岭。
高丘隐天，长湖万顷。
可以垂纶，可以啸咏。
取诸匈怀，寄之匠郢。④

朝隐生活正是王胡之一贯的坚持。《答谢安》八章是王胡之对谢安《与王胡之》的酬答，其中第七章曰：“巢由坦步，稷契王佐。太公奇拔，首阳空饿。各乘其道，两无贰过。愿弘玄契，废疾高卧。”⑤

① 余嘉锡笺疏：《世说新语笺疏》，中华书局2007年版，第164页。
② 同上书，第574页。
③ 同上书，第631页。
④ 逯钦立辑校：《先秦汉魏晋南北朝诗》（中册），中华书局1983年版，第886页。
⑤ 同上书，第887页。

吟咏的历史人物，或显或隐，或出或处，各从所好，并不矛盾，而自己则希望高卧山林。

王胡之文今存四篇。其中《与庾安西笺》曰：

此间万顷江湖，挠之不浊，澄之不清，而百姓投一纶下一筌者，皆夺其鱼器，不输十匹，则不得放。不知漆园吏何得持竿不顾，渔父鼓枻而歌沧浪也？①

此书笺表现了王胡之隐居江湖的自得之乐。

（四）孙绰

孙绰（314—371），字兴公，太原中都人，祖父孙楚。永嘉丧乱，幼年与兄孙统渡江。博学善属文，与高阳许询俱有高尚之志。居于会稽，游放山水十余年，“乃作《遂初赋》以致其意”②。

《遂初赋》仅存序，曰：

余少慕老庄之道，仰其风流久矣。却感於陵贤妻之言，怅然悟之。乃经营东山，五亩之宅，带长阜，倚茂林，孰与坐华幕击钟鼓者同年而语其乐哉！③

孙绰希望在带长阜、有茂林的五亩之宅过着悠闲的隐居生活。宅前种一棵小松树，常常亲自守护，被邻居嘲讽。《世说新语·言语》载：

孙绰赋《遂初》，筑室畎川，自言见止足之分。斋前种一株松，恒自手壅治之。高世远时亦邻居，语孙曰：“松树子非不楚

① （清）严可均辑：《全上古三代秦汉三国六朝文》（第2册），中华书局1999年影印本，第1572页。

② （唐）许嵩：《建康实录》卷8，上海古籍出版社1987年版，第183页。

③ （清）严可均辑：《全上古三代秦汉三国六朝文》（第2册），中华书局1999年影印本，第1807页。

楚可怜，但永无栋梁用耳！”孙曰：“枫柳虽合抱，亦何所施？”①

孙绰祖父孙楚，字子荆，西晋名士。邻居高世远，即高柔，言语中包含其祖父之名以戏弄。余嘉锡认为：“孙答语中当亦还斥高柔祖父之名，但不可考耳。”② 先不管言语中的调笑，单就孙绰经常亲自为这株松树浇水松土，可见这是孙绰每日的一个乐趣。

孙绰初作征西将军庾亮参军，后任扬州刺史殷浩之建威长史，又任会稽内史王羲之之右军长史，转永嘉太守，散骑常侍，领著作郎。后又任廷尉卿，领著作郎。虽一直在任，实则过着不与俗务经怀的朝隐生活。《世说新语·文学》：谢万作《八贤论》，以处者为优，出者为劣。孙绰不认同，与谢万往返讨论。注引《中兴书》曰：“体玄识远者，出处同归。”③ 孙绰自己常以“托怀玄胜，远咏老、庄，萧条高寄，不与时务经怀”④ 而自许。但是，孙绰并非完全不过问时事政治。当桓温刚平定河南，要求朝廷迁都洛阳时，朝中大臣认为北土萧条，心有疑惧，迫于桓温的势力不敢轻言反对。只有孙绰上疏陈述利弊，反对迁都，这就是他的《谏移都洛阳疏》。《世说新语·轻诋》载：桓温见表心服，而忿其异议，令人致意孙绰云：“君何不寻《遂初赋》，而强知人家国事！”⑤

孙绰是东晋玄言诗风的代表诗人。《世说新语·文学》注引《续晋阳秋》载：“询、绰并为一时文宗，自此作者悉体之。”《隋书·经籍志》：晋卫尉卿《孙绰集》15卷，梁25卷。现存孙绰诗有《表哀诗》《赠温峤诗》《与庾冰诗》《答许询诗》《赠谢安诗》《兰亭诗》（二首）、《三月三日诗》《秋日诗》《情人碧玉歌》（二首）。

孙绰对自己的诗文创作非常自信。和许询皆为一时名流，有的喜欢许询高迈，有的喜欢孙绰的才华。《世说新语·品藻》载：支遁问

① 余嘉锡笺疏：《世说新语笺疏》，中华书局2007年版，第167页。

② 同上。

③ 同上书，第319页。

④ 同上书，第618页。

⑤ 同上书，第985页。

孙绰："君何如许?"孙绰回答："高情远致，弟子早已服膺；然一咏一吟，许将北面矣。"[①]《晋书》本传载："绰少以文才垂称，于时文士，绰为其冠"[②]"王、温、郗、庾诸公之薨，必须绰为碑文，然后刊石。"[③]

东晋有神游山水的风尚，不必亲见，而在想象中游览山水。孙绰《游天台山赋》就是其中的典范之作。《世说新语·文学》载：

> 孙兴公作《天台赋》成，以示范荣期，云："卿试掷地，要作金石声。"范曰："恐子之金石，非宫商中声！"然每至佳句，辄云："应是我辈语。"[④]

《天台赋》竭力描写天台山幽邃绝域之美，以及孙绰神游此山、迄于仙都后看到的仙界之美："被毛褐之森森，振金策之铃铃。披荒榛之蒙茏，涉峭崿之峥嵘。济楢溪而直进，落五界而讯征。跨穹隆之悬磴，临万丈之绝冥。践莓苔之滑石，搏壁立之翠屏。揽樛木之长萝，援葛藟之飞茎""藉萋萋之纤草，荫落落之长松。觌翔鸾之裔裔，听鸣凤之嗈嗈"[⑤]。孙绰诗文中的山水描绘，对山水文学的兴盛有重要影响。

除了以上列举之外，其他活动在会稽的名士，还有很多。比如孙统，孙绰兄，字承公，"善属文，时人谓其有祖（孙）楚风。仕至余姚令"[⑥]。孙统少任诞不羁，家于会稽，性好山水。"及求鄞县，遗心细务，纵意游肆，名阜盛川，靡不历览。"[⑦]刘惔评价孙统："狂士，每至一处，赏玩累日，或回至半路却返。"[⑧]还有王羲之诸子王徽之、王献之等，下文皆会涉及，此不赘述。又司徒蔡谟，携子蔡邵、蔡系，择居沃洲一隅。

---

① 余嘉锡笺疏：《世说新语笺疏》，中华书局2007年版，第626页。
② 《晋书》卷56《孙绰传》，中华书局1974年版，第1547页。
③ 同上。
④ 余嘉锡笺疏：《世说新语笺疏》，中华书局2007年版，第316页。
⑤ （唐）李善注：《文选》，上海古籍出版社1997年版，第493—500页。
⑥ 《世说新语·品藻》注引《中兴书》，余嘉锡笺疏《世说新语笺疏》，第630页。
⑦ 同上书，第881页。
⑧ 同上。

二　在会稽的隐士

在会稽的隐士以阮裕、许询、戴逵三人为例分别论述。

（一）阮裕

阮裕，字思旷，陈留尉氏人。祖阮略，齐国内史。父阮颢，汝南太守。《世说新语·赏誉》注引《中兴书》曰："阮裕少有德行，王敦闻其名，召为主簿，知敦有不臣之心，纵酒昏酣，不综其事。"淹通有理识，累迁侍中。因为疾病，筑室会稽剡山，遂隐居不出。《晋书·阮裕传》载："还剡山，有肥遁之志。"[①]征金紫光禄大夫，不就。年六十一卒。

阮裕归隐后，不谋名，因此不愿多与名流交接。《世说新语·方正》载：

> 阮光禄赴山陵，至都城，不往殷、刘许，过事便还。诸人相与追之。阮亦知时流必当逐己，乃遄疾而去，至方山不相及。[②]

阮裕既不看重官位、名声，更不重物质。《世说新语·德行》载：

> 阮光禄在剡，曾有好车，借者无不皆给。有人葬母，意欲借而不敢言。阮后闻之，叹曰："吾有车而使人不敢借，何以车为？"遂焚之。[③]

在阮裕看来，再好的车也只是工具，是为人服务的。有人借用车，才能体现其价值。否则，便不能体现车的作用，和没有一样，于是一把火焚毁。

阮裕不重外物，外在的位、名、利都与己无关，他看重的是自我

---

① 《晋书》卷49《阮裕传》，中华书局1974年版，第1368页。

② 余嘉锡笺疏：《世说新语笺疏》，中华书局2007年版，第388页。

③ 同上书，第41页。

内心的满足。《世说新语·栖逸》载：

阮光禄在东山，萧然无事，常内足于怀。有人以问王右军，右军曰："此君近不惊宠辱，遂古之沉冥，何以过此？"①

令王羲之感叹莫及的正是阮裕内心的自足和淡定。

（二）许询

高阳许询，字玄度。高祖许允，魏中领军镇北参军。曾祖许猛，幽州刺史。祖父许式，濮阳内史、平原太守。父许皈（归）②，以琅琊太守随中宗过江，迁会稽内史，因家于山阴。

许询生平《晋书·隐逸》无传，晚清李慈铭认为此颇为可惜。《越缦堂日记》第21册第56卷云："《晋书》无许询、支遁等传。名言佳事，刊落甚多。盖以鸠摩罗什、佛图澄，皆有道术，故入之艺术传。遁既缁流，而以风尚著称，无类可归，遂从阙略。然不列询于隐逸，又何说乎？若收许询，便可附入道林。因及释道安、竺法深、慧远诸人，标举胜会，亦自可观，作史者所不当遗也。许询，《剡录》有传，集《晋书》《世说》及《晋阳秋》《中兴书》而成者。"③

所幸《世说新语》及刘孝标注，《文选注》《建康实录》等中有记载。《续晋阳秋》曰：

许询字玄度，高阳人，魏中领军允玄孙。总角秀惠，众称神童，长而风情简素，司徒掾辟，不就，蚤卒。④

询字玄度，高阳人。父归，以琅玡太守随中宗过江，迁会稽内史，因家于山阴。幼冲灵，好泉石，清风朗月，举酒咏怀。中

① 余嘉锡笺疏：《世说新语笺疏》，中华书局2007年版，第769页。

② 余嘉锡考证：其父之名乃有旼、助、归、贩四字之不同。考《元和姓纂》六、《古今姓氏书辩证》二十三、上声八语，均作"式子皈"，即归字。与《建康实录》合。其作旼、作助、作贩者，皆以形近致误也（余嘉锡笺疏《世说新语笺疏》，中华书局2007年版，第150页）。

③ 余嘉锡笺疏引李慈铭《越缦堂日记》，余嘉锡笺疏《世说新语笺疏》，第150页。

④ 同上。

宗闻而征为议郎，辞不受职。遂托迹居于永兴。肃宗连征司徒掾，不就。乃策杖披裘，隐于永兴西山。凭树构堂，萧然自致。至今此地，名为萧山。遂舍永兴、山阴二宅为寺。家财珍异，悉皆是给。既成，启奏。孝宗诏曰：“山阴旧宅，为祇洹寺。永兴新居，为崇化寺。”既而移皋屯之岩，常与沙门支遁及谢安石、王羲之往来。至今皋屯呼为许玄度岩也。①

许询总角秀惠，被称神童。成年后风情简素，肃宗连征司徒掾辟，不就，号征君。唐无名氏《文选集注》卷62引公孙罗《文选抄》曰：“征为司徒掾，不就。故号征君。好神游，乐隐遁之事。”

许询高情远志，还源于他对自然的亲近。《世说新语·栖逸》载：许询好游山水，喜登临，身体轻便，故时人云：“询非徒有胜情，实有济胜之具。”② 许询不仅有寻山水之胜情，而且身心一致，有好的身体支持。先是隐在会稽山阴，与谢安、支遁共游处。余嘉锡注引《隐录》曰：“隐在会稽幽究山，与谢安、支遁游处，以弋钓啸咏为事。”③ 后又托迹于永兴。后来舍永兴、山阴二宅为寺。至此，许询的房产、家财全部捐给寺院，更见其隐居的决心。

当年许询至建康，就刘尹宿，有一段有趣的对话。《世说新语·言语》载：

刘真长为丹阳尹，许玄度出都就刘宿。床帷新丽，饮食丰甘。许曰：“若保全此处，殊胜东山。”刘曰：“卿若知吉凶由人，吾安得不保此！”王逸少在坐曰：“令巢、许遇稷、契，当无此言。”二人并有愧色。④

许询见丹阳尹刘惔家床帏时髦华丽，饮食丰厚甘美，不觉说：

① （唐）许嵩：《建康实录》卷8，上海古籍出版社1987年版，第162页。
② 余嘉锡笺疏：《世说新语笺疏》，中华书局2007年版，第778页。
③ 余嘉锡笺疏引《隐录》，《世说新语笺疏》，第152页。
④ 余嘉锡笺疏：《世说新语笺疏》，中华书局2007年版，第150页。

“若保全此处，胜过东山。”刘惔曰：“你若懂得吉凶由人，我怎么不会一直保持这样的生活?”王羲之说：“如果巢父、许由遇到舜时贤臣后稷和契，必不会有这样的言语。”许询、刘惔并有愧疚之色。

如果在那时，许询还看重物质的享受，那么，在他舍弃家业的那一刻，彻底超越了外在的物欲。后又隐居在永兴皋屯。常与支遁、谢安、王羲之往来。到唐代皋屯还称为许玄度岩。在许询隐居在永兴南幽穴中时，又有一段颇有意趣的对话。《世说新语·栖逸》载：

> 许玄度隐在永兴南幽穴中，每致四方诸侯之遗。或谓许曰：“尝闻箕山人，似不尔耳!”许曰：“筐篚苞苴，故当轻于天下之宝耳!”①

许询既无家产，于是隐居在永兴南幽穴中，会接受四方地方官赠予的食物。有人对许询说：“听说隐居在箕山的许由，似乎不会有这样的行为。”许询不以为然，对曰：“装在竹筐里的裹肉，应当比天下轻多了吧!”此时的许询，已经不会为旁人的闲言所动，坚持自己该做的。

王羲之辞去会稽内史后，隐居在嵊县金庭。许询特来与王羲之为邻，居住在距金庭观二里远的济渡村。许询经常去金庭王羲之家小住数日，王羲之写给他人的书札记载了与许询的交往：“得西问，无他。想彼人甚平安，此粗佳。玄度来数日，为慰。”② 可惜，许询来嵊县不仅就生病了，身体浮肿得厉害。王羲之书札载：

> 未得安西问。玄度忽肿，至可忧虑。得其昨书云小差，然疾候自恐难耶。③
>
> 二谢致丧，兴公近便索然。玄度来数日，有疾患，便复来。

① 余嘉锡笺疏：《世说新语笺疏》，中华书局2007年版，第777页。

② （清）严可均辑：《全上古三代秦汉三国六朝文》（第2册），中华书局1999年影印本，第1605页。

③ 同上书，第1589页。

阿万小差。阮公政耿耿。怀祖可呼？贺祭酒俱。[①]

未几而亡：

玄度先乃可尔。尝谓有理，因祠祀，绝多感，其夜便至此。致之生，而速之。每寻痛惋不能已已。省君书，增酸。恐大分自不可移，时至，不可以智力救。如此。[②]

痛念玄度。立如志而更速祸，可惋可痛者。省君书，亦增酸。[③]

许询从病重到死亡的过程，王羲之都是见证者。许询的死亡，带给王羲之很多伤痛，但也清醒地认识到人寿命定，不可力致。但是，王羲之还是从许询中年病亡，得到了一些启示：

服食故不可。乃将冷药，仆即复是中之者。肠胃中一冷，不可如何？是以要春秋辄大起多，腹中不调适。君宜深以为意。省君书，亦比得之。物养之妙，岂复容言？直无其人耳。许君见验，何烦多云矣。[④]

从王羲之的书札中可看到，王羲之将许询的去世，归结到服食的缘由上。可见，许询平时非常注重服食，也就是所谓的五石散。大约身体浮肿、死亡，都是重金属中毒。

许询有才情，善属文。与孙绰皆为东晋玄言诗的代表。两人的才华自不同。一次，孙绰、许询共在山阴白楼亭，商略先往名达。林公既非所关，听完云："二贤故自有才情。"[⑤]《隋书·经籍志》载：晋征士《许询集》八卷，录一卷。可惜绝大多数散亡，仅存残片。简文

① （清）严可均辑：《全上古三代秦汉三国六朝文》（第2册），中华书局1999年影印本，第1607页。

② 同上书，第1583页。

③ 同上书，第1587页。

④ 同上。

⑤ 《世说新语·赏誉》注引《会稽记》，余嘉锡笺疏《世说新语笺疏》，第572页。

帝称："玄度五言诗，可谓妙绝时人。"[①] 今仅存《竹扇》一首，曰：

良工眇方林，妙思触物骋。
篾疑秋蝉翼，团取望舒景。[②]

字句雕琢，未见妙绝。另有残句："青松凝素髓，秋菊落芳英"，写松菊平淡自然，被胡应麟《诗薮》评为"俨是唐律"[③]。《农里诗》残句曰："亹亹玄思得，濯濯情累除"，二句有清虚之致，或可窥见其诗风。

（三）戴逵

谯国戴逵（327—396），字安道，谯国人。少博学，好谈论，善属文，能鼓琴，工书画，其余巧艺靡不毕综。少有清操，恬和通任，为刘惔所知。"总角时，以鸡卵汁溲白瓦屑作《郑玄碑》，又为文而自镌之，词丽器妙，时人莫不惊叹。"[④] 师事处士范宣于豫章，范宣异之，以兄女妻焉。

戴逵受其师范宣影响极大。陈留范宣，字子宣，博综群书，尤精三礼，少尚隐逸，以清洁自立。《世说新语·德行》载："宣洁行廉约，韩豫章遗绢百匹，不受；减五十匹，复不受。如是减半，遂至一匹，既终不受。韩后与范同载，就车中裂二丈与范，云：'人宁可使妇无裈邪？'范笑而受之。"[⑤]《世说新语·德行》注引《宣别传》曰："年十岁，能诵诗书。儿童时，手伤改容，家人以其年幼，皆异之。征太学博士、散骑常侍，一无所就。年五十四卒。"[⑥]《世说新语·德行》注引《中兴书》曰："宣家至贫，罕交人事。豫章太守殷羡见宣茅茨不完，欲为改室，宣固辞。羡爱之，以宣贫，加年饥疾疫，厚饷

① 余嘉锡笺疏：《世说新语笺疏》，中华书局2007年版，第310页。
② 逯钦立辑校：《先秦汉魏晋南北朝诗》（中册），中华书局1983年版，第894页。
③ （明）胡应麟：《诗薮》，上海古籍出版社1979年版，第148页。
④ 《晋书》卷94《戴逵传》，中华书局1974年版，第2457页。
⑤ 余嘉锡笺疏：《世说新语笺疏》，中华书局2007年版，第47页。
⑥ 同上。

给之，宣又不受。”[①] 范宣一生未仕，就连公门都不愿进入。《世说新语·栖逸》载：“范宣未尝入公门，韩康伯与同载，遂诱俱入郡，范便于车后趋下。”[②]

戴逵不乐当世，以琴书自娱，隐会稽剡山。《世说新语·栖逸》载：

> 郗超每闻欲高尚隐退者，辄为办百万资，并为造立居宇。在剡，为戴逵起宅，甚精整。戴逵始往旧居，与所亲书曰：“近至剡，如官舍。”[③]

《世说新语·雅量》注引《晋安帝纪》：“尤乐游燕，多与高门风流者游，谈者许其通隐。屡辞征命，遂著高尚之称。”[④] 其《闲游赞序》曰：

> 昔神人在上，辅其天理。知溟海之禽，不以笼樊服养；栎散之质，不以斧斤致用。故能树之于广漠，栖之于江湖，载之以大猷，覆之以玄风，使夫淳朴之心，静一之性，咸得就山泽，乐闲旷，自此而箕岭之下，始有闲游之人焉……然如山林之客，非徒逃人患，避争门，谅所以翼顺资和，涤除机心，容养淳淑，而自适者尔。凡物莫不以适为得，以足为至。彼闲游者，奚往而不适，奚待而不足，故荫映岩流之际，偃息琴书之侧，寄心松竹，取乐鱼鸟，则澹泊之愿，于是毕矣。[⑤]

为了保持“淳朴之心，静一之性”，便有了闲游之人。而闲游者，不是为了逃避人，也不是为了逃避争斗，而是剔除机心，以求自适。

---

① 余嘉锡笺疏：《世说新语笺疏》，中华书局 2007 年版，第 47 页。

② 同上书，第 777 页。

③ 同上书，第 778 页。

④ 同上书，第 442 页。

⑤ （清）严可均辑：《全上古三代秦汉三国六朝文》（第 2 册），中华书局 1999 年影印本，第 2250 页。

只有闲游者，可以在山水之间、琴书之侧、寄心松竹、取乐鱼鸟，这就是澹泊之愿。戴逵用自己的一生实践了这种澹泊生活。戴逵与其兄戴逯的人生取向完全不同，《世说新语·栖逸》载：

> 戴安道既厉操东山，而其兄欲建式遏之功。谢太傅曰：“卿兄弟志业，何其太殊？”戴曰：“下官‘不堪其忧’，家弟‘不改其乐’。”①

戴逵性高洁，常以礼度自处，以为放达非道，乃著论曰：“夫亲没而采药不反者，不仁之子也；君危而屡出近关者，苟免之臣也。而古之人未始以彼害名教之体者何？达其旨故也。达其旨，故不惑其迹。若元康之人，可谓好遁迹而不求其本，故有捐本徇末之弊，舍实逐声之行，是犹美西施而学其颦眉，慕有道而折其巾角，所以为慕者，非其所以为美，徒贵貌似而已矣。”②

晋孝武帝太元（376—396）中，连征散骑常侍、国子监博士，郡县敦迫不得已，戴逵于是逃到吴地。吴国内史王珣有别馆在虎丘山，戴逵潜诣之，与王珣游处积旬。会稽内史谢玄，考虑戴逵远遁不反，上疏请绝召命，曰：“伏见谯国戴逵希心俗表，不婴世务，栖迟衡门，与琴书为友。虽策命屡加，幽操不回，超然绝迹，自求其志。且年垂耳顺，常抱羸疾，时或失适，转至委笃。今王命未回，将离风霜之患。陛下既已爱而器之，亦宜使其身名并存，请绝其召命。”③ 帝许之，戴逵复还剡。

后王珣为尚书仆射，上疏复请征为国子祭酒，加散骑常侍，征之，复不至。太元二十年（395），太子太傅会稽王司马道子、少傅王雅、詹事王珣，又上疏举荐会稽处士戴逵参侍东宫，适逢戴逵病卒。《隋书·经籍志》载：著有《竹林七贤论》2 卷、集 10 卷。

---

① 余嘉锡笺疏：《世说新语笺疏》，中华书局 2007 年版，第 776 页。
② 《晋书》卷 94《戴逵传》，中华书局 1974 年版，第 2457—2458 页。
③ 同上书，第 2458—2459 页。

三　会稽本土高士

会稽士人和侨姓士人共处一个地理空间，多数士人保留了汉代以来会稽士人的品质。下面分为六类分别论述。

（一）大隐虞喜

会稽本土士人有隐居不仕的先例。东汉余姚处士严光，面对老同学光武帝刘秀，还是坚持自己的人生选择，终身隐居不仕。会稽士族中多有大隐。

虞喜（281—356），字仲宁，会稽余姚人，高隐不仕。父虞察，吴征虏将军。虞喜操行贞素，博学强识，多次征召皆不就。

太宁中，明帝下《复征任旭、虞喜为博士诏》曰："夫兴化致政，莫尚乎崇道教，明退素也。丧乱以来，儒雅陵夷，每览《子衿》之诗，未尝不慨然。临海任旭、会稽虞喜，并洁净其操，岁寒不移，精研坟典，居今行古，志操足以励俗，博学足以明道，前虽不至，其更以博士征之。"虞喜以疾病辞不赴任。

成帝咸康初（335），内史何充上《请征虞喜疏》："臣闻二八举而四门穆，十乱用而天下安，徽猷克阐，有自来矣。方今圣德钦明，思恢遐烈，旌舆整驾，俟贤而动。伏见前贤良虞喜天挺贞素，高尚邈世，束修立德，皓首不倦。加以傍综广深，博闻强识，钻坚研微，有弗及之勤；处静味道，无风尘之志。高枕柴门，怡然自足。宜使蒲轮纡衡，以旌殊操，一则翼赞大化，二则敦励薄俗。"[①] 在何充的竭力举荐下，成帝下《征翟汤、虞喜为散骑常侍诏》："浔阳翟汤、会稽虞喜并守道清贞，不营世务，耽学高尚，操拟古人。往虽征命而不降屈，岂素丝难染而搜引礼简乎！政道须贤，宜纳诸廊庙，其并以散骑常侍征之。"征散骑常侍，又不赴。

虞喜后隐居到余姚县南30里的山中。此山因虞喜隐居而命名为大隐山，沿用至今。夏侯曾先《会稽地志》云："大隐山口南入天台

① 《晋书》卷91《虞喜传》，中华书局1974年版，第2349页。

北峰，为四明东足，乃谢康乐炼药之所也。晋虞喜三召不就，遁迹此山，因以为名。"①

（二）神人孔愉

孔愉（268—342），字敬康，会稽山阴人。吴平，迁洛阳。惠帝末，归乡里。行至江淮之间，遇到石冰、封云作乱，逼为参军，不从。径自东还，"入新安山中，改姓孙氏，以稼穑读书为务，信著乡里。后忽舍去，皆谓神人，而为之立祠。永嘉末，中宗辟为参军，寻求去，莫至所终"②。

未出仕时，有道术，百姓以为神人，为其立生庙。《世说新语·栖逸》载：

> 孔车骑少有嘉遁志，四十余，始应安东命。未仕宦时，常独寝，歌吹自箴诲，自称孔郎。游散名山。百姓谓有道术，为生立庙。今犹有孔郎庙。③

《水经注·渐江水注》："湖水又经会稽山阴县。县南九里有侯山，山孤立长湖中，晋车骑将军孔敬康少时遁世，栖迹此山。"④《嘉泰会稽志》卷九："会稽县侯山在县西四里。旧经云：'南湖侯山，回在湖中，俗名九里山。盖昔时去县之数也。'孔愉少栖此山。'"

晋愍帝建兴（313—317）初，年40余，始出应召，为丞相掾。后因军功，封余不亭侯。后拜中书郎、司徒左长史，累进位侍中、太常卿，迁左仆射。晚年拜护军将军、会稽内史。当时句章县有汉代旧陂，废弃数百年。孔愉亲自巡行，修复故堰，灌溉田地200余亩，皆成良田。"在郡三年，乃营山阴湖南侯山下数亩地为宅，草堂数间，便弃官居之。"⑤

---

① （南朝陈）夏侯曾先：《会稽地志》，《鲁迅辑录古籍丛编》（第3册），人民文学出版社1999年版，第323页。

② （唐）许嵩：《建康实录》卷8，上海古籍出版社1987年版，第159页。

③ 余嘉锡笺疏：《世说新语笺疏》，中华书局2007年版，第769页。

④ 陈桥驿校证：《水经注校证》卷40，中华书局2007年版，第943页。

⑤ （唐）许嵩：《建康实录》卷8，上海古籍出版社1987年版，第159页。

（三）儒宗贺循

贺循（260—319），字彦先，会稽山阴人。贺循有高德志操，才识清远。

早年任武康令时，深得名士顾荣、陆机、陆云的赞赏，三人联合上表举荐贺循，评价其“德量邃茂，才鉴清远，服膺道素，风操凝峻，历践三城，刑政肃穆”，可惜“守职下县，编名凡萃，出自新邦，朝无知己，恪居遐外，志不自营，年时倏忽，而邈无阶绪，实州党愚智所为怅然”[①]。对贺循深加赞誉，可见贺循德才之高。

贺循重节操。右将军陈敏作乱，诈称诏书，以贺循为丹阳内史。贺循以脚疾拒绝，手不制笔，又服寒食散，露发袒身，示不可用，陈敏竟不敢逼。而此时州内豪杰无不受陈敏官爵，只有贺循与同郡朱诞不豫其事。《世说新语·言语》载时人对他的评价：“会稽贺生，体识清远，言行以礼。不徒东南之美，实为海内之秀。”[②]

孔愉个性守正，不畏权贵。为司徒长史时，以平南将军温峤母亡遭乱不葬，乃不提升其品。至苏峻平，温峤有重功，孔愉往石头诣温峤。温峤执孔愉手而流涕曰：“天下丧乱，忠孝道废。能持古人之节，岁寒不凋者，唯君一人耳。”[③] 时人咸重孔愉之守正。

（四）孝子许孜

许孜，字义真，东阳吴宁人。孝友恭让，敏而好学。年20，师事豫章太守会稽孔冲，受《诗》《书》《礼》《易》，及《孝经》《论语》。学竟，还乡里。孔冲在郡丧亡，孜闻问尽哀，负担奔赴，送丧还会稽，蔬食执役，制服三年。俄而二亲没，柴毁骨立，杖而能起，建墓于县之东山，躬自负土，不受乡人之助。乡人怜悯他羸弱，帮助他负土。白天便听任乡人帮忙，晚上自己全部又铲除。遣妻子回娘家，一人自处，与鸟兽同群。每一悲号，鸟兽翔集。他种植松柏绵延

---

① 《晋书》卷68《贺循传》，中华书局1974年版，第1824—1825页。

② 余嘉锡笺疏：《世说新语笺疏》，中华书局2007年版，第113—114页。

③ 《晋书》卷78《孔愉传》，中华书局1974年版，第2052页。

五六里。有鹿犯其松树，许孜悲叹曰："鹿独不念我乎！"① 第二日，虎杀鹿于树下。许孜见鹿死，更加惆怅，取而埋之。于是老虎于许孜前自扑而死。许孜益叹息，又取埋之。自后树木滋茂，而无犯者。过20余年，许孜乃更娶妻，立宅墓次，烝烝朝夕，奉亡如存。鹰雉栖其梁，檐鹿与猛兽扰其庭圃，在许孜善行的感化下，鹰和雉共栖其梁，鹿和猛兽，交颈同游，不相搏噬。

元康（291—299）中，郡察孝廉，不起，巾褐终身。年80余，卒于家。邑人号其居为孝顺里。咸康（335—342）中，会稽太守张虞上疏曰："臣闻圣贤明训存乎举善，褒贬所兴，不远千载。谨案所领吴宁县物故人许孜，至性孝友，立节清峻，与物恭让，言行不贰。当其奉师，则在三之义尽；及其丧亲，实古今之所难。咸称殊类致感，猛兽弭害。虽臣不及见，然备闻斯语，窃谓蔡顺、董黯无以过之。孜没积年，其子尚在，性行纯悫，今亦家于墓侧。臣以为孜之履操，世所希逮，宜标其令迹，甄其后嗣，以酬既往，以奖方来。《阳秋传》曰：'善善及其子孙'。臣不达大体，请台量议。"②

疏奏，诏旌表门闾。其子许生也有孝行，将许孜像挂于堂上，朝夕拜焉。

（五）处士谢敷

谢敷（313—362），字庆绪，会稽山阴人，崇信释氏。初入太平山中10余年，以长斋供养为业，招引同事，化纳不倦。以母老还南山若邪山中。《世说新语·栖逸》载：

> 郗尚书与谢居士善。常称："谢庆绪识见虽不绝人，可以累心处都尽。"③

郗尚书郗恢称赞他："虽然识见未必就超出旁人多少，但是凡是可能让人心累的在他身上都找不到。"累心处，不外乎名、利、权等

---

① （唐）许嵩：《建康实录》卷7，上海古籍出版社1987年版，第149页。

② 《晋书》卷88《许孜传》，中华书局1974年版，第2280页。

③ 余嘉锡笺疏：《世说新语笺疏》，中华书局2007年版，第778页。

一切外在于自我的。可见，谢敷确实能超脱于外物之上。内史郗愔表荐之，征博士，不就。

初，月犯少微星，一名处士星。古云："以处士当之。"时戴逵居剡，既美才艺而交游贵盛，先谢敷著名，时人担忧戴逵。不久谢敷死，会稽人士以嘲吴人云："吴中高士，便是求死不得。"①

（六）四族之俊

"四族之俊"出自《世说新语》《晋书》，指会稽四族孔氏、魏氏、虞氏、谢氏的五位才俊孔沈、魏颉、虞球、虞存、谢奉。《世说新语·赏誉》载："会稽孔沈、魏颉、虞球、虞存、谢奉并是四族之俊，于时之杰。孙兴公目之曰：'沈为孔家金，颉为魏家玉，虞为长、琳宗，谢为弘道伏。'"②《晋书·孔沈传》载："是时孔沈与魏颉、虞球、虞存、谢奉并为四族之俊。"③

1. 孔沈

孔沈，字德度，会稽山阴人。《世说新语·言语》注引《孔氏谱》载："祖谢奕，全椒令。父谢群，鸿胪卿。沈至琅邪王文学。"④《晋书·孔沈传》载：

> 沈有美名，何充荐沈于王导："文思通敏，宜登宰门。"王导辟孔沈为司徒掾，琅邪王辟为文学，皆不就。从兄孔坦以裘遗之，辞不受。孔坦说："晏平仲俭，祀其先人，豚肩不掩豆，犹狐裘数十年，卿复何辞。"于是受而服之。⑤

《晋书》中简短的记载，有以下三点值得注意。

第一，何充向宰相王导推荐，二人皆为侨姓名士。可见，孔沈与侨姓名士多有交流。

---

① 《晋书》卷94《谢敷传》，中华书局1974年版，第2456—2457页。

② 余嘉锡笺疏：《世说新语笺疏》，中华书局2007年版，第556页。

③ 《晋书》卷78《孔沈传》，中华书局1974年版，第2062页。

④ 余嘉锡笺疏：《世说新语笺疏》，中华书局2007年版，第125页。

⑤ 《晋书》卷78《孔沈传》，中华书局1974年版，第2062页。

第二，何充推荐孔沈的理由是“文思通敏，宜登宰门”。可见孔沈有文才，思维通达敏捷，有见识，所以才被何充赏识。孔沈的美名，当与此相关。但是《隋书·经籍志》中未见其有著述，相比孔氏其他同代的兄弟，如孔汪、孔安国、孔坦、孔严等皆有著述。那么，孔沈“文思通敏”的美誉，因何而来，或许仅见于言谈，或许言谈中显示了智慧？孔沈是否和其父孔群一样，有智局，从而被世人看重？史载其父孔群，“有智局，志尚不羁”[①]。苏峻入石头城时，匡术受宠，宾从盛众。孔群与从兄孔愉同行于横塘，遇到匡术。孔愉停下与匡术交谈，而孔群却不正眼看他。匡术很生气，欲杀之。孔愉下车抱住匡术曰：“吾弟发狂，卿为我佑之。”才被豁免。后苏峻平，王导保存匡术。因众坐语，令匡术劝孔群酒，以释横塘之憾。孔群答曰：“群非孔子，厄同匡人。虽阳和布气，鹰化为鸠，至于识者，犹憎其眼。”[②] 孔群的方正，令王导有愧色。王导劝和，在《晋书》《世说新语》中皆有记载。

第三，孔沈非常节俭，先不愿接受从兄孔坦赠送的裘皮衣，后来听了晏婴的节俭事例，才愿意接受。《世说新语·言语》中也有类似的记载：孔廷尉以裘与从弟沈，沈辞不受。廷尉曰：“晏平仲之俭，祠其先人，豚肩不掩豆，犹狐裘数十年，卿复何辞此？”于是受而服之。[③] 晏婴向来以节俭著称。刘向《别录》曰：“晏平仲名婴，东莱夷维人。事齐灵公、庄公，以节俭力行重于齐。”此条注引《礼记》曰：“晏平仲祀其先人，豚肩不掩豆，君子以为俭也。”又曰：“晏子一狐裘三十年，晏子焉知礼？”孔氏向来以节俭传家，孔沈当是沿袭其家风。

2. 谢奉

谢奉（316—379），字弘道，号道欣，会稽山阴人。《世说新语·雅量》注引《谢氏谱》曰：“奉祖端，散骑常侍。父谢凤，丞相主

---

① 《晋书》卷78《孔群传》，中华书局1974年版，第2061页。

② 余嘉锡笺疏：《世说新语笺疏》，中华书局2007年版，第375页。

③ 同上书，第125页。

簿。奉历安南将军、广州刺史、吏部尚书。”①谢奉的记载，来自《世说新语》。

> 简文云：“谢安南清令不如其弟，学义不及孔岩，居然自胜。”②
>
> 谢安南免吏部尚书，还东。谢太傅赴桓公司马，出西，相遇破冈。既当远别，遂停三日共语。太傅欲慰其失官，安南辄引以它端。遂信宿中涂，竟不言及此事。太傅深恨在心未尽，谓同舟曰：“谢奉故是奇士。”③

从以上两条可见。

第一，谢奉独有一种自然天真的气质。简文帝司马昱认为：谢奉清洁美好不如其弟谢聘，学识不如同郡孔严，但是，他“居然自胜”。刘孝标注曰：谢奉“任天真”④。

第二，谢奉有气量，言谈机敏，被谢安称为“奇士”。谢奉被免吏部尚书，还会稽。谢安赴官，在破冈渎（旧址位于今江苏句容茅山以北）相遇。二人便停船，三日共语。谢安想要安慰谢奉失官，谢奉每次都岔开。就这样，二人在一起两夜三日，谢安竟没机会提及此事。分别之后，谢安还是为没有表达出自己的心意而深以为恨，跟同舟之人说“谢奉故是奇士”。

3. 魏顗

关于魏顗的记载则更少。《世说新语·排调》注引《魏氏谱》曰：“顗字长齐，会稽人。祖胤，处士。父说，大鸿胪卿。顗仕至山阴令。”⑤《世说新语·排调》：

> 魏长齐雅有体量，而才学非所经。初宦当出，虞存嘲之曰：

① 余嘉锡笺疏：《世说新语笺疏》，中华书局2007年版，第441页。

② 同上书，第619页。

③ 同上书，第441—442页。

④ 同上书，第620页。

⑤ 同上书，第955页。

“与卿约法三章：谈者死，文笔者刑，商略抵罪。”魏怡然而笑，无忤于色。①

从此则可以看到以下两点。

第一，魏颛才学一般，没有特殊之处。

第二，魏颛有雅量。初入官，被虞存嘲弄，与其约法三章：“清谈之人处死，文学之人判刑，品评人物者治罪。”魏颛不仅没有露出丝毫生气之色，而且能怡然而笑。《金楼子·立言》上在记载了上述事件后，增加了评价：“魏长高②有雅体，而才学非所经……更觉长高之为高，虞存之为愚也。”据孙统《存诔叙》载“存幼而卓拔，风情高逸”，可见虞存气度卓越。而此条通过虞存对魏颛的调侃，更加突出了魏颛的气度。

4. 虞球、虞存

虞球、虞存属于会稽著姓虞氏。但是，二人的材料也很少，仅见于《世说新语》及注。《世说新语·赏誉》注引《虞氏谱》曰：“球字和琳，会稽余姚人。祖授，吴广州刺史。父基，右军司马。球仕至黄门侍郎。”③《世说新语·政事》载：

> 何骠骑作会稽，虞存弟謇作郡主簿，以何见客劳损，欲白断常客，使家人节量，择可通者作白事成，以见存。存时为何上佐，正与謇共食，语云：“白事甚好，待我食毕作教。”食竟，取笔题白事后云：“若得门庭长如郭林宗者，当如所白。汝何处得此人？”謇于是止。④

本条注引孙统《存诔叙》曰：“（虞）存字道长，会稽山阴人也。祖阳，散骑常侍。父伟，州西曹。存幼而卓拔，风情高逸，历卫军长

① 余嘉锡笺疏：《世说新语笺疏》，中华书局2007年版，第955页。

② 《金楼子·立言》篇作“魏长高”。

③ 余嘉锡笺疏：《世说新语笺疏》，中华书局2007年版，第556页。

④ 同上书，第213页。

史、尚书吏部郎。”[1] 范汪《棋品》曰：“謇字道真，仕至郡功曹。”值得注意的是以下两点。

第一，虞存、虞謇兄弟在何充任会稽内史时，均在郡中为官吏。虞謇为郡主簿，掌管文书的佐吏。《通典》卷三十二：“主簿一人，录门下众事，省署文书。”[2] 虞存为上佐。余嘉锡认为：“上佐盖治中也。治中与别驾并为州府要职，故称上佐。”[3] 《通典》卷三十二：“治中从事史一人，居中治事，主众曹文书。”[4] 治中，为州刺史的高级佐官之一，主治文书，相当于秘书长。

第二，何充喜爱接见各类宾客，非常劳累。虞謇作为郡主簿，希望能挡掉些客人，奏明其兄治中虞存，以求批复。虞謇则以为，何充喜见客，自是好事。现在何充的门庭宾客，如果常如当年的郭泰，那就如你所言挡掉些宾客。而此时代又哪有郭泰这样的人物？此条注引《泰别传》曰：“泰字林宗，有人伦鉴识。题品海内之士，或在幼童，或在里肆，后皆成英彦六十余人。自著书一卷，论取士之本，未行，遭乱亡失。”[5] 言下之意，何充虽有鉴识，但还是难与郭林宗相比。

从前文分析来看，可以得出以下两点结论。

第一，以上五位才俊，除了虞球之外，其他四位皆与何充的选拔、推举有关。《晋书·何充传》载：“（何充）除建威将军、会稽内史。在郡甚有德政，荐征士虞喜，拔郡人谢奉、魏顗等以为佐吏。”[6] 除了虞存兄弟，其时的佐吏还有谢奉、魏顗。孔沈也是被何充推荐给王导。

第二，五人的名声，主要来自他们的风度气质，与其才学以及学术成就无关。被名士孙绰、孙统、谢安等所称誉的也正在此。所以在侨姓士族中有很大的声誉，从而被称为“四族之俊”。

---

① 余嘉锡笺疏：《世说新语笺疏》，中华书局 2007 年版，第 213 页。
② 王文锦等点校：《通典》卷 32，中华书局 1988 年版，第 891 页。
③ 余嘉锡笺疏：《世说新语笺疏》，中华书局 2007 年版，第 215 页。
④ 王文锦等点校：《通典》卷 32，中华书局 1988 年版，第 890 页。
⑤ 余嘉锡笺疏：《世说新语笺疏》，中华书局 2007 年版，第 213—214 页。
⑥ 《晋书》卷 77《何充传》，中华书局 1974 年版，第 2028 页。

第二节　名士生活与士人文化传统

北方士族的南迁，加上会稽地域生态文化的影响，于是形成了新的重要的文化向度，影响了中国的文化传统。这正是移民导致新的文化交融，从而带来良好的结果。“不同人群创造的文化存在差异，不同地域的文化风貌也不尽相同。人口在空间的流动，实质上也就是他们所负载的文化在空间的流动。所以说，移民运动在本质上是一种文化的迁移……移民的大量到来，除了能促进迁入地经济的发展外，也会推动迁入地文化水平的进步。移民中如果含有大批知识分子，更会直接引起迁入地学术文化水平的提高。另外，当其他区域的不同文化随人口迁移与本地域的文化发生碰撞时，往往引起社会思想的变迁。”①

东晋政权的建立，是琅琊王氏等北方大族与司马氏共同努力的结果，史称“王与马共天下”。这意味着士权与皇权的分享，加之九品中正制的选拔人才制度，基本等同于出身何家族就决定了此生的地位。东晋士族也就成为中国历史上真正的贵族，世袭身份，地位之高，空前绝后。士族有庄园，必要的物质生活条件得以保障，于是，士人出处自由，他们想隐居就隐居，想做官就做官。他们有很多的闲暇时光，想独处时便独自品味自然世界，竹、兰、马、鹅自有其风神；若想分享时还有很多心意相通者，一起纵意于山水，寄心于哲学。这个时代不崇尚物质，崇尚的是精神的满足。会稽的明秀山水，为士人提供了活动场所。士人的哲思妙悟，落到了自然山水间。于是，清谈不再只是清谈哲学，而是在多个面向表现了士人的玄学人生；中国的山水文化传统在会稽山水中孕育产生；诗、书、画的闲趣，正是源于个体生命的艺术追求。

---

① 葛剑雄、曹树基、吴松弟：《简明中国移民史》，福建人民出版社 1993 年版，第 586 页。

一　清谈思辨与玄远人生

魏晋士人的人生是哲学的，通过清谈哲学来表达。魏晋间清谈逐渐成熟，何晏、王弼，善谈《易》《老》。魏晋玄学作为新的思潮在言谈与著述中形成。到竹林七贤，清谈的内容又增加了《庄子》。此后，清谈内容一直延续到东晋，基本以此“三玄”为主，后来又增加佛典。魏晋士人聚会时，讨论哲学，他们的日常人生就是哲学，而这种哲学的人生本来就是有诗意的，所以他们不需要刻意再作诗，即使诗也是谈哲学。这是一个哲学的时代。

（一）哲理思辨

《世说新语·文学》中记载了魏晋士人的多次清谈。这里有一点值得注意：清谈不是放在《言语》篇中，而是《文学》篇中。由此可见，此时的清谈不是随意的言语，而是属于文学，其实是属于哲学思辨的谈论。

1. 思辨乐趣

士人好清谈，在于思辨的乐趣。《世说新语·文学》记载了王导召集的一次清谈：

> 殷中军为庾公长史，下都，王丞相为之集，桓公、王长史、王蓝田、谢镇西并在。丞相自起解帐带麈尾，语殷曰：“身今日当与君共谈析理。”既共清言，遂达三更。丞相与殷共相往反，其余诸贤略无所关。既彼我相尽，丞相乃叹曰：“向来语，乃竟未知理源所归。至于辞喻不相负，正始之音，正当尔耳。”明旦，桓宣武语人曰：“昨夜听殷、王清言，甚佳，仁祖亦不寂寞，我亦时复造心；顾看两王掾，辄翣如生母狗馨。”①

这次清谈的地点是首都建康，谈主是王导，客是殷浩，旁听者是

① 余嘉锡笺疏：《世说新语笺疏》，中华书局2007年版，第250—251页。

桓温、王濛、王述、谢尚。清言之内容大约是王导过江所谈之三理。二人清言几次往返，虽无胜负，但彼我相尽。谈罢王导感叹正始之音也不过如此。

王导逝后，殷浩成为下一代清谈大家。《世说新语·文学》中记录其清谈有18条之多。当时能与殷浩抗衡的是孙盛。《世说新语·文学》注引《续晋阳秋》曰："孙盛善谈玄理。时中军将殷浩擅名一时，能与剧谈相抗者，惟盛而已。"[①]《世说新语》中记载了两人参与的多次论辩：

> 孙安国往殷中军许共论，往反精苦，客主无间。左右进食，冷而复暖者数四。彼我奋掷麈尾，悉脱落，满餐饭中。宾主遂至莫忘食。殷乃语孙曰："卿莫作强口马，我当穿卿鼻。"孙曰："卿不见决鼻牛，人当穿卿颊。"[②]

这次清谈非常热烈，但并未分出胜负。殷浩善谈，"辞条丰蔚"[③]，"陈势浩汗"[④]，用语虽然不超诣简至，但仔细思寻，可见其"有局陈"[⑤]。殷浩虽然在言谈中布局有法，结果还是被简文评价其言谈"不能胜人，差可献酬群心"[⑥]。

支遁和许询的一次论辩，众人听时只有满足和欢欣，但听完后却不辩其理之所在。《世说新语·文学》载曰：

> 支道林、许掾诸人共在会稽王斋头，支为法师，许为都讲。支通一义，四坐莫不厌心；许送一难，众人莫不抃舞。但共嗟咏二家之美，不辩其理之所在。[⑦]

---

① 余嘉锡笺疏：《世说新语笺疏》，中华书局2007年版，第259页。

② 同上。

③ 同上书，第257页。

④ 同上书，第555页。

⑤ 同上书，第569页。

⑥ 同上书，第619页。

⑦ 同上书，第268—269页。

《高僧传》所载略有不同：

> 晚出山阴，讲《维摩经》，遁为法师，许询为都讲。遁通一义，众人咸谓询无以厝难。询每设一难，亦谓遁不复能通。如此至竟两家不竭。凡在听者，咸谓审得遁旨，迴令自说，得两三反便乱。①

一次在会稽王斋头，一次在山阴。两人思辨的论难，非常精彩，而且感觉二人的思辨没有止境。

2. 辩理争胜

有时论辩也希望能分出所持观点的胜负。《世说新语·文学》载：

> 殷中军、孙安国、王、谢能言诸贤，悉在会稽王许。殷与孙共论《易》象，妙于见形，孙语道合，意气干云，一坐咸不安孙理，而辞不能屈。会稽王慨然叹曰："使真长来，故应有以制彼。"既迎真长，孙意己不如。真长既至，先令孙自叙本理。孙粗说己语，亦觉殊不及向。刘便作二百许语，辞难简切，孙理遂屈。一坐同时拊掌而笑，称美良久。②

这次是殷浩、孙盛、王濛、谢尚群贤共集会稽王司马昱家中，清谈《易》。众人皆不认同孙盛之理，可惜无人能够驳斥使之屈。于是司马昱请来刘惔克制孙盛。孙盛粗通，刘惔论难，言辞简切，孙理遂屈。可见，刘惔论辩确实长于其他人。

许询能清言，少年时曾与齐名的太原王修争胜。《世说新语·文学》曰：

> 许掾询也。年少时，人以比王苟子，许大不平。时诸人士及于法师并在会稽西寺讲，王亦在焉。许意甚忿，便往西寺与王论

① 释慧皎撰，汤用彤校注：《高僧传》卷4《晋剡沃州山支遁传》，中华书局1997年版，第161页。

② 余嘉锡笺疏：《世说新语笺疏》，中华书局2007年版，第281—282页。

理，共决优劣。苦相折挫，王遂大屈。许复执王理，王执许理，更相覆疏；王复屈。许谓支法师曰："弟子向语何似？"支从容曰："君语佳则佳矣，何至相苦邪？岂是求理中之谈哉！"[①]

王苟子，王修小字，明秀有美称。《世说新语·文学》注引《文字志》曰："修字敬仁，太原晋阳人。父蒙，司徒左长史。修明秀有美称，善隶行书，号曰'流奕清举。'起家著作佐郎，琅邪王文学，转中军司马，未拜而卒，时年二十四。昔王弼之没，与修同年，故修弟熙乃叹曰：'无愧于古人，而年与之齐也。'"[②] 余嘉锡笺疏引程炎震曰："《法书要录》载张怀瓘《书断》云：'王修以升平元年卒，年二十四。则生于咸和九年甲午，许询或年相若耶？王修小字，诸书皆作苟。惟《颜氏家训·风操》篇作狗，且以与长卿犬子并举。黄门博雅，必有所据，盖亦如张敬儿之比。后乃耻其鄙俚，文饰之耳。"[③] 许询对时人比之王修，意大不平。于是就前往会稽西寺[④]，当时正是支遁及诸名士在讲论，王修也在场。于是向王修发起挑战，共决优劣。两人展开两场论辩，各执一方论理。第一次许询苦苦相逼，王修败。第二场两人又交换辩题，结果还是王修败。少年许询颇为得意，问支遁这场论辩如何？支遁从容曰："你言辩佳则佳，但何至于如此相逼？这难道是求理的论谈吗？"《世说新语》中没有提到少年许询对支遁所说的反应，但从其后来的清谈效果来看，许询当是改掉了意欲胜人的锋芒。

谢安善清谈。未冠，与名士王濛清言。《世说新语·赏誉》：

谢太傅未冠，始出西，诣王长史，清言良久。去后，苟子问

① 余嘉锡笺疏：《世说新语笺疏》，中华书局2007年版，第266页。

② 同上。

③ 同上书，第267页。

④ 余嘉锡注释曰："西寺即光相寺，在西郭西光坊下岸光相桥之北，去予家仅数十武。光相寺者，传是晋义熙中寺发瑞光，安帝因赐此额。西光坊本名西光相坊，其东曰东光相坊，坊与桥皆因寺得名者。"（《世说新语笺疏》，中华书局2007年版，第268页。）

曰："向客何如尊？"长史曰："向客亹亹，为来逼人。"①

王濛，字仲祖，美姿容，长而有风流美誉，与刘惔齐名。孙绰称"蒙性和畅，能言理，辞简而有会"。谢安后来称美之，曰："王长史语甚不多，可谓有令音。"② 少年谢安，拜见当时的大名士王濛，见面即清言很久。离开后，王修问父亲："这位客人比父亲如何？"王濛曰："客人言谈动人，气势逼人。"

3. 阐述观点

有的清谈，就是个人阐述自己对某一哲学问题的看法。《世说新语·文学》：

> 支道林、许、谢盛德，共集王家，谢顾诸人曰："今日可谓彦会，时既不可留，此集固亦难常，当共言咏，以写其怀。"许便问主人："有《庄子》不？"正得《渔父》一篇。谢看题，便各使四坐通。支道林先通，作七百许语，叙致精丽，才藻奇拔，众咸称善。于是四坐各言怀毕。谢问曰："卿等尽不？"皆曰："今日之言，少不自竭。"谢后粗难，因自叙其意，作万余语，才峰秀逸。既自难干，加意气凝托，萧然自得，四坐莫不厌心。支谓谢曰："君一往奔诣，故复自佳耳。"③

此次清谈地点也在王濛家。清谈者有支遁、许询、谢安、王濛等。言咏的主题是《庄子·渔父》。清谈家分别阐述自己的观点，此处着重记录了支遁与谢安在清谈之后的效果。支道林作七百许语，叙理精丽，才藻奇拔，众人称善。谢安"善谈玄速"，此次叙意竟作万余语，侃侃而谈，才峰秀逸，又神情自若，萧然自得，听者莫不满足于心。

支遁好清谈，通内外典，最著名的清谈是论《庄子·逍遥游》。

---

① 余嘉锡笺疏：《世说新语笺疏》，中华书局2007年版，第551页。

② 《晋书》卷93《王濛传》，中华书局1974年版，第2419页。

③ 余嘉锡笺疏：《世说新语笺疏》，中华书局2007年版，第281页。

《世说新语·文学》：

> 《庄子·逍遥篇》，旧是难处，诸名贤所可钻味，而不能拔理于郭、向之外。支道林在白马寺中，将冯太常共语，因及逍遥。支卓然标新理于二家之表，立异义于众贤之外，皆是诸名贤寻味之所不得。后遂用支理。①
>
> 王逸少作会稽，初至，支道林在焉。孙兴公谓王曰："支道林拔新领异，胸怀所及乃自佳，卿欲见不？"王本自有一往隽气，殊自轻之。后孙与支共载往王许，王都领域，不与交言。须臾支退。后正值王当行，车已在门，支语王曰："君未可去，贫道与君小语。"因论《庄子·逍遥游》。支作数千言，才藻新奇，花烂映发。王遂披襟解带，留连不能已。②

王羲之是一个有傲气的人，初任会稽内史时，完全瞧不起支遁，最后却因为支遁的清谈，而可以完全改变对他的态度。让王羲之流连不能已的是支遁的什么言论呢？这就是支遁的《逍遥论》，曰："夫逍遥者，明智人之心也。庄生建言大道，而寄指鹏鷃。鹏以营生之路旷，故失适于体外；鷃以在近而笑远，有矜伐于心内。至人乘天正而高兴，游无穷于放浪，物物而不物于物，则遥然不我得；玄感不为，不疾而速，则逍然靡不适。此所以为逍遥也。若夫有欲当其所足，足于所足，快然有似天真，犹饥者一饱，渴者一盈，岂忘烝尝于糗粮，绝觞爵于醪醴哉？苟非至足，岂所以逍遥哉？"③ 据《高僧传》记载："遁尝在白马寺与刘系之等谈《庄子·逍遥》篇，云：'各适性以为逍遥。'遁曰：'不然。桀、跖以残害为性，若适性为得者，彼亦逍遥矣。'"④ 支遁用了反向推论的方式：先承认向、郭之"各适性以逍遥"的理论，以此类推，则桀、跖之类"以残害为性"的人也是各适

---

① 余嘉锡笺疏：《世说新语笺疏》，中华书局2007年版，第260页。

② 同上书，第264页。

③ 同上书，第260页。

④ （南朝梁）慧皎撰，汤用彤校注：《高僧传》卷4《晋剡沃州山支遁传》，中华书局1997年版，第160页。

其性，自然也是逍遥。而如果桀、跖也算逍遥的话，那么逍遥也就失去了意义。所以，支遁认为自足并非逍遥，至足之境才是真正的逍遥。这一观点与东晋士人自觉高贵的身份契合，赢得了士人的支持。

4. 清谈令誉

除了与对手争辩分出胜负，他人也会对清谈者作出评价。《世说新语·赏誉》：

> 郗嘉宾问谢太傅曰："林公谈何如嵇公？"谢曰："嵇公勤著脚、裁可得去耳。"又问："殷何如支？"谢曰："正尔有超拔，支乃过殷，然亹亹论辩，恐[①]欲制支。"[②]

郗超（字嘉宾）问谢安，支遁清谈比嵇康如何？谢曰："嵇康要努力向前不停地走，才能赶上。"又问："殷浩的清谈比支遁如何？"谢曰："在超拔之气方面，支遁胜过；而在娓娓论辩上，恐怕殷浩要胜过支遁。"所以，东晋士人一生极重自己的清谈名声。

王濛为了证明自己的清谈水平，特找支遁清谈。《世说新语·文学》：

> 王长史宿构精理，并撰其才藻，往与支语，不大当对。王叙致作数百语，自谓是名理奇藻。支徐徐谓曰："身与君别多年，君义言了不长进。"王大惭而退。[③]

王濛精心准备了精致的论辩，还有才藻润饰，叙述作数百语，自以为是名理奇藻。结果支遁听完后说："与君别多年，君清言了不长进。"王濛羞愧而退，三日不出门。临终前，疾病渐笃，于灯下转麈尾，叹曰："如此人曾不得四十也。"年三十九卒。临殡，刘惔以犀柄麈尾置于棺木中，恸哭良久。

---

① 余嘉锡按语引程炎震云："《高僧传》云：'恐殷制支。'此处□必是殷字，宋初讳殷，后来未及填写耳。"（余嘉锡笺疏《世说新语笺疏》，中华书局 2007 年版，第 634 页。）

② 余嘉锡笺疏：《世说新语笺疏》，中华书局 2007 年版，第 633 页。

③ 同上书，第 270 页。

于法开与支遁争名，后支遁名声越大，于法开意甚不平。《世说新语·文学》记载了于法开派弟子代表自己的观点与支遁论难的情形：

> 于法开始与支公争名，后精渐归支，意甚不忿，遂遁迹剡下。遣弟子出都，语使过会稽。于时支公正讲《小品》。开戒弟子："道林讲，比汝至，当在某品中。"因示语攻难数十番，云："旧此中不可复通。"弟子如言诣支公。正值讲，因谨述开意，往反多时，林公遂屈。厉声曰："君何足复受人寄载来！"①

于法开的弟子完全依照师傅的论辩，发起攻难，往返多次，支遁遂理屈。支遁厉声问："你是何人派来的？"他便是于法开的著名弟子于法威。

《世说新语·文学》载：殷浩对佛典《小品》多有心悟，曾希望与支遁探讨："殷中军读《小品》，下二百签，皆是精微，世之幽滞。尝欲与支道林辩之，竟不得。今《小品》犹存。"② 此条注引《语林》曰：

> 浩于佛经有所不了，故遣人迎林公，林乃虚怀欲往。王右军驻之曰："渊源思致渊富，既未易为敌，且已所不解，上人未必能通。纵复服从，亦名不益高。若佻脱不合，便丧十年所保。可不须往！"林公亦认为然，遂止。③

王羲之制止支遁去与殷浩论佛理，理由有三：其一，殷浩思致渊富，他精研不懂的林公未必懂；其二，纵然两人意见相合，林公声名不会更高；其三，若两人意见不合，则支遁十年清谈美名便不保。从王羲之劝支遁的理由可以看到，东晋士人虽然经常讨论玄理命题，但清谈的结果与清谈令名相比，则更重视后者。

① 余嘉锡笺疏：《世说新语笺疏》，中华书局2007年版，第271页。

② 同上书，第270—271页。

③ 同上。

（二）玄远人生

清谈的目的，便是展示自己的胸襟。在玄学的影响下，东晋士人自觉追求一种“物物而不物于物”的精神境界，“其期望在超世之理想，其向往为精神之境界，其追求者为玄远之绝对而遗资生之相对。从哲理上说，所在意欲探求玄远之世界，脱离尘世之苦恼，探得生存之奥妙”①。士人最高的精神境界，在于期望可以过着玄远的人生。

许询为迎接姐姐来到建康，与简文、刘惔相谈甚欢。《世说新语》中记载了简文帝司马昱、刘惔对其才情言谈的欣赏。《续晋阳秋》曰：“询能言理，曾出都迎姊，简文皇帝、刘真长说其情旨及襟怀之咏。每造赏对，夜以系日。”②《世说新语·赏誉》：

> 许掾尝诣简文，尔夜风恬月朗，乃共作曲室中语。襟怀之咏，偏是许之所长。辞寄清婉，有逾平日。简文虽契素，此遇尤相咨嗟。不觉造膝，共叉手语，达于将旦。既而曰：“玄度才情，故未易多有许。”③

在风恬月朗之夜，许询拜访简文，曲室共语。许询吟咏襟怀，词意清婉，更甚平日。简文帝兴味咨嗟，叉手共语，竟夕长谈。

许询这次到建康，也深受另一位名士刘惔赏识。这年，刘惔任丹阳尹。许询来京都，刘惔每天多次去见，与之清谈。《世说新语·宠礼》：许玄度停都一月，刘尹无日不往，乃叹曰：“卿复少时不去，我成轻薄京尹！”④ 该条注引《语林》曰：“玄度出都，真长九日十一诣之，曰：‘卿尚不去，使我成薄德二千石。’”⑤ 许询刚出都，有人问刘惔：许询与其名声是否相称？《世说新语·赏誉》：

---

① 汤用彤：《魏晋玄学与文学理论》，《魏晋玄学论稿》，上海古籍出版社 2001 年版，第 196 页。

② 余嘉锡笺疏：《世说新语笺疏》，中华书局 2007 年版，第 583 页。

③ 同上。

④ 同上书，第 851 页。

⑤ 同上。

许玄度送母[①]，始出都，人问刘尹："玄度定称所闻不？"刘曰："才情过于所闻。"[②]

刘惔回答："他的才情超过了他的名声。"对许询极其赞赏。《晋中兴士人书》曰："许询能清言，于时士人皆钦慕仰爱之。"[③]自许询离京后，刘惔常常在清风朗月之夜想起他。《世说新语·言语》记载：

刘尹云："清风朗月，辄思玄度。"[④]

唐释道宣《三宝感通录》有更详细的记载，一引《地志》曰："晋时高阳许询诣建业，见者倾都。刘恢为丹阳尹，有名当世。日数造之，叹曰：'今见许公，使我遂为轻薄京尹。于郡立斋以处之。至于梁代，此屋犹在。'许掾既反，刘尹尝至其斋曰：'清风朗月，何尝不恒思玄度矣。'"

沛国刘惔，当时风流名士，与太原王濛并称。《世说新语·赏誉》注引徐广《晋纪》曰："凡称风流者，皆举王、刘为宗焉。"[⑤]二人皆善清谈，俱为会稽王上宾。《晋书·刘惔传》："以惔雅善言理。简文帝初作相，与王濛并为谈客，俱蒙上宾礼。"[⑥]而在具体清言叙述辩理方面，更胜王濛一筹。《世说新语·赏誉》注引《刘惔别传》曰："刘惔有隽才，其谈咏虚胜，理会所归，与王濛略同，而叙致过之。"[⑦]许询对欣赏他清谈的刘惔和简文，都有美评。《世说新语·赏誉》载：许玄度言："《琴赋》所谓'非至精者，不能与之析理'，刘

---

① 《许氏谱》曰："玄度母，华轶女也。"按《询集》，询出都迎姊，于路赋诗，《续晋阳秋》亦然。而此言送母，疑缪矣。嘉锡按：本篇下文"许掾尝诣简文"条注引《续晋阳秋》曰："询能言理，曾出都迎姊"云云，故此注言《续晋阳秋》亦然（余嘉锡笺疏《世说新语笺疏》，第562页）。

② 余嘉锡笺疏：《世说新语笺疏》，中华书局2007年版，第561页。

③ 同上书，第159页。

④ 同上。

⑤ 同上书，第617页。

⑥ 《晋书》卷75《刘惔传》，中华书局1974年版，第1990页。

⑦ 余嘉锡笺疏：《世说新语笺疏》，中华书局2007年版，第624页。

尹其人；‘非渊静者，不能与之闲止’，简文其人。”[①]

刘惔善于清谈，《世说新语》中记载了多次刘惔与诸名士的言论。《世说新语·文学》：殷中军问：“自然无心于禀受。何以正善人少，恶人多?”诸人莫有言者。刘尹答曰：“譬如写水着地，正自纵横流漫，略无正方圆者。”一时绝叹，以为名通。[②]“通”就是解说义理，使其通畅。

刘惔对清谈自许甚高。《世说新语·赏誉》载：桓温尝问刘惔：“闻会稽王语齐进，尔邪?”刘惔曰：“极进，然故第二流中人耳。”温曰：“第一流复是谁?”惔曰：“正是我辈耳!”[③]其高自标置如此。对善清谈的殷浩，也颇有微词。《世说新语·文学》：殷中军浩也。尝至刘尹所清言。良久，殷理小屈，游辞不已，刘亦不复答。殷去后，乃云：“田舍儿，强学人作尔馨语。”[④]

那么，刘惔为什么会对许询清言如此推崇呢?据《世说新语》，除了少年许询在会稽西寺的那场清谈使少年王修屈服外，没有对许询的具体清谈有记载。只有人在听其清言之后的感受。刘惔如此能辩论，必然不是对许询论辩技巧的看重，当是其精神，那种难以企及的高远情致。《世说新语·品藻》曰：支遁问孙绰：“君何如许掾?”孙曰：“高情远致，弟子蚤已服膺；一吟一咏，许将北面。”[⑤]刘惔为官，继承了王导的为政之风，尚宽松的环境。《世说新语·德行》注引《刘尹别传》曰：刘惔“有雅裁，虽荜门陋巷，晏如也。历司徒左长史、侍中、丹阳尹。为政务镇静信诚，风尘不能移也”[⑥]。又，《世说新语·赏誉》注引《刘尹别传》曰：“惔既令望，姻娅帝室，故屡居达官。然性不偶俗，心淡荣利。虽身登显列，而每挹降，闲静自守而已。”[⑦]在其36岁去世后，孙绰作诔文对其一生评价：“居官无官官

---

① 余嘉锡笺疏：《世说新语笺疏》，中华书局2007年版，第569页。

② 同上书，第273页。

③ 同上书，第618页。

④ 同上书，第262页。

⑤ 同上书，第626页。

⑥ 同上书，第42页。

⑦ 同上书，第558页。

之事，处事无事事之心。"[1] 时人以为名言。刘惔为人"清蔚简令"[2]，但作为京官，毕竟有不少事务要处理。比之隐居不仕的许询，更接近世俗些。所以，许询来到建康，刘惔与之清言之后，不觉曰："今见许公，使我遂为轻薄京尹。"许询的高情，使其言谈如一缕清风拂面，如一轮明月照鉴，所以，刘惔才会在许询离京后，总在清风朗月之夜想起他。对许询的推崇，正可以看到东晋士人对隐士高远情怀的向往。

东晋社会风潮一直以出处论人优劣，谢万《八贤论》叙渔父、屈原、季主、贾谊、楚老、龚胜、孙登、嵇康四隐四显，其旨"以处者为优，出者为劣"[3]。谢安一直隐居上虞东山不起，但在其弟谢万被废黜之后，迫于家族的利益而出仕，其时已 40 余岁。因其先隐后仕，故多次受到士人的嘲讽，谢安自己亦深有愧色。《世说新语·排调》记载：谢公在东山，朝命屡降而不动。后出为桓温司马，将发新亭，朝士咸出瞻送。高崧时为中丞，亦往相祖。先时，多少饮酒，因倚如醉，戏曰："卿屡违朝旨，高卧东山，诸人每相与言：'安石不肯出，将如苍生何？今亦苍生将如卿何？'"[4] 谢笑而不答。《晋书·谢安传》载稍有不同，听高崧戏言后，"谢安甚有愧色"[5]。又，《世说新语·排调》：

> 谢公始有东山之志，后严命屡臻，势不获已，始就桓公司马。于时人有饷桓公药草，中有"远志"。公取以问谢："此药又名'小草'，何一物而有二称？"谢未即答。时郝隆在坐，应声答曰："此甚易解：处则为远志，出则为小草。"谢甚有愧色。桓公目谢而笑曰："郝参军此过乃不恶，亦极有会。"[6]

---

① 《晋书》卷 75《刘惔传》，中华书局 1974 年点校本，第 1992 页。
② 余嘉锡笺疏：《世说新语笺疏》，中华书局 2007 年版，第 617 页。
③ 同上书，第 319 页。
④ 同上书，第 941 页。
⑤ 《晋书》卷 79《谢安传》，中华书局 1974 年标点本，第 2073 页。
⑥ 余嘉锡笺疏：《世说新语笺疏》，中华书局 2007 年版，第 944 页。

《尔雅注》曰：葽绕、棘蒬，“今远志也。似麻黄赤华，叶锐而黄，其上谓之小草。”余嘉锡按曰：“则远志之与小草，虽一物而有根与叶之不同。叶名小草，根不可名小草也。郝隆之答，谓出与处异名，亦是分根与叶言之。根埋土中为处，叶生地上为出。既协物情，又因以讥谢公，语意双关，故为妙对也。”[①] 郝隆讥讽谢安处时为远志，而出仕则为小草。谢安听闻甚有愧色。

东晋社会弥漫着一种对隐士的崇敬。郗超每此听说欲高尚隐退者，辄为办百万资，并为造立居宇。在剡县（今浙江嵊州），为戴逵起宅，甚精整。戴逵始往旧居，与所亲书曰：“近至剡，如官舍。”[②]对隐士的推崇，正出于对其能超越世俗、高远情致的向往。

（三）旷淡人格

受玄远精神境界的影响，东晋士人多能具有自我的独特风神。《世说新语·品藻》：

> 抚军问孙兴公：“刘真长何如？”曰：“清蔚简令。”“王仲祖何如？”曰：“温润恬和。”“桓温何如？”曰：“高爽迈出。”“谢仁祖何如？”曰：“清易令达。”“阮思旷何如？”曰：“弘润通长。”“袁羊何如？”曰：“洮洮清便。”“殷洪远何如？”曰：“远有致思。”[③]

司马昱问孙绰如何评价当时名流。孙绰评：刘惔“清蔚简令”，王濛“温润恬和”，谢尚“清易令达”，阮裕“弘润通长”，袁乔“洮洮清便”，殷融“远有致思”。除了桓温“高爽迈出”，其余人多用“清”“简”“润”“恬”等形容。可见，士人虽各有风神，但都具有清静、恬淡的品性。

太原王述，“性沉静，每坐客驰辨，异端竞起，而述处之恬如

① 余嘉锡笺疏：《世说新语笺疏》，中华书局2007年版，第944页。
② 同上书，第778页。
③ 同上书，第618页。

也"[①]。王导欲辟王述（蓝田侯）为掾，庾亮问曰："蓝田何似?"王曰："真独简贵，不减父祖，然旷澹处故当不如尔。"[②] 王述真诚独特，简约清贵，不输给祖父王湛、父亲王承。祖王湛，"不交当世，冲素简淡，气量隤然，有公辅之望"[③]。父王承，"少有重誉，而推诚接物，尽弘恕之理，故众咸亲爱焉"。过江时，道路阻梗，人怀畏惧，"承每遇艰险，处之夷然，虽家人近习，不见其有忧喜之色"。"渡江名臣王导、卫玠、周顗、庾亮之徒，皆出其下，为中兴第一。"[④] 只有旷澹一点比不上父祖，大概因王述个性急躁之故。

由此可见，旷澹是东晋士人尤为看重的风度。《世说新语·品藻》：王羲之三子，王徽之（字子猷）、王操之（字子重）、王献之（字子敬）俱诣谢公。子猷、子重多说俗事，子敬寒温而已。既出，坐客问谢公："向三贤孰愈?"谢公曰："小者最胜。"客曰："何以知之?"谢公曰："吉人之辞寡，躁人之辞多。推此知之。"[⑤] 谢安从王氏兄弟三人的言谈举止中，断定王徽之、王操之个性急躁，而王献之更有气度。谢安的判断是对的。当遇到火灾这等急事时，王徽之、王献之兄弟的态度完全不同。《世说新语·雅量》曰："王子猷、子敬曾俱坐一室，上忽发火，子猷遽走避，不惶取屐；子敬神色恬然，徐唤左右，扶凭而出，不异平常。世以此定二王神宇。"[⑥]

谢安，素有雅量，具有临危淡定的气度。《世说新语·雅量》载：东山时，曾与孙绰等人泛舟海上，风起浪涌，众人并惧，唯谢安吟啸不言，貌闲意悦。舟人犹去不止。风转急，众人喧动难安。谢安乃徐徐曰："如此，将无归!"舟人承言即回。众咸服其雅量。[⑦]《世说新语·赏誉》载：王献之语谢安："公故潇洒。"谢曰："身不潇洒，君

---

① 《晋书》卷75《王述传》，中华书局1974年版，第1961页。
② 余嘉锡笺疏：《世说新语笺疏》，中华书局2007年版，第612页。
③ 《晋书》卷75《王湛传》，中华书局1974年版，第1959页。
④ 《晋书》卷75《王承传》，中华书局1974年版，第1961页。
⑤ 余嘉锡笺疏：《世说新语笺疏》，中华书局2007年版，第637—638页。
⑥ 同上书，第445页。
⑦ 同上书，第437页。

道身最得，身正自调畅。”① 同条注引《续晋阳秋》曰：“安弘雅有气，风神调畅也。”② 又《世说新语·雅量》：桓温伏甲设馔，广延朝士，因此欲诛谢安、王坦之。王甚遽，问谢曰：“当作何计?”谢神意不变，谓王坦之曰：“晋阼存亡，在此一行。”相与俱前。王之恐状，转见于色。谢之宽容愈表于貌。望阶趋席，方作洛生咏，讽“浩浩洪流”。桓温惮其旷远，乃趣解兵。③

淝水之战，面对近10倍于晋师的苻坚率领的百万之师，京师震恐。谢安为征讨大都督。谢玄问计，谢安曰别有安排，继而无言。后命驾出山别墅，亲朋毕至，与谢玄围棋赌别墅。谢安平时围棋不如谢玄，但此时谢玄因担心战事不能集中精神而输棋。后谢安又游涉山林，至夜乃还，指授将帅，各当其任。谢安临危不惧，夷然自若，风神洒脱，运筹帷幄，指挥若定。谢安的夷然，对谢玄等谢氏子弟的心态和精神起到了稳定和鼓励的作用。于是，坐镇后方的谢安与在前线的谢氏子弟谢石、谢玄、谢琰的共同努力下，成功保住了东晋的半壁江山。如此重大的胜利，捷报传来，谢安正与人围棋，不动声色，神色如常，棋局结束才淡淡曰：“小儿辈大破贼。”④ 孙统评“谢公清于无奕，润于林道”⑤，比谢奕清雅，比陈逵温润。这种遇事淡定的气度，正是东晋士人追求的，而谢安将其发挥到极致，气度于此尽显。

侨姓士族南渡之后，心态发生了很大的变化。与西晋士人追逐功名、热衷于名利完全不同，东晋士人追求一种玄远淡泊的情趣。“东晋一代审美情趣，可以用‘玄淡’二字加以概括，而其核心则为‘淡’”⑥。士人心态为什么会发生如此大的转变呢?

首先，与东晋士人对西晋社会风潮的反省有关。渡江之初西晋士人的放诞之风也延续到江东。但是，经过永嘉之乱后，东晋初期的有

① 余嘉锡笺疏：《世说新语笺疏》，中华书局2007年版，第585页。

② 同上。

③ 同上书，第437页。

④ 同上书，第442页。

⑤ 同上书，第630页。

⑥ 王钟陵：《中国中古诗歌史》，人民出版社2005年版，第333页。

识之士开始反省放诞的社会风气。其时贵游子弟多慕王澄、谢鲲为达，卞壶厉色于朝曰：“悖礼伤教，罪莫斯甚！中朝倾覆，实由于此”[①]。有识之士吸取了西晋灭亡的教训，主张以礼制欲。这种看法为更多士人所接受。到了东晋中期，士人的行为发生了极大的转变，“当时著名玄学家往往深通礼制，礼学家也往往兼注三玄”[②]，礼玄双修成为东晋士人做人的基本准则。

其次，审美情趣的转变与玄学的发展演变有着密切的关系。向、郭《逍遥义》曰：“夫大鹏之上九万，尺鷃之起榆枋，小大虽差，各任其性，苟当其份，逍遥一也。然物之芸芸，同资有待，得其所待，然后逍遥耳。唯圣人与物冥而循大变，为能无待而常通。岂独自通而已。又从有待者不失其所待，不失则同于大通矣。”[③] 在向、郭的这一理论中蕴含着两种逍遥的境界：芸芸众物各任其性，便是逍遥，这是有待的逍遥、自足的逍遥；圣人则与物冥而循大变，不仅无待，而且可以顺应有待达到大同，这是无待的逍遥、至足的逍遥。而对当时人影响最大的是其第一层逍遥即独化和安身理论，安性适份就是一种逍遥，鹏鲲可以逍遥，小鸟也可以逍遥。向、郭的玄学命题可以为西晋士人的放纵提供理论上的依据，同样为东晋士人安于一隅找到了理由。

支遁的《逍遥论》针对西晋以来向、郭各适其性就是逍遥的理论，指出“饥者一饱，渴者一盈”的自适的满足，并不是真正的逍遥，只有“乘天正而高兴，游无穷于放浪，物物而不物于物，则遥然不我得；玄感不为，不疾而速，则逍然靡不适”[④] 的至人才是真正的逍遥。自足并非逍遥，至足之境才是真正的逍遥。这一观点迎合了东晋士族自感身份高贵，与寒门有别的心态，马上得到了士人的支持。

---

① 《晋书》卷70《卞壶传》，中华书局1974年版，第1871页。

② 唐长孺：《魏晋玄学之形成及其发展》，《魏晋南北朝史论丛》，生活·读书·新知三联书店1955年版，第338页。

③ 余嘉锡笺疏：《世说新语笺疏》，中华书局2007年版，第260页。

④ （南朝梁）慧皎撰，汤用彤校注：《高僧传》卷4《晋剡沃州山支遁传》，中华书局1997年版，第160页。

（四）恬淡之诗

东晋百年间的文坛基本笼罩在玄理的氛围中。东晋的主流诗歌是以表现玄理、思辨为核心的一种诗歌形式，后世将其称为玄言诗。钟嵘《诗品·序》曰：“永嘉时，贵黄、老，稍尚虚谈。于时篇什理过其辞，淡乎寡味。爰及江表，微波尚传。孙绰、许询、桓、庾诸公诗皆平典，似道德论。建安风力尽矣。”① 《诗品》卷下：“永嘉以来，清虚在俗”“世称孙、许，弥善恬淡之词”②。

玄言诗创作思潮的出现，是东晋士人生活情趣的一个侧面。东晋士人在生活中常常谈论玄学、佛理，是对玄远世界的探究，是对人生奥秘的思考，是对尘世烦恼的消解。于是，他们在诗歌创作中继续了这种体悟。可以说，玄言诗的创作，是士人谈玄谈佛理的另外一种方式。其诗歌恬淡的特征，正反映了士人玄淡的人格本色。

现存玄言诗，有一部分便是直接体悟玄理。《兰亭诗》中纯粹的谈玄之作有七首。或愿与庄子共游濠梁，如曹华诗“愿与达人游，解结遨濠梁。狂吟任所适，浪流无何乡”③；或追步巢父、许由，如王凝之诗“庄浪濠津，巢步颍湄。冥心真寄，千载同归”④。王徽之诗“先师有冥藏，安用羁世罗。未若保冲真，齐契箕山阿”⑤。或悟生死之理，如庾蕴诗“仰怀虚舟说，俯叹世上宾。朝荣虽云乐，夕毙理自因”⑥。或感于众人各言怀，而愠情暂畅，如桓伟诗“主人虽无怀，应物贵有尚。宣尼遨沂津，萧然心神王。数子各言志，曾生发奇唱。今我叹斯游，愠情亦暂畅”⑦。

在居于会稽的名僧中，支遁尤善文学，写了不少关于佛教的哲理诗，《四月八日赞佛》《五月长斋》《八关斋》《咏禅思道人》等。如

---

① 曹旭集注：《诗品集注》（修订版），上海古籍出版社2011年版，第28页。

② 同上书，第511页。

③ 逯钦立辑校：《先秦汉魏晋南北朝诗》，中华书局1983年版，中册，第917页。

④ 同上书，第912页。

⑤ 同上书，第914页。

⑥ 同上书，第909页。

⑦ 同上书，第910页。

《咏禅思道人诗》并序："孙长乐作道士坐禅之像，并而赞之。可谓因俯对以寄诚心，求参焉于衡轭。图岩林之绝势，想伊人之在兹。余精其制作，美其嘉文，不能默已。聊著诗一首，以继于左。"其辞曰：

云岑竦太荒，落落英岊布。
回壑伫兰泉，秀领攒嘉树。
蔚荟微游禽，峥嵘绝蹊路。
中有冲希子，端坐摹太素。
自强敏天行，弱志欲无欲。
玉质凌风霜，凄凄厉清趣。
指心契寒松，绸缪谅岁暮。
会衷两息间，绵绵进禅务。
投一灭官知，摄二由神遇。
承蜩累危丸，累十亦凝注。
悬想元气地，研几革粗虑。
冥怀夷震惊，怕然肆幽度。
曾筌攀六净，空同浪七住。
逝虚乘有来，永为有待驭。①

此诗是因看到孙绰画道士坐禅之像并赞之有所感而作的。前六句写景，中写"冲希子"有玉质清趣，心契寒松，端坐参禅。参悟之理由玄理和佛理杂糅而成。"六净""七注"皆为佛教术语。支遁的佛理诗将玄言佛理融于山水之中，对后来山水诗的兴起有一定的影响。

玄言诗的产生和兴盛，既与东晋士人善于清谈玄理有关，又与会稽的明秀山水影响而形成的东晋士人玄淡的士风相联系。玄言诗，另外有一类是通过山水来悟道。此部分将在下文山水描绘部分展开。

① 逯钦立辑校：《先秦汉魏晋南北朝诗》（中册），中华书局1983年版，第1083页。

二　会稽山水与山水描写

《世说新语·言语》注引《会稽郡记》载："会稽境特多名山水，峰崿隆峻，吐纳云雾。松栝枫柏，擢干疏条。潭壑镜彻，清流泻注。"① 会稽郡内的秀丽山水存在了数千年，但它自己无法言说，只有以千年的姿态默默等待欣赏它的眼睛。清人叶燮《原诗·外篇》云："天地之生是山水也，其幽远奇险，天地亦不能自剖其妙。自有此人之耳目手足一历之，而山水之妙始开。"② 会稽郡的佳山秀水静候着发现它们的主体。历史终于将剖析山水之妙的大任降赐予东晋士族。会稽郡的佳山水，吸引了以文义冠世的名士王羲之、谢安、孙绰、李充、许询、支遁等筑室东土，定居会稽。这批南渡的高人文士，以他们娴雅不俗的审美眼光发现了会稽的明秀山水。这是一个山水的时代。

（一）会稽山水

受玄学的影响，东晋士人向内发现了自己，向外发现了自然山水。

《庄子·知北游》曰："天地有大美而不言，四时有明法而不议，万物有成理而不说。"③ 东晋士人深得庄子此意，善于在山水中体悟"道"，认为山水中隐藏着宇宙的真实，大自然是"道"的最生动美好的体现。宗炳《画山水序》中所言"山水以形媚道"，正是这一观点的形象表述。东晋士人方寸湛然，故能"以玄对山水"④ "以超越世俗之上的虚静之心对山水；此时的山水，乃能以其纯净之姿，进入于虚静之心的里面，而与人的生命融为一体，因而人与自然，由相化而相忘。"⑤

东晋士人喜游山水，喜欢山水中的那份悠然自适。士人用心去亲

---

① 余嘉锡笺疏：《世说新语笺疏》，中华书局2007年版，第172页。

② （清）叶燮：《原诗》卷4，（清）王夫之等《清诗话》，上海古籍出版社1999年版，第607页。

③ 郭庆藩集释：《庄子集释》，中华书局1997年版，第735页。

④ 余嘉锡笺疏：《世说新语笺疏》，中华书局2007年版，第727页。

⑤ 徐复观：《中国艺术精神》，华东师范大学出版社2001年版，第140页。

近山水、在山水中体悟玄理，从而将山水作为颐养身心之所。山水成为东晋士人生活中不可或缺的重要部分。东晋时代从帝王到僧人，都在自然山水中追求一种会心。简文帝入华林园，顾谓左右曰：“会心处不必在远，翳然林水，便自有濠、濮间想也，觉鸟兽禽鱼自来亲人。”① 王胡之至吴兴印渚中看，叹曰：“非惟使人情开涤，亦觉日月清朗。”②

于是，山水便成为活泼的存在，自有其难以言说的美。《世说新语·言语》载：顾恺之从会稽还，人问山川之美，顾曰：“千岩竞秀，万壑争流；草木蒙笼其上，若云兴霞蔚。”③ 会稽的千岩万壑、草木蒙笼，让顾恺之赞叹不已。王献之说：“从山阴道上行，山川自相映发，使人应接不暇。若秋冬之际，尤难为怀。”④《戏鸿堂帖》载《子敬杂帖》云：“镜湖澄澈，清流泄注，山川之美，使人应接不暇。”镜湖澄澈，山川之美，王献之但觉美景应接不暇。

山水诗的出现，必须具备两个因素，一是客体山水，二是主体诗人。刘勰《文心雕龙·物色》曰：“若乃山林皋壤，实文思之奥府。”山水不仅是审美的对象，更是文思的源泉。刘勰认为，“屈平所以能洞监《风》《骚》之情者，抑亦江山之助乎！”⑤ 此时，客体与主体和谐统一，士人成为山水的知音，山水亦成为士人生活中无法分割的情趣。正如袁山松所言：“山水有灵，亦当惊知己于千古矣。”⑥

（二）山水描写

东晋之诗文散佚的比较严重，但在现存的玄言诗中，山水描绘诗作占了不小的比例。

《兰亭诗》除少数几首直接抒写玄理之外，大多诗中有描写山水的成分。诗人在山水中体“道”，领悟着庄了的神妙哲理，惊叹于大

---

① 余嘉锡笺疏：《世说新语笺疏》，中华书局 2007 年版，第 143 页。
② 同上书，第 164 页。
③ 同上书，第 170 页。
④ 同上书，第 172 页。
⑤ 范文澜注：《文心雕龙注》，人民文学出版社 1958 年版，第 695 页。
⑥ 陈桥驿校证：《水经注校证》卷 34，中华书局 2007 年版，第 793 页。

造之神秘奇妙。如孙绰诗：

> 流风拂枉渚，停云阴九皋。莺语吟修竹，游鳞戏澜涛。
> 携笔落云藻，微言剖纤毫。时珍岂不甘，忘味在闻韶。[①]

当流风轻轻地拂过弯曲的小渚，暂留的云朵笼罩着大半的皋陆，黄莺在修竹间吟唱，游鱼在澜涛中嬉戏。面对此景的诗人提笔挥毫，希望以微妙的言辞尽剖内心的纤细感受，但是携笔之时发现自己难以说清，并非眼前的珍肴不甘美，实在是韶乐让人忘味。此处诗人用“闻韶”来比喻所见美景，用“忘味”来表达自己无法言说山水的神妙之理。

孙绰善于在山水中悟道，认为山水是写作的源泉。《世说新语·赏誉》：“孙兴公为庾公参军，共游白石山。卫君长在坐。孙曰：‘此子神情不关山水而能作文。’”[②] 在孙绰的眼中关注山水是创作的前提，所以才会产生卫君长神情不关山水而能作文的疑惑。孙绰爱好山水，认为山水可以陶冶精神：“闲步于林野，则寥落之志兴”[③]“游览既周，体静心闲。害马已去，世事都捐”[④]。当人浸润于自然山水之中，旷远寥廓的自然山水与人内心之淡泊玄虚达到统一时，人便从中得到一种满足。正如黑格尔所说：“正确的观照和纯洁的心智，只有在从现象中确实可以看到和感到现象所体现的本质与真理时，才获得满足。”[⑤] 东晋士人喜欢山水，或亲临，或神游，都是因为他们在山水的真趣中获得了满足。

基于这样的认识，现存孙绰的诗多涉及山水。除了两首《兰亭诗》，其《秋日诗》更以山水为主：

① 逯钦立辑校：《先秦汉魏晋南北朝诗》，中华书局1983年版，中册，第901页。

② 余嘉锡笺疏：《世说新语笺疏》，中华书局2007年版，第567页。

③ （晋）孙绰：《三月三日兰亭诗序》，《全上古三代秦汉三国六朝文》（第2册），中华书局1999年影印本，第1808页。

④ （晋）孙绰：《游天台山赋》，李善注《文选》，上海古籍出版社1997年版，499页。

⑤ ［德］黑格尔：《美学》第3卷下，朱光潜译，商务印书馆1996年版，第24页。

萧瑟仲秋月，飂戾风云高。
山居感时交，远客兴长谣。
疏林积凉风，虚岫结凝霄。
湛露洒庭林，密叶辞荣条。
抚菌悲先落，攀松羡后凋。
垂纶在林野，交情远市朝。
淡然古怀心，濠上岂伊遥？①

这首诗写得哀而不伤、淡而有味。前四句写仲秋之夜，萧瑟的风声吹过，居住在山中的远客，感慨季节的交替，不觉吟出歌谣。中间四句写景，远看疏密的树林中积满了凉风，虚远的山峰上结聚着凝云。近看则清澈的露珠洒满了庭中的树林，厚密的树叶告别了枝条落在地上。具体写秋天的萧瑟之景。后六句触物抒情，悲伤于菌菇的先落，羡慕于松树的后凋，在安静的林野间垂钓，远离喧闹的市朝。这颗淡淡的怀古心，应该距离濠上的庄子不远了吧？

一方面士人在山水中悟道；另一方面，山水具有散怀寄畅、萧散情志的疗愈功能。兰亭诗人会在山水中“散豁”“豁滞忧”，如：

松竹挺岩崖，幽涧激清流。萧散肆情志，酣畅豁滞忧。②（王玄之）

散豁情志畅，尘缨忽以捐。仰咏挹余芳，怡神味重渊。③（王蕴之）

嘉会欣时游，豁尔畅心神。吟咏曲水濑，渌波转素鳞。④（王肃之）

清响拟丝竹，班荆对绮疏。临觞飞曲津，欢然朱颜舒。⑤（徐丰之）

---

① 逯钦立辑校：《先秦汉魏晋南北朝诗》（中册），中华书局1983年版，第901—902页。
② 同上书，第911页。
③ 同上书，第915页。
④ 同上书，第913页。
⑤ 同上书，第916页。

这些《兰亭诗》多写在观山水松竹、岩崖、幽涧、清流等，山水会带给他们慰藉，让他们欢然、酣畅、神怡、心静。

《兰亭诗》中已有了一些比较纯粹的山水诗，如谢万诗：

肆眺崇阿，寓目高林。青罗翳岫，修竹冠岑。
谷流清响，条鼓鸣音。玄崿吐润，霏雾成阴。①

诗人自在地眺望远处的层峦叠嶂，入眼的是高高的山林。青色的藤萝遮蔽在山岫间，修长的竹子像是山岑的冠帽。耳边回响着谷中溪水的潺潺声，又似乎隐隐听到了近处细小的枝条在微风中鼓动而发出的鸣音。玄黑的峰崿似乎在吐出润气，山中充满了霏霏的水雾。当我们神游于这片有如仙境的山水时，亦为诗人的高情远志所感动。王夫之《古诗评选》评谢万此诗："不一语及情而高致自在，斯以为《兰亭》之首唱。"②

这类较纯的描写山水的诗作在《兰亭诗》中有五首之多，它们从各个角度呈现了兰亭的景致，有修竹阴沼，旋濑萦丘，有禽吟长涧，万籁吹峰，有碧林英翠，红葩新茎，静态的鲜亮青翠，动态的清响婉转，真正是一片春光粲然之景。

东晋后期，玄言诗中的山水成分逐渐清晰，甚至独立出来。沈约曰："仲文始革孙、许之风，叔源大变太元之气。"③《兰亭诗》之后，东晋后期的殷仲文、谢混陆续有山水诗作问世。如谢混《游西池》：

悟彼蟋蟀唱，信此劳者歌。
有来岂不疾，良游常蹉跎。
逍遥越城肆，愿言屡经过。
回阡被陵阙，高台眺飞霞。

① 逯钦立辑校：《先秦汉魏晋南北朝诗》，中华书局1983年版，中册，第906页。

② （清）王夫之：《古诗评选》卷2，《船山全书》（第14册），岳麓书社1996年版，第601页。

③ （南朝梁）沈约：《宋书》67《谢灵运传论》，中华书局1974年版，第1778页。

惠风荡繁囿，白云屯曾阿。
景昃鸣禽集，水木湛清华。
褰裳顺兰沚，徙倚引芳柯。
美人愆岁月，迟暮独如何！
无为牵所思，南荣戒其多。①

此诗呈现出清新的风格，尤其是“惠风荡繁囿，白云屯曾阿。景昃鸣禽集，水木湛清华”四句，描写惠风轻轻摇荡着苑囿中繁盛的草木，白云悠悠地屯聚在层峦深处。不觉中日影西斜，归鸟欢快地鸣叫着会集在枝头，而水木则在落日的余晖中显出清澈澄明的光华。西池的清秀景色在谢混的笔下再现。甚至还有一些未被沈约关注的小作家，诸如湛方生等也创作了不少山水诗。比如，湛方生《还都帆》诗曰：“高岳万丈峻，长湖千里清。白沙穷年洁，林松冬夏青。水无暂停留，木有千载质。寤言赋新诗，忽忘羁客情。”此诗前四句写景清新而省净。《天晴》诗：“屏翳寝神辔，飞廉收灵扇。青天莹如镜，凝睛平如研。落帆修江渚，悠悠极长眄。清气朗山壑，千里遥相见。”②此诗写景更是灵动逼真。山水刻画的风气正是在东晋诸多诗人的诗作中愈益丰赡起来。

帛道猷《陵峰采药触兴为诗》招隐苏州虎丘的竺道壹来剡，曰：

连峰数千里，修林带平津。
云过远山翳，风至梗荒榛。
茅茨隐不见，鸡鸣知有人。
闲步践其径，处处见遗薪。
始知百代下，故有上皇人。③

---

① （唐）李善注：《文选》，上海古籍出版社 1986 年版，第 1034 页。

② 逯钦立辑校：《先秦汉魏晋南北朝诗》（中册），中华书局 1983 年版，第 944 页。

③ 汤用彤校注：《高僧传》卷 5《晋吴虎丘东山寺竺道壹传》，中华书局 1997 年版，第 207 页。

该诗是东晋成熟的山水诗作，意境清远，全然没有玄学的影子。前六句写景，数千里的连绵山峰，平陆水边到处是茂林修竹，云悠闲地飘过远山，风徐徐拂过荒野丛榛，茅屋隐入深山丛林中，听到鸡鸣才知有人家。闲步于山径，到处看到樵夫遗落的柴薪。此时才知百代之下的今天也有人过着羲皇上人时代的生活。陈祚明评："茅茨二句境地佳。"① 此诗不仅刻画了剡中的美景，更抒发了人与山水的相契交感。果然，会稽的美景吸引了竺道壹前来。"道壹得书，契合怀抱，于是东适若耶，与道猷相会。"②

东晋的山水诗并不多，但以《兰亭诗》为代表的东晋山水描写之作，可看作初步形成的山水诗，后世大量山水诗的创作，正是在这些山水刻画的诗作中逐渐孕育并形成规模。

三　闲趣与艺术精神

要产生高超的艺术，需要艺术家远离俗务：既有闲情逸致，又有脱俗的审美；既有高洁的品性，又要有真实的自我。而朝代不断更迭的六朝，虽是乱世，但东晋士族出身贵族，身份高贵，个性强烈，极重自我。又日日谈哲学，游山水，熏染成高超的审美品位，又有闲情逸致做自己喜欢的事情。于是在那个士人最自由的时代，不仅出现了脱俗的心灵，还产生了自由的艺术，尤其在书法、绘画等方面，达到了后世难以企及的高度。这是一个艺术的时代。

（一）生活中的趣味

中国文人养植物、养动物的兴趣，或者说寄托情感与品格，起于东晋。比如，兰花是王羲之的最爱，竹子则是王徽之的情趣。另王羲之爱鹅，支遁爱鹤爱马，皆为一时美谈。

1. 王羲之爱兰爱鹅

王羲之任会稽内史时，全家居住在兰亭。兰亭得名，相传越王勾

---

① （清）陈祚明：《采菽堂古诗选》卷14，清康熙四十五年（1706）刊本。

② 汤用彤校注：《高僧传》卷5《晋吴虎丘东山寺竺道壹传》，中华书局1997年版，第207页。

践曾在此植兰，汉代设驿亭，故名。晋时兰亭，到处植有兰花、竹林，著名的兰亭雅集即在此举行。《兰亭诗》中涉及兰花的有两首：

人亦有言，得意则欢。嘉宾既臻，相与游盘。
微音迭咏，馥焉若兰。苟齐一致，遐想揭竿。[①]（袁峤之）

俯挥素波，仰掇芳兰。尚想嘉客，希风咏叹。[②]（徐丰之）

袁峤之用香气若兰来比喻众人的吟咏，既可能是见兰而形容，也可能未必是实写。而徐丰之的诗却是实际的景致：俯下身来弄一弄清澈的溪水，抬起头来摘一朵兰花。可见，兰亭内当植有兰花。兰花，之后成为花中四君子，王羲之即为爱兰的代表。元青花瓷《四爱图》，有四个瓶，分别是：王羲之爱兰、陶渊明爱菊、周敦颐爱莲、林和靖爱梅。

自晋之后，绍兴名士多爱兰。比如明代大才子徐渭，一生画了很多兰花的画，写了不少兰花的诗。在其《兰谷歌》中写道："勾践种兰必择地，只今兰渚乃其处。千年却有永和事，右军墨藻流修禊。吾越兰谱本如此，只今春来稽山里，兰花兰垂云之紫。"《兰》曰："兰亭旧种越王兰，碧浪红香天下传。莫讶春光不属侬，一香已足压千红。"现代以来，鲁迅说他的祖父极爱兰，为此还专门盖了三间屋子养兰。后来，绍兴市政府定兰花为绍兴市花。

王羲之又爱鹅。会稽有孤居姥，养一鹅善鸣，求市未能得，遂携亲友命驾就观。姥闻羲之将至，烹以待之，王羲之叹息整日。又山阴有一道士好养鹅。王羲之往观，意甚悦，固求市之。道士云："为写《道德经》当举群相赠耳。"王羲之欣然写毕，笼鹅而归，甚以为乐。[③]

---

① 逯钦立辑校：《先秦汉魏晋南北朝诗》（中册），中华书局1983年版，第911页。

② 同上书，第916页。

③ （南朝宋）虞龢：《论书表》，（唐）张彦远《法书要录》，人民美术出版社1984年版，第42页。

王羲之爱鹅，在于从鹅处于水面的情态中悟得书法的走笔。兰亭中有一池，即王羲之养鹅的鹅池。闲来无事，便可早晚观察。庄子曰："万物有成理而不说。"万物皆有其存在的定理，却不言说，而其中的道理却需要人的观察和领悟。王羲之在鹅处水面游走的姿势、情态，悟得了书法的走势。这个前人已有认识。清包世臣《艺舟双楫》写到王羲之在执笔时如鹅昂首、如鹅拨水，曰："其要在执笔。食指须高钩，大指加食指、中指之间，使食指如鹅头昂曲者；中指内钩，小指贴无名指外距，如鹅之两掌拨水者。故右军爱鹅，玩其两掌行水之势也。"王羲之的书法得自观察物后的体悟。这种体悟，是个人对外物日夕相对的领悟，恐怕父子兄弟都难以尽传。得此真谛，难怪王羲之会成为一代书圣了。

2. 王徽之爱竹

王徽之（338—386），字子猷，王羲之第五子。《世说新语》中记载了很多他的任诞行径。《世说新语·任诞》其中有一条：

> 王子猷尝暂寄人空宅住，便令种竹。或问："暂住何烦尔？"王啸咏良久，直指竹曰："何可一日无此君？"①

王徽之爱竹，爱到日日都要面对竹。在他的眼中，竹是友，寄托了一种风神，所以才会说没有一天不能没有这位君子。所以，在别人家暂住，也要令人种竹。

王徽之爱竹，与他的成长环境有关。兰亭雅集时，王徽之16岁。当时的兰亭到处是茂林修竹。《兰亭诗》中写到竹林的有五首：

> 流风拂枉渚，停云阴九皋。莺语吟修竹，游鳞戏澜涛。
> 携笔落云藻，微言剖纤毫。时珍岂不甘，忘味在闻韶。②（孙绰）

> 春咏登台，亦有临流。怀彼伐木，宿此良俦。

① 余嘉锡笺疏：《世说新语笺疏》，中华书局2007年版，第893页。
② 逯钦立辑校：《先秦汉魏晋南北朝诗》（中册），中华书局1983年版，第901页。

修竹阴沼，旋濑萦丘。穿池激湍，连滥觞舟。[①]（孙绰）

松竹挺岩崖，幽涧激清流。萧散肆情志，酣畅豁滞忧。[②]（王玄之）

肆眺崇阿，寓目高林。青萝翳岫，修竹冠岑。
谷流清响，条鼓鸣音。玄崿吐润，霏雾成阴。[③]（谢万）

地主观山水，仰寻幽人踪。回沼激中逵，疏竹间修桐。
因流轻转觞，冷风飘落松。时禽吟长涧，万籁吹连峰。[④]（孙统）

孙绰听到有黄莺鸟在竹林中吟唱，谢万看到的是山上的修竹，孙统看到的是疏落的竹林间有修长的梧桐树。王徽之的大哥王玄之，看到的是挺立在岩石山崖上的松树和竹林。可见，兰亭内部，兰亭远望的山上，皆有大片竹林。王徽之的《兰亭诗》倒是没写到竹子，而是写到了松树："散怀山水，萧然忘羁。秀薄粲颖，疏松笼崖。游羽扇霄，鳞跃清池。归目寄欢，心冥二奇。"[⑤] 前两句写散怀山水的萧然自得。中间四句写山水之美：山上花草绚烂，松树葱茏，云霄鸟儿飞翔，清池鱼儿飞跃。最后以归目寄欢、心契二奇作结。也许生活在竹林环绕的环境中，王徽之逐渐爱上了竹。

另一方面，王徽之爱竹，当与竹林七贤的林下之游有关。爱慕竹林七贤，便一起爱上了竹林，所以，竹在他眼中会有特殊的意义。王徽之卓荦不羁的个性和他的行事，当受竹林七贤的影响。

《世说新语·简傲》载：王徽之为车骑桓冲骑兵参军，蓬首散带，不综府事。桓冲问："卿署何曹？"对曰："不知何署，时见牵马来，似是马曹。"又问："官有几马？"答曰："不问马，何由知数？"又

① 逯钦立辑校：《先秦汉魏晋南北朝诗》（中册），中华书局1983年版，第901页。
② 同上书，第911页。
③ 同上书，第906页。
④ 同上书，第907页。
⑤ 同上书，第914页。

问:“马比死多少?”曰:“未知生,焉知死!”[①] 王徽之回答的倒是巧妙,但是为官甚至不知自己所为何官,也只有东晋的名士才能如此洒脱。曾经跟随桓冲出行,路值暴雨,王徽之因下马排入车中,谓曰:“公岂得独擅一车!”[②] 在雨中,便不顾上下级的礼节。又一次桓冲对王徽之说:“卿在府久,比当相料理。”徽之根本不答,直高视,以手拄颊云:“西山朝来,致有爽气。”[③] 回答不仅是风马牛,而且暗讽桓冲为世俗事牵累。

王徽之向来高傲,于长官都如此,于普通的士大夫更不理会。一次去吴中士大夫家看人家的竹林,便发生了趣事。《世说新语·简傲》:

> 王子猷尝行过吴中,见一士大夫家极有好竹。主已知子猷当往,乃洒扫施设,在听事坐相待。王肩舆径造竹下,讽啸良久。主已失望,犹冀还当通,遂直欲出门。主人大不堪,便令左右闭门不听出。王更以此赏主人,乃留坐,尽欢而去。[④]

王徽之只看重别人家的好竹林,在竹林下欣赏很久,对主人洒扫待客却视而不见,直欲离开。难堪的主人,让下人关上大门不让其出去。王徽之这才因此欣赏竹林的主人,坐下交谈,尽欢才离去。想必两个有共同爱好竹林的人,定有共同的言语可以交谈吧。

虽在官,任性放达,但毕竟不自由。王徽之后为黄门侍郎,便弃官东归,居山阴。某夜大雪,眠觉,开室命酌酒,四望皎然。因起彷徨,咏左思《招隐》诗。忽忆隐士戴逵。时戴在剡,便夜乘小舟就之。经宿方至,造门不前而返。人问其故,王曰:“吾本乘兴而行,兴尽而返,何必见戴?”[⑤] 这是一种内心的兴致,兴致来了便行动,尽兴了便满足而返回,全然不理会当时兴起的原因以及行动的目的。如

① 余嘉锡笺疏:《世说新语笺疏》,中华书局2007年版,第909页。
② 《晋书》卷80《王徽之传》,中华书局1974年版,第2103页。
③ 余嘉锡笺疏:《世说新语笺疏》,中华书局2007年版,第909页。
④ 同上书,第912页。
⑤ 同上书,第893页。

此洒脱，便也只有东晋士人才有。

3. 支遁爱马爱鹤

不独名士有癖好，连名僧也有痴好。支遁便爱马。《世说新语·言语》：

> 支道林常养数匹马。或言道人畜马不韵，支曰："贫道重其神骏。"①

后有材料记录得更为详细。《吴郡志》卷九曰："支遁庵在南峰，古号支硎山，晋高僧支遁尝居此。剜山为龛，甚宽敞。道林喜养骏马，今有白马涧，云饮马处也。庵旁石上有马足四，云是道林飞步马迹也。"《建康实录》卷八引《许玄度集》曰："遁字道林，常隐剡东山，不游人事，好养鹰马而不乘放，人或讥之。遁曰：'贫道爱其神骏。卒后，戴安道尝经其墓，叹曰：'德音未远，而拱木已积。冀神理绵绵，不与气运俱尽尔。'"②

支遁不但爱马，还好鹤。《世说新语·言语》：

> 支公好鹤，住剡东岇山。有人遗其双鹤，少时翅长欲飞。支意惜之，乃铩其翮。鹤轩翥不复能飞，乃反顾翅，垂头视之，如有懊丧意。林曰："既有凌霄之姿，何肯为人作耳目近玩？"养令翮成，置使飞去。③

剡东岇山，《支公书》曰："山去会稽二百里。"④ 支遁好鹤。有人送来双鹤，不久长翅欲飞。支遁不舍鹤飞走，便剪短了鹤的翅膀。鹤想如往日一样飞翔，却不能再起飞，回头看着自己的翅膀，非常懊丧。支遁爱鹤，想必是爱其风姿。见鹤如此懊丧，以支遁的智慧，如

---

① 余嘉锡笺疏：《世说新语笺疏》，中华书局 2007 年版，第 146 页。

② （唐）许嵩：《建康实录》卷 8 引《许玄度集》，上海古籍出版社 1987 年版，第 162 页。

③ 余嘉锡笺疏：《世说新语笺疏》，中华书局 2007 年版，第 161 页。

④ 同上。

何不明白鹤的心意？便说出了鹤的心声："既拥有凌霄的身姿，何肯充当人的耳目近玩？"于是等鹤的翅膀长好，把它们放飞了。余嘉锡笺疏引《吴郡志》卷九："道林又尝放鹤于此。今有亭基。"①

明人张岱《陶庵忆梦·祁止祥癖》曰："人无癖不可与交，以其无深情也；人无疵不可与交，以其无真气也。"② 人要活得有趣味，最好要有一种与工作无关的闲趣。养植物动物，学琴棋书画，收金石古玩，各种癖好皆可，这便是人生的趣味。而这种有趣味的人生，便是从晋人开始的。

（二）音乐的趣味

音乐是古代中国很早出现的一门艺术，一直承担了教化的作用。《礼记·乐记》曰："音之起，由人心生也。人心之动，物使之然也。感于物而动，故形于声……乐者，音之所由生也。其本在人心之感于物也……是故先王制礼乐也，非以极口腹耳目之欲也，将以教民平好恶，而反人道之正也……大乐与天地同和，大礼与天地同节。"③ 古琴，相传是伏羲氏作琴，舜定琴为五弦，周文王增一弦，周武王又增一弦，于是定为七弦，音色深沉空灵，余音悠远有味，一直是古代士人最喜爱的乐器。音乐既能表达人的情思，又能感化人，还是士人人格精神的呈现。

孔子是一位杰出的音乐家，一生与音乐难以分割。孔子一直是好学、善学者，在学习音乐时，通过不断的练习曲子、反复琢磨，最终领悟到作曲者创作时的精神状态。孔子曾就音乐大师师襄学古琴，一曲《文王操》，经过了数月的练习，从熟悉曲调到曲中呈现的精神，再到作曲者的人格状态，孔子一步一步做到了和作曲人周文王心意相通。在危难之际，演奏音乐是孔子的精神呈现。孔子与弟子适陈，过

---

① 余嘉锡笺疏：《世说新语笺疏》，中华书局 2007 年版，第 162 页。

② （清）张岱著，夏咸淳、程维荣校注：《陶庵梦忆》，上海古籍出版社 2001 年版，第 72 页。

③ （唐）孔颖达：《礼记正义》卷 37，（清）阮元校刻《十三经注疏》，中华书局 1980 年影印本，第 1530 页。

匡，被匡人误认为阳虎，被困数日，孔子依然“和琴而歌”[①]。后孔子又被困陈蔡之间，没有粮食，跟随者都病了，不能行，而孔子还是“讲诵弦歌不衰”。子路很生气，问：“君子亦有穷乎?”孔子答曰：“君子固穷。”[②] 困境中，音乐是孔子的精神寄托。对于孔子来说，好的音乐是精神的盛宴，远超任何甘美的食物。孔子在齐国听到《韶月》，“三月不知肉味，曰：‘不图为乐之至于斯也’”[③]。孔子主张乐教，晚年从卫国返回鲁国，订正乐曲，使“《雅》《颂》各得其所”[④]。历代士人，大多通晓音乐，善弹琴。比如，阮籍《咏怀诗》中“夜中不能寐，起坐弹鸣琴”来寄意，嵇康临刑前奏一曲《广陵散》，留下最后的绝响，而他的临终形象也定格在从容、悲怆的氛围中。

东晋士人善乐者甚多。例如，陈郡谢氏，谢鲲能歌善鼓琴，谢尚擅长音乐，谢安爱音乐；琅琊王氏，王敦善击鼓，王廙善音乐，“音律终妙毕综”[⑤]，王羲之爱乐，王徽之、王献之皆善琴；谯郡戴逵善琴，其子戴勃、戴颙皆善琴。音乐自是士人日常的乐趣。从文献的记载，我们看到了音乐在东晋士人之间有了更多的意味。

东晋士人本为深情之人。谢安爱好声律，服丧期间不废妓乐，竟自成俗。王坦之不满时俗放荡，不敦儒教，深以谢安此举为非而苦谏。谢安《遗王坦之书》曰：

> 知君思相爱惜之至。仆所求者声，谓称情义，无所不可为，聊复以自娱耳。若絜轨迹，崇世教，非所拟议，亦非所屑。常谓君粗得鄙趣者，犹未悟之濠上邪！故知莫逆，未易为人。[⑥]

谢安此书明言，音乐是情义的表达，仅以自娱，与世教无涉；并

---

① 《史记正义》引《琴操》，《史记》卷47《孔子世家》，中华书局1964年版，第1920页。

② 《史记》卷47《孔子世家》，中华书局1964年版，第1930页。

③ 程树德集释：《论语集释》卷13，中华书局1980年版，第589页。

④ 同上书，第783页。

⑤ （唐）张彦远：《历代名画记》卷5，人民美术出版社1963年版，第110页。

⑥ 《晋书》卷75《王坦之传》，中华书局1974年版，第1968页。

认为王坦之未悟濠上之乐，非知己者。但是，谢安虽性好音乐，然自弟谢万丧，兄弟情深，十年不听乐。听不听乐，皆因情深。

音乐可以陶泻内心的忧伤。《世说新语·言语》：

> 谢太傅语王右军曰：“中年伤于哀乐，与亲友别，辄作数日恶。”王曰：“年在桑榆，自然至此。顷正赖丝竹陶写。恒恐儿辈觉，损欢乐之趣。”①

谢安说：中年之后，与亲友离别总有几日伤感。王羲之回答：正是依靠丝竹音乐，陶泻内心的哀伤。不希望让儿辈们察觉自己的伤感，损害家人在一起的欢乐之趣。

音乐既能传情，便可以曲会友。《世说新语·任诞》：

> 王子猷出都，尚在渚下。旧闻桓子野善吹笛，而不相识。遇桓于岸上过，王在船中，客有识之者云：“是桓子野。”王便令人与相闻，云：“闻君善吹笛，试为我一奏。”桓时已贵显，素闻王名，即便回下车，踞胡床，为作三调。弄毕，便上车去。客主不交一言。②

互相慕名，各有矜持，便可不交一言。你要听笛，我便吹与你听。此时，没有年纪之分，也没有官民之分，但有音乐流进心中。

人与琴相处日久，便使得琴具有人格，人琴合一。《世说新语·伤逝》：

> 王子猷、子敬俱病笃，而子敬先亡。子猷问左右：“何以都不闻消息？此已丧矣！”语时了不悲。便索舆来奔丧，都不哭。子敬素好琴，便径入坐灵床上，取子敬琴弹，弦既不调，掷地云：“子敬！子敬！人琴俱亡。”因恸绝良久，月余亦卒。③

---

① 余嘉锡笺疏：《世说新语笺疏》，中华书局2007年版，第144页。

② 同上书，第894页。

③ 同上书，第759页。

王徽之对一切人事皆洒脱任达，但其内心依然情深，与幼弟王献之特相和睦。两人病重，王献之先亡，便来奔丧，希望能为爱琴的幼弟弹一曲送别。哪知琴弦不调，无法弹奏。此时子敬琴与亡去的子敬已经合二为一。这令王徽之越加悲伤，掷琴于地，云："子敬！子敬！人琴俱亡。"又《世说新语·豪爽》载：王敦善击鼓，"于坐振袖而起，扬槌奋击，音节谐捷，神气豪上，旁若无人"[①]，举座叹其雄爽。

隐士戴逵善琴，名气很大，很多人便想听其鼓琴。而戴逵弹琴，不论官爵，只弹给想让听的人。太宰、武陵王司马晞听闻戴逵名声，使人召之。戴逵当着使者的面，摔破了琴曰："戴安道不为王门伶人!"[②] 戴逵有此气节！如何肯上门为自以为是的权贵演奏？司马晞当然很生气，更引其兄戴述。戴述闻命欣然，拥琴而往。戴逵对太傅谢安的态度，则截然不同。《世说新语·雅量》载：

> 戴公从东出，谢太傅往看之。谢本轻戴，见，但与论琴书，戴既无吝色，而谈琴书愈妙。谢悠然知其量。[③]

戴逵出东，谢安去看他。谢安本不看重戴逵，只以其擅长琴书而已。所以，见面也只谈琴书。戴逵不以为意，谈琴书愈妙。于是，谢安在其言行中听懂了戴逵的雅量。苏轼《杂书琴事十首·戴安道不及阮千里》曰："阮千里善弹琴，人闻其能，多往求听。不问贵贱长幼，皆为弹之，神气冲和，不知何人所在。内兄潘岳每命鼓琴，终日达夜无忤色，识者叹其恬澹，不可荣辱。戴安道亦善鼓琴，武陵王晞使人召之。安道对使者破琴曰：'戴安道不为王门伶人。'余以谓安道之介，不如千里之达。"[④] 苏轼肯定了戴逵"不为王门伶人"的耿介，却以为其比不上阮瞻的通达。一个耿介，另一个

---

① 余嘉锡笺疏：《世说新语笺疏》，中华书局2007年版，第699页。
② 《晋书》卷94《戴逵传》，中华书局1974年版，第2457页。
③ 余嘉锡笺疏：《世说新语笺疏》，中华书局2007年版，第442页。
④ 孔凡礼点校：《苏轼文集》卷71，中华书局1986年版，第2244页。

通达，孰优孰劣呢？我以为，恐是性情使然，难分高下。又二人对音乐的理解和要求也不同。阮瞻弹琴，早已乐在其中，不管是何人听，都能自得其乐。而戴逵则不同，其《琴赞》曰："至人托玩，导德宣情。微旨虚远，感物悟灵。"① 可见，戴逵在音乐上，追求的是人格的平等和性灵的互通。

戴颙，字仲若。与兄戴勃，受其父戴逵影响，并隐遁，有高名。"戴颙及兄勃，并受琴于父。父没，所传之声，不忍复奏，与兄勃各造新弄。勃制五部，戴颙制十五部。又自制长弄一部，并传于世。"②

（三）书法的兴盛

唐窦臮在《述书赋》中，列出可入品的能书者：汉 2 人，魏 5 人，吴 2 人（皇象、贺邵），晋 63 人，其中除了西晋 6 人外，东晋高达 57 人。即以东晋而论，司马家族有 6 位：晋元帝司马睿、晋成帝司马衍、晋康帝司马岳、晋孝武帝司马曜、武陵王司马遵、会稽王司马昱；高平郗氏 6 位：郗鉴、郗愔、郗昙、郗超、郗俭之、郗恢；琅琊王氏 6 位，王导、王劭、王珉、王羲之、王献之、王廞；颍川庾氏四位，庾亮、庾怿、庾翼、庾准；陈郡谢氏 3 位：谢尚、谢奕、谢安；太原王氏 2 人：王濛、王述；谯国桓氏 2 人：桓温、桓玄；山阴孔氏 2 人：孔侃、孔愉。其他尚有陶侃、熊远、应詹、卞壶、刘超、谢藻、丁潭、何充、刘讷、刘琰、刘璞、张澄、张冀、江灌、沈嘉、刘瓌之、刘廞、范汪、范宁、诸葛长民、刘穆之、温放之、杨羲、宋斑。③ 而在所有的书法家中，王羲之书法成就最高，"尤善隶书，为古今之冠"④。

1. 王羲之书法

王羲之出生于文艺世家，一门善书。父王旷善行书、隶书；从叔

---

① （清）严可均辑：《全上古三代秦汉三国六朝文》，中华书局 1999 年影印本，第 3 册，第 2249 页。

② （唐）许嵩：《建康实录》卷 14，上海古籍出版社 1987 年版，第 389 页。

③ （唐）张彦远：《法书要录》卷 5，人民美术出版社 1984 年版，第 173—174 页。

④ 《晋书》卷 80《王羲之传》，中华书局 1974 年版，第 2093 页。

王导“甚有楷法，以师钟、卫”[①]“善稿行”[②]“行草见贵当世”[③]；从伯王敦善草书，“以工书得家传之学，其笔势雄健”[④]；叔父王廙各体皆善，“能章楷，传钟法”[⑤]。同辈中，从弟王恬“善隶书”[⑥]“工于草隶，当世难与为比”[⑦]；从弟王洽“众书通善，尤能隶行”[⑧]“于草尤工，落简挥毫，有郢匠乘风之势”[⑨]。

身处书法世家，王羲之少时即学书。早年师从卫夫人。《题卫夫人〈笔阵图〉后》曰：“羲之少学卫夫人书，将谓大能。及渡江北游名山，比见李斯、曹喜等书。又之许下，见钟繇、梁鹄书。又之洛下，见蔡邕《石经三体书》。又于从兄洽处见张昶《华岳碑》。始知学卫夫人书，徒费年月耳。遂改本师，仍于众碑学习焉，遂成书尔。”[⑩]羊欣《采古来能书人名》曰：“晋中书院李充母卫夫人，善钟书，王逸少之师。”[⑪]卫夫人书学钟繇，工隶书即楷体。后从叔父王廙（字世将）学书。“王平南廙是右军叔。自过江东，右军之前，惟廙为最。画为晋明帝师，书为右军法。”[⑫]王廙各体皆善，“工于草、隶、飞白，祖述张、卫遗法”“自过江，右军之前，世将书与荀勖画为明

---

① （南朝齐）王僧虔：《论书》，（唐）张彦远《法书要录》卷1，人民美术出版社1984年版，第19页。

② （南朝宋）羊欣：《采古来能书人名》，（唐）张彦远《法书要录》卷1，人民美术出版社1984年版，第14页。

③ （唐）张怀瓘：《书断》下，（唐）张彦远《法书要录》卷9，人民美术出版社1984年版，第295页。

④ 《宣和书谱·草书二》卷14，（清）毛晋辑《津逮祕书》，上海博古斋民国十一年（1922）影印本。

⑤ （南朝宋）羊欣：《采古来能书人名》，（唐）张彦远《法书要录》卷1，人民美术出版社1984年版，第14页。

⑥ 同上。

⑦ （唐）张怀瓘：《书断》下，（唐）张彦远《法书要录》卷9，人民美术出版社1984年版，第296页。

⑧ （南朝宋）羊欣：《采古来能书人名》，（唐）张彦远《法书要录》卷1，人民美术出版社1984年版，第14页。

⑨ （唐）张怀瓘：《书断》中，（唐）张彦远《法书要录》卷8，人民美术出版社1984年版，第277页。

⑩ （唐）张彦远：《法书要录》卷1，人民美术出版社1984年版，第9页。

⑪ 同上书，第14页。

⑫ （南朝齐）王僧虔：《论书》，（唐）张彦远《法书要录》卷1，人民美术出版社1984年版，第18页。

帝师。其飞白，志气极古，垂雕鹗之翅羽，类旌旗之卷舒。时人云：‘王廙飞白，右军之亚。’”① 王廙对侄子王羲之寄予厚望，作《与羲之论学画》，曰：

> 余兄子羲之幼而岐嶷，必将隆余堂构。今始年十六，学艺之外，书画过目便能。就余请书画法，余画孔子十弟子图以励之。嗟尔羲之，可不勖哉！画乃吾自画，书乃吾自书。吾余事虽不足法，而书画固可法。欲汝学书则知积学可以致远，学画可以知师弟子行己之道，又各为汝赞之。②

王廙寄希望于佳子弟王羲之，鼓励他学书画。尤其“画乃吾自画，书乃吾自书”的观点，指出艺术要创新才能成功，对王羲之的书法追求有很大影响。

王羲之不负厚望，持续钻研。南朝宋虞龢《论书表》曰：“羲之书，在始未有奇殊，不胜庾翼、郗愔，迨其末年，乃造其极。”③《晋书》本传也载：“羲之书初不胜庾翼、郗愔，及其暮年方妙。”④ 王羲之不断研习，书法日益精进。他一生书写了大量的书法作品。据唐褚遂良《晋右军王羲之书目》记有：正书五卷40帖，行书58卷。⑤ 今存书法中既有抄写前人的文学作品，如《乐毅论》《洛神赋》⑥、《东方朔画赞》《黄庭经》《七经诗》⑦ 等，也有自创的散文名作《兰亭集序》，大量的则是各类法帖。

---

①（唐）张怀瓘：《书断》中，（唐）张彦远《法书要录》卷8，人民美术出版社1984年版，第276页。

②（唐）张彦远：《历代名画记》卷5，人民美术出版社1963年版，第110页。此文《全上古三代秦汉三国六朝文》漏收。

③（南朝宋）虞龢：《论书表》，（唐）张彦远《法书要录》卷2，人民美术出版社1984年版，第41页。

④《晋书》卷80《王羲之传》，中华书局1974年版，第2100页。

⑤（唐）褚遂良：《右军书目》，（唐）张彦远《法书要录》卷3，人民美术出版社1984年版，第88—89页。

⑥“《洛神赋》，王右军、大令各书数十本，当是晋人极推之”（王世贞《艺苑卮言》卷3）。

⑦（明）谭浚《说诗》卷下：“晋傅咸为《七经诗》……王羲之写。见《初学记》。”

正如王廙所说“积学可以致远”，王羲之书法终变古体，自成一家。南齐王僧虔《论书》曰：“亡曾祖领军洽与右军俱变古形，不尔，至今犹法钟、张。”① 唐张怀瓘《书断》曰：“右军开凿通津，神模天巧，故能增损古法，裁成今体。进退宪章，耀文含质。推广履度，动必中庸。英气绝伦，妙节孤峙。”② 无论是“俱变古形”，还是“增损古法，裁成今体”，都指的是王羲之在学习前人书法上的变创。

王羲之“博精群法，特善草、隶。羊欣云：古今莫二”③。除草、隶外，王羲之还善“八分、飞白、章、行，备精诸体，自成一家法”④。根据前人的评价和存世的书法可知王羲之在楷书、行书、草书方面成就突出。

王羲之善楷书，被张怀瓘评为第一⑤。楷书古称真书，魏钟繇在民间流传的基础上始创。王羲之代表作有《乐毅论》《东方朔画赞》《黄庭经》等。《晋书》评王羲之“尤善隶书，为古今之冠”⑥。此处的隶书指楷书。王羲之的楷书不仅吸收了前人的精华，而且能超越锺繇又自创新境，“对以往的笔法作了根本性的变革，即在王廙楷书的基础上进一步摒弃了隶书笔法，使笔法趋向简化明快”⑦。

王羲之善行书，也被张怀瓘《书议》评为第一。行书非草非真，是一种书写较自由的书体。兼真者谓之“真行”，带草者谓之“行草”。汉刘德升在民间流传的基础上加以整理，后经钟繇、胡昭发扬而逐渐为文人重视。王羲之对行书进行了重要改造，著名的有《兰亭

---

① （南朝齐）王僧虔：《论书》，（唐）张彦远《法书要录》卷1，人民美术出版社1984年版，第18页。

② （唐）张怀瓘：《书断》下，（唐）张彦远《法书要录》卷9，人民美术出版社1984年版，第307—308页。

③ （南朝宋）羊欣：《采古来能书人名》，（唐）张彦远《法书要录》卷1，人民美术出版社1984年版，第15页。

④ （唐）张怀瓘：《书断》中，（唐）张彦远《法书要录》卷8，人民美术出版社1984年版，第266页。

⑤ （唐）张怀瓘：《书议》，（唐）张彦远《法书要录》卷4，人民美术出版社1984年版，第153页。

⑥ 《晋书》卷80《王羲之传》，中华书局1974年版，第2093页。

⑦ 刘正成主编：《中国书法全集》卷18，荣宝斋1991年版，第16页。

序》《平安帖》《丧乱帖》等。

永和九年（353）三月三日，天朗气清，惠风和畅，会稽内史王羲之召集良朋好友、亲戚故旧42人在会稽山阴的兰亭宴集。修禊事毕，王羲之等人在崇山峻岭、茂林修竹、清流激湍的兰亭举行了饮酒赋诗的曲水流觞活动。据记载，这次雅集中，有11人成诗两篇，15人成诗一篇，共辑诗37首，还有16人因诗不成而被罚酒三巨觥，王献之或因年龄太小未作成诗亦在被罚之列。之后，王羲之乘兴而书，“用蚕茧纸，鼠须笔，遒媚劲健，绝代更无。凡二十八行，三百二十四字，有重者皆构别体。就中‘之’字最多，乃有二十许个，变转悉异，遂无同者”①。这就是流传千古的“天下第一行书”《兰亭集序》。

可惜真迹随唐太宗埋入昭陵，今所见皆为后世各种摹本和刻本。其中著名者有神龙本、定武本。神龙本，又称“神龙半印本”，帖首有“神龙”印左半，因而得名，右题“唐模兰亭”四字，一般称此本为冯承素双钩摹本。此本笔画灵动多姿，钩摹细腻，与虞世南、褚遂良临本相比大同小异，而在细微处更加忠实原本。定武本，传为欧阳询拓临，摹刻于唐朝内府。历经战乱，后在北宋庆历年间（1041—1048）发现于定武军（今河北正定），名声始显，后世称此本为“定武兰亭”。诸刻本中，定武本最佳②。

王羲之也善草书。草书有“章草”和“今草”之分。章草具有隶书笔意，笔势不连贯；今草更简便、更自由，笔势连贯。东汉末张芝是草书集大成者。王羲之善作章草。尝以章草答庾亮，而庾翼深叹伏，因与羲之书云：“吾昔有伯英章草十纸，过江颠狈，遂乃亡失，常叹妙迹永绝。忽见足下答家兄书，焕若神明，顿还旧观。”③ 但王羲之章草作品很少传世。王羲之与从弟王洽“变章草为今草，韵媚婉

① （唐）何延之：《兰亭始末记》，（唐）张彦远《法书要录》卷3，人民美术出版社1984年版，第124页。

② 参见刘正成主编《中国书法全集》卷19，荣宝斋1991年版，第355页。

③ 《晋书》卷80《王羲之传》，中华书局1974年版，第2100页。

转，大行于世”①。现存王羲之草书作品大多是今草，代表有《十七帖》《破羌帖》等。

法帖是不假修饰、缘情而书之作。梁萧衍《古今书人优劣评》曰：“王羲之书字势雄逸，如龙跳天门，虎卧凤阙。”② 王羲之的今草，笔势流畅遒逸。王羲之笔势的连属飞移多体现在一字之内，主要呈现于笔势，非形式上的连属，而是神采上的贯通，即唐太宗所谓的“状若断而还连”。于是，章草书体字字独立的形态与今草书体流畅纵逸的笔势，在王羲之的今草书中得到了融会贯通，成为王羲之今草新体的主要特征③。

后人对王羲之书法的评价极高。梁庾肩吾《书品》曰：“若探妙测深，尽形得势。烟花落纸将动，风采带字欲飞。疑神化之所为，非世人之所学。惟张有道、钟元常、王右军其人也……羊欣云：‘贵越群品，古今莫二。’兼撮众法，备成一家。”④ 唐李世民《王羲之传论》：“详察古今，研精篆素，尽善尽美，其惟王逸少乎！观其点曳之工，裁成之妙，烟霏露结，状若断而还连；凤翥龙蟠，势如斜而反直。”⑤ 唐欧阳询《用笔论》：“自书契之兴，篆、隶滋起，百家千体，纷杂不同。至于尽妙穷神，作范垂代，腾芳飞誉，冠绝古今，惟右军王逸少一人而已。”⑥

2. 二王书风之比较

王羲之诸子皆善书，黄伯思《东观徐论》：“王氏凝、操、徽、涣之四子书，与子敬书俱传，皆得家范，而体各不同。凝之得其韵，操之得其体，徽之得其势，焕之得其貌，献之得其源。”王徽之“其作

① （唐）张怀瓘《书断》上，（唐）张彦远《法书要录》卷7，人民美术出版社1984年版，第239页。

② （南朝梁）萧衍：《古今书人优劣评》，《历代书法论文选》，上海书画出版社1979年版，第81页。

③ 参见刘正成主编《中国书法全集》卷19，荣宝斋1991年版，第19页。

④ （南朝梁）庾肩吾：《书品》，张彦远《法书要录》卷2，人民美术出版社1984年版，第64页。

⑤ 《晋书》卷80《王羲之传》，中华书局1974年版，第2108页。

⑥ 华东师范大学古籍整理研究室选编校点：《历代书法论文选》，上海书画出版社1979年版，第105页。

字亦自韵胜，羊欣谓尤长于行草”①。第七子王献之成就与其父比肩，后世合称“二王”。王献之工草隶，善丹青。七八岁时学书，王羲之密从后掣其笔不得，叹曰：“此儿后当复有大名。”② 王献之善隶书、行书、章草、飞白、草书，皆入张怀瓘《书断》神品。③

王献之今存书法作品主要是楷书和行草。《洛神赋》是王献之用小楷抄写的书法名品。南宋董逌《广川书跋》卷六评《洛神赋别本》：“字法端劲，是书法家所难，偏旁自见，不相映带，分有主客，趣向整严，非善书者不能也。”与王羲之的楷体不同，王献之的楷体越加趋向今体，更加秀美。《世说新语·品藻》注引宋明帝《文章志》曰：“献之善隶书，变右军法为今体。字画秀媚，妙绝时伦，与父俱得名。”④

《十二月帖》是王献之行草风格的代表。宋米芾曾见此真迹，并临摹其中一段为《中秋帖》，并在《书史》极力称赞：“此帖运笔如火箸画灰，连属无端，末如不经意，所谓一笔书，天下子敬第一帖也。”张怀瓘《书断》中概括了张芝今草的特征，并指出只有王献之深谙其中之味：“字之体势，一笔而成，偶有不连而血脉不断。及其连者，气候通而隔行。唯王子敬明其深指，故行守之字，往往继前行之末。世称一笔书者，起自张伯英。”⑤

王献之对草书的体悟正来自于他对草书的认识。少年时建议其父王羲之改变章草的写法，而趋向张芝的今草的用笔。据唐张怀瓘《书议》记载：

> 子敬年十五六时，尝白其父云：“古之章草，未能宏逸。今

① 《宣和书谱·行书一》卷7，毛晋辑《津逮祕书》，上海博古斋民国十一年（1922）据明汲古阁本影印本。

② 《晋书》卷80《王献之传》，中华书局1974年标点本，第2105页。

③ （唐）张怀瓘：《书断》中，（唐）张彦远《法书要录》卷8，人民美术出版社1984年版，第248—249页。

④ 余嘉锡笺疏：《世说新语笺疏》，中华书局2007年版，第638页。

⑤ 张怀瓘：《书断》上，（唐）张彦远《法书要录》卷7，人民美术出版社1984年版，第240页。

穷伪略之理，极草纵之致，不若藁行之间，于往法固殊。大人宜改体。”且法既不定，事贵变通，然古法亦局而执。[①]

张怀瓘解释：“藁亦草也，因草呼藁。”[②] “藁行之间”即行草。王献之的这段话可以看到他对草书的态度：行草书艺应当不拘泥于六书规范，可以适当省略合并点画，并要达到书法气势血脉的连贯通畅。据说，王羲之对王献之的变通创新的建议报以微笑。此后王献之的书艺正是沿着此路发展，走出不同于其父的风格。

《世说新语·品藻》记录了王献之对自己和父亲书法的看法。谢安问王献之：“君书何如君家尊?”答曰：“固当不同。”公曰：“外人论殊不尔。”王曰：“外人那得知?”[③] 王献之认为己书与父亲书法风格不同，各有千秋。历代的书评家也看到了二王的不同。宋羊欣曰：王献之“善隶稿，骨势不及父，而媚趣过之”[④]。梁虞龢曰：“二王暮年皆胜于少，父子之间又为今古，子敬穷其妍妙，固其宜也。”[⑤] “献之始学父书，正体乃不相似。至于绝笔章草，殊相拟类，笔迹流怿，宛转妍媚，乃欲过之。”[⑥] 这些书法评论家指出：王献之书风比之王羲之更“秀媚”，多“媚趣”。具有“妍媚”之态，这正是王献之书风的独特性。“媚”，美也，姿态可爱，婀娜多姿，是六朝人喜欢的一个美学标准。例如，刘宋宗炳《山水画序》：“山水以形媚道。”谢灵运《过始宁墅》诗曰：“绿筱媚清涟。”与王羲之的雄逸书风相比较，王献之的书法更加婀娜飘逸，秀媚多姿。

王献之的这种独特书风正与其风神气质相关。据史书载：王献之

---

① 张怀瓘：《书议》，（唐）张彦远《法书要录》卷4，人民美术出版社1984年版，第155　156页。

② 张怀瓘：《书断》上，（唐）张彦远《法书要录》卷7，人民美术出版社1984年版，第239—140页。

③ 余嘉锡笺疏：《世说新语笺疏》，中华书局2007年版，第638页。

④ （南朝宋）羊欣：《采古来能书人名》，（唐）张彦远《法书要录》卷1，人民美术出版社1984年版，第15页。

⑤ （南朝宋）虞龢：《论书表》，（唐）张彦远《法书要录》卷2，人民美术出版社1984年版，第36页。

⑥ 同上书，第41页。

高迈不羁，“风流为一时之冠”[①]。王献之的风流高迈的气度表现于其书法中。明王世贞《弇州四部稿·淳化阁帖十跋》卷一百三十三曰：“大令书神情散朗，姿态超逸，有御风餐霞之气，令人作天际真人想。”

王献之书风的形成既与其高迈的风神相关，又与东晋一代的审美情趣相一致，尤其是行草艺术最能体现东晋士人的风神。唐张怀瓘指出：“子敬才高识远，行草之外，更开一门。夫行书，非草非真，离方遁圆，在乎季孟之间。兼真者，谓之真行；带草者，谓之行草。子敬之法，非草非行，流便于草，开张于行，草又处其中间。无藉因循，宁拘制则；挺然秀出，务于简易；情驰神纵，超逸优游；临事制宜，从意适便。有若风行雨散，润色开花，笔法体势之中，最为风流者也”[②]

“逸少秉真行之要，子敬执行草之权，父之灵和，子之神俊，皆古今之独绝也。”[③] 这个时代的艺术，“要着重表现自己的思想，自己的人格”“陶潜作诗和顾恺之作画，都是突出的例子。王羲之的字，也没有汉隶那么整齐，那么有装饰性，而是一种自然可爱的美”[④]。

东晋士人风神潇洒，不滞于物，找到了合适表现自己的一种书法，那就是行草。王羲之书法被评为“翩若惊鸿，宛若游龙”。王献之书法，“非草非行，流便于行草，又处其中间，无藉因循，宁拘制则，挺然秀出，务于简易，情驰神纵，超逸优游，临事制宜，从意适便，有若风行雨散，润色开花，笔法体势之中，最为风流者也”[⑤]。这段话不仅传达出行草的精神，并且将东晋士人的闲淡自然的人格明示。

---

① 《晋书》卷80《王献之传》，中华书局1974年版，第2104页。

② （唐）张怀瓘：《书议》，（唐）张彦远《法书要录》卷4，人民美术出版社1984年版，第156页。

③ 同上。

④ 宗白华：《中国美学史中重要问题的初步探索》，《意境》，北京大学出版社1997年版，第344页。

⑤ 张怀瓘：《书议》，（唐）张彦远《法书要录》卷4，人民美术出版社1984年版，第156页。

（四）绘画的风致

东晋士人善画者很多。据唐张彦远《历代名画记》叙历代能画人名：西汉6人，东汉6人，曹魏4人，吴2人，蜀2人，晋则高达23人，分别是明帝司马绍、荀勗、张墨、卫协、王廙、王羲之、王献之、康昕、顾恺之、史道硕、谢稚、夏侯瞻、嵇康、温峤、谢岩、曹龙、丁远、杨惠、江思远、王濛、戴逵、戴勃、戴颙。[①] 王廙多所通涉，尤工书画，过江后为晋代“书画第一”[②]，画为晋明帝司马绍所师法。王羲之也学画于从叔王廙，丹青亦妙。王濛，丹青甚妙。王献之丹青亦工，“桓温尝请画扇，误落笔。因就成乌驳牸牛，极妙绝。又书《驳牛赋》于扇上，此扇义熙中犹在”[③]。戴逵文艺多通，尤工书画。顾恺之，多才艺，尤工丹青，传写形势，莫不妙绝。谢安评“顾长康画，有苍生来所无”[④]。与前代相比，东晋善画者突然大增。这与东晋士人的隐逸风潮、游乐山水以及审美情趣皆有关联。

1. 佛像

张彦远《历代名画记》曰：

> 汉明帝梦金人，长大，顶有光明，以问群臣。或曰：西方有神名曰佛，长丈六，黄金色。帝乃使蔡愔取天竺国优瑱王画释迦倚像，命工人图于南宫清凉台及显节陵上。以形制古朴，未足瞻敬。阿育王像，至今亦有存者可见矣。后晋明帝、卫协皆善画像，未尽其妙。洎戴氏父子皆善丹青，又崇释氏，范金赋采，动有楷模。至如安道潜思于账内，仲若悬知其臂胛，何天机神巧也！其后北齐曹仲达，梁朝张僧繇，唐朝吴道玄、周昉，各有损益。圣贤盼蠁[⑤]，有足动人；璎珞天衣，创意各异。至今刻画之

---

① （唐）张彦远：《历代名画记》卷4，人民美术出版社1963年版，第81—82页。

② （唐）张彦远：《历代名画记》卷5，人民美术出版社1963年版，第109页。

③ 同上书，第111页。

④ 余嘉锡笺疏：《世说新语笺疏》，中华书局2007年版，第846页。

⑤ 校曰：“盼”应作“肸”。王本作“盼响”，误（张彦远《历代名画记》卷5，人民美术出版社1963年版，第126页）。

家，列其模范，曰曹、曰张、曰吴、曰周，斯万古不易矣。①

这段话有以下四点值得注意。

第一，汉代以来，开始画佛像。由于画像形制古朴，使得人在瞻仰时，难以引发敬仰之情。一直到晋明帝司马绍、卫协所画佛像，还是如此。

第二，到了戴逵、戴勃、戴颙父子，此种情形发生改变，他们的佛像，成为一时的楷模。戴逵中年以来，画行像终于有所悟，越发精妙。但在开始创新时，引起了一些人的批评。《世说新语·巧艺》载：

戴安道中年画行像甚精妙。庾道季看之，语戴云："神明太俗，由卿世俗未尽。"戴云："唯务光当免卿此语耳！"②

丹阳尹庾和，字道季，有才学，批评戴逵画佛像太像人，不能摆脱世俗气，缺少神明该有的气韵，以为这种情形是因为戴逵世俗之情未尽。戴逵不以为然，答曰：在这个世上，恐怕只有务光可以避免其批评。戴逵反驳的是后一句"由卿世俗未尽"，而对前一句"神明太俗"却并未作答。可以看到，佛像的世俗化，正是戴逵变革的特征。戴逵进行革新，以中土人的面貌形体为摹本，将佛像去西化、去仙化，佛像走向本土化、人性化的道路。"中国古代绘画遗存最多的是佛教画，实际上，从魏晋始至唐绘画也主要是佛教画。我们可以从中看到一个变化过程，就是人物造型及内心世界的刻画，渐渐世俗化，这是艺术的一条正确道路，戴逵是走在这条正确道路上的前导。"③

第三，任何的革新，都来自对于之前艺术的反思，以及个人艺术的不断精进。张彦远赞叹"安道潜思于账内，仲若悬知其臂胛"，是"天机神巧"。这两件事，并非只是天机神巧，而正可见出戴氏父子日积月累的艺术功力。

---

① （唐）张彦远：《历代名画记》卷5，人民美术出版社1963年版，第125—126页。

② 余嘉锡笺疏：《世说新语笺疏》，中华书局2007年版，第846页。

③ 陈传席：《六朝画论研究》，中国青年出版社2014年版，第17页。

戴逵有巧思，善铸佛像及雕刻。佛教传入中国后，画像、塑像的工艺比较质朴。《历代名画记》载：

> 曾造无量寿木像，高丈六，并菩萨。逵以为古制朴拙，至于开敬，不足动心。乃潜坐帷中，密听众议，所听褒贬，辄加详研。积思三年，刻像乃成。迎至山阴灵宝寺。①

戴逵造无量寿佛像，总觉古制太简朴，看着不会让人心生敬畏。于是躲在帐中，秘密听众人如何评论。再根据众人的意见，详细研究。经过三年，刻像才成。戴逵高隐不仕，可以为自己喜欢的事情专注投入，一尊佛像，他可以雕刻琢磨三年。

又，《宋书·戴颙传》曰：

> 自汉世始有佛像，形制未工，逵特善其事，颙亦参也。宋世子铸丈六铜像于瓦官寺，既成，面恨瘦，工人不能治，乃迎颙看之。颙曰："非面瘦，乃臂胛肥耳。"既错减臂胛，瘦患即除，无不叹服焉。②

戴颙耳濡目染，深受父亲的影响，亦是大雕塑家。宋世子刘义符在瓦官寺铸丈六铜像，像成，总觉面太瘦。工人因为按照比例而塑，不知因何如此。于是迎接戴颙来看。戴颙一看便知毛病出自哪里，并不是真的面瘦，而是由于臂胛太肥的缘故。于是削减臂胛，面瘦之病即除。众人无不叹服。

第四，戴氏父子开启的道路，不仅成为当时的楷模，也对后世影响深远。之后，北齐曹仲达，梁朝张僧繇，唐朝吴道玄、周昉，四人在此基础上，各有所损益，创意各异。此四人亦成为刻画之家万古不变的模范。

---

① （唐）张彦远：《历代名画记》卷5，人民美术出版社1963年版，第124页。

② 《宋书》卷93《戴颙传》，中华书局1974年版，第2277页。

2. 山水画

与山水走入士人生活，成为士人遣怀悟道的重要途径相一致。东晋开始，出现了山水画。

戴逵画人物、山水皆妙。“其画古人、山水极妙。”[①] 据唐张彦远《历代名画记》卷五载：戴逵的人物画，有《阿谷处女图》《孙绰高士像》《胡人弄猿画》《董威辇诗图》《孔子弟子图》《金人铭》《尚子平白画》《嵇阮像》《五大罗汉图》《杜征南人物图》《渔父图》等；走兽画，有《狮子图》《名马图》《三牛图》《三马伯乐图》等。这与其时对动物的细致观察有关。文意诗意画及山水画，有《吴中溪山邑居图》《濠梁图》《南都赋图》《嵇阮十九首诗图》等。

其中画《南都赋图》的过程，还改变了当时名儒范宣对绘画的看法。《世说新语·巧艺》：

> 戴安道就范宣学，视范所为，范读书亦读书，范抄书亦抄书。唯独好画，范以为无用，不宜劳思于此。戴乃画《南都赋图》，范看毕咨嗟，甚以为有益，始重画。[②]

戴逵就范宣学习时，老师做什么，他就做什么，老师读书他也读书，老师抄书他也抄书，可谓亦步亦趋。只是戴逵好画，范宣以为无用，不需要在此劳思费神。于是，戴逵便画《南都赋图》。画成，范宣看画咨嗟，以为对于人生修养颇为有益，此后开始看重绘画。因戴逵的一幅画，改变了儒学大师范宣对绘画的态度，想必戴逵《南都赋图》是一幅非常有意境的山水画，就中当可见出人格修养的旨趣。

戴逵画自有其逸致，曾画《七贤图》。画今不存，但尚有顾恺之评价。顾恺之《画论》总评戴逵《七贤图》曰：“唯嵇生一像欲佳，其余虽不妙合，以比前诸竹林之画，莫能及者。”顾恺之认为，戴逵《七贤图》超越了之前所有人的画像，其中嵇康像最佳。又评《嵇轻

---

① （唐）张彦远：《历代名画记》卷5，人民美术出版社1963年版，第123页。

② 余嘉锡笺疏：《世说新语笺疏》，中华书局2007年版，第845页。

车诗》曰：

作啸人似人啸，然荣悴不似中散，处置意事既佳。又林木雍容条畅，亦有天趣。①

顾恺之评画中嵇康，荣悴神情不似他心目中的嵇康，但整个布局佳。尤其是其后的树林雍容条畅，颇有自然真趣。南齐谢赫《古画品录》品戴逵画曰："情韵连绵，风趣巧拔，善图贤圣，百工所范。荀卫之后，实为领袖，及乎子颙，能继其美。"②

戴逵之后，其子戴勃亦善山水。其山水画超过了顾恺之。《历代名画记》载：孙畅之云：戴勃"山水胜顾"③。戴勃山水画作有《九州名山图》《风云水月图》等。可见，东晋画家多有山水画。顾恺之《论画》曰："凡画，人最难，次山水，次狗马，台榭一定器耳。"④顾恺之还有一篇画山水画的构思之文《画云台山记》：

山有面，则背向有影，可令庆云而吐于东方。清天中，凡天及水色尽用空青，竟素上下以映日。西去山，别详其远近。发迹东基转上未半，作紫石如坚云者五六枚，夹冈乘其间而上，使势蜿蜒如龙，因抱峰直顿而上。下作积冈，使望之蓬蓬然凝而上。次复一峰是石，东邻向者峙峭峰，西连西向之丹崖，下据绝涧。画丹崖临涧上，当使赫巘崇隆，画险绝之势。天师坐其上，合所坐石及荫，宜涧中，桃傍生石间。画天师瘦形而神气远，据涧指桃，回面谓弟子。弟子中有二人临下，到身大怖，流汗失色。作王良，穆然坐答问，而超升神爽精诣，俯眄桃树。又别作王赵趋，一人隐西壁倾岩，余见衣裾，一人全见室中，使轻妙泠然。凡画人，坐时可七分，衣服彩色殊鲜微，此正盖山高而人远耳。

---

① （唐）张彦远：《历代名画记》卷5，人民美术出版社1963年版，第117页。

② （清）严可均辑：《全上古三代秦汉三国六朝文》（第3册），中华书局1999年影印本，第2931页。

③ （唐）张彦远：《历代名画记》卷5，人民美术出版社1963年版，第125页。

④ 同上书，第116页。

中段，东西丹砂绝崿及荫，当使嵃峨高骊，孤松植其上，对天师所，壁以成涧，涧可甚相近。相近者，欲令双壁之内，凄怆澄清，神明之居，必有与立焉。可于次峰头作一紫石亭立，以象左阙之夹高骊绝崿。西通云台以表路，路左阙峰，似岩为根，根下空绝，并诸石重势，岩相承以合。临东涧，其西，石泉又见，乃因绝际作通冈，伏流潜降，小复东出。下涧为石濑，沦没于渊。所以一东一西而下者，欲使自然为图。云台西北二面可一图冈绕之，上为双碣石，象左右阙，石上作孤游生凤，当婆娑体仪，羽秀而详，轩尾翼以眺绝涧。

后一段，赤岓，当使释弁如裂电。对云台西凤所临壁以成涧，涧下有清流，其侧壁外面作一白虎，匍石饮水，后为降势而绝。

凡三段山，画之虽长，当使画甚促，不尔不称。鸟兽中时有用之者，可定其仪而用之。下为涧，物景皆倒。作清气，带山下三分倨一以上，使耿然成二重。①

这篇记详细记录了画作《云台山画》应该怎么画。具体从着色、明暗、山水、人天、人物、鸟兽等，皆作了非常细致的描绘。单从文字来看，完全可以想象这幅山水画的图景。

正是因为东晋山水画的大量兴起，于是经过东晋、刘宋两代的宗炳，在其晚年写出第一篇山水画论《画山水序》。宗炳（375—443），字少文，善书画，隐居不仕，其妻罗氏，亦有高情，与炳协趣。《宋书·宗炳传》曰：爱山水，好远游，西陟荆巫，南登衡岳，结宇衡山，欲怀尚平之志。有疾还江陵，叹曰：“老疾俱至，名山恐难遍睹，唯当澄怀观道，卧以游之。”凡所游履，皆图之于室。谓人曰：“抚琴动操，欲令众山皆响。”②《画山水序》便是宗炳对山水与山水画的悟道之作：

① （唐）张彦远：《历代名画记》卷5，人民美术出版社1963年版，第118—121页。
② 《宋书》卷93《宗炳传》，中华书局1974年版，第2279页。

> 圣人含道暎物，贤者澄怀味象，至于山水，质有而趣灵。是以轩辕、尧、孔、广成、大隗、许由、孤竹之流，必有崆峒、具茨、藐姑、箕首、大蒙之游焉，又称仁智之乐焉。夫圣人以神法道，而贤者通；山水以形媚道，而仁者乐。不亦几乎！

这部分言山水在人生命中的重要意义。圣人可以在外物中体悟道，贤者可以澄怀味象。也就是说，贤者可以让自己的心胸澄静，如此才能体味万象。至于山水，更是质朴有灵趣的。所以，古代圣人多游山水，正因其中有仁智之乐。贤者能通，以精神取法于道；仁者有乐，因山水以其活泼的姿态呈现了道。这应该都是几乎要达到道的最高境界了。

> 余眷恋庐衡，契阔荆巫，不知老之将至。愧不能凝气怡身，伤跕石门之流。于是画象布色，构兹云岭。夫理绝于中古之上者，可意求于千载之下；旨微于言象之外者，可心取于书策之内。况乎身所盘桓，目所绸缪，以形写形，以色貌色也？且夫昆仑山之大，瞳子之小，迫目以寸，则其形莫睹。迥以数里，则可围于寸眸。诚由去之稍阔，则其见弥小。今张绡素以远映，则昆阆之形，可围于方寸之内。竖划三寸，当千仞之高，横墨数尺，体百里之迥。

接着写道，若不能亲游山水，则山水画可替代。宗炳以为，理绝于古代，而千载之下尚可意求；言象之外之微旨，心尚可在书策之中意会。那么，曾经盘桓过的山水，眼睛深情凝望过的景象，如今以形写形，以色貌色，图画出来，该也有此功用。接着指出，山水画的表现力，有时更胜于亲游山水。昆仑山之大，但目力所及，仅见数里，去之稍远，所见越小。但是，昆仑之形，千仞之高，百里之迥，皆可围于方寸之幅。

> 是以观画图者，徒患类之不巧，不以制小而累其似，此自然之势。如是，则嵩华之秀，玄牝之灵，皆可得之于一图矣。夫以

应目会心为理者，类之成巧，则目亦同应，心亦俱会。应会感神，神超理得。虽复虚求幽岩，何以加焉？又神本亡端，栖形感类，理入影迹，诚能妙写，亦诚尽矣。

那么，作为观画者，如何才能真正欣赏到画中的山水呢？不要局限于看小幅画中的山水是否形似，而应看其自然之势。如此，则嵩华之秀，玄牝之灵，皆可得之于一图，这时便可体会到融合了画家胸臆的山水之灵气在画中的显现。观画，不仅要用眼，还要用心，心眼俱会，便会感悟到画中的精神，于是观画者便与画家一起得山水之理，从而达到精神的超越。此时，便是身临其境，即使亲游也不可复加。精神本无端，常由山水有所感悟。此刻，若能通过山水画中的影迹，体会到山水之趣，也算是心灵的极大愉悦了。

于是闲居理气，拂觞鸣琴，披图幽对，坐究四荒。不违天励之丛，独应无人之野。峰岫峣嶷，云林森渺，圣贤映于绝代，万趣融其神思。余复何为哉？畅神而已。神之所畅，孰有先焉？①

于是，常常在闲居时，披图幽对，身坐一室，便可究览四荒。独自面对无人之旷野，山峰岫岩，云林森渺，仿佛照鉴绝代圣贤，万种趣味融于神思。当此之时，还有什么比这种感受更好呢？畅达心神，愉悦之情环绕。心神条畅，是没有先后吧？于是宗炳感受到了古人圣贤之人悟道的愉悦。

非常有意味的是，以上所述晋宋画家，戴逵、戴勃、戴颙父子、顾恺之，以及宗炳，有一个共同的背景，就是他们都是隐居不仕。仕与隐，是儒家对士人出处的界定。在儒家那里，所有的士人，似乎只有做官这一条路可走，如果不做官，便称为隐士。人生再没有别的出路了吗？只有做官是积极的人生吗？不做官便是消极的退却吗？我认为不是。如果抛开儒家的观点，道家称美的不做官的人生道路，何尝

---

① （唐）张彦远：《历代名画记》卷5，人民美术出版社1963年版，第130—131页。

不是积极而充实？戴氏父子虽然不做官，但是在音乐、美术、雕塑方面都作出了巨大的贡献，皆成为当时最伟大的艺术家。他们的人生能说是消极退却的吗？绝对不能。他们所走的路，正是他们选择的适合自己的人生之路。但反过来说，他们之所以能有如此大的成就，当与他们不愿从政有关。艺术需要静心，需要慢慢琢磨，而人的精力是有限的，当一个人去从事政务，难免政务繁忙，便没有闲情逸致在此精细之事上了。

综上，东晋士人相对悠闲的生活，使他们更注重精神品格的追求。而这种悠然，是人类需要的，诸多的艺术皆是在闲适中产生。东晋时代是美学思想史上的大解放。诗、书、画、乐，皆成为活泼泼的生命的表达，独立自我的个性表现。可以说，正是在东晋的特殊文化环境中才能孕育出具有如此风神的艺术。

第三章　南朝会稽文化的发展

南朝会稽文化，继续着东晋以来的文化走向。会稽的山水，继续滋养着这方土地上的名士；同时，在《兰亭诗》代表的玄言诗中孕育着山水描绘，在谢灵运的笔下，第一次真正成为文学观照的主要对象，山水诗从而走向兴盛。稽山鉴水，从东晋以来吸引了佛教的僧人、道教的道士，来剡地修行悟道，于是佛教、道教与文学艺术发生了千丝万缕的联系。

第一节　南朝在会稽的名士

一　侨姓名士

东晋以来，会稽的秀丽山水吸引了很多士人或辞官栖居，或终身不仕。谢灵运作《与庐陵王义真笺》盛赞了栖居会稽的三位高隐，王弘之、孔淳之、阮万龄：

> 会境既丰山水，是以江左嘉遁，并多居之。但季世慕荣，幽栖者寡，或复才为时求，弗获从志。至若王弘之拂衣归耕，逾历三纪；孔淳之隐约穷岫，自始迄今；阮万龄辞事就闲，纂戎先业。浙河之外，栖迟山泽，如斯而已。既远同羲、唐，亦激贪厉竞。殿下爱素好古，常若布衣，每意昔闻，虚想岩穴，若遣一

介。有以相存，真可谓千载盛美也。[①]

谢灵运指出：会稽境内，山水丰美，所以江左高隐多居之。但是，毕竟世上慕荣利者多，幽栖者寡，或者先隐居终出仕。只有王弘之归耕田园已经三十多年，孔淳之在穷山中自始至终，阮万龄辞官就闲，如同其先阮裕。浙东栖息山泽者，就是他们三人了。若庐陵王刘义真能和他们来往，那可以说是千载盛美。

（一）王弘之

王弘之（365—427），字方平，王胡之从孙。晋安帝隆安（397—401）中，为司徒主簿。家贫，求为乌程令，不久以病归。此后多次征召，均未出仕。大约见东晋混乱，一直隐居会稽上虞。

少时孤贫，由外祖父征士何准抚育。作为隐士的外祖父，对王弘之以后的人生有很大的影响。年少时，从叔王献之、太原王恭并器重。宋武帝时，从兄王敬弘为吏部尚书，上奏赞其“恬漠丘园，放心居逸”“宜加旌聘，贲于丘园，以彰止逊之美，以祛动求之累”。征为太子庶子，不就。宋文帝时，王敬弘为左仆射，又上陈：“弘之高行表于初筮，苦节彰于暮年，今内外晏然，当修太平之化，宜招空谷，以敦冲退之美。”[②] 征为通直散骑常侍，又不就。

王弘之不看重官位，亦不看重财物。一次，大概是冬季，王敬弘见王弘之衣着单薄，于是解下自己身上的貂裘给他。王弘之马上穿上貂裘，去山里采药。

性好山水，又好钓。常在上虞江三石头处垂纶。经过者不识，或有人问：“渔师得鱼卖否？”王弘之答曰：“亦自不得，得亦不卖。”[③] 傍晚日夕，载鱼归上虞郭。经过亲故门前，各以一两头置门内而去。

上虞始宁沃川有佳山水，王弘之依岩筑室。谢灵运、颜延之并相

① 《宋书》卷93《王弘之传》，中华书局1974年版，第2282页。

② 同上。

③ 《南史》卷24《王弘之传》，中华书局1975年版，第656页。

钦重。元嘉四年（427）卒，得年六十三。颜延之与王弘之子王昙生书："君家高世之节，有识归重，豫染豪翰，所应载述。况仆托慕末风，窃以叙德为事，但恨短笔不足书美。"[①] 诔竟不成。

（二）孔淳之

孔淳之，字彦深，鲁国人。祖孔惔，尚书祠部郎。父孔粲，征秘书监，不就。家居会稽剡县。

少有高尚之志，爱好坟籍，为太原王恭所称道。性好山水，每有所游历，必穷其幽峻之处，或旬日忘归。曾经游山，遇到沙门释法崇，因留，共止处，遂停三年。法崇叹曰："缅想人外，三十年矣，今乃倾盖于兹，不觉老之将至也。"[②] 及孔淳之还，乃不告以姓名。除著作佐郎、太尉参军，并不就。居丧至孝，住在墓侧。服阕，与隐士戴颙、王弘之，还有王敬弘等人，共为人外之游。

孔淳之不喜官场，故从未做官，甚至与官职有关的器物也会不屑。《世说新语·言语》中记载了他和谢灵运的一次对话：

> 谢灵运好戴曲柄笠，孔隐士谓曰："卿欲希心高远，何不能遗曲盖之貌？"谢答曰："将不畏影者，未能忘怀。"[③]

曲柄笠，形状类似曲盖的笠帽。崔豹《古今注》："曲盖，太公所作也。武王伐纣，大风折盖。太公因折盖之形而制曲盖焉。战国常以赐将帅，自汉朝乘舆用四，谓为辟睨盖。有军号者赐其一也。"曲盖，官员出行所用的曲柄伞。"畏影"出自《庄子·渔父》：客凄然变容曰："甚矣子之难悟也！人有畏影恶迹而去之走者，举足逾数而迹逾多，走逾疾而影不离身，自以为尚迟，疾走不休，绝力而死。不知处阴以休影，处静以息迹，愚亦甚矣！……谨修而身，慎守其真，还以物与人，则无所累矣。今不修身而求之人，不亦外乎！"[④] 孔淳之讥讽

---

① 《宋书》卷93《王弘之传》，中华书局1974年版，第2282页。

② 同上书，第2283—2284页。

③ 余嘉锡笺疏：《世说新语笺疏》，中华书局2007年版，第189页。

④ （清）郭庆藩集释：《庄子集释》，中华书局1997年版，第1031页。

谢灵运虽然向往高远，但其好戴曲柄笠，显然没有忘记官职。谢灵运的回答颇有禅意：心中畏惧影子，才会担心影子跟随；如果心中对一切都不以为意，那么影子又何足畏惧？余嘉锡指出："笠者，野人高士之服，而曲柄笠，笠上有柄，曲而后垂，绝似曲盖之形。灵运好戴之，故淳之讥其虽希心高远，而不能忘情于轩冕也。灵运以为惟畏影者乃始恶迹，心苟漠然不以为意，何迹之足畏？如淳之言，将无犹有贵贱之形迹存于胸中，未能尽忘乎？"[①] 余嘉锡认同谢灵运的观点，提出疑问：孔淳之是否犹有行迹存在胸中，未能尽忘贵贱？若从这个角度看，比之王弘之穿着貂裘去采药，孔淳之可能还未达物无贵贱的境界。但是，还有另一种可能，就是孔淳之不喜一切与官场有联结之物。所以，他会拒绝谢方明的邀请，坚决不入会稽郡内。会稽太守谢方明，苦邀入郡而不致，使谓曰："苟不入吾郡，何为入吾郭？"孔淳之笑曰："潜游者不识其水，巢栖者非辩其林，飞沉所至，何问其主。"[②] 终不肯往。

孔淳之性不喜浮华，故居于茅室蓬户，庭草无径，唯床上有数卷书。永嘉（307—313）初，复征为散骑侍郎，于是躲走，入上虞县界，隐上虞山，家人竟莫知所终。孔淳之终究是彻底地隐居了。

（三）谢灵运

谢灵运（385—433），祖籍陈郡阳夏，谢玄孙。小名客儿，被称为谢客。祖父谢玄去世后，袭封康乐公，世称谢康乐。

赞美会稽隐士的谢灵运，两次辞官，归隐始宁。刘裕建宋，谢灵运被任命为散骑常侍、太子左卫率，"自谓才能宜参权要，既不见知，常怀愤愤"[③]。少帝刘义符即位，权在大臣，谢灵运"构扇异同，非毁执政"，而被权臣徐羡之、傅亮等人排挤出京师，派往偏远的永嘉（今属浙江）。永初三年（422），谢灵运出任永嘉太守。永嘉郡有名山水，灵运素所爱好。遂不理政事，肆意遨游，遍历诸县，寄情山

① 余嘉锡笺疏：《世说新语笺疏》，中华书局2007年版，第191页。
② 《南史》卷75《孔淳之传》，中华书局1975年版，第1864页。
③ 《宋书》卷67《谢灵运传》，中华书局1974年版，第1753页。

水。一年后，便称疾去职，作《辞禄赋》曰：

荷赏延之渥恩，在弱龄而覃惠，蒙圣达之眷顾，得乘闲以沉泄。虽镳羁之有名，恒游奖而匪滞。解龟纽于城邑，反褐衣于丘窟。判人事于一朝，与世物乎长绝。自牵缀于朱丝，奄二九于斯年。服缨佩于两官，执鞭笏于宰蕃。①

回到会稽始宁县（今浙江嵊州与上虞交界一带），谢灵运开始了自由的隐居生活。谢灵运常与隐士王弘之、孔淳之等“纵放为娱，有终焉之志”②。谢灵运修营别业，傍山带江，尽幽居之美，安享山水庄园的闲适。作《山居赋》，并自作注：“古巢居穴处曰岩栖，栋宇居山曰山居，在林野曰丘园，在郊郭曰城旁，四者不同，可以理推。言心也，黄屋实不殊于汾阳。即事也，山居良有异乎市廛。抱疾就闲，顺从性情，敢率所乐，而以作赋”“今所赋既非京都宫观游猎声色之盛，而叙山野草木水石谷稼之事。”指出自己的住处既非穴居又非野处，“虽是筑构，而饰朴两逝”。山居是最适宜性情各有所便的处所。居住的整体环境则是“左湖右汀，往渚还江，面山背阜，东阻西倾。抱含吸吐，款跨纡萦。绵联邪亘，侧直齐平”。在如此秀美之上虞庄园栖居，决意“谢平生于知游，栖清旷于山川”③。作《逸民赋》曰：

于天唯舍唯用。其见也则如游龙，其潜也则如隐凤。来无所从，去无所至，有酒则舞，无酒则醒，不明不晦，不昧不类。萧条秋首，葳蕤春中，弄琴明月，酌酒和风。御清风以远路，拂白云而峻举，指寰中以为期，望系外而延伫。④

仲春初秋，在明月下弄琴，在和风中酌酒。或远游，或登高，

① 顾绍伯校注：《谢灵运集校注》，中州古籍出版社 1987 年版，第 303 页。
② 《宋书》卷 67《谢灵运传》，中华书局 1974 年版，第 1754 页。
③ 顾绍伯校注：《谢灵运集校注》，中州古籍出版社 1987 年版，第 318 页。
④ 同上书，第 346 页。

来去无踪，逍遥自在。赋中描写的隐者，正是谢灵运隐居生活的写照。

元嘉三年（426），在宋文帝刘义隆的多次征召，颜延之、范泰的劝说下谢灵运告别了三年的隐居生活再次入京，朝廷令谢灵运整理秘阁书，撰《晋书》。谢灵运既自以为名辈，才能应参时政，初被召，便以此自许。既至，文帝唯以文义见接，每侍上宴，谈赏而已。谢灵运意甚不平，多称疾不朝。既无表闻，又不请急。文帝讽旨令自解，谢灵运上表称疾，赐假东归。

第二次归隐上虞，谢灵运游娱宴集，夜以继日。与谢惠连、何长瑜、荀雍、羊璇之，“以文章赏会，共为山泽之游”。灵运因祖父之资，生业甚厚，奴仆既众，义故门生数百，凿山浚湖，功役无已。“寻山陟岭，必造幽峻，岩嶂数十重，莫不备尽。”① 会稽东郭有回踵湖，灵运求决以为田，文帝令州郡履行。会稽太守孟顗以“此湖去郭近，水物所出，百姓惜之”的理由坚执不与。谢灵运既不得回踵，又求始宁岯崲湖为田，孟顗还是固执不与。与会稽太守的矛盾最终使得谢灵运无法继续在上虞隐居。

谢灵运虽然辞官栖居，但他其实并不能过着与世无争的隐居生活。谢灵运的两次栖隐都是因为政治上的失意，所以当在政治上不能有所为时，他就在家业上不断扩张。终于因为毫无节制的隐居生活，引来了最后的杀身之祸。

二　会稽本土名士

在南齐时代，既做官又隐逸的朝隐思想是当时的风气，会稽山阴孔稚珪也是此类的名士。

孔稚珪从出仕到晚年病死一直为官，但他也是喜欢栖隐的生活。不乐世务，居宅盛营山水，凭几独酌，傍无杂事。门庭之内，草莱不剪，中有蛙鸣。或问之曰：“欲为陈蕃乎？”稚珪笑曰：“我以此当两

① 《宋书》卷67《谢灵运传》，中华书局1974年版，第1757页。

部鼓吹，何必期效仲举。”[1] 与当时著名隐士杜京产经常有书信交往。并在永明十年（492），与陆澄、虞悰、沈约、张融上表《荐杜京产》，曰：

> 窃见吴郡杜京产，洁静为心，谦虚成性，通和发于天挺，敏达表于自然。学遍玄、儒，博通史、子，流连文艺，沉吟道奥。泰始之朝，挂冠辞世，遁舍家业，隐于太平，葺宇穷岩，采芝幽涧，耦耕自足，薪歌有余。确尔不群，淡然寡欲，麻衣藿食，二十余载。虽古之志士，何以加之？谓宜释巾幽谷，结组登朝，则岩谷含欢，薜萝起抃矣。[2]

此表由孔稚珪起草，赞美杜京产遁舍家业，隐遁山林，“确尔不群，淡然寡欲，麻衣藿食”二十余年，认为这样古来难寻的“志士”应该走出幽谷，做官登朝，如此则“岩谷含欢，薜萝起抃”。孔稚珪以隐逸为高，同时又希望真正的有才华的隐士也能出仕为官，可以如他一般边为官边隐逸。

南齐梁陈之时，亦多名士栖隐会稽。

会稽孔道徵，与杜京产友善，“守志业不仕”[3]。

会稽钟山有一位蔡姓隐士，不知名。永明中，“山中养鼠数十头，呼来即来，遣去即去。言语狂易，时人谓之‘谪仙’。不知所终”[4]。

何胤“怀隐遁之志”[5]“常怀止足”[6]。其兄何求、何点皆为齐梁著名隐士。建武初（494—498），筑室郊外，号曰小山，恒与学徒游处其中。建武四年（497），遂卖园宅，欲入东山。听说吴兴太守谢朏致仕，担心在其后归隐，于是奉表不待回报即去，隐会稽东山。“胤以会稽山多灵异，往游焉，居若耶山云门寺。”世号其兄何点为“大

① 《南齐书》卷48《孔稚珪传》，中华书局1972年版，第840页。
② 《南齐书》卷54《杜京产传》，中华书局1972年版，第942页。
③ 同上书，第943页。
④ 同上。
⑤ 《南齐书》卷54《何胤传》，中华书局1972年版，第938页。
⑥ 《梁书》卷51《何胤传》，中华书局1973年版，第735页。

山”，何胤为“小山”，亦曰“东山”[1]。

总之，六朝名士因会稽的秀丽山水而栖隐，栖隐文学亦由此而兴盛。

第二节 谢灵运与山水诗的兴盛

刘宋之际出现了山水文学真正开宗立派的大家谢灵运。与东晋前贤相比，谢灵运山水诗的创作就数量而言惊人。谢灵运今存诗90多首，其中的山水之作约60首。这与谢灵运到处追寻幽僻之山水不无关联。不管是出为永嘉太守，还是在朝任职，甚至隐居始宁，皆是如此。虽然谢灵运对山水的寻访常常被理解为是其愤激情绪的宣泄。谢灵运作为陈郡谢氏之后，谢玄之孙，对政治充满了热情与期待，然而“灵运为性偏激，多愆礼度，朝廷唯以文义处之，不以应实相许。自谓才能宜参权要，既不见知，常怀愤愤”[2]。在永嘉时，“郡有名山水，灵运素所爱好，出守既不得志，遂肆意游过，遍历诸县，动逾旬朔，民间听讼，不复关怀。所至辄为诗咏，以致其意焉”[3]。在京师时，“灵运意不平，多称疾不朝直。穿池植援，种竹树堇，驱课公役，无复期度。出郭游行，或一日百六七十里，经旬不归”[4]。在始宁时，先是“修营别业，傍山带江，尽幽居之美”[5]，继而“寻山陟岭，必造幽峻；岩嶂千里，莫不备尽”[6]。在山水中寻求慰藉，正是谢灵运对东晋前贤的追慕。如果说游览山水是为了化其内心之郁积，那么山水诗的创作正是其移情山水的审美结晶。正如白居易《读谢灵运诗》中曰：“吾闻达士道，穷通顺冥数。通乃朝廷来，穷即江湖去。谢公才

---

① 《梁书》卷51《何胤传》，中华书局1973年版，第735页。

② 《宋书》卷67《谢灵运传》，中华书局1974年版，第1753页。

③ 同上书，第1753—1754页。

④ 同上书，第1772页。

⑤ 同上书，第1754页。

⑥ 同上书，第1775页。

廓落，与世不相遇。壮志郁不用，须有所泄处。泄为山水诗，逸韵谐奇趣。大必笼天海，细不遗草树。岂惟玩景物，亦欲摅心素。往往即事中，未能忘兴谕。因知康乐作，不独在章句。”①

一　山水诗的新变

谢灵运不同于前人的对山水景物的描摹则主要表现为诗中的新变②。《南齐书·文学传论》：“在乎文章，弥患凡旧。若无新变，不能代雄。”③ 这种新变与刘宋文风的改变有着紧密的联系。刘勰在《文心雕龙·明诗》篇中有精辟的总结：“宋初文咏，体有因革，老、庄告退，而山水方滋。俪采百字之偶，争价一句之奇；情必极貌以写物，辞必穷力而追新。”④ 也就是说，刘宋文学与东晋文学相比一个最大的变化，就在于山水诗的大量崛起，而尤其表现为对山水景物细致入微的刻画，以及对于辞藻的极力追新。这一文学的新变，直接在谢灵运的山水诗中有生动的体现。

（一）刻画精微

谢灵运的山水诗中景色刻画精微，所谓“极貌以写物”。例如，《于南山往北山经湖中瞻眺》：

初篁苞绿箨，新蒲含紫茸。
海鸥戏春岸，天鸡弄和风。⑤

新竹开始裹上了绿衣，初生的蒲草显出紫色的茸茸。海鸥在春天的岸边嬉戏，天鸡在和煦的春风中游戏。一幅春色融融的江南美景图就在诗人对微小事物的关注中灵活展现。

谢灵运诗中很善于将细节的入微描写与整体环境的渲染完美统一

① 朱金城笺校：《白居易集笺校》卷7，上海古籍出版社1988年版，第369页。
② 王瑶：《中古文学史论》，北京大学出版社1998年版，第274页。
③ 《南齐书》卷52《文学传论》，中华书局1997年版，第908页。
④ 范文澜注：《文心雕龙注》，人民文学出版社1958年版，第67页。
⑤ 顾绍柏校注：《谢灵运集校注》，中州古籍出版社1987年版，第118页。

起来。又如，《晚出西射堂》：

连障叠巘崿，青翠杳深沉。
晓霜枫叶丹，夕曛岚气阴。①

前两句描写连绵的远峰上重叠着的高矮不同的山崖，山中的青翠在暮色中逐渐变得杳暗深沉，极力渲染远山暮色中的幽暗。后两句写曾在晓霜的映衬下的丹红的枫叶，现在也被夕曛中的烟岚缭绕而阴晦不明，用细节来点染昏冥的晚景。再如，《石壁精舍还湖中作》：

林壑敛瞑色，云霞收夕霏。
芰荷迭映蔚，蒲稗相因依。②

前两句用敛瞑色和收夕霏从大处来渲染暮色中的林壑与云霞，后两句则细致地刻画了在芰荷在暮色中光与影的互相映照，蒲稗在船行过后相互依靠的动态景色。

沈德潜《说诗晬语》评谢诗："匠心独造，少规往则，钩深极微，而渐进自然。"③ 评价中肯。谢灵运山水诗中不论是细节刻画还是整体景色摹写，都呈现出自然清新的风格。谢诗中许多世代传颂的名句如"池塘生春草，园柳变鸣禽"（《登池上楼》），"白云抱幽石，绿筱媚清涟"（《过始宁墅》），"春晚绿野秀，岩高白云屯"（《入彭蠡湖口》）等，都逼真细致地刻画出自然景物之美，给人一种扑面而来的清新。"野旷沙岸净，天高秋月明"（《初去郡》）句甚至有了唐诗"野旷天低树，江清月近人"（孟浩然《宿建德江》）的平淡清远的风致。所以，鲍照认为谢五言诗"如初发芙蓉，自然可爱"④。汤惠休也说："谢诗如芙蓉出水，颜诗如错彩镂金。"⑤

---

① 顾绍柏校注：《谢灵运集校注》，中州古籍出版社 1987 年版，第 54 页。

② 同上书，第 112 页。

③ 沈德潜：《说诗晬语》，《清诗话》，上海古籍出版社 1999 年，第 532 页。

④ 《南史》卷 34《颜延之传》，中华书局 1975 年标点本，第 881 页。

⑤ 曹旭集注：《诗品集注》（增订本），上海古籍出版社 2011 年版，第 351 页。

对景物的钩深极微的刻画，很容易形成山水图景。加之，谢灵运是一位多才的诗人，他工于绘画、书法，所以在他的诗中可以读到优美的画境。例如，《七里濑》：

石浅水潺湲，日落山照曜。
荒林纷沃若，哀禽相叫啸。①

在落日照耀山峰的黄昏时刻，潺湲的溪水缓缓地撞击着溪石，远处的树林在夕阳的映衬下显示出多姿的色彩，林中的归鸟在此起彼伏的啼叫，一幅生动的日落山野图便呈现出来。谢灵运很喜欢写晚景，这一幅是落日山野图，以下一幅则是雨后初霁之远山暮景。例如，《游南亭》：

时竟夕澄霁，云归日西驰。
密林含余清，远峰隐半规。②

雨后初晴的天空澄澈明净，乌云东归落日西斜，茂密的树林在暮色中蕴含着清辉，遥远的山峰被余晖吞没的只剩下半边。

（二）情景理相洽

谢灵运山水诗往往能情景相洽、寓情于理。以《石壁精舍还湖中作》为例：

昏旦变气候，山水含清晖。清晖能娱人，游子憺忘归。
出谷日尚早，入舟阳已微。林壑敛暝色，云霞收夕霏。
芰荷迭映蔚，蒲稗相因依。披拂趋南径，愉悦偃东扉。
虑澹物自轻，意惬理无违。寄言摄生客，试用此道推。③

前四句写出早晚不同的气候让山峦林泉蕴含多姿的光辉，而这山泽的缤纷能让人心生安适的情怀。中间八句记述了早出晚归、水行舟

① 顾绍柏校注：《谢灵运集校注》，中州古籍出版社 1987 年版，第 51 页。
② 同上书，第 82 页。
③ 同上书，第 112 页。

渡时水天相映的湖上晚景，以及舍舟陆行、到家后偃息东窗下的愉悦心态。后四句写出诗人因此而得出的理趣：思虑淡泊而外物自轻，心意惬然则万物无违，并将此番解悟推荐给那些追求长生者。此诗景、情、理融为一体，前面的写景，无论是含清晖的山水，还是暝色中的林壑，甚至湖中的芰荷与蒲稗，皆是脉脉含情，而诗人的愉悦，亦在这些意象中流动。结尾的理性表达，亦是水到渠成之笔。黄子云曰："舒情缀景，畅达理旨，三者兼长，洵堪睥睨一世。"[①] 沈德潜认为谢诗在"流览闲适中，时时浃洽理趣"[②]。正是对谢灵运此类诗的概括。谢灵运有的诗更是物我浑然。如《石室山》：

> 清旦索幽异，放舟越坰郊。莓莓兰渚急，藐藐苔岭高。
> 石室冠林陬，飞泉发山椒。虚泛径千载，峥嵘非一朝。
> 乡村绝闻见，樵苏限风霄。微戎无远览，总笄羡升乔。
> 灵域久韬隐，如与心赏交。合欢不容言，摘芳弄寒条。[③]

开头写诗人在一个清朗的早晨求索幽异之胜景，放舟江中越过近郊远野。只见草木茂盛的兰渚急急而过，藐小的苔岭扑面而来似乎也高出平日许多。远处的石室山宛若山隅深林的冠帽，流泉从长满椒的山中飞奔直下。中间四句写诗人因这样的美景无人知晓而叹息：飞泉空自流经了千年，高峻的石室山未尝不是空立了千年，乡村之人从未听说或见到如此之美景，甚至连山中的樵苏也被山风云宵所阻隔而无法为打柴人发现。接下来的四句与石室山交流：我不是不想早点来你这里远游，自小就很羡慕了升仙的王子乔了。只是你这种灵域之地韬隐得太久远，希望你能了解我真心对你的欣赏，更愿与你结交。结尾留下了默然不语的合欢树与摘芳弄寒条的诗人。这样的结尾让人遐想无限。此诗中的石室山与诗人已然不是对立的客体与主体，而是主客

---

① （清）黄子云：《野鸿诗的》，（清）王夫之等《清诗话》，上海古籍出版社 1999 年版，第 862 页。

② （清）沈德潜：《说诗晬语》，（清）王夫之等《清诗话》，上海古籍出版社 1999 年版，第 532 页。

③ 顾绍柏校注：《谢灵运集校注》，中州古籍出版社 1987 年版，第 72 页。

泯合浑然的一个整体。方东树曰："唯其思深气沉，风格凝重，造语工妙，兴象宛然，人自不能及。"①

二 争议与影响

谢灵运的山水诗较前代相比，具有鲜明的特点，也取得了很高的成就，在当时的京城引起轰动效应，"每一诗至都邑，贵贱莫不竞写；宿昔之间，士庶皆遍，远近钦慕，名动京师"②。但由于谢灵运是第一个大力创作山水诗的诗人，谢诗在某些方面也遭到了学者的批评。

首先针对的是他的诗歌结尾总有悟道之言，留下了一个玄言的尾巴。因为谢灵运的山水诗是对其游览或者纪游的真实记录，所以其诗往往呈现出纪游的格局：先是出发，再是途中所见，最后是有所悟。关于这一点，正如前文所言，谢诗的结尾悟道大体能够与景情相洽，而不至于景、情、理割裂。只是从山水诗的发展演变来讲，悟道之语可能会使山水的描绘不如后世的山水诗那么纯粹。

还有学者认为其诗语言繁富、结构有些疏散。钟嵘《诗品》指出：谢诗"颇以繁芜为累"③。《南史·武陵昭王晔传》曰："康乐放荡，作诗不辨有首尾。"④ 古人都指出了谢灵运的诗歌语言有些繁芜、结构不太紧凑的缺点。而关于这一点，也与诗人精细刻画山水有关。"因为一般的作风既注重到刻画形似，于是赋的写法便影响到了诗；体物浏亮的铺陈写法被一般所采用了，便自然难免失于繁冗。"⑤ 但是，这些都难掩谢诗整体风格的清新风格，所谓"汤惠休称谢灵运为'初日芙蕖'……最当人意。'初日芙蕖'，非人力所能为，而精彩华妙之意，自然见于造化之外"⑥。

---

① （清）方东树：《昭昧詹言》卷五，人民文学出版社1961年版，第129页。

② 《宋书》卷67《谢灵运传》，中华书局1974年版，第1754页。

③ 曹旭集注：《诗品集注》（增订本），上海古籍出版社2011年版，第201页。

④ 《南史》卷43《武陵昭王晔传》，中华书局1975年版，第1081页。

⑤ 王瑶：《中古文学史论》，北京大学出版社1998年版，第277页。

⑥ （宋）叶梦得：《石林诗话》，（清）何文焕辑《历代诗话》，中华书局1981年版，第453页。

谢灵运以会稽、永嘉的明秀山水入诗，写下了大量的山水诗，打破了东晋玄言诗的统治，扩大了诗歌题材的领域，丰富了诗歌创作的技巧，对后代诗人有很大的影响。谢灵运使得山水成为诗歌中最常见的物象，从此山水描摹成为南朝诗人笔下最常见的一种题材。以谢氏宗族为例，与谢灵运同时的族弟谢惠连、稍后的谢庄都有山水描摹之作。南齐永明年间（483—493），谢朓又为山水诗的发展作出了新的贡献。谢朓诗首先是对谢灵运山水诗的继承，正如贺贻孙所言："其诗仍是谢氏宗派，而一种齐俊幽秀处，似沉酣于康乐集中而得者。"① 而谢朓山水诗更是谢灵运山水诗的进一步发展，尤其是将谢灵运诗中的那些有意探寻的幽险绝美的人境之外的山水转到了随处可以看到的人境内的山川景物，对自然景色的欣赏与他的官宦生活密切融为一体，在写景中渗入了更多的情感。② 前人评价其诗"得于性情独深！"③ 于是，我们在他的诗中，常常可以感受到一种萧散的意趣、纯净的清韵。严羽《沧浪诗话》中指出："谢朓之诗，已有全篇似唐人者。"④ 这是以唐诗的准备衡量谢朓诗，反过来，亦可以说谢朓诗直接影响了唐代山水诗歌的风格。

第三节　佛教文化与会稽文艺

一　在会稽的名僧

会稽风景秀美，从东晋开始，沃洲山吸引了众多的名僧名士。白

① （清）贺贻孙：《诗筏》，郭绍虞编选《清诗话续编》，上海古籍出版社 1999 年版，第 161 页。

② 王钟陵：《中国中古诗歌史》，人民出版社 2005 年版，第 424—426 页。

③ （清）黄子云：《野鸿诗的》，王夫之等《清诗话》，上海古籍出版社 1999 年版，第 862 页。

④ （宋）严羽：《沧浪诗话》，（清）何文焕辑《历代诗话》，中华书局 1981 年版，第 696 页。

居易《沃洲山禅院记》记录了东晋名僧名士或止栖或交游于沃洲山的盛况："东南山水越为首，剡为面，沃洲天姥为眉目。夫有非常之境，然后有非常之人栖焉。晋宋以来，因山开洞。厥初有罗汉僧西天竺人白道猷居焉；次有高僧竺法潜、支道林居焉；次又有乾、兴、渊、支、道、开、威、蕴、崇、实、光、炽、裴、藏、济、度、逞、印凡十八僧居焉。"①

（一）竺法潜及弟子

竺法潜（286—374），字法深，"不知其俗姓，盖衣冠之胤也。"②18岁出家，师事刘元真为师。竺法潜服膺以后，减削浮华，崇本务学，微言兴化，誉满西晋，风姿容貌，堂堂仪表。至24岁，讲《法华》《大品》，既蕴深解，复能善说。追随者常常达500人。永嘉初，避乱过江。中宗元皇司马睿、肃祖明帝司马绍、丞相王导、太尉庾亮，并钦其风德，友而敬重。建武太宁（中），竺法潜常着屐至殿内，时人咸谓方外之士。

中宗司马睿、肃祖司马绍升遐，王导、庾亮又薨，隐迹剡山，以避当世，追踪问道者，已复结旅山门。竺法潜优游讲学30余载，或畅方等，或释《老》《庄》。投身北面者，莫不内外兼洽。至哀帝司马丕重佛法，频遣两使殷勤征请，竺法潜以昭旨之重，暂游宫阙，于御筵开讲《大品》，哀帝及朝士并称善。此时会稽王司马昱即后来的简文帝作相，朝野以为至德，以竺法潜是道俗标领，又先朝友敬，尊重挹服，顶戴兼常，迄乎龙飞，虔礼弥笃。竺法潜尝于简文帝处，遇刘惔，惔嘲之曰："道士何以游朱门？"竺法潜曰："君自睹其朱门，贫道见为篷户。"③《世说新语·言语》注引《高逸沙门传》曰："法

---

① 朱金城笺校：《白居易集笺校》卷68，上海古籍出版社1988年版，第3684页。

② 《世说新语·德行》注引《桓彝别传》，余嘉锡笺疏《世说新语笺疏》，第38页。《高僧传》与《世说新语》所载不同。《高僧传》卷4《晋剡东仰山竺法潜传》载："姓王，琅邪人，王敦之弟"（汤用彤校注《高僧传》，第156页）。余嘉锡认为："考之诸家晋史，并不言王敦有此弟。疑因孝武诏中'弃宰相之荣'语附会之。实则深公本衣冠之胤，所谓宰相，盖别有所指，不必是王敦也。"今从余说。

③ 汤用彤校注：《高僧传》卷4《晋剡东仰山竺法潜传》，中华书局1997年版，第156—157页。

师居会稽，皇帝重其风德，遣使迎焉，法师暂出应命。司徒会稽王天性虚澹，与法师结殷勤之欢。师虽升履丹墀，出入朱邸，泯然旷达，不异蓬宇也。”[①]

《世说新语·文学》注引《人物论》曰：法深“学义渊博，名声蚤著，弘道法师也”[②]。然不喜辩论佛典的义理，共不爱争胜。《世说新语·文学》载：

> 有北来道人好才理，与林公相遇于瓦官寺，讲《小品》。于时竺法深、孙兴公悉共听。此道人语，屡设疑难，林公辩答清析，辞气俱爽。此道人每辄摧屈。孙问深公："上人当是逆风家，向来何以都不言?”深公笑而不答。林公曰："白旃檀非不馥，焉能逆风?”深公得此义，夷然不屑。[③]

支遁与北来道人在瓦官寺讲论《小品》。竺法深、孙绰共听。北来道人屡设疑难，支遁辩答清晰。孙绰问竺法深："上人当是逆风家，向来何以都不言?”意思是说：法深学义不在支遁之下，当不至于从风而靡。竺法深笑而不答。支遁说："白檀香并非不香，但焉能逆风?”《翻译名义集》卷三《众香篇》曰："阿难白佛，世有三种香：一曰根香，二曰枝香，三曰华香。此三品香，唯能随风，不能逆风。”支遁意谓：虽竺法深亦不能与己抗衡。竺法深听此话，夷然不屑。

竺法潜虽再次恩遇朝廷，而素怀不乐，于是还剡之仰山，遂其先志。于是逍遥林皋，以毕余年。支遁遣使者求买仰山之侧的沃洲小岭，欲为幽栖之所。竺法潜答曰："欲来辄来，岂闻巢、由买山而隐。”支遁后来《与高丽道人书》云："上座竺法深，中州刘公之弟子。体德贞峙，道俗纶综。往在京邑，维持法纲，内外具瞻，弘道之匠也。”不久因为业慈清净，不耐俗尘，考室山泽，修德就闲。在仰山，率同游十余人，论道说义，高栖浩然，遐迩有咏。晋宁康二年

① 余嘉锡笺疏：《世说新语笺疏》，中华书局 2007 年版，第 129 页。
② 同上书，第 258 页。
③ 同上。

(374）卒于山馆，春秋八十九。孝武帝司马曜下诏曰：“深法师理悟虚远，风鉴清贞，弃宰相之荣，袭染衣之素。山居人外，笃勤匪懈，方赖宣道，以济苍生，奄然迁化，用痛于怀，可赙钱十万，星驰驿送。”①

竺法潜得到东晋五代帝王的师友礼遇，王导、庾亮等士族的倾心，又与清谈名士刘惔等人交往，这对于佛教文化在会稽的发展有深远影响。

当时仰山尚有竺法潜的弟子多人，多各有成就。竺法友，志业强正，博通重点。年二十四便能讲说，后立剡县城南台寺。竺法蕴，悟解入玄，尤善《放光波若》。康法式，有义学之功，以草隶知名。竺法济，幼有才藻，作《高逸沙门传》。

竺法义，未详何许人。年十三，遇竺法深，便问：“仁利是君子所行，孔丘何故罕言?”深公曰：“物鲜能行，是故罕言。”② 竺法潜其幼而颖悟，劝令出家。于是从深公受学。游刃重典，尤善《法华》。后辞竺法深去京城，大开讲席，王导、孔敷并承风友敬。晋兴宁(363—365）中，更还江左，栖于始宁之宝山，授业弟子常有百余人。宁康三年（375)，晋孝武帝司马曜遣使征请出都讲说。太元五年(380)，卒于都，春秋七十四。帝赐钱十万，买新亭岗为墓，起塔三级。弟子昙爽在墓所立寺，名新亭精舍。

（二）支遁

支遁（314—366)，字道林，本姓关氏，陈留人，或曰河南林虑人。幼有神理，聪明秀彻。家世事佛，早悟非常之理。隐居余杭山，深思《道行》之品、《慧印》之经。卓焉独拔，得自天心。年二十五出家。支遁讲经的方式继承了王弼的“得义忘言”“意在言外”的方法。每至讲肆，善标宗会，而章句或有所遗，时为守文者所陋。谢安

① 汤用彤校注：《高僧传》卷4《晋剡东仰山竺法潜传》，中华书局1997年版，第157页。

② 同上书，第172页。

闻而善之，曰："此乃九方堙之相马也，略其玄黄而取其骏逸。"[①] 郄超《与亲友书》曰："林法师神理所通，玄拔独悟，数百年来，绍明大法，令真理不绝，一人而已。"[②]

与一时名流王洽、刘恢、殷浩、许询、郄超、孙绰、桓彦表、王敬仁、何次道、王坦之、谢长遐等，皆有尘外之游。曾在白马寺与刘系之等谈《庄子·逍遥篇》，云："各适性以为逍遥。"支遁曰："不然，夫桀、跖以残害为性，若适性为得者，彼亦逍遥矣。"[③] 于是退而注《逍遥篇》。一时士人，莫不叹服。

后来到了吴，立支山寺，晚年欲入剡。此时谢安为吴兴太守，与支遁书信：

> 思君日积，计辰倾迟，知欲还剡自治，甚以怅然。人生如寄耳，顷风流得意之事，殆为都尽。终日戚戚，触事惆怅，唯迟君来，以晤言消之，一日当千载耳。此多山县，闲静，差可养疾，事不异剡，而医药不同，必思此缘，副其积想也。[④]

谢安此书写到自己听闻支遁要离开吴地去剡，而心生怅然。人生短暂，昔日风流得意之事已经烟消云散。现在整日戚戚，遇事惆怅。只有支遁前来晤言，可以消解此情。最后提出邀请，希望支遁来吴兴：吴兴多山，闲静，可以疗养疾病，和剡地差不多，只有医药不同。书信虽然恳切，但是支遁已经决定去剡地。

此时，王羲之在会稽，素闻支遁大名，未之信，谓人曰："一往之气，何足可言?"后支遁既还剡地，经由会稽郡。王羲之特诣支遁，观其风力。既至，王羲之谓支遁曰："《逍遥篇》可得闻乎?"支遁乃作数千字，标揭新理，才藻惊绝。王羲之遂披襟解带，流连不能已。仍请支遁住在灵嘉寺，意存相近。

---

① 汤用彤校注：《高僧传》卷4《晋剡沃州山支遁传》，中华书局1997年版，第159页。
② 同上书，第161页。
③ 同上书，第160页。
④ 同上。

随后投迹剡山。此时竺法潜在仰山，支遁求买仰山之侧沃州小岭，欲为幽栖之处。竺发潜曰："欲来辄给，岂闻巢、由买山而隐?"① 于是在沃洲小岭立寺行道，僧众百余，常随禀学。晚年移居石城山，立栖光寺。宴坐山门，游心禅院，木食涧饮，浪志无生。注《安般》《四禅》诸经，及《即色游玄论》《圣不辩知论》《道行旨归》等。在山阴宣讲《维摩经》，与许询共同探讨经中义理。②

362 年，晋哀帝司马丕即位，频遣两使，征请出都。于是至建康，止于东安寺，讲《道行般若经》，僧俗钦崇，朝野悦服，影响很大。王濛赞叹林公："寻微之功，不减辅嗣。"《世说新语·赏誉》注引《支遁别传》曰："遁神心警悟，清识玄远，尝至京师，王仲祖称其造微之功，不异王弼。"③ 淹留京师三载，乃还剡山。

支遁先在余姚坞山中居住，后病笃，还移坞中。人问其意，曰："谢安在昔数来见，辄移旬日，今触情举目，莫不兴想。"太和元年(366)，终于所住，春秋五十三。

（三）于法兰三代师徒

于法兰，高阳人，少有特操，十五出家，以精勤为业。日以继夜，钻研经典，求法问道。年二十，风神秀逸，道振三河，名流四远。性好山水，多处岩壑。"后闻江东山水，剡县称奇，乃徐步东瓯，远瞻嶀嵊，居于石城山足，今之元华寺是也。"④ 孙绰《道贤论》以比阮籍，论曰："兰公遗身，高尚妙迹，殆至人之流，阮步兵傲独不群，亦兰之俦也。"

于道邃，敦煌人，年十六出家，事竺法兰为弟子。学业高名，内外该览，善方药，美书札，尤善谈论。竺法护称其高简雅素，有古人之风，为大法栋梁。后随竺法兰渡江，会稽隐士谢敷大相推重，性好

① 汤用彤校注：《高僧传》卷 4《晋剡东仰山竺法潜传》，中华书局 1997 年版，第 157 页。

② 汤用彤校注：《高僧传》卷 4《晋剡沃州山支遁传》，中华书局 1997 年版，第 159—161 页。

③ 余嘉锡笺疏：《世说新语笺疏》，中华书局 2007 年版，第 563 页。

④ 汤用彤校注：《高僧传》卷 4《晋剡山于法兰传》，中华书局 1997 年版，第 166 页。

山泽，遍游越中名山。①

于法开，不知何许人。事于法兰为弟子，深思孤发，独见言表，医术高明。《名德沙门题目》曰：“于法开才辨纵横，以数术弘教。”《高逸沙门传》曰：“法开初以义学著名，后与支遁有竞，故遁居剡县，更学医术。”《世说新语·术解》《高僧传》本传中记载了他治疗郗愔肚痛、妇女难产的医案。在京城数年，后还剡石城，“续修元华寺，后移白山灵鹫寺”②。常与支遁论争色空义，何默申明于法开问难，郄超宣述支遁讲解，并传于世。

于法威，法开之弟子，清悟有枢辩。开尝使威出都，经过山阴，支遁正讲《小品》。于法开跟于法威说：“道林讲，比汝至，当至某品中。”示范语言攻难数十番。云：“此中旧难通。”竺法威既至郡，正值支遁讲，果如于法开言。往复多番，支遁遂屈，因厉声曰：“君何足复受人寄载来耶?”故东山喭云：“深量开思，林谈识记。”③ 年六十卒于山寺。

（四）帛道猷与道壹

帛道猷，本姓冯，山阴人。隐居若耶山，少以篇牍著称。好丘壑，一吟一咏，有濠上之风。与竺道壹有讲筵之遇。后致书于道壹，曰：“始得优游山林之下，纵心孔释之书，触兴为诗，陵峰采药，服饵蠲痾，乐有余也。但不与足下同日，以此为恨耳。”④ 并附所作诗。

竺道壹，本姓路，吴人。年少出家，贞正有学业。晋太和（366—371）中出都，住瓦官寺，从竺法汰受学，数年之中，思彻渊深，讲倾都邑。既为时论所宗，又为晋简文帝深所知重。及帝崩汰死，道壹乃还东，止虎丘山。后受若耶山帛道猷之邀，乃东来若耶溪，与道猷相会，定于林下。不久，会稽郡守王荟在邑西建嘉祥寺，

① 汤用彤校注:《高僧传》卷4《晋敦煌于道邃传》，中华书局1997年版，第169—170页。

② 汤用彤校注:《高僧传》卷4《晋剡山于法兰传》，中华书局1997年版，第167页。

③ 同上书，第168页。

④ 汤用彤校注:《高僧传》卷5《晋吴虎丘东山寺竺道壹传》，中华书局1997年版，第207页。

因道壹风德高远，请居僧首。壹既博通内外，又律行清严，四远僧尼，咸依附咨禀，时人号曰“九州岛都维那”[①]。

道壹文锋富赡。《世说新语·言语》注引《沙门题目》曰：孙绰为之赞：“驰骋游说，言固不虚。唯兹壹公，绰然有余。譬若春圃，载芬载敷。条柯猗蔚，枝干扶疏。”[②]《世说新语·言语》：

> 道壹道人好整饰音辞，从都下还东山，经吴中。已而会雪下，未甚寒。诸道人问在道所经。壹公曰：“风霜固所不论，乃先集其惨淡。郊邑正自飘瞥，林岫便已皓然。”[③]

道壹对雪景有如此美的描述。

这些在会稽的名僧，皆通内外典，为般若学的流行作出了重要贡献。东晋名僧常常相互探讨玄虚的佛理，符合东晋士人喜欢老、庄的玄妙思辨的兴趣，也因此吸引了更多名士对佛学的关注。

二　佛教与文学

由于佛教的影响，士人在其诗歌创作中会表现其佛教思想。支遁“把佛理引入文学、用文学形式来表现，有开创之功”[④]。孙绰《答许询诗》第八章：“贻我新诗，韵灵旨清。粲如挥锦，琅若叩琼。既欣梦解，独愧未冥。愠在有身，乐在忘生。余则异矣，无往不平。理苟皆是，何累于情。”[⑤] 许询《农里》：“亹亹玄思得，濯濯清累除。”[⑥] 这两首诗中“愠在有身”“清累除”，讲的是道安、慧远的“本无义”[⑦]。

孙绰解析佛教义理，试图调和儒佛。《喻道论》曰：“夫佛也者，

① 汤用彤校注：《高僧传》卷5《晋吴虎丘东山寺竺道壹传》，中华书局1997年版，第207页。

② 余嘉锡笺疏：《世说新语笺疏》，中华书局2007年版，第173页。

③ 同上。

④ 孙昌武：《佛教与中国文学》，上海人民出版社2007年版，第56页。

⑤ 许敬宗：《日藏弘仁本文馆词林校证》卷157，中华书局2001年版，第57页。

⑥ 逯钦立辑校：《先秦汉魏晋南北朝诗》（中册），中华书局1983年版，第894页。

⑦ 普慧：《南朝佛教与文学》，中华书局2002年版，第16页。

体道者也；道也者，异物者也；应感顺通，无为而无不为者也。无为，故虚寂自然；无不为，故神化万物。万物之求卑高不同，故训臻之术或精或粗。”佛也是体道之途径，和士人清谈玄理一样。时人或难曰：“周孔适时而教，佛欲顿去之，将何以惩暴止奸，统理群生者哉?”他针对时人的疑惑，答曰：“不然，周孔即佛，佛即周孔，盖外内名之耳。故在皇为皇，在王为王，佛者梵语，晋训‘觉’也。‘觉’之为义，‘悟物’之谓，犹孟轲以圣人为先觉，其旨一也。应世轨物，盖亦随时，周孔救极弊，佛教明其本耳，共为首尾，其致不殊，即如外圣有深浅之迹，尧舜世夷。”①

南朝时代佛教的概念、术语进入诗文。常见的词语有“空”“禅”“梵”“慧”“尘（六尘）”“法”“净”“色”“苦”“戒”等。②例如谢灵运诗中，出现了大量佛教词语，如“空”“幽”“寂”“灵”“清”等。其中“空”字出现了16次之多。例如“循禄反穷海，卧痾对空林”（《登池上楼》），“云日相辉映，空水共澄鲜”（《登江中孤屿》），“海岸常寥寥，空馆盈清思”（《游岭门山》），“禅室栖空观，讲宇析妙理”（《石壁立招提精舍》），“空翠难强名，渔钓易为曲”（《过白岸亭》）等。这显然受到佛教般若空观的影响。“空不是没有，而是物色之本体”③。这种对空、幽、寂、清等词的使用，使得诗意清幽，对后世诗歌中禅境的出现有重要的影响。如谢灵运《过瞿溪石室饭僧》④：

迎旭凌绝嶝，映泫归溆浦。钻燧断山木，掩岸墐石户。
结驾非丹甍，藉田资宿莽。同游息心客，暧然若可睹。
清霄扬浮烟，空林响法鼓。忘怀狎鸥鲦，摄生驯兕虎。

① （清）严可均辑：《全上古三代秦汉三国六朝文》，中华书局1999年影印本，第2册，第1811页。

② 普惠：《南朝佛教与文学》，中华书局2002年版，第115—124页。

③ 同上书，第56页。

④ 逯钦立本据《太平寰宇记》作《登石室山饭僧诗》，顾绍柏《谢灵运集校注》据《艺文类聚》、焦本《谢康乐集》改。《光绪永嘉县志》卷二：“瞿溪山，在城西南五十里，上有龙潭，瞿溪所出。”顾本“按石室山在今永嘉县西北，与瞿溪、瞿溪山相距甚远”。

望岭眷灵鹫，延心念净土。若乘四等观，永拔三界苦。①

前六句写瞿溪山僧人单纯简陋的生活。“息心”是佛教名词，“息心客”指僧人。诗人在僧人身上依稀看到了“空”之佛法。寺院清幽寂静，清空中浮烟袅袅，空旷的山林传来法鼓声声。僧人与自然万物亲近，日以摄性养生为务。远望瞿溪山令人想起佛教圣地灵鹫山，不觉羡慕此地是极乐世界的净土。若真正能了悟大乘之四等观，则可永拔除三界之苦。

又如，南齐王融《法乐辞》十二章中有“禅”“梵”“尘”“净”等佛教词汇：“禅衢开远驾，爱海乱轻舟”（其一），“表尘维净觉，泛浴乃轮皇”（其三），“方为净国游，岂结危城恋”（其四），“明心弘十力，寂虑安四禅”（其七），“禅悦兼芳旨，法言恋清琴”（其十），“腾芳清汉里，响梵高云中。贞心延净境，邃业嗣天宫”（其十一），“引慈邈已远，睿后扇高尘”②（其十二）。

南朝时代出现了大量写寺庙及其周围景色的诗歌。例如，谢灵运《石壁立招提精舍》、王融《栖玄寺听讲毕游邸园七韵应司徒教》、王筠《北寺寅上人房望远岫玩前池》、王训《奉和同泰寺浮图》等诗。例如，南朝梁王筠《北寺寅上人房望远岫玩前池》：

安期逐长往，交甫称高让。远迹入沧溟，轻举驰昆阆。
良由心独善，兼且情由放。岂若寻幽栖，即目穷清旷。
激水周堂下，屯云塞檐向。闲牖听奔涛，开窗延叠嶂。
前阶复虚沿，瀰迤成洲涨。雨点散圆文，风生起斜浪。
游鳞互瀺灂，群飞皆哢吭。莲叶蔓田田，菱花动摇漾。
浮光曜庭庑，流芳袭帷帐。匡坐足忘怀，讵思江海上。③

此诗写可以在幽静清旷的山水中见出佛法，并描写了窗前所见佛

① 顾绍柏校注：《谢灵运集校注》，中州古籍出版社1987年版，第90页。
② 逯钦立辑校：《先秦汉魏晋南北朝诗》（中册），中华书局1983年版，第1391页。
③ 逯钦立辑校：《先秦汉魏晋南北朝诗》（下册），中华书局1983年版，第2013页。

寺之内及遥望中的景象。堂前水声激越，屋檐上屯云密塞。闲来可以在窗前听奔流的涛声，打开窗户则可延请层峦叠嶂。池前的台阶漫入在涨满的水中虚列延伸。雨点散落池中泛出圆纹，微风吹过池中生出斜浪。游鱼在水中嬉戏，飞鸟在水边鸣叫。莲叶田田蔓延，菱花在风中摇曳。浮光照耀着庭前廊庑，流芳熏染了帷帐。端坐已是如此令人难以忘怀，又岂思江海之上。诗人通过景物描写，表现了佛教的静、空等思想。

佛教不仅对六朝山水文学的兴起有一定的影响，而且谢灵运等人诗歌中佛教术语以及佛境的描写，起了开拓诗歌意境的作用。

第四节　道教文化与会稽文艺

一　道教与书法

六朝书法与道教有一定的关系。琅琊“王氏世事张氏五斗米道”①。王羲之归隐后，“与道士许迈共修服食，采药石不远千里”②。王羲之留世的法帖中有时会记录服食后所引来的身体不适，但对服食依然深信，如“服食故不可乃将冷药，仆即复是中之者。肠胃中一冷，不可如何。是以要春秋辄大起，多腹中不调适，君宜深以为意。省君书亦比得之，物养之妙，岂复容言，直无其人耳。许君见验，何烦多云矣”③。任会稽内史的王凝之在孙恩攻打会稽时，不做准备，而是入室请祷，并语诸将佐曰：“吾已请大道，许鬼兵相助，贼自破矣。”④ 遂为孙恩所害。陈寅恪更从名字考论琅琊王氏等是道教世家，

---

① 《晋书》卷80《王凝之传》，中华书局1974年版，第2103页。
② 《晋书》卷80《王羲之传》，中华书局1974年版，第2102页。
③ （唐）张彦远：《法书要录》卷10，人民美术出版社1984年版，第336页。
④ 《晋书》卷80《王凝之传》，中华书局1974年版，第2103页。

“六朝人最重家讳，而‘之’‘道’等字则在不避之列，所以然之故虽不能详知，要是与宗教信仰有关。王鸣盛因齐梁世系‘道’‘之’等字之名，而疑《梁书》《南史》所载梁室世系倒误（见《十七史商榷》五五‘萧氏世系条’），殊不知此类代表宗教信仰之字，父子兄弟皆可取以命名，而不能据以定世次也。”[①] 可见，王氏是奉道之世家。

陈寅恪《天师道与滨海地域之关系》文中，第一次论到书法与道教的联系：“东西晋南北朝天师道为家世相传之宗教，其书法亦往往为家世相传之艺术，如北魏之崔卢，东晋之王郗，是其最著之例。旧史所载奉道世家与善书世家之符会，虽或为偶值之事，然艺术之发展多受宗教之影响。而宗教之传播，亦多倚艺术为资用。”[②] 王羲之父子之书法地位非常高。南齐王僧虔《论书》曰：“郗愔章草亚于右军，郗嘉宾草亚于二王。”[③] 可知，郗氏父子之书法亦止亚于二王。“南朝书法自应以王、郗二氏父子为冠，而王氏、郗氏皆天师道之世家，是南朝最著之能书世家即奉道之世家也。”[④] 道教是以文字信仰为基干的宗教，在所有宗教中，只有它与书法艺术有着本质的类同性。道教重视经典，要人诵念经文，它的艺术以上章、书符为主，使奉道者对书写文字不敢随便。[⑤]

在道教来说，抄写经书是一种功德。[⑥] 当时的奉道者多抄写经书。如王羲之抄写过《道德经》。据史书记载：山阴有一道士，养好鹅，王羲之前往观赏，意甚悦，固求市之。道士云：“为写《道德经》，当举群相赠耳。”[⑦] 王羲之欣然写毕，笼鹅而归，甚以为乐。虞龢《论

① 陈寅恪：《天师道与滨海地域之关系》，《金明馆丛稿初编》，生活·读书·新知三联书店2001年版，第9页。

② 同上书，第39页。

③ 《南齐书》卷33《王僧虔传》，中华书局1972年版，第597页。

④ 陈寅恪：《金明馆丛稿初编》，生活·读书·新知三联书店2001年版，第40页。

⑤ 龚鹏程：《书艺丛谈》，山东画报出版社2007年版，第191页。

⑥ 陈寅恪：《天师道与滨海地域之关系》，《金明馆丛稿初编》，生活·读书·新知三联书店2001年版，第42页。

⑦ 《晋书》卷80《王羲之传》，中华书局1974年版，第2100页。

书表》中也有类似的记载："又羲之性好鹅，山阴昙禳村有一道士，养好鹅十余，右军清旦乘小船故往，意大愿乐，乃告求市易，道士不与，百方譬说，不能得。道士乃言性好道，久欲写河上公《老子》，缣素早办，而无人能书，府君若能自屈，书《道德经》各两章，便合群以奉。羲之便住半日，为写毕，笼鹅而归。"① 又，《太平御览》卷六百六十六引《太平经》载：郗愔"尚道法，密自遵循，善隶书，与右军相埒。手自起写道经，将盈百卷，于今多有在者"。抄写道经不仅增加功德，而且在抄写中讲究书艺。《真诰》卷十九载："三君（杨羲、许谧、许翙）手迹，杨君书最工，不今不古，能大能细。大较虽祖效郗法，笔力规矩并于二王，而名不显著者，当以地微，兼为二王所抑故也。掾书乃是学杨，而字体劲利，偏善写经，画符与杨相似，郁勃锋势，殆非人工所逮。长史章草乃能，而正书古拙，符又不巧，故不写经也。"三人中，许谧善隶书，字体劲利，最善写经；许翙善章草，不善写经；许谧善写经。

由此可见，道教对六朝书法的发展有一定的促进作用。

二　道教与文学

葛洪《抱朴子·内篇》曰："为道者多在山林。"② 道士只有入名山，才可以摒弃人事而感受仙真之道，并最终修炼成仙。会稽的名山吸引了很多奉道之人来此游处。"始宁县有坛醮山。相传云：'仙灵所醮集处。'山顶有十二方石，石悉如坐席许大，皆作行列。"③ "上虞有龙头山，上有兰峰。峰顶盘石，广丈余。葛洪学仙，坐其上。"④ 赤城山"土色皆赤。岩岫连沓，状如云霞。悬溜千仞，谓之瀑布，飞流

---

① （南朝宋）虞龢：《论书表》，张彦远《法书要录》卷2，人民美术出版社1984年版，第42页。

② （晋）葛洪：《抱朴子内篇》卷17《登涉》，《诸子集成》，中华书局1954年影印本，第8册，第89页。

③ （南朝宋）孔灵符：《会稽记》，《鲁迅辑录古籍丛编》（第3卷），人民文学出版社1999年版，第315页。

④ 同上。

洒散，冬夏不绝。山谷绝涧，峥嵘无底，长松蔓藟，幽霭其上”，“内有天台、灵岳，石室、睿台”①。汉末左元放，吴葛玄，晋葛洪、许迈等都曾在赤城山炼丹。许迈于永和二年（346）移入临安西山，登岩茹芝，眇尔自得，有终焉之志。又著诗12首，论神仙之事。王羲之造之，未尝不弥日忘归，相与为世外之交。许迈与王羲之书曰：“自山阴南至临安，多有金堂玉室，仙人芝草，左元放之徒，汉末诸得道者皆在焉。”②

（一）道教与会稽山水文学

道教与会稽山水文学的兴盛有一定的关联。茅山处士陶弘景曾到会稽，遍历名山，寻药访仙。至会稽大洪山，余姚太平山，始宁上虞山，始丰天台山。并在永嘉大若岩撰写《真诰》。史载其“每经涧谷，必坐卧其间，吟咏盘桓，不能已已。谓门人曰：‘吾见朱门广厦，虽识其华乐，而无欲往之心。望高岩，瞰大泽，知此难立止，自恒欲就之。且永明中求禄，得辄差舛；若不尔，岂得为今日之事？岂唯身有仙相，亦缘势使之然。’”③ 陶弘景《答谢中书书》写了永嘉楠溪江之秀美的景色：

> 山川之美，古来共谈。高峰入云，清流见底。两岸石壁，五色交晖，青林翠竹，四时俱备。晓雾将歇，猿鸟乱鸣。夕日欲颓，沈鳞竞跃。实是欲界之仙都，自康乐以来，未复有能与其奇者。④

高耸入云的山峰，清澈见底的流水，两岸的石壁在阳光下闪耀着五色光芒。青葱的树林，苍翠的竹林，四季常绿。清晨的雾水即将消散之时，山中的猿猴飞鸟交相乱鸣。傍晚夕阳欲下之时，潜沉在水中

---

① （南朝宋）孔灵符：《会稽记》，人民文学出版社1999年版，第3卷，第316页。

② 《晋书》卷80《许迈传》，中华书局1974年版，第2107页。

③ 《南史》卷76《隐逸下》，中华书局1975年版，第1897—1898页。

④ （清）严可均辑：《全上古三代秦汉三国六朝文》（第4册），中华书局1999年影印本，第3215—3216页。

的游鱼竞相跃出水面。作者不由发出此地真是“仙都”之所在的慨叹。

会稽山阴孔氏也是奉道教之世家。孔稚珪父孔灵产于禹井山立馆，事道精笃。“吉日于静屋四向朝拜，涕泗滂沱。东出钱塘北郭，辄于舟中遥拜杜子恭墓，自北至都，东向坐，不敢背侧。”① 孔稚珪今存诗三首残句二则，皆关涉山水。《白马篇》写少年游侠欲灭强胡的壮志，其中四句写边塞风光：“横行绝漠表，饮马瀚海清。陇树枯无色，沙草不常青。”《旦发青林》是一首送别诗：“孤征越清江，游子悲路长。二旬倏已满，三千眇未央。草杂今古色，严留冬夏霜。寄怀中山旧，举酒莫相忘。”②《游太平山诗》是一首山水诗：

石险天貌分，林交日容缺。
阴涧落春荣，寒严留夏雪。③

太平山在今浙江省绍兴县东南七八十里。前两句写山石险峻直上云霄，原本完整的天空被险石隔离；山中树木葱郁，透过茂密的树叶只见残缺的太阳。诗人用两次仰望的感受，描摹出了太平山的高峻和幽深。后两句写山涧背阴之处还有刚落的春花，而严寒的山顶上尚留有夏季都难以融化的残雪。显然诗人是在夏季游天平山，所以阴涧处残留的春景和山顶上残留的冬景成了诗人特别关注的对象，天平山的奇妙景象也正在诗人的眼中显现。此诗对仗工整，选景巧妙，刻画生动，有身临其境之感。

其骈体《北山移文》被收入《文选》，历来成为六朝骈体文的代表之一。此文更是多处写景，在孔稚珪的笔下山水皆有灵性，尤其是知周颙要下山之时山中景物的孤独情感让人印象深刻：

使我高霞孤映，明月独举。青松落阴，白云谁侣？涧石摧绝

① 《南齐书》卷48《孔稚珪传》，中华书局1972年版，第835页。
② 逯钦立辑校：《先秦汉魏晋南北朝诗》（中册），中华书局1983年版，第1408页。
③ 同上。

无与归，石径荒凉徒延伫。至于还飚入幕，写雾出楹，蕙帐空兮夜鹄怨，山人去兮晓猿惊。①

此文笔法奇特，以山水的视角来看周颙的隐居与出山，应当也与孔氏信奉道教认为山水皆有灵有关。

(二) 道教与游仙诗

魏晋道教中人首先创作游仙诗的当推葛玄。葛玄是道教灵宝派的始祖，至今天台山留有葛玄的遗迹。唐徐灵府《天台山记》曰："《真诰》云：'天台山高一万八千丈，周回八百里，山有八重，四面如一。'当斗牛之分，以其上应台宿，光辅紫宸，故名天台，亦曰桐柏栖山。"天台山，虽然后来以佛教天台宗而闻名，但最早发现此山的是汉末方士左慈。左慈东汉末年避乱来到天台山，后将所修道经授予葛玄，开了天台山道教文化的风气。《抱朴子·金丹》载："昔日左元放于天柱山中精思，而神人受之金丹仙经。会汉末乱，不遑合作，而避地来渡江东，志欲投名山以修斯道。余从祖仙公，又从元放受之，凡受《太清丹经》三卷，及《九鼎丹经》一卷，《金液丹经》一卷。"② 葛玄曾居于天台山，在华顶峰、桐柏山、赤城山等地炼丹，成为天台山道教的真正创始者，曾在天台山以《灵宝经》授孙权。杜光庭《历代崇道记》曰："吴主孙权于天台山造桐柏观，命葛玄居之。"③ 桐柏观，今称桐柏宫，依然是天台山的道教圣地。《真仙通鉴》曰："仙公姓葛名玄，字孝先，家本琅邪，以后汉桓帝延禧七年甲辰岁四月八日诞世。十三通古今，凡经传子集靡不该览。年十五六，名振江左。入天台赤城上虞山精思念道，遇真人左元放，授以九丹金液仙经，炼气保形之术。吴赤乌七年八月十五日升天。仙公暂停

① （唐）李善注：《文选》卷43，上海古籍出版社1986年版，第1960页。

② （晋）葛洪：《抱朴子内篇》卷4《金丹》，《诸子集成》（第8册），中华书局1954年影印本，第12页。

③ （唐）杜光庭：《历代崇道记》，《道藏》（第11册），文物出版社、上海书店出版社、天津古籍出版社1987年影印本，第1页。

仙驾，赋五言歌诗三篇。降付乡朋，令歌诵开悟方来。”①

葛仙翁在升天之前作《空中歌》三首，其三曰：

散诞游山水，吐纳灵和津。
炼气同希夷，静咏道德篇。
至心宗玄一，冥感今乃宣。
飞驾御九龙，飘飘乘紫烟。
华景曜空衢，红云拥帝前。
暂迁蓬莱宫，倏忽已宾天。
伟伟众真会，渺渺凌重玄。
体固无终劫，金颜随日鲜。
欢乐太上境，悲念一切人。
谁能离死坏，结是冥中缘。
悠悠成至道，无有入无间。
微妙良难测，智者谓我贤。
若能弘众妙，轻举升神仙。②

这是最早的游仙诗作。此诗先写日常的修道，散游山水，吐纳练气，静咏道德。修道的目的是宗“玄一”，此时在冥想中忽然悟道。神仙世界令人目眩，乘坐九龙驾的车在紫烟中飘移，日华照耀着空阔的大道，红色的云彩环绕在天帝前。刚刚还在蓬莱宫，倏忽间已来到天上。凌越重玄渺渺，众仙伟伟聚会，仙人个个鲜亮的日光下焕发金颜。仙境是如此欢乐，但悲伤顾念的是人间的所有人。若有缘结缘，能成至道，能弘众妙，则人人可轻举成仙。

葛玄的游仙诗，不仅开了道教中人创作游仙诗的风习，而且文人也开始创作游仙诗，所以在六朝产生了大量的游仙诗。萧统编《文选》专列“游仙”一类。

---

① 逯钦立辑校：《先秦汉魏晋南北朝诗》（下册），中华书局 1983 年版，第 2783 页。
② 同上书，第 2784 页。

（三）道教与志怪小说

越地巫术的盛行对道教的流传以及神仙故事的产生有一定的影响。两汉时越地仍然保留原始巫术。《史记·封禅书》曰："越人俗信鬼，而其祠皆见鬼，数有效。"据史籍记载曹娥之父是一位巫祝。"会稽上虞曹娥父盱，为巫祝，能抚节按歌，婆娑乐神。汉安二年五月五日于县江迎伍君神，溯涛而上，被水淹不得其尸。"① 原始巫术的长期熏染，使得会稽人容易相信道教神仙。在汉末会稽留下了不少仙人的传说。托名陶潜的《搜神后记》中记录了会稽剡县的两名猎人遇仙女的故事：

> 会稽剡县民袁相、根硕二人猎，经深山重岭甚多，见一群山羊六七头，逐之。经一石桥，甚狭而峻。羊去，根等亦随渡，向绝崖。崖正赤，壁立，名曰赤城。上有水流下，广狭如匹布，剡人谓之瀑布。羊径有山穴如门，豁然而过。既入，内甚平敞，草木皆香。有一小屋，二女子住其中，年皆十五六，容色甚美，着青衣。一名莹珠，一名洁玉。见二人至，欣然云："早望汝来。"遂为室家。忽二女出行，云复有得婿者，往庆之。曳履于绝岩上行，琅琅然。二人思归，潜去归路。二女追还已知，乃谓曰："自可去。"乃以一腕囊与根等，语曰："慎勿开也。"于是乃归。后出行，家人开视其囊，囊如莲花，一重去，一重复，至五盖，中有小青鸟，飞去。根还知此，怅然而已。后根于田中耕，家依常饷之，见在田中不动，就视，但有壳如蝉蜕也。②

宋刘义庆《幽明录》中记载了剡县刘晨、阮肇入天台山遇仙女，后成仙的故事：

> 汉明帝永平五年，剡县刘晨、阮肇共入天台山取谷皮，迷不

---

① （晋）虞预：《会稽典录》卷下，《鲁迅辑录古籍丛编》（第3卷），人民文学出版社1999年版，第293—294页。

② 汪绍楹校注：《搜神后记》，中华书局1981年版，第2—3页。

得返。经十三日，粮食乏尽，饥馁殆死。遥望山上，有一桃树，大有子实；而绝岩邃涧，永无登路。攀援藤葛，乃得至上。各啖数枚，而饥止体充。复下山，持杯取水，欲盥漱。见芜菁叶从山腹流出，甚鲜新，复一杯流出，有胡麻饭掺，相谓曰："此知去人径不远。"便共没水，逆流二三里，得度山，出一大溪，溪边有二女子，姿质妙绝，见二人持杯出，便笑曰："刘阮二郎，捉向所失流杯来。"晨、肇既不识之，缘二女便呼其姓，如似有旧，乃相见忻喜。问："来何晚邪？"因邀还家。其家铜瓦屋。南壁及东壁下各有一大床，皆施绛罗帐，帐角悬铃，金银交错，床头各有十侍婢，敕云："刘阮二郎，经涉山岨，向虽得琼实，犹尚虚弊，可速作食。"食胡麻饭、山羊脯、牛肉，甚甘美。食毕行酒，有一群女来，各持五三桃子，笑而言："贺汝婿来。"酒酣作乐，刘阮欣怖交并。至暮，令各就一帐宿，女往就之，言声清婉，令人忘忧。至十日后欲求还去，女云："君已来是，宿福所牵，何复欲还邪？"遂停半年。气候草木是春时，百鸟啼鸣，更怀悲思，求归甚苦。女曰："罪牵君，当可如何？"遂呼前来女子，有三四十人，集会奏乐，共送刘阮，指示还路。既出，亲旧零落，邑屋改异，无复相识。问讯得七世孙，传闻上世入山，迷不得归。至晋太元八年，忽复去，不知何所。①

这两则凡人遇神仙的故事都发生于天台。孙绰《游天台山赋序》曰："天台山者，盖山岳之神秀也。涉海则有方丈、蓬莱，登陆则有四明、天台。皆玄圣之所游化，灵仙之所窟宅。"② 正如前文所说，天台是道教的圣地，留下了不少成仙或神仙的传说。

可见，天台的道教神仙传说对魏晋志怪小说的出现产生了影响。

---

① （南朝宋）刘义庆：《幽明录》，《鲁迅辑录古籍丛编》（第1卷），人民文学出版社1999年版，第184—185页。

② （清）严可均辑：《全上古三代秦汉三国六朝文》（第2册），中华书局1999年影印本，第1806页。

第四章　中古会稽士族的学术著述

中古时期士族文化经历了兴起、走向兴盛，最终衰落的过程。士族的学术著述会直接反映出家族的学术传统，也与家族的兴衰直接关联。中古会稽士族是一个特殊的群体，与侨姓士族共居会稽，既与侨姓有融合，又保留了独特的个性；在学术上既与整个中华学术传统有一致性，又有自己的独特价值和创新。本章拟揭示中古会稽士族在中古学术发展史上的重要地位，以表格的形式将会稽士族的著述从经、史、子、集四方面作全面统计，并根据统计分析某类著述分布的朝代、家族、著述的学术重点等，最终总结中古会稽士族的学术贡献及其学术特征。

本章以《隋书·经籍志》《旧唐书·经籍志》《新唐书·艺文志》等为主，兼及史书、方志等文献的记载，统计如下。

第一节　经学著述与分布

中古会稽士族的经学著述如表4－1所示。

表 4－1 中古会稽士族的经学著述统计

朝代	著者	书名	卷数	资料来源
东吴	虞翻	《周易注》	15	《隋书·经籍志》
	虞翻、陆绩	《周易日月变例》	6	《隋书·经籍志》
	虞翻	《春秋外传国语注》	30	《隋书·经籍志》
	虞翻	《论语注》	10	《隋书·经籍志》
晋	虞喜	《周官驳难》	3	《隋书·经籍志》
	虞喜	《毛诗略》	4	《隋书·经籍志》
	虞喜	《论语赞》	9	《隋书·经籍志》
	虞喜	《新书对张论》	10	《隋书·经籍志》
	谢沈	《尚书注》	15	《隋书·经籍志》
	谢沈	《毛诗注》	20	《隋书·经籍志》
	谢沈	《毛诗释义》	10	《隋书·经籍志》
	谢沈	《毛诗义疏》	10	《隋书·经籍志》
	贺循	《丧服要记》	10	《隋书·经籍志》
	贺循	《丧服谱》	1	《隋书·经籍志》
	孔伦	《集注丧服经传》	4	《隋书·经籍志》
	虞槃佐	《孝经注》	1	《隋书·经籍志》
宋	贺道养	《春秋序》	1	《隋书·经籍志》
	孔澄之	《论语注》	10	《隋书·经籍志》
齐	虞愿	《五经论问》		《南齐书·虞愿传》:"愿著《五经论问》,撰《会稽记》,文翰数十篇。"

续 表

朝代	著者	书名	卷数	资料来源
梁	贺游	《丧服图》	1	《隋书·经籍志》
	贺玚	《丧服义疏》	2	《隋书·经籍志》
	贺玚	《礼记新义疏》	20	《隋书·经籍志》
	贺玚	《礼论要钞》	100	《隋书·经籍志》
	贺玚	《孝经义疏》	2	《隋书·经籍志》
	贺玚	《五经异同评》	1	《隋书·经籍志》
	贺玚	《宾礼仪注》	135	《梁书·徐勉传》:“太常丞贺玚掌宾礼”“《宾礼仪注》”“合十有七秩,一百三十卷”。
	贺玚	《五经义》		《梁书·贺玚传》:贺玚“兼五经博士”“撰《五经义》。”
	贺玚	《周易讲疏》		《梁书·贺玚传》:“著《礼》《易》《老》《庄》讲疏。”
	贺琛	《三礼讲疏》		《梁书·贺琛传》:“撰《三礼讲疏》《五经滞义》及诸仪法,凡百余篇。”
	贺琛	《五经滞义》		
	孔子袪	《五经讲疏义证》		《梁书·孔子袪传》:“武帝撰《五经讲疏》及《孔子正言》,专使子袪检阅群书,以为义证。”
	孔子袪	《孔子正言义证》		
	孔子袪	《尚书义》	20	《梁书·孔子袪传》:“著《尚书义》二十卷、《集注尚书》三十卷,续朱异《集注周易》一百卷,续何承天集《礼论》一百五十卷。”
	孔子袪	《集注尚书》	30	
	孔子袪	续朱异《集注周易》	100	
	孔子袪	续何承天集《礼论》	150	
陈	谢峤	《丧服仪》	10	《隋书·经籍志》
总计	15人	37部	740卷	

从表4－1的统计可以看出以下三点。

第一，从朝代来看，会稽士族东吴时期经学著作有4部，两晋有11部，南朝有20部，其中宋代2部，齐代1部，陈代1部，其余17部都集中在梁代。由此可见，东吴时期是会稽经学著述的开端期，两晋时期是会稽士族经学著述的发展期，梁代是会稽士族经学著述的高峰期。

第二，从家族来看，东吴的经学著述集中在虞氏，主要是虞翻一人的著述。到了两晋，除了虞氏外，更多的家族参与到经学研究中来，谢氏、贺氏、孔氏都有著述。南朝时期，除了虞愿、谢峤的两部著作外，其余全部集中在贺氏、孔氏。由此可见，会稽虞氏在东吴时期经学兴盛，两晋时期仍以经学为主，南朝时经学衰落；会稽谢氏仅两晋时期有著述；会稽孔氏不以经学著称，但也时有著述，梁代达到高峰，孔子袪1人独著6部；会稽贺氏后来居上，东晋贺循为经学大家，到梁代以贺玚、贺琛为代表的贺氏经学一门繁盛。

第三，从著述内容来看，会稽士族关注《周易》《礼记》《毛诗》《论语》《春秋》《尚书》《孝经》等。

《周易》一直是会稽士族重视的经典。东吴虞翻《周易》著述两部。虞氏家传研习《易》。虞翻高祖零陵太守虞光从小就钻研孟氏《易》。曾祖父平舆令虞成，赞述其业。祖父虞凤继续精研，父亲虞歆，受本于凤，世传其业，至虞翻为五世。虞翻与孔融书，并示所著《易注》。果然得到了孔融的认同，答书曰："闻延陵之理《乐》，睹吾子之治《易》，乃知东南之美者，非徒会稽之竹箭也。又观象云物，察应寒温，原其祸福，与神合契，可谓探赜穷通者也。"会稽东部都尉张纮又与融书曰："虞仲翔前颇为论者所侵，美宝为质，彫摩益光，不足以损。"① 虞翻是三国时著名的易学大师。汤用彤按照地域思想的不同，将三国易学分为三派：一是江东一带，以虞翻、陆绩等人为代

① 《三国志》卷57《虞翻传》，中华书局1964年版，第1320页。

表；二是荆州，以宋忠为代表；三是北方，以郑玄、荀融等人为代表[①]。虞翻是汉代以象数解《易》的代表。提出卦变说、旁通说，“使得一卦变为两卦以上的卦，然后再以互体说、取象说，解释经传文句。”[②] 虞翻在易学史和哲学史都有自己的价值。就易学史而言，“他继承了荀爽的传统，以卦变说解释《周易》经传，取代了京房易学和《易纬》中的阴阳灾变说”。在哲学史而言，“其卦变说蕴藏着一种理论思维，即以对立面的推移和转化，特别是以阴阳二爻互易及其地位的转化为变易的基本法则”[③]。梁代贺琛《周易讲疏》、孔子袪续朱异《集注周易》。可惜，书并不存。

会稽士族尤其擅长《礼》学。《丧服》是《仪礼》中的其中一篇，专讲人死后亲族丧事的礼节、服饰，会稽士族很重丧礼，上表列有六部之多。东晋三部，分别是贺循《丧服要纪》《丧服谱》，孔伦《集注丧服经传》。会稽贺循“博览众书，尤精礼传”[④]。尚书仆射刁协与贺循有异议，贺循答义深备，皆从贺循议。东晋朝廷初建，宗庙制度多有凝滞，皆向贺循咨询。贺循辄依经礼而对，为“当世儒宗”。梁有两部，贺游《丧服图》、贺瑒《丧服义疏》。陈代一部，谢峤《丧服仪》。会稽士族著述《礼》学甚多。贺玚《礼记新义疏》20卷、《礼论要钞》100卷，贺琛《三礼讲疏》，孔子袪续何承天集《礼论》150卷。以上著述多亡，只有贺玚《礼记新义疏》因唐孔颖达《礼记正义》中多引，尚有条目留存。清人马国翰《玉函山房辑佚书》中有辑佚本。该辑佚本从《礼记正义》《经典释文》等经注中辑录47条，主要内容涉及句读、字词释义、经义诠释、重释郑说、解说仪礼等方面。

此外，会稽士族所传《诗经》，主要集中在《毛诗》的解释上。两晋时期，虞喜著《毛诗略》，谢沈有《毛诗注》《毛诗释义》《毛诗

---

① 汤用彤：《魏晋思想的发展》，《魏晋玄学论稿》，上海古籍出版社2001年版，第113页。

② 朱伯崑：《易学哲学史》，华夏出版社1995年版，第218页。

③ 同上书，第220页。

④ 《晋书》卷68《贺循传》，中华书局1974年版，第1830页。

义疏》3本著述。以上4书皆亡佚。会稽士族也重《论语》，上列有3部注释。虞翻《论语注》、虞喜《论语赞》、孔澄之《论语注》，今皆不存。会稽士族对《尚书》也有关注，上列3种，有晋谢忱《尚书注》，梁孔子袪《尚书义》《集注尚书》。会稽士族于《春秋》不太重视，上列仅2种，仅有虞翻《春秋外传国语注》、贺道养《春秋序》。会稽士族对《孝经》也有研究，上列2种，晋虞槃佐《孝经注》、梁贺玚《孝经义疏》。以上著述皆不存。

对五经的整体把握，总述类的著作有5种。齐梁时虞愿《五经论问》，梁贺玚《五经异同评》《五经义》，贺琛《五经滞义》，孔子袪《五经讲疏义证》。

第二节　史学著述与分布

中古会稽士族的史学著述如表4－2所示。

表4－2　　　中古会稽士族的史学著述统计

朝代	著者	书名	卷数	资料来源
东吴	谢承	《后汉书》	130	《隋书·经籍志》
	谢承	《会稽先贤传》	7	《隋书·经籍志》
	贺氏	《会稽先贤像赞》	5	《隋书·经籍志》
	贺氏	《会稽先贤传像赞》	4	《新唐书·艺文志》贺氏著作列于谢承之后,钟离岫之前
东吴	钟离岫	《会稽后贤传记》	2	《隋书·经籍志》
	贺氏	《会稽太守像赞》	2	《新唐书·艺文志》贺氏著作列于钟离岫之后
	朱育	《会稽土地记》	4	《隋书·经籍志》

续 表

朝代	著者	书名	卷数	资料来源
晋	谢沈	《后汉书》	85	《隋书·经籍志》
	贺循	《会稽记》	1	《隋书·经籍志》
	虞预	《晋书》	44	《晋书·虞预传》:"著《晋书》四十余卷。"《隋书·经籍志》:"《晋书》二十六卷。本四十四卷,讫明帝,今残缺。"《新唐书·艺文志》:"《晋书》五十八卷。"
	虞预	《会稽典录》	24	《晋书·虞预传》:"《会稽典录》二十四篇。"
	虞预	《诸虞传》	12	《晋书·虞预传》:"《诸虞传》十二篇。"
	孔愉	《晋咸和咸康故事》	4	《隋书·经籍志》
	虞槃佐	《高士传》	2	《隋书·经籍志》
	虞槃佐	《孝子传》	1	《隋书·经籍志》
宋	虞览	《虞氏家记》		《隋书·经籍志》
	孔灵符	《会稽记》		《隋书·经籍志》《旧唐书·经籍志》《新唐书·艺文志》均不录,但《会稽记》多为古书所引。鲁迅辑录《会稽记》佚文一卷,收入《会稽郡故书杂集》
	虞愿	《会稽记》		《南齐书·虞愿传》:"撰《会稽记》,文翰数十篇。"
	虞龢	《法书目录》	6	《隋书·经籍志》
	虞通之	《妒记》	2	《隋书·经籍志》
	虞通之	《后妒记》	4	《新唐书·艺文志》
齐	孔稚珪	《陆先生传》	1	《隋书·经籍志》
	孔逭	《三吴决录》		《南史·文学·孔逭传》:"著《三吴决录》,不传。"

续　表

朝代	著者	书名	卷数	资料来源
梁	虞孝敬	《广梁南徐州记》	9	《隋书·经籍志》
	虞孝敬	《高僧传》	6	《隋书·经籍志》
	慧皎①	《高僧传》	14	《隋书·经籍志》
	贺玚	《梁宾礼》	1	《隋书·经籍志》
	贺玚	《梁宾礼义注》	9	《隋书·经籍志》
	贺玚	《朝廷博议》		《梁书·贺玚传》:"著《朝廷博议》数百篇。"
	贺琛	《谥法》②	5	《隋书·经籍志》
	贺琛	《梁官》		《梁书·孔子袪传》:"中书舍人贺琛受敕撰《梁官》,启子袪为西省学士,助撰录。"
总计	20人	31部	386卷	

从表4－2统计可以得出以下三点结论。

第一，从时代来看，史学著述东吴时期有7部，两晋时期有8部，南朝有16部，其中宋6部，齐2部，梁8部。由此可见，会稽士族擅史学，史学著述在东吴时期就进入繁荣期，之后各代史学传统不辍。

第二，从家族来看，东吴时谢氏、贺氏、钟离氏、朱氏等会稽士族皆有著述，其中谢承2部，贺氏2部，钟离岫2部，朱氏2部。到了两晋，谢氏、贺氏仍有著述，各有1部，孔氏开始著述有两部，虞氏开始著述即多达5部。南朝时期，主要集中在孔氏、虞氏、贺氏，其中孔氏3种，贺氏5种，虞氏7种。由此，会稽谢氏东吴、两晋有

① 慧皎,俗姓不详,会稽上虞人。

② 《隋书·经籍志》载:"《谥法》五卷(梁太府卿贺玚)",误,当为"贺琛"。其一,贺玚未任太府卿,贺琛曾任;其二,《旧唐书·经籍志》《新唐书·艺文志》载:"贺琛《谥法》三卷。"朱彝尊《经义考》载:《谥法》四卷,贺琛撰。

著述，南朝则无继；会稽钟离氏、朱氏仅在东吴时有著述；会稽孔氏不以史学著称，但两晋、南朝时有著述；会稽贺氏在东吴时期史学兴盛，两晋著述较少，南朝又达高峰；会稽虞氏从晋代开始到南朝，史学著述达 13 种之多，可见会稽虞氏以史学传家，史学繁盛。

第三，从内容来看，会稽士族的史学著述形式多样，有正史、传记、地理、政书、杂史、目录等。

正史类 3 部，分别是东吴谢承《后汉书》130 卷，两晋谢忱《后汉书》85 卷、虞预《晋书》44 卷。前两种《后汉书》已佚，虞预《晋书》散见史书，尚有汤球《九家旧晋书辑本》中辑录 40 条。

杂史类 1 部，孔愉《晋咸和咸康故事》4 卷，今不存。

传记类最多，有 16 部。其中郡书类为多，有 7 部。郡书主要记载会稽先贤，东吴时期有 6 种，分别是谢承《会稽先贤传》、贺氏《会稽先贤像赞》、贺氏《会稽先贤传像赞》、钟离岫《会稽后贤传记》、贺氏《会稽太守像赞》。晋有虞预《会稽典录》，此书虽不存，但多为后世史书引用。鲁迅《会稽郡故书杂集》辑录 72 人，分上下两卷。南齐孔逭著有《三吴决录》，不传。

谱牒类有 2 种，均是虞氏所著，分别是晋虞预《诸虞传》、宋虞览《虞氏家记》。关于这类著作，《史通 · 采撰》评价曰：“郡国之记，谱牒之书，务欲矜其州里，夸其士族。”

总录类有 6 部，记录高士、孝子、高僧、妒妇等某一类人的传记。《隋书 · 经籍志》载：虞槃佐《高士传》2 卷，《新唐书 · 艺文志》载：虞槃佐《孝子传》1 卷。此二书皆散亡。《旧唐书 · 经籍志》载：虞通之《妒记》2 卷，《新唐书 · 艺文志》载：虞通之《后妒记》4 卷。此二书专门记录妒妇。史书中记载虞通之作书是出于圣意：“宋世诸主莫不严妒，明帝每疾之。湖熟令袁滔妻以妒赐死，使近臣虞通之撰《妒妇记》。”① 二书亡，仅见于《世说新语》刘孝标注及《艺文类聚》等类书，鲁迅《古小说钩沉》辑录《妒记》7 则。《隋书 · 经籍志》载：虞孝敬《高僧传》6 卷、慧皎《高僧传》14

① 《南史》卷 23《王藻传》，中华书局 1975 年版，第 619 页。

卷。虞孝敬《高僧传》亡。慧皎《高僧传》，是现存的第一部系统的高僧的传记，详细记载了从汉明帝永平十年（67），到梁天监十八年（519），共452年间“二百五十七人，又旁出附见者二百余人”[①]的高僧传记。慧皎，生卒年不详，梁会稽上虞人，俗姓未知，当为会稽某姓士族子弟，学通内外典籍，住会稽嘉祥寺。春夏讲经，秋冬著述。其中最著名者即《高僧传》。另，有孔稚珪《陆先生传》1卷，属单传。

地理类有5部，包括汉末朱育《会稽记》4卷，晋贺循《会稽记》1卷，宋孔灵符《会稽记》，齐虞愿《会稽记》，梁虞孝敬《广梁南徐州记》9卷。以上地理类除了1部是记录徐州外，其他均是写会稽的地理。以上书亡。孔灵符《会稽记》，《隋书·经籍志》及《旧唐书·经籍志》《新唐书·艺文志》均不录，但其《会稽记》多为古书所引用。鲁迅辑录《会稽记》佚文为1卷，收入《会稽郡故书杂集》。《会稽记》为记载古代会稽地理传说的重要资料，多介绍会稽境内名山胜水的地理地貌、传说故事、历史掌故以及民俗民风。这类书和郡书类似，也是为了“美其邦族”。

政书类有五部，基本是仪制、典制类，皆出自梁代。宾礼是古代五礼之一，梁武帝时命群儒制礼，《通典》卷四十一载：“吉礼则明山宾，凶礼则严植之，军礼则陆琏，宾礼则贺玚，嘉礼则司马褧。”宾礼由贺玚制定，《隋书·经籍志》载：贺玚《梁宾礼》1卷、《梁宾礼仪注》9卷。《梁书》中记载有130卷，徐勉《上修五礼表》曰：“《宾礼仪注》以天监六年五月二十日上尚书，合十有七秩，一百三十卷，五百四十五条。”[②] 贺玚《朝廷博议》，当为仪制类。贺琛《谥法》为仪制类。贺琛《梁官》，当为官职类政书。可见，在梁代恢复礼制的过程中，会稽士族尤其是贺氏发挥了重要的作用。

目录类1部，《新唐书·艺文志》载：虞龢著《法书目录》2卷。虞龢酷爱典籍，据载：“少好学，居贫屋漏，恐湿坟典，乃舒被覆书，

① 汤用彤校注：《高僧传·序》，中华书局1997年版。

② 《梁书》卷25《徐勉传》，中华书局1973年版，第382页。

书获全而被大湿。”[①] 虞龢《法书目录》，当为最早的关于书法的专门目录书。史书中未记载虞龢善书，但唐张彦远《法书要录》中有虞龢《论书表》，可见虞龢对书法有极大兴趣，且有独到的看法。

第三节　子部著述与分布

中古会稽士族的子部著述如表4－3所示。

表4－3　中古会稽士族的子部著述统计

朝代	著者	书名	卷数	资料来源
东吴	虞翻	《老子注》	2	《隋书·经籍志》
	虞翻	《杨子太玄经注》	14	《隋书·经籍志》
	虞翻	《周易集林律历》	1	《隋书·经籍志》
	虞翻	《易律历》	1	《隋书·经籍志》
晋	虞潭	《大小博法》	1	《隋书·经籍志》
	虞潭	《投壶经》	4	《隋书·经籍志》
	虞潭	《投壶变》	1	《隋书·经籍志》
	虞喜	《志林新书》	30	《隋书·经籍志》
	虞喜	《广林》	24	《隋书·经籍志》
	虞喜	《后林》(《后林新书》)	10	《隋书·经籍志》:《后林》10卷。《新唐书·艺文志》:《后林新书》10卷
	虞喜	《安天论》	6	《隋书·经籍志》
宋	贺道养	《贺子述言》(《贺子》)	10	《隋书·经籍志》:《贺子述言》10卷。《旧唐书·经籍志》《新唐书·艺文志》:《贺子》10卷
	虞通之	《善谏》	2	《隋书·经籍志》

① 《南史》卷72《文学传》，中华书局1975年版，第1770页。

续　表

朝代	著者	书名	卷数	资料来源
梁	虞孝敬	《内典博要》	30	《隋书·经籍志》
	贺玚	《老子讲疏》		《梁书·贺玚传》:“著《礼》《易》《老》《庄》讲疏。”
	贺玚	《庄子讲疏》		
总计	7人	16部	136卷	

从表4－3统计可以得出以下三点结论。

第一，从时代来看，子学著述东吴时期有4部，两晋时期有7部，南朝有6部，其中宋2部，梁3部。由此可见，会稽士族也擅长子学，两晋时期著述繁盛，之后各代都有著述。

第二，从家族来看，主要集中在虞氏、贺氏，尤以虞氏为主。东吴时虞翻独著4部。两晋，7种著述全部来自虞氏。南朝时期虞氏2部，贺氏开始著述，有3部。由此可以看到，会稽虞氏子学最是兴盛，从东吴开始到南朝各代子学著述总计13部，占了总数的81%。会稽贺氏子学著述较晚，在南朝有著述。

第三，从内容来看，会稽士族的子学著述内容丰富，有儒家、兵家、天文历算、释家、道家、杂家等。

儒家类有1种，《隋书·经籍志》载：虞翻著《扬子太玄经注》14卷，此书散亡。

兵家类有3种，皆出自虞潭。虞潭善于武略，为东晋初期的社会稳定作出了重要的贡献，而且颇有文才，善著述。《隋书·经籍志》载：虞潭著有兵书《大小博法》1卷，《投壶经》4卷，《投壶变》1卷，三书皆亡。

天文历法类3种，皆出自虞氏。《隋书·经籍志》载：虞翻著《周易集解律历》1卷、《易律历》1卷，虞喜著《安天论》6卷。虞氏向来以天文历法著称。虞喜是西晋著名天文学家，为申论宣夜说而作《安天论》，以难浑、盖。

释家类有1种，虞孝敬著《内典博要》30卷。《新唐书·艺文志》记载：虞孝敬《内典博要》30卷。唐释道宣《续高僧传》记载：“逮太清中，湘东王记室虞孝敬者，学周内外，撰《内典传要》三十卷，该罗经论，条贯释门，诸有要事，备皆收录，颇同《皇览》《类苑》之流。渚宫陷没，便袭染衣，更名道命，流离关辅，亦有著述云。”①

道家类三种，分别是《隋书·经籍志》载：虞翻注《老子注》2卷，《梁书·贺玚传》载：贺玚著《老子讲疏》《庄子讲疏》。

杂家类5种，分别是虞喜著述3种、虞通之著作1种、贺道养著述1种。《隋书·经籍志》载：虞喜撰《志林新书》30卷，梁有《广林》24卷，又《后林》10卷。《晋书·儒林·虞喜传》载：“为《志林》三十篇。”《隋志》作30卷，《唐志》20卷，并题为《志林新书》。鲁迅据《史记索隐》《史记正义》《三国志·吴书》注、《太平御览》等10种古籍校录而成1卷，共40则。② 《隋书·经籍志》载：宋领军长史虞通之撰《善谏》2卷。《隋书·经籍志》载：宋太学博士贺道养撰《贺子述言》10卷。《旧唐书·经籍志》《新唐书·艺文志》载：《贺子》10卷。此书与《隋志》中的《贺子述言》当是一种。

第四节 集部著述与分布

中古会稽士族的集部著述如表4－4所示。

表4－4　　中古会稽士族的集部著述统计

朝代	著者	书名	卷数	资料来源
东吴	虞翻	后汉侍御史《虞翻集》	2	《隋书·经籍志》
	谢承	《谢承集》	4	《隋书·经籍志》

① 唐释道宣撰，郭绍林点校：《续高僧传》卷1，中华书局2014年版，第6页。

② 参见虞喜《志林》，《鲁迅辑录古籍丛编》，人民文学出版社1999年版，第3卷。

续　表

朝代	著者	书名	卷数	资料来源
晋	贺循	晋司空《贺循集》	18	《隋书·经籍志》
	虞喜	奉朝请《虞喜集》	11	《隋书·经籍志》
	孔坦	晋侍中《孔坦集》	17	《隋书·经籍志》
	孔严	吴兴太守《孔严集》	11	《隋书·经籍志》
	孔汪	太常卿《孔汪集》	10	《隋书·经籍志》
	谢沈	《谢沈集》	10	《隋书·经籍志》
	谢沈	《文章志录杂文》	8	《隋书·经籍志》
宋	贺道养	《贺道养集》	10	《隋书·经籍志》
	贺颀	《贺颀集》	11	《隋书·经籍志》
	贺弼	《贺弼集》	16	《隋书·经籍志》
	虞通之	宋黄门郎《虞通之集》	15	《隋书·经籍志》
	孔琳之	宋太常卿《孔琳之集》	9	《隋书·经籍志》
	孔宁子	宋侍中《孔宁子集》	11	《隋书·经籍志》
	孔欣	国子博士《孔欣集》	9	《隋书·经籍志》
齐	虞羲	齐前军参军《虞羲集》	9	《隋书·经籍志》
	孔稚珪	齐金紫光禄大夫《孔稚珪集》	10	《隋书·经籍志》
梁	虞炎	《虞炎集》	7	《隋书·经籍志》
	虞皭	《虞皭集》	6	《隋书·经籍志》
	虞骞	《虞骞集》		《梁书·何逊传》:虞骞“工为五言诗”“有文集”
	孔休源	奏议弹文	15	《梁书·孔休源传》:“凡奏议弹文勒成十五卷。”
	孔翁归	《孔翁归集》		《梁书·何逊传》:孔翁归“工为诗”,“有文集”
	孔奂	《孔奂集》	15	《陈书·孔奂传》:“有集十五卷,弹文四卷。”
	孔奂	弹文	4	
总计	23 人	25 部	238 卷	

从表4－4统计可以结出以下三点结论。

第一，从时代来看，会稽士族集部著述东吴时期有2部，两晋时期有7部，南朝有16部，其中宋7部，梁5部，陈2部。由此可见，会稽士族集部著述丰富，从晋开始繁盛，宋、齐、梁、陈各代都有创作。

第二，从家族来看，集部著述主要集中在孔氏、虞氏。东吴时，虞翻别集1种，谢承别集1种。两晋，贺氏1种，虞氏1种，谢氏2种，孔氏3种。南朝时期，贺氏3种，虞氏5种，孔氏8种。总计，集部谢氏3种，贺氏4种，虞氏7种，孔氏11种。由此可以看到，会稽孔氏文学最是兴盛，其次虞氏也擅长，而贺氏并不擅长文学。

第三，从形式来看，会稽士族的集部著述形式基本有两种：一是别集类；二是杂文、弹文、奏议类。其中，除谢沈《文章志录杂文》8卷、孔休源"奏议弹文"15卷、孔奂"弹文四卷"等3种外，其余22种皆为别集。其中，《虞骞集》《孔休源集》《孔翁归集》《孔奂集》等4种别集《隋书·经籍志》未著录，可见在隋代已散亡。又《虞皭集》6卷见于《旧唐书·经籍志》，其余别集皆见《隋书·经籍志》。

第五节　中古会稽士族的主要学术贡献

根据上文的统计和分析，可以看出会稽士族在中古时期主要有以下四方面的学术贡献：擅长经学从而儒学大师辈出、史学方面不仅有深厚的传统且创新不断、文学方面开创了新的体裁、在天文学的某些方面走在了世界的前列。

一　儒学大师辈出

会稽士族的经学贡献主要集中在《易》学和《礼》学。会稽虞氏，尤其是虞翻是象数解《易》的代表，在易学史和哲学史上都有其重要的地位。会稽士族擅长礼学，尤其是会稽贺氏家族贡献突出。从东晋贺循，到梁代贺玚、贺琛，贺氏家族从礼节、礼制、《礼记》讲疏等多方面，代表了那个时代礼学的最高成就。

（一）三国硕儒虞翻

虞翻（164—233），字仲翔。善武力，有谋略，通医学，懂占卜，不仅博学洽闻，著述丰富，尤其在《易》学上获得重要的成就。据《隋书·经籍志》载虞翻著有4部关于《周易》的著作：《周易注》9卷、《周易集林律历》1卷、《易律历》1卷，与陆绩合撰《周易日月变例》6卷。其中多关涉天文历算。最终成为三国著名的《易》学大师。

虞翻实为硕儒，非只精通《易》，长期专注于学问与讲学。正如韦昭《国语解》："建安、黄武之间，故侍御史会稽虞君、尚书仆射丹阳唐君，皆英才硕儒，洽闻之士也。"晚年被徙交州时，收徒教授，又为《老子》《论语》《国语》训注。终其一生以文化的传播为己任。

（二）晋儒宗贺循

贺循（260—319），字彦先。言行举动，必以礼让，好学博闻，尤善三礼。

贺循有高德志操，才识清远。早年任武康令时，深得顾荣、陆机、陆云的赞赏。三人皆为才德兼备之士，联合上表举荐贺循，而在上表中自称"凡才"，对贺循却深加赞誉，可见贺循德才之高。又陈敏作乱时，诈称诏书，以贺循为丹阳内史。贺循以脚疾拒绝，手不制笔，又服寒食散，露发袒身，示不可用，陈敏竟不敢逼。而此时州内豪杰无不受陈敏爵位，只有贺循与同郡朱诞不豫其事。被时人评价："会稽贺生，体识清远，言行以礼。不徒东南之美，实为海内之秀。"① 东晋时，得到晋元帝司马睿重用。拜太常、太子太傅。贺循善著述。《隋书·经籍志》载：《丧服要记》10卷，梁有《丧服要记》6卷，《丧服谱》1卷，《会稽记》1卷，《贺循集》18卷。

① 余嘉锡笺疏：《世说新语笺疏》，中华书局2007年版，第113—114页。

贺循博览众书，尤精礼传，被尊称为“当世儒宗”[①]，为东晋礼制建设提出了不少合理的意见。东晋朝廷初建，宗庙制度多有凝滞，都向贺循咨询。贺循总是依经礼而提出意见，尚书仆射刁协与贺循有不同意见，贺循答义深备，最后皆按照贺循的建议来实施。

（三）晋通儒虞喜

虞喜（281—356），字仲宁。少立操行，博学好古。朝廷多次征召不仕，专心治学，著述颇丰，在史学、文学、天文学等方面皆有突出成就。

虞喜终其一生，专心经传，兼览谶纬，又释《毛诗略》，注《孝经》，为《志林》30篇。凡所注述数十万言，行于世。《隋书·经籍志》载：梁有《周官驳难》3卷，孙琦问，干宝驳，晋散骑常侍虞喜撰；《论语》9卷郑玄注，晋散骑常侍虞喜赞；《新书对张论》10卷；《志林新书》30卷；梁有《广林》24卷，又《后林》10卷；《安天论》6卷。另有《奉朝请虞喜集》11卷。

虞喜因深谙礼制，深受时人崇敬。虽不做官，但其礼学尤为朝廷见重，当世不能决策之礼制问题皆要向虞喜咨访。同乡贺循为司空，“每诣喜，信宿忘归，自云不能测也”[②]。

（四）齐梁大儒贺玚

贺玚（452—510），字德琏，贺循玄孙。贺氏世代以儒术显，父贺损，亦传家业。贺玚少传家业，学《三礼》。齐时，刘瓛为会稽府丞，见贺玚而非常器重。一起造访吴郡张融，指贺玚对张融说：“此生神明聪敏，将来当为儒者宗。”[③] 并推荐为国子生。后果然为其言中。贺玚历任齐、梁奉朝请、太学博士，太常丞等，在齐梁的礼制创建中作出了贡献。

贺玚于《礼》尤精。梁武帝天监初，诏修《五礼》，吉礼、凶礼、军礼、宾礼、嘉礼，其中由太常丞贺玚掌《宾礼》，6年乃成。

---

① 《晋书》卷68《贺循传》，中华书局1974年版，第1830页。

② 《晋书》卷91《虞喜传》，中华书局1974年版，第2348页。

③ 《梁书》卷48《贺玚传》，中华书局1973年版，第672页。

"《宾礼仪注》以天监六年（507）五月二十日上尚书，合十有七秩，一百三十卷，五百四十五条。"① 梁武帝召见说《礼》义，异之，诏朝朔望，预华林讲。天监四年（505），开五馆，以贺玚兼任《五经》博士，别诏为皇太子定礼，撰《五经义》。当时梁武帝方创定礼乐，贺玚建议多见施行。

贺玚乡里聚徒教授，四方受业者 3000 余人，馆中生徒常百数，弟子明经封策至数十人。著《礼》《易》《老》《庄》讲疏，《朝廷博议》数百篇，《宾礼仪注》145 卷。

（五）梁通儒贺琛

贺琛（约 482—约 550），字国宝。幼孤，伯父贺玚授其经业，一闻便通义理。贺玚异之，常曰："此儿当以明经致贵。"② 贺玚卒后，贺琛因家贫常往来于诸暨贩米以养母。余闲则习业，尤精三礼。二十余岁时就有贺玚生前的门徒从其问道。年将三十，在郊郭之际筑茅茨数间，从事讲授。因有深厚的家传礼学，贺琛能探究精微，占述先儒，吐言辩絜。受业听讲者终日不疲。

贺琛深谙礼学，又善经学。湘东王萧绎（后来的梁元帝）幼年临会稽郡，到溉为行事，听说贺琛美名，命驾造访。正值贺琛讲授，学侣满筵。闻上佐忽至，莫不倾动，而贺琛说经不辍。到溉下车，欣然就席，便申问难。贺琛往复从容，义理该赡。到溉叹曰："通儒硕学，复见贺生。今且还城，寻当相屈。"③

后出仕，普通（520—527）中，召补祭酒从事，已四十余岁。历官中书通事舍人、尚书左丞、御史中丞、通直散骑常侍，参礼仪事。梁武帝闻其有学术，特在文德殿召见，与语悦之，谓仆射徐勉曰："琛殊有世业。"④ 每觐见梁武帝，常与之语良久，中书省语曰："上殿不下有贺雅。"⑤ 贺琛容貌行止都雅，故有此语。

---

① 《梁书》卷 25《徐勉传》，中华书局 1973 年版，第 382 页。
② 《南史》卷 62《贺琛传》，中华书局 1975 年版，第 1507 页。
③ 同上书，第 1509 页。
④ 《梁书》卷 38《贺琛传》，中华书局 1973 年版，第 541 页。
⑤ 同上书，第 542 页。

贺琛任职时，凡涉及郊庙的礼仪制度，多由他创定。贺琛所撰“《三礼讲疏》《五经滞义》及诸仪法，凡百余篇”①。

（六）梁大儒孔子袪

孔子袪，会稽山阴人。少孤贫好学，耕耘樵采，常怀书自随，役闲则诵读，勤苦自励，遂通经术。尤明古文《尚书》，兼国子助教，讲《尚书》40遍，听者常数百人。为西省学士，助贺琛撰录，书成，兼司文侍郎，不就。

梁武帝撰《五经讲疏》及《孔子正言》，专使孔子袪检阅群书以为义证。事毕，敕孔子袪与朱异、贺琛于士林馆递日执经。后加通直正员郎，卒官。孔子袪著《尚书义》20卷，《集注尚书》30卷，续朱异《集注周易》100卷，续何承天集《礼论》150卷。②

二 史学传统的发扬

会稽士族史学传统深厚，不仅历代皆有正史类著述，如东吴谢承《后汉书》、晋虞预《晋书》，而且尤为关注本地的先贤、历史和地理。郡书类如谢承《会稽先贤传》、虞预《会稽典录》等，谱牒类如虞预《诸虞传》、虞览《虞氏家记》等，地理类如贺循《会稽记》、孔灵符《会稽记》等，各类史学著述丰富，反映了会稽士族对地域乡邦的真挚情感。正如唐代史学家刘知幾《史通·杂述》曰：“矜其乡贤，美其邦族，施于本国，颇得流行，置于他方，罕闻爱异。”③同时，留下了几部非常重要的著作，或首开该类著述，或是现存该类著述的第一部。

（一）虞龢《法书目录》：第一部书法目录类著作

虞龢，会稽余姚人。任太学博士，后又任中书郎，与其才学相关。虞龢少年即好学爱书，“少好学，居贫屋漏，恐湿坟典，乃舒被

① 《南史》卷62《贺琛传》，中华书局1975年版，第1513页。
② 《南史》卷71《孔子袪传》，中华书局1975年版，第1743—1744页。
③ （清）浦起龙通释：《史通通释》，上海古籍出版社2009年版，第255—256页。

覆书，书获全而被大湿。时人以比高风”①。

因受宋明帝的重视，虞龢受命编辑先贤法书名录，著有《法书目录》6卷。《法书目录》是第一部关于书法的目录学著作。书虽逸亡，但仍然可见当时书法的盛行。虞龢现存与书法有关的，是一篇呈给宋明帝的表文《论书表》。据该表所载还有其他著作《诸杂势》1卷，《二王镇书定目》6卷，《羊欣书目》6卷，《钟张等书目》1卷。

（二）慧皎《高僧传》：第一部记录历代高僧的传记

慧皎，生卒年不详，梁会稽上虞人，俗姓未知，当为会稽某姓士族子弟，学通内外典籍，常住会稽嘉祥寺。春夏讲经，秋冬著述。其中最著名者即《高僧传》。

慧皎《高僧传》，是现存的第一部系统的高僧的传记载了从汉明帝永平十年（67），到梁天监十八年（519），共452年间“包举南北二百五十七人，又旁出附见者二百三十九人”② 的高僧传记。详细记录了从汉代到梁代各时期高僧的生平事迹，以及高僧与名士的交游，是佛教的重要典籍，不仅可以见出佛教的繁荣，而且是研究汉晋南朝社会文化的重要史料，具有重要的文献价值。唐释道宣受其影响著有《续高僧传》。

三　文学体裁的开创

（一）虞喜《志林新书》：最早的学术笔记

《晋书·儒林·虞喜传》载：虞喜为《志林》30篇。《隋志》作30卷，《唐志》20卷，并题为《志林新书》。鲁迅据《史记索隐》《史记正义》《三国志·吴书》注、《太平御览》等10种古籍校录而成1卷，共40则。

据鲁迅辑录《志林》1卷来看，《志林》应该是一部学术笔记，内容涉及地理、训诂、典故、历史、职官、礼制、礼器、神话、传说

---

① 《南史》卷72《丘巨源传附》，中华书局1975年版，第1770页。

② 汤一介：《高僧传·绪论》，汤用彤校注《高僧传》，中华书局1997年版，第2页。

等，多为考证性札记。《志林新书》是现存最早的学术笔记，开启了后世学者著述之风气。

（二）虞通之《妒记》：导后世院本小说之先路

宋虞通之，秉承家学，善言《易》，能著述。《隋书·经籍志》载：《妒记》2卷，子书《善谏》2卷。《宋黄门郎虞通之集》15卷（梁20卷）。

虞通之《妒记》是第一部关注妒妇的著作。《隋书·经籍志》载：虞通之《妒记》2卷，《新唐书·艺文志》载：虞通之《后妒记》4卷。二书皆亡，仅见于《世说新语》刘孝标注、及《艺文类聚》等类书，鲁迅《古小说钩沉》辑录《妒记》7则。

史书记载，虞通之作书出于圣意："宋世诸主莫不严妒，明帝每疾之。湖熟令袁慆妻以妒赐死，使近臣虞通之撰《妒妇记》"①。可见妒妇已经是当时非常普遍、严重的社会现象，不但引起皇帝的重视，还指定人来撰写这类妒妇的故事。《妒记》与《世说新语》一样属于志人小说集，内容多为真人真事，被后世史书采录，如关于王导妻曹氏条被《晋书》采用。

从现存7条内容来看，《妒记》记载了两晋妒妇的事迹，主要表现在拒绝丈夫纳妾、限制丈夫交往，"这部《妒记》大约是我国第一部以夫妇关系为题材的小说集，很值得重视"②。钱锺书《管锥编》曰："盖《记》《表》为一事而发，且出一人之手也。所刻画诸状，每导夫后世院本小说之先路。"③

《妒记》对后世影响深远。首先，出现了一些补作，如唐王方庆《续妒记》5卷、宋王绩《补妒记》8卷等著作，使妒妇文学一直延续。其次，后代几部大类书受《妒记》影响，皆设有"妒妇"一门，如《艺文类聚》《太平广记》等。

---

① 《南史》卷23《王藻传》，中华书局1975年版，第619页。
② 向楷：《世情小说史》，浙江古籍出版社1998年版，第35页。
③ 钱锺书：《管锥编》（第4册），中华书局1986年版，第1324页。

（三）孔灵符《会稽记》：地理游记小品

宋孔灵符（？—465），孔愉曾孙。孔灵符关注地域文化，著有《会稽记》。虽《隋书·经籍志》及《旧唐书·经籍志》《新唐书·艺文志》均不录，但《会稽记》多为古书所征引。鲁迅辑录《会稽记》佚文为1卷，收入其《会稽郡故书杂集》。

根据鲁迅所辑录内容，《会稽记》为记载古代会稽地理传说的重要资料，多介绍会稽境内名山胜水的地理地貌、传说故事、历史掌故以及民俗民风。从地理到传说，内容丰富，文字流畅清新，有如山水游记，故《会稽记》可看作南朝地理游记小品文。

四　天文学上的重要贡献

通儒虞喜，不仅史学、文学成就突出，在天文上亦有贡献。他发现"岁差"，以及所持"安天论"，在天文学上具有重大的意义。

（一）"岁差"的发现

晋虞喜在咸和五年（330）发现"岁差"。《宋史·律历志》曰："《书》举正南之星以正四方，盖先王以明时授人，奉天育物。然先儒所述，各有同异。虞喜云：'尧时冬至日短星昴，今二千七百余年，乃东壁中，则知每岁渐差之所至。'"[①] 这是中国天文学上的大事件。

虞喜第一次发现岁差后，得到何承天、祖冲之等人的认同，祖冲之编订《大明历》第一次将"岁差"引入。

（二）"安天论"

虞喜著《安天论》，收入《全上古三代秦汉三国六朝文》。该文指出：古来言天体者三家，浑天说、盖天说、宣夜说，今见《昕天论》《穹天论》为浑天说、盖天说张目，故特别要为宣夜说申论。虞喜主张："天高穷于无穷，地深测于不测"，即天地有无限的空间，日月星辰各自运行。接着，指出"浑然包地"的浑天说、"浑然有盖"的盖天说的不合理处。如果"天裹地似卵含黄"，则"地是天中一

① 《宋史》卷74《律历志》，中华书局1977年版，第1689页。

物”，古人何必再用“地”这一名称来配“天”①。这一主张既否定了主张天圆地方的盖天说，又批判了主张天地浑圆、天包地如同鸡子卵裹黄的浑天说。

虞喜赞同宇宙无限的宣夜说，并予以继承和发展，这在天文学史上，占据了重要的地位。宣夜说展示了一幅无穷无尽的宇宙景象，日月众星在气的托浮下自然运行，在天文学上具有开创的意义。李约瑟认为：“这种宇宙观的开明进步，同希腊的任何说法相比，的确都毫不逊色，亚里多士德和托勒密僵硬的同心水晶球概念，曾束缚欧洲天文学思想1000多年。中国这种在无限的空间中飘浮着稀疏的天体的看法，要比欧洲的水晶球概念先进得多。”②

综上，中古会稽士族在各自擅长的领域，经学、史学、文学、天文等方面，为中华文化的发展和繁荣作出了卓越的贡献。

---

① （清）严可均辑：《全上古三代秦汉三国六朝文》，中华书局1999年影印本，第2册，第1933页。

② ［英］李约瑟：《中国科学技术史》（第4卷《天学》），《中国科学技术史》翻译小组译，科学出版社1975年版，第115—116页。

分　论

《世说新语·赏誉》记载了孔、魏、虞、谢会稽四族："会稽孔沈、魏顗、虞球、虞存、谢奉，并是四族之俊，于时之桀。孙兴公目之曰：'沈为孔家金，顗为魏家玉，虞为长、琳宗，谢为弘道伏。'"① 除此四族外，会稽士族还有丁氏、钟离氏、贺氏。由于魏、谢、丁、钟离氏，谱系比较支离，不太连续，本书选取了其中家族谱系比较连贯的会稽三姓孔氏、虞氏、贺氏为观照对象。

钱穆指出："一个大门第，决非全赖于外在之权势与财力，而能保泰盈持达于数百年之久；更非清虚与奢汰，所能使闺门雍穆，子弟循谨，维护此门户于不衰。当时极重家教门风，孝弟妇德，皆从两汉儒学传来。"② 会稽余姚虞氏、山阴孔氏、山阴贺氏历代重视儒学传统，家门尤重礼学，正是这些家族历六朝数百年而不衰的重要原因。

① 余嘉锡笺疏：《世说新语笺疏》，中华书局2007年版，第556页。

② 钱穆：《国史大纲》，商务印书馆1996年版，第309页。

第五章 会稽虞氏家族及其学术贡献

会稽余姚虞氏是江南最有代表性的士族之一，有“江左豪族”之称。《元和姓纂》卷二“虞氏”条载：

> 秦有虞香。香十四代孙意，自东郡徙余姚。五世孙歆。歆生翻。①

会稽虞氏大约于两汉之际自河东郡迁徙南来，这与吴、会地区大部分士族相同。由于虞氏南迁较早，比之两晋之际南迁的北方大族，他们已是江东土著旧族。

虞氏作为文化大族，中古时期在多方面作出了贡献。单就虞氏的著述而言，就遍及经、史、子、集。

经学方面，《隋书·经籍志》载有八部：东吴虞翻《周易注》15卷、《周易日月变例》6卷、《春秋外传国语注》30卷、《论语注》10卷；东晋虞喜《毛诗略》4卷、《论语赞》9卷、《新书对张论》10卷；虞槃佐《孝经注》1卷。《隋志》未录的尚有虞愿的《五经论问》1部。《南齐书·虞愿传》：“愿著《五经论问》，撰《会稽记》，文翰数十篇。”② 由此可见，会稽虞氏在东吴时期经学兴盛，两晋时期仍以经学为主，南朝时经学衰落。

---

① （唐）林宝撰，岑仲勉校记，郁贤皓、陶敏整理：《元和姓纂》卷2，中华书局1994年版，第228页。

② 《南齐书》卷53《虞愿传》，中华书局1972年版，第917页。

史学方面，《隋志》载有九部：晋虞预《晋书》26卷、虞槃佐《高士传》2卷、《孝子传》1卷，刘宋虞览《虞氏家记》、虞愿《会稽记》、虞龢《法书目录》6卷、虞通之《妒记》2卷，梁代虞孝敬《广梁南徐州记》9卷、《高僧传》6卷。《隋志》未录入的尚有晋虞预两部：《会稽典录》24篇、《诸虞传》12篇。《晋书·虞预传》载：虞预“雅好经史，憎疾玄虚，其论阮籍裸袒，比之伊川被发，所以胡虏遍于中国，以为过衰周之时。著《晋书》40余卷、《会稽典录》20篇、《诸虞传》12篇，皆行于世”①。会稽虞氏从晋代开始到南朝，史学著述达12种之多，可见会稽虞氏从晋代以后，逐渐转为以史学传家，史学繁盛。

子学方面，《隋志》记录的有13部：东吴虞翻《老子注》2卷、《杨子太玄经注》14卷、《周易集林律历》1卷、《易律历》1卷；晋虞潭《大小博法》1卷、《投壶经》4卷、《投壶变》1卷，晋虞喜《志林新书》30卷、《广林》10卷、《后林》10卷、《安天论》6卷；刘宋虞通之《善谏》2卷；梁虞孝敬《内典博要》30卷。可见，会稽虞氏子学最是兴盛，从东吴开始到南朝各代子学著述总计13部。内容涉及广泛，有儒家、兵家、天文历算、释家、道家、杂家等。

集部《隋志》著录的有6部：后汉侍御史《虞翻集》2卷、晋奉朝请《虞喜集》11卷、宋黄门郎《虞通之集》15卷、南齐《虞炎集》7卷、齐前军参军《虞羲集》9卷、《虞𣏾集》6卷。《隋志》未录的尚有《虞骞集》1部。《梁书·何逊传》：虞骞“工为五言诗”，“有文集”②。由此可见，虞氏也擅长文学。

① 《晋书》卷82《虞预传》，中华书局1974年版，第2143页。
② 《梁书》卷49《何逊传》，中华书局1973年版，第692页。

第一节　东吴会稽虞氏文化大族地位的确立

会稽虞氏本居东郡，虞意于两汉之际南迁余姚。虞氏家世儒学，尤善治《易》。汉代零陵太守虞光治孟氏《易》，至三国虞翻为五世。虞翻著有3部研究《周易》的著作，其中多关涉天文历算。之后虞氏尤关注宇宙天地的运行，多出天文学家。

一　大儒虞翻的文化成就

东吴虞翻奠定了虞氏在会稽的文化大族地位。虞翻是虞氏在中古时期被写入史书，《三国志》为其立传的第一人。他善武力，有谋略，通医学，懂占卜，善识人，不屈服于权贵，在孙氏政权在江东的开辟稳固中作出重大贡献。他不仅博学洽闻，著述丰富，尤其在《易》学上获得重要的成就，而且在晚年被徙交州时，收徒教授，终其一生以文化的传播为己任。

（一）疏直个性与刚正政风

虞翻（164—233），字仲翔。《三国志·虞翻传》注引《吴书》曰："少好学，有高气。年十二，客有候其兄者，翻追与书曰：'仆闻虎魄不取腐芥，磁石不受曲针，过而不存，不亦宜乎！'客得书奇之，由是见称。"① 先是会稽太守王朗任为功曹。后孙策平会稽，以交友之礼对待，亲自上门拜访，复为功曹。

虞翻亦忠于孙策。孙策征讨山越时，宰其主帅，令左右分别逐贼，虞翻与孙策独骑相遇山中。草深时，恐马惊吓，要孙策牵马而行，己善用矛，在前护卫。平地时，劝孙策乘马。虞翻无马，自谓能步行，可日行二百里，能疏步随马之后。独自护送至大道。后来，孙策定豫章，引军还吴，论功行赏，谓虞翻是其萧何，可守会稽。虞翻

① 《三国志》卷57《虞翻传》注引《吴书》，中华书局1964年版，第1317页。

后出为富春长。孙策薨，诸长史欲赴丧，虞翻建议：恐邻县山民或有奸变，远委城郭，必遭不虞！于是留制服行丧，诸县皆仿效，得以平安渡过治丧期。后州举茂才、汉召为侍御史，曹操辟司空，皆不就。

孙权任为骑都尉。孙权与虞翻的关系，比起孙策与虞翻的关系有了变化。虞翻数犯颜谏争，孙权不能悦，又性不协俗，多见谤毁，坐徙丹杨泾县。吕蒙图取关羽，称疾还建业，以虞翻兼知医术，请以自随，亦欲因此令虞翻得释。后吕蒙举军西上，南郡太守麋芳开城出降。吕蒙未据郡城，而作乐沙上，虞翻谓吕蒙曰："今区区一心者麋将军也，城中之人岂可尽信，何不急入城持其管籥乎？"吕蒙即从之。时城中有伏计，赖虞翻谋不行。关羽既败，孙权使虞翻筮之，得兑下坎上，《节》，五爻变之《临》，虞翻曰："不出二日，必当断头。"果如翻言。孙权曰："卿不及伏羲，可与东方朔为比矣。"①

魏将于禁为关羽所获，系在城中，孙权至释之，请与相见。他日，孙权乘马出，引于禁并行，虞翻呵于禁曰："尔降虏，何敢与吾君齐马首乎！"欲抗鞭击于禁，孙权呵止之。后孙权于楼船会群臣饮，于禁闻乐流涕，虞翻又曰："汝欲以伪求免邪？"孙权怅然不平。《吴书》曰：后孙权与魏和，欲遣于禁还归北，虞翻复谏曰："禁败数万众，身为降虏，又不能死。北习军政，得禁必不如所规。还之虽无所损，犹为放盗，不如斩以令三军，示为人臣有二心者。"孙权不听。群臣送于禁，虞翻谓于禁曰："卿勿谓吴无人，吾谋适不用耳。"② 于禁虽为虞翻所恶，然犹盛叹虞翻，魏文帝常为虞翻设虚坐。

虞翻尝乘船行，与麋芳相逢，麋芳船上人多欲令虞翻自避，先驱曰："避将军船！"虞翻厉声曰："失忠与信，何以事君？倾人二城，而称将军，可乎？"麋芳阖户不应而遽避之。后虞翻乘车行，又经麋芳营门，吏闭门，车不得过。虞翻复怒曰："当闭反开，当开反闭，岂得事宜邪？"麋芳闻之，有惭色。

虞翻有骨鲠之气，个性不能随俗，多被人毁谤，徙丹阳泾县。虞

① 《三国志》卷57《虞翻传》，中华书局1964年版，第1320页。
② 《三国志》卷57《虞翻传》注引《吴书》，中华书局1964年版，第1321页。

翻个性疏直，多次有酒失，又多次犯颜谏诤，令孙权不悦。孙权既为吴王，欢宴将罢，起身行酒，虞翻伏地佯醉，不持酒杯。孙权行一离开，虞翻马上坐起。孙权大怒，差点被杀。又孙权与张昭讨论神仙，虞翻指张昭曰："彼皆死人，而语神仙，世岂有仙人邪！"[①] 于是，孙权对虞翻多次积怒，徙虞翻于交州。

虞翻被弃交州时，曰："自恨疏节，骨体不媚，犯上获罪，当长没海隅，生无可与语，死以青蝇为吊客，使天下一人知己者，足以不恨。"[②] 虞翻虽然被徙弃，然心不忘国。常忧五谿宜讨，以辽东海绝，听人使来属，尚不足取，今去人财以求马，既非国利，又恐无获。欲谏不敢，作表以示吕岱，吕岱不报，为爱憎所白，复徙苍梧猛陵。[③] 后来孙权遣将士至辽东，海上遇风，士兵尽没，孙权在危急之时想到了因亮直而遭远徙的虞翻，下令曰："昔赵简子称诸君之唯唯，不如周舍之谔谔。虞翻亮直，善于尽言，国之周舍也。前使翻在此，此役不成。"[④] 于是下问交州，虞翻若存，给其人船，发遣还都；若亡，送丧还本郡，使其子仕宦。可惜的是，在南处十余年的虞翻已卒，年七十。虞翻生前虽未能还故乡，然死后终归葬旧墓，其妻子得还。

（二）《易》学成就

虞氏家传研习《易》。虞翻高祖零陵太守虞光从小就钻研孟氏《易》，曾祖父平舆令虞成，赞述其业，祖父虞凤继续精研，父亲虞歆，受本于凤，世传其业，至虞翻为五世。虞翻父虞歆是东汉末年著名学者，官至郡守，个性清正，为时人所重。

虞翻在《周易》的研究上最用力。据《隋书·经籍志》载虞翻著有四部与《周易》相关的著作：《周易注》9 卷、《周易集林律历》1 卷、《易律历》1 卷，与陆绩合撰《周易日月变例》6 卷。其中多关

---

① 《三国志》卷 57《虞翻传》，中华书局 1964 年版，第 1322 页。
② 《三国志》卷 57《虞翻传》注引《翻别传》，中华书局 1964 年版，第 1323 页。
③ 《三国志》卷 57《虞翻传》注引《吴书》，中华书局 1964 年版，第 1324 页。
④ 《三国志》卷 57《虞翻传》注引《江表传》，中华书局 1964 年版，第 1324 页。

涉天文历算。

虞翻初立《易》注，上奏。

臣闻六经之六经之始，莫大阴阳，是以伏羲仰天县象，而建八卦，观变动六爻为六十四，以通神明，以类万物。臣高祖父故零陵太守光，少治孟氏《易》，曾祖父故平舆令成，缵述其业，至臣祖父凤为之最密。臣亡考故日南太守歆，受本于凤，最有旧书，世传其业，至臣五世。前人通讲，多玩章句，虽有秘说，于经疏阔。臣生遇世乱，长于军旅，习经于枹鼓之间，讲论于戎马之上，蒙先师之说，依经立注。又臣郡吏陈桃梦臣与道士相遇，放发被鹿裘，布《易》六爻，挠其三以饮臣，臣乞尽吞之。道士言：《易》道在天，三爻足矣！岂臣受命，应当知经！所览诸家解不离流俗，义有不当实，辄悉改定，以就其正。孔子曰："乾元用九而天下治。"圣人南面，盖取诸离，斯诚天子所宜协阴阳致麟凤之道矣。①

上书先言《易》为六经之始，又言家学孟氏《易》，绵远至今五世。再言前人注《易》的弊端，以及己注的原因。并且叙一梦，梦中道士谓"易道在天，三爻足矣"，重申自己注《易》是上天的使命。最后，明言注《易》之目的以及对当代政治的重要意义。

虞翻对自己的《易》注，很有信心，又奏曰：

经之大者，莫过于《易》。自汉初以来，海内英才，其读《易》者，解之率少。至孝灵之际，颍川荀谞号为知《易》，臣得其注，有愈俗儒，至所说西南得朋，东北丧朋，颠倒反逆，了不可知。孔子叹《易》曰："知变化之道者，其知神之所为乎！"以美大衍四象之作，而上为章首，尤可怪笑。又南郡太守马融，名有俊才，其所解释，复不及谞。孔子曰"可与共学，未可与适

---

① 《三国志》卷57《虞翻传》注引《翻别传》，中华书局1964年版，第1322页。

道"，岂不其然！若乃北海郑玄，南阳宋忠，虽各立注，忠小差玄而皆未得其门，难以示世。

虞翻此奏文评价了当时著名的几家《易》注，认为颍川荀谞，强于俗儒，但其中有"颠倒反逆，了不可知"之处。马融虽是俊才，但他的解释还不如荀谞。至于郑玄、宋忠的注释，皆"未得其门，难以示世"。此奏的用意一目了然，也就是诸家注《易》皆难以及己。虞翻的学术自信，值得肯定。如此明言，与其个性如出一辙，文如其人，可得而知。

除上奏外，虞翻与孔融书，并示所著《易注》。果然得到了孔融的认同，答书曰："闻延陵之理《乐》，睹吾子之治《易》，乃知东南之美者，非徒会稽之竹箭也。又观象云物，察应寒温，原其祸福，与神合契，可谓探赜穷通者也。"会稽东部都尉张纮又与融书曰："虞仲翔前颇为论者所侵，美宝为质，雕摩益光，不足以损。"[①]

虞翻是汉代以象数解《易》的代表。提出卦变说、旁通说，"使得一卦变为两卦以上的卦，然后再以互体说、取象说，解释经传文句"[②]。虞翻在易学史和哲学史都有自己的价值。就易学史而言，"他继承了荀爽的传统，以卦变说解释《周易》经传，取代了京房易学和《易纬》中的阴阳灾变说"。在哲学史而言，"其卦变说蕴藏着一种理论思维，即以对立面的推移和转化，特别是以阴阳二爻互易及其地位的转化为变易的基本法则"[③]。

虞翻易学是汉代象数易学的集大成者。皮锡瑞《经学通论》："虞氏虽汉易大宗，亦有当分别观之者""其学杂出于道家"[④]。现存虞翻《易》注，主要见于唐李鼎祚集解《周易集解》。《周易集解》引诸家易注，其中虞注最多，可见对虞氏的重视。对虞翻易学的研究主要集中在清代。清孙堂《汉魏二十一家易注》辑虞翻《周易注》10 卷、

① 《三国志》卷 57《虞翻传》，中华书局 1964 年版，第 1320 页。
② 朱伯崑：《易学哲学史》，华夏出版社 1995 年版，第 218 页。
③ 同上书，第 220 页。
④ 皮锡瑞：《经学通论》，中华书局 1954 年版，第 21 页。

《附录》1 卷；黄奭《黄氏逸书考》辑虞翻《周易注》1 卷；惠栋《易汉学》；张惠言《周易虞氏义》9 卷、《周易虞氏消息》2 卷、《虞氏易礼》2 卷、《虞氏易事》2 卷、《虞氏易候》2 卷、《虞氏易言》2 卷；曾钊著《周易虞氏易笺》9 卷；方申作《虞氏易象汇编》1 卷；纪磊《虞氏易义补注》1 卷、《附录》1 卷、《虞氏易象考正》1 卷；胡祥麟《虞氏易消息图说》1 卷、李锐作《周易虞氏略例》1 卷。其中，张惠言《周易虞氏义》是一部疏解、补注类的著作，对虞翻易学进行了全部的整理和研究。①

（三）其他著述

虞翻实为硕儒，非只精通《易》，长期专注于学问与讲学。在徙交州时，“虽处罪放，而讲学不倦，门徒常数百人”② “又为《老子》《论语》《国语》训注，皆传于世”③。据《隋书·经籍志》载：虞翻注《春秋外传国语》21 卷，注《论语》10 卷，注《老子》2 卷，注《扬子太玄经》14 卷。此外，虞氏还为《孝经》作注。唐玄宗注《孝经序》云：“韦昭、王肃先儒之领首，虞翻、刘邵抑次焉。”陆德明《经典释文》卷二载：虞注《参同契》云：“易字从日下月。”可见，虞翻为《周易参同契》作过注。《参同契》，又名《周易参同契》，为东汉会稽上虞人魏伯阳所著。该书被誉为“万古丹经之王”，内容广泛，涉及“炼丹、冶金、天文、律历、御政、医药、养生、服食等诸多方面，对中国文化产生过深远影响”④。

汉代学者很注重关于“天道”的著作。当时研究《易经》的学者，亦多注意扬雄《太玄》。桓谭《新论》曰：“扬雄作玄书，以为玄者，天也，道也。言圣贤制法作事，皆引天道以为本统，而因附属万类、王政、人事、法度。故宓羲氏谓之易，老子谓之道，孔子谓之

① 杨效雷：《学术史视野下的清代易学》，《理论学刊》2012 年第 11 期。

② 《三国志》卷 57《虞翻传》，中华书局 1964 年版，第 1322 页。

③ 同上。

④ （东汉）魏伯阳撰，章伟文译注：《周易参同契·前言》，中华书局 2014 年版，第 1 页。

元，而扬雄谓之玄。”① 玄书，即《太玄》。虞翻被放南方，常以典籍自慰，“依《易》设象，以占吉凶。又以宋氏解玄颇有谬错，更为立法，并著《明扬释宋》以理其滞。”② 据《隋书·经籍志》载：宋忠注《扬子法言》13 卷、注《扬子太玄经》9 卷。虞翻认为荆州学派代表宋忠《太玄经注》的解释颇有谬误，著《明杨释宋》来理顺其不通之义。《隋志》载其注《扬子太玄经》14 卷。

虞翻对《尚书》亦颇有研析，曾上《奏郑玄解〈尚书〉违失事因》，指出郑玄《尚书》注中的多处错误后，直言：

> 然此不定，臣没之后，而奋乎百世，虽世有知者，怀谦莫或奏正。又玄所注五经，违义尤甚者百六十七事，不可不正。行乎学校，传乎将来，臣窃耻之。③

用具体证据证明郑玄注《尚书》中的错误后，明言世间或有人知，但都谦虚，无人指正。郑玄五经注中有“一百六十七事”有误，所以自己出于学术尊严的立场有必要指出来，以免延误后人。先不论虞翻指出郑玄的错误是否正确，虞翻严谨的学术态度令人钦佩，而其自觉作为学人担负起的学术责任更令人感动。

（四）文学创作

虞翻不仅有大量的学术著作，而且有文学创作。《隋书·经籍志》载：《后汉侍御史虞翻集》2 卷（梁三卷，录一卷）。今存文十多篇，多为上书、奏、书信等文。

除了前文已经论到的两篇关于学术的奏文外，虞翻另存几篇书信值得一读。《追与客书》作于 12 岁时，其时有客候其兄，不过访虞翻。虞翻追与其书曰：“仆闻虎魄不取腐芥，磁石不受曲针，过而不存，不亦宜乎！”④ 客得书以为奇，由此知名。少年虞翻如此机敏聪

---

① 《后汉书》卷 59《张衡传》注引桓谭《新论》，中华书局 1973 年版，第 1898 页。

② 《三国志》卷 57《虞翻传》注引《翻别传》，中华书局 1964 年版，第 1323 页。

③ 同上。

④ 《三国志》卷 57《虞翻传》注引《吴书》，中华书局 1964 年版，第 1317 页。

慧，又注重自我的被认同，确实不凡。

另有《与丁固同僚书》曰：

丁子贱塞渊好德，堂构克举，野无遗薪，斯之为懿，其美优矣。令德之后，惟此君嘉耳。①

虞翻善识人。对山阴丁览、丁固父子，太末徐陵、徐平父子，在未名时，皆有美评。山阴丁览，在县吏之中。太末（会稽衢州）徐陵，众所未识。虞翻一见之，便与友善，终成显名。《三国志·吴书·虞翻传》注引《会稽典录》曰："丁览字孝连，八岁而孤，家又单微，清身立行，用意不苟，推财从弟，以义让称。仕郡至功曹，守始平长。为人精微絜净，门无杂宾。权深贵待之，未及擢用，会病卒，甚见痛惜，殊其门户。"② 山阴丁固，丁览子，字子贱，本名密，避滕密，改作固。丁固少丧父，独与母居，家贫守约，色养致敬，族弟孤弱，与同寒温。丁固尚在襁褓中时，阚泽见而异之，曰："此儿后必致公辅。"虞翻因其德行而颇为赏识，不仅自己与之友善，作《与固同僚书》推荐其同僚要识此人才。后丁固果然历显职，孙休时为左御史大夫，孙皓即位，迁司徒。孙皓悖虐，丁固与陆凯、孟宗同心忧国，年七十六卒。

又《与弟书》曰：

长子容当为求妇，其父如此，谁肯嫁之者？造求小姓，足使生子。天其福人，不在旧族。扬雄之才，非出孔氏之门。芝草无根，醴泉无源。家圣受禅，父顽母嚚，虞家世法出痴子。

有数头男皆如奴仆。伯安虽痴，诸儿不及。观我所生，有儿无子。伯安三男，阿思似父，思其两弟，有似人也。去日南远，

① 《三国志》卷57《虞翻传》注引《会稽典录》，中华书局1964年版，第1324页。

② 同上。

恐如甘蔗，近杪即薄。①

此书当作于被徙交州之后。前部分是因已被徙而对长子婚姻的忧虑，同时表明未必要与旧族大姓通婚，与小姓婚姻亦可生有才之子。后部分表达了对后代子弟的不满，用甘蔗“近杪即薄”比喻子弟一代不如一代，可见虞翻希望子弟成才的热切心理。

虞翻尚著有《川渎记》。《太平寰宇记·江南东道·湖州》条：虞仲翔《川渎记》云：“太湖东通长洲松江水，南通乌程霅溪水，西通义兴荆溪水，北通晋陵滆湖水，东连嘉兴韭溪水，凡五道，谓之五湖。”② 可见，《川渎记》是一部记录山川水道的地理学著作。

虞翻热爱会稽这片土地，对会稽先贤更是如数家珍。虞预《会稽典录》载：初平（190—193）末年，会稽太守王朗问功曹虞翻曰：“闻玉出昆山，珠生南海，远方异域，各生珍宝。且曾闻士人叹美贵邦，旧多英俊，徒以远于京畿，含香未越耳。功曹雅好博古，宁识其人邪?”虞翻对曰：“夫会稽上应牵牛之宿，下当少阳之位，东渐巨海，西通五湖，南畅无垠，北渚浙江，南山攸居，实为州镇，昔禹会群臣，因以命之。山有金木鸟兽之殷，水有鱼盐珠蚌之饶，海岳精液，善生俊异，是以忠臣系踵，孝子连闾，下及贤女，靡不育焉。”③ 并一气列举了17位士人孝女。

二　虞翻诸子的文化传承

虞翻诸子皆忠于孙吴，甚至为之献出生命，这是在与孙氏君臣名分已定的情况下，其子弟的必然选择，与虞翻“犯颜直谏”的精神一致。虞翻有11子，先后走进了东吴政坛。

---

① （清）严可均辑：《全上古三代秦汉三国六朝文》（第2册），中华书局1999年影印本，第1421页。

② （宋）乐史撰，王文楚等点校：《太平寰宇记》卷94，中华书局2007年版，第1883—1884页。

③ 《三国志》卷57《虞翻传》注引《会稽典录》，中华书局1964年版，第1325页。

（一）刚正不阿的虞汜

虞汜（218—?），字世洪，虞翻第四子，最为知名。生于南海，年十六，父卒，还乡里，为官清正。

永安中，孙綝废幼主孙亮，迎立琅琊王孙休。孙休未至，孙綝入宫，欲图谋不轨，召百官会议，群臣惊怖失色，无人敢言。虞汜曰："明公为国伊周，处将相之位，擅废立之威，将上安宗庙，下惠百姓，大小踊跃，自以伊霍复见。今迎王未至，而欲入宫，如是，群下摇荡，众听疑惑，非所以永终忠孝，扬名后世也。"① 危急之时，百官唯唯，只有虞汜敢于发声，指出：孙綝能行废立之威，是伊霍再现；但如果自主入宫，则非能以忠孝，扬名后世。此言言之有理，切中实情，孙綝虽然不悦，竟然听从，终立孙休为帝。于是，一场废立的闹剧在虞汜刚正不阿的言辞中作罢。在孙休即位后，为散骑中常侍，后因平乱有功，拜交州刺史、冠军将军，爵余姚侯。不久病卒。

（二）善识人的虞忠

虞忠，字世方，虞翻第五子，贞固干事，亦有识人之才。童年陆机、上虞魏迁籍籍无名时，预测二人"终皆远致，为著闻之士"②。与同县孤门王岐交好，官至吴宜都太守，为官清廉。西晋灭吴，虞忠与吴郡陆抗子陆晏、晏弟陆景等坚守不下，城溃被害。

（三）虞耸的天文成就

虞耸，字世龙，虞翻第六子。清虚无欲，进退以礼。仕吴历任清官，为越骑校尉，累迁廷尉，出为湘东太守。入晋除河间相。

虞耸认为，举荐人物，务必当在幽隐孤陋之时。王岐问难于虞耸，以为高士所达，必合异秀。虞耸《与族子察书》曰："世之取士，曾不招未齿于丘园，索良才于总猥，所誉依已成，所毁依已败，此吾所以叹息也。"③ 虞耸不主张人云亦云的取士之道。

---

① 《三国志》卷57《虞翻传》注引《会稽典录》，中华书局1964年版，第1327页。
② 同上。
③ 同上。

虞耸生活清简，不满当时丧祭无度。弟虞昺卒，仅以少牢、酒饭祭祀。当时宗族共遵行。

虞氏对天文历法尤其热衷。父虞翻著《易律历》，虞耸著《穹天论》。虞耸博览群籍，潜心研究历法，在家乡建立观察星象的“测天楼”。据光绪《慈溪县志·居址上》：“测天楼，县西北鸣鹤场，晋河间太守虞耸所居。”虞耸所建的测天楼，不仅方便自己观察天象，也为族孙虞喜的天文成就提供了便利。于是，在古代历书的基础上，经过长期观察天象变化，终成《穹天论》。

虞耸好奇徇异，《穹天论》表达了他对宇宙的认识，见解独到，文曰：

> 天形穹隆如鸡子，幕其际，周接四海之表，浮于元气之上。譬如覆奁以抑水，而不没者，气充其中故也。日绕辰极，没西而还东，不出入地中，天之有极，犹盖之有斗也。天北下于地三十度，极之倾在地卯酉之北亦三十度，人在卯酉之南十余万里，故斗极之下不为地中，当对天地卯酉之位耳。日行黄道绕极，极北去黄道百一十五度，南去黄道六十七度。二至之所舍以为长短也。[①]

对于宇宙结构的认识，汉代主要有盖天说、浑天说和宣夜说。盖天说，是最古老的学说，《周髀》为其代表。《周髀》曰：“其言天似盖笠，地法覆盘，天地各中高外下。北极之下为天地之中，其地最高，而滂沲四隤，三光隐映，以为昼夜。天中高于外衡冬至日之所在六万里。北极下地高于外衡下地亦六万里，外衡高于北极下地二万里。天地隆高相从，日去地恒八万里。”[②] 浑天说的代表，张衡《浑天仪注》曰：“浑天如鸡子。天体圆如弹丸，地如鸡子中黄，孤居于天内，天大而地小。天表里有水，天之包地，犹壳之裹黄。”[③] 宣夜之

---

① 《晋书》卷11《天文上》，中华书局1974年版，第280页。

② 同上书，第278页。

③ 同上书，第281页。

书亡佚，汉秘书郎郄萌记先师相传云："天了无质，仰而瞻之，高远无极，眼瞀精绝，故苍苍然也。譬之旁望远道之黄山而皆青，俯察千仞之深谷而幽黑。夫青非真色，而黑非有体也。天了日月众星，自然浮生于虚空之中，其行其上，皆须气焉。"① 宣夜说，创造了日月星辰自然飘浮于气体中的理论。

虞耸《穹天论》伸张盖天说，并借用了浑天说的鸡子说和宣夜说的气体说，认为天形是一个穹隆，在其边际接四海地表。天幕周接四海之表，实际上也指出了水环绕陆地的存在形态。天之所以不沉没，是因为其中充满了气体，日月星辰自西向东旋转不息，如同盖笠的北极是天穹的中央。

（四）虞昺

虞昺，字世文，虞翻第八子。少有倜傥之志，仕吴为黄门郎，以捷对见称，超拜尚书侍中。晋军来伐，持节都督武昌以上诸军事。入晋为济阴太守，抑强扶弱，甚著威风。也作《穹天论》："天形穹隆如笠，而冒地之表，浮元气之上，譬覆奁以抑水，而不没者，气充其中也。日绕辰极，没西而还东，不入地中也。"② 此与虞耸论同。只有微小的差别，"如笠"二字，虞耸作"如鸡子"。或本是一篇，为虞耸所作。

第二节　东晋会稽虞氏学术的全面兴盛

东晋一朝，会稽虞氏在各方面得到了进一步发展。虞翻孙虞潭以平陈敏、王敦、苏峻之乱而多次进官，其孙虞啸父更拜侍中等高官。外任则吴兴、会稽，皆为清贵之选。虞氏虽不如琅琊王氏、陈郡谢氏那样显赫，但其时确实处于兴盛的阶段。尤其是虞潭，对稳定东晋初

① 《晋书》卷11《天文上》，中华书局1974年版，第279页。

② （清）严可均辑：《全上古三代秦汉三国六朝文》（第2册），中华书局1999年影印本，第1931页。

年的政局功不可没。虞潭族子虞喜、虞预兄弟在学术上的成就尤为突出。另外，虞球、虞存为东晋名士，被称于时之杰。

一　虞潭的文化成就

（一）忠义

虞潭（约263—341），一作谭[①]，字思奥，祖虞翻，父虞忠。虞潭“清贞有检操，外如退弱，内坚正有胆干。州辟从事、主簿，举秀才，大司马、齐王司马冏请为祭酒，除祁乡令，徙醴陵令”[②]。在西晋后期以及东晋立国的过程中，认清形势，多次平乱，屡立战功。

晋惠帝太安二年（303）五月，张昌于江夏聚集流民起兵，百姓从之。七月，“张昌陷江南诸郡”，扬州刺史陈徽与战，大败，“诸郡尽没”[③]。周玘等人共推吴兴太守顾秘都督扬州九郡军事，“江南人士同起义兵”[④]。虞潭起兵，杀张昌别率邓牧等人。周旋征讨，因军功赐爵都亭侯。

晋惠帝永兴二年（305）十二月，右将军陈敏举兵反，“自号楚公”[⑤]，遣弟陈恢南略江州。先是陈敏因平张昌之乱而立大功，为广陵相，时惠帝在长安，四方交锋，陈敏遂有割据江南之志。[⑥] 虞潭东下江州，讨伐陈敏弟陈瓒。领庐陵太守，绥抚荒余，皆得其所。又与诸军共平陈恢，转南康太守，进爵东乡侯。

晋怀帝永嘉元年（307）七月，琅琊王司马睿为安东将军，都督扬州江南诸军事，假节，镇建邺（今江苏南京）。江州刺史华轶在州有威惠，州之豪士接以友道，得江表之欢心，流亡之士赴之如归。时天子孤危，四方瓦解，华轶有匡天下之志，每遣贡献入洛，不失臣

① 《三国志》卷57《虞翻传》注引《会稽典录》《晋阳秋》作“谭”，中华书局1964年版，第1327页。

② 《三国志》卷57《虞翻传》注引《晋阳秋》，中华书局1964年版，第1327页。

③ 《晋书》卷4《惠帝纪》，中华书局1974年版，第100页。

④ 《晋书》卷58《周玘传》，中华书局1974年版，第1572页。

⑤ 《晋书》卷4《惠帝纪》，中华书局1974年版，第106页。

⑥ 《晋书》卷100《陈敏传》，中华书局1974年版，第2614—2615页。

节。谓使者曰："若洛都道断，可输之琅琊王，以明吾之为司马氏也。"轶自以受洛京所遣，而为司马睿所督，时洛京尚存，不能祇承司马睿教命，郡县多谏之，轶不纳，曰："吾欲见诏书耳。"时司马睿遣扬烈将军周访率众屯彭泽以备轶。访过姑孰，著作郎干宝见而问之，访曰："大府受分，令屯彭泽，彭泽，江州西门也。华彦夏有忧天下之诚，而不欲碌碌受人控御，顷来纷纭，粗有嫌隙。今又无故以兵守其门，将成其衅。吾当屯寻阳故县，既在江西，可以捍御北方，又无嫌于相逼也。"寻洛都不守，司空荀籓移檄，而以琅琊王为盟主。既而琅琊王承制改易长吏，华轶又不从命，于是遣左将军王敦都督甘卓、周访、宋典、赵诱等讨之。华轶遣别驾陈雄屯彭泽以距敦，自为舟军以为外援。武昌太守冯逸次于湓口，访击逸，破之。"江州刺史卫展不为轶所礼，心常怏怏。至是，与豫章太守周广为内应，潜军袭轶，轶众溃，奔于安城，追斩之，及其五子，传首建邺。"[①]琅琊王使虞潭讨江州刺史华轶，至庐陵，值华轶已平。时巴蜀流民共推杜弢为主，杜弢自称平难将军、湘州刺史[②]，在湘州犹盛。领安成太守，讨伐杜弢。王敦任虞潭为湘东太守，以疾辞。杜弢平后，司马睿召补丞相军咨祭酒，转琅琊国中尉。及司马睿为晋王，除屯骑校尉。晋王践阼后，徙右卫将军，迁宗正卿。虞潭以疾告归。

晋元帝永昌元年（322），王敦以诛刘隗为名，在武昌起兵，其弟王含、沈充等进逼京师。不久，元帝忧愤而死，明帝继位。虞潭在本县招合宗人，以及郡中大姓，共起义军，自假明威将军。数万人共赴国难，至上虞。晋明帝手诏虞潭为冠军将军，领会稽内史。虞潭临危受命，义众云集。时有鹰飞集屋梁，众人皆惧。虞潭曰："起大义，而刚鸷之鸟来集，破贼必矣。"[③] 派遣长史孔坦领前锋，过浙江，追沈充。自领军驻扎西陵，为孔坦后继。正值沈充被擒，罢兵。征拜尚书，寻补右卫将军，加散骑常侍。

---

① 《晋书》卷61《华轶传》，中华书局1974年版，第1671—1672页。

② 《晋书》卷100《杜弢传》，中华书局1974年版，第2621页。

③ 《晋书》卷76《虞潭传》，中华书局1974年版，第2013页。

成帝即位，改元咸和，出虞潭为吴兴太守，秩2000石，加辅国将军。因讨沈充功，进爵零陵县侯。咸和二年（327）十一月，历阳太守苏峻联合豫州刺史祖约，以讨庾亮为名而反。朝廷加虞潭为都督三吴、晋陵、宣城、义兴五郡军事。其时王师败绩，虞潭势弱，不能独振，固守以等四方之举。恰陶侃等下，于是虞潭与郗鉴、王舒，协同义举。虞潭率众与诸军并势，形成东西犄角。派遣督护沈伊据守吴县，为管商所败，虞潭自贬还节。后苏峻平，虞潭因母亲老，去官还余姚。

去官后，召转镇军将军、吴国内史，复徙会稽内史，未发，还复吴郡。因前后功勋，进爵武昌县侯，邑1600户。虞潭和其父祖一样，时时为百姓着想。当时兵荒之后，百姓饥馑，死亡涂地。虞潭上表出官仓米赈救，又修沪渎垒，以防海抄，甚得百姓信赖。

咸康中进卫将军，以母忧去职。服阕，拜侍中，右光禄大夫，开府仪同三司，给亲兵300人。年79卒于官。追赠左光禄大夫，开府、侍中如故，谥号曰孝烈。

虞潭少孤，幼时母孙氏便以忠义为训，所以其声望允洽，为朝廷所称。《晋书·列女·虞潭母孙氏传》载：虞潭母孙氏，孙权族孙女，性聪敏，识见过人。永嘉末，虞潭为南康太守时，正值杜弢构逆，虞潭率众讨之。孙氏以必死之义勉励虞潭，俱倾其资产馈慰战士，虞潭遂捷。及苏峻作乱，虞潭时守吴兴，又假节征苏峻。母戒之曰："吾闻忠臣出孝子之门，汝当舍生取义，勿以吾老为累也。"① 仍尽发其家僮，令随虞潭助战，变卖首饰环珮为军资。在母亲的教育下，虞潭"貌虽和弱，而内坚明，有胆决，虽屡统军旅，而鲜有倾败"②。

（二）著述

虞潭不仅善于武略，为东晋初期的社会稳定作出了重要贡献，而且颇有文才，善著述。《隋书·经籍志》载：虞潭著有兵书《大小博法》1卷，《投壶经》4卷，《投壶变》1卷。

---

① 《晋书》卷96《虞潭母孙氏传》，中华书局1974年版，第2513—2514页。

② 《晋书》卷76《虞潭传》，中华书局1974年版，第2014页。

今存《公除祭表》《父母乖离议》《悼杨皇后宜配食武帝议》《公除祺祭论》四篇，皆是关于礼制方面的。如《悼杨皇后宜配食武帝议》：

世祖武皇帝光有四海，元皇后应乾作配。元后既崩，悼后继作，至杨骏肆逆，祸延天母。孝怀皇帝追复号谥，岂不以鲧殛禹兴，义在不替者乎！又太宁二年，臣忝宗正，帝谱泯弃，罔所循案。时博咨旧齿，以定昭穆，与故骠骑将军华恒、尚书荀崧、侍中荀邃因旧谱参论撰次，尊号之重，一无改替。今圣上孝思，祗肃禋祀，询及群司，将以恢定大礼。臣辄思详，伏见惠皇帝《起居注》、群臣议奏，列骏作逆谋、危社稷，引鲁之文姜、汉之吕后。臣窃以文姜虽庄公之母，实为父雠；吕后宠树私戚，几危刘氏，近此二事异于今日。昔汉章帝窦后杀和帝之母，和帝即位尽诛诸窦。当时议者欲贬窦后，及后之亡，欲不以礼葬。和帝以奉事十年，义不可违，臣子之道，务从丰厚，仁明之称，表于往代。又见故尚书仆射裴頠议悼后故事，称继母虽出，追服无改。是以孝怀皇帝尊崇号谥，还葬峻陵。此则母子道全，而废事荡革也。于时祭于弘训之宫，未入太庙。盖是事之未尽，非义典也。若以悼后复位为宜，则应配食世祖；若以复之为非，则谱谥宜阙，未有位号居正，而偏祠别室者也。若以孝怀皇帝私隆母子之道，特为立庙者，此苟崇私情，有亏国典，则国谱帝讳，皆宜除弃，匪徒不得同祀于世祖之庙也。①

杨皇后是晋武帝司马炎之皇后，杨骏女。武帝驾崩，尊为皇太后。惠帝皇后贾南风，作威后宫，诬陷杨骏为乱，使楚王司马玮、安东王司马繇称诏诛杀杨骏。其时外内阻隔，太后题帛为书，射之宫外，曰："救太傅者有赏。"② 贾南风因宣言其与杨骏同逆。废为庶

① 《晋书》卷31《武悼杨皇后传》，中华书局1974年版，第956—957页。
② 同上书，第955页。

人，绝其膳而崩。永嘉元年（307），晋怀帝司马炽，追复其尊号悼后，别立庙，神位不配武帝。东晋咸康七年（341），晋成帝司马衍下诏，使内外详议。时任卫将军的虞潭作此议文。

该文提出了自己五点理由。

第一，“世祖武皇帝光有四海，元皇后应乾作配”，理由是当年晋怀帝已经追赠谥号，这是无可替代的。

第二，回顾自己在近 20 年前，曾就帝王谱系问题，与诸位老臣商议过，依然对悼后的尊号是肯定的。在太宁二年（324），自己任宗正时，帝王谱系泯弃，无从依循。当时就此问题走访过一些老臣，与故骠骑将军华恒、尚书荀崧、侍中荀邃，依据旧谱，参论次序，各种尊号，无一更替。

第三，结合史料，反思历史。重新昭问群臣：悼后要不要回宗庙？一则是圣上的孝心，同时也是治国者为完备宗庙祭祀大礼的考虑。因此，仔细查看了晋惠帝《起居注》中的记载，以及当时群臣的奏议，在论到杨骏谋反，危害国家时，引用春秋鲁国文姜和汉代吕后为例。于是提出自己的看法：举这两个史例认定悼后的罪名，不恰当。文姜虽是鲁庄公之母，但也是杀父的仇人；吕后重用吕氏兄弟，几乎危害刘氏政权。这两件事和杨骏、太后的事，还是不相同。又举汉代历史上确实有类似的情形。那就是汉章帝的窦后，杀了汉和帝之母。和帝即位后，尽诛窦氏。当时议者以为，应贬窦后，窦后死不能用太后之礼葬。而和帝则不认同，认为窦后奉事先帝 10 年，这是无可争议的，切不可违背臣子之道，侍奉亲上，务求丰厚。所以，和帝有仁明之称，可作为往代的表率。

第四，肯定当年晋怀帝恢复尊号的考虑。在故尚书仆射裴頠的支持下，孝怀皇帝给杨皇后谥号悼后，还葬峻陵。这既保全母子之道，也便荡尽废黜之事。当时祭祀于弘训宫，神位未入太庙。这是此事未尽的问题，并非合乎大义。

第五，反向推导，层层推进，只有神位入太庙，才是合礼法的。如果恢复名号是恰当的，那么就应该神位入太庙配世祖；如果认为复位不恰当，那么谱系谥号就当阙，没有位号居正，而偏祠别室的情形。如果认为晋怀帝以私恩推崇母子之道，特立别庙，这是崇私情，而损国典，那么，国谱谥号都可废除，不仅是不能同入太庙祭祀。

该文从各个角度，论证自己的意见，无懈可击，难怪刘师培赞虞潭议礼之文，“明辨畅达，亦文学之足述者”[①]。虞潭此议文一上，立刻得到了会稽王司马昱、中书监庾冰、中书令何充、尚书令诸葛恢、尚书谢广、光禄勋留擢、丹杨尹殷融、护军将军冯怀、散骑常侍邓逸等人的赞同。因此，杨太后神位终于入太庙，配武帝一同享受祭祀。

二　虞喜的学术创新

虞喜（281—356），字仲宁。父虞察，吴征虏将军。虞喜“少立操行，博学好古”[②]。虞喜只有一次出仕，据本传载：诸葛恢作会稽太守时，屈为功曹。其后多次征召皆不就。察孝廉，州举秀才，司徒辟，皆不就。元帝初镇江左，上疏荐虞喜。怀帝即位，公车征拜博士，不就。太宁中，与临海任旭俱以博士征，不就。咸和末，诏公卿举贤良方正直言之士，太常华恒举荐虞喜为贤良。会国有军事，不行。后以散骑常侍征之，又不起。年 76 卒。虞喜隐居不仕，专心治学。在经学、文学、天文学方面，皆作出了卓越的贡献。

（一）学者虞喜

虞喜隐居不仕，专心治学，著述颇丰。虞喜终身“专心经传，兼览谶纬”“又释《毛诗略》，注《孝经》，为《志林》三十篇。凡所注述数十万言，行于世”[③]。其著述分布在经学、子学、集部。据《隋书·经籍志》载，经学方面的著述有《周官驳难》3 卷、《毛诗略》4 卷、《论语赞》9 卷、《新书对张论》10 卷；子部有《志林新书》30 卷、《广林》24 卷、《后林》10 卷、《安天论》6 卷；集部有《虞喜集》11 卷。

虞喜深谙礼制，深受时人崇敬。虽不为官，但其礼学尤为朝廷见

---

① 刘师培：《中国中古文学史讲义》，上海古籍出版社 2000 年版，第 67 页。

② 《晋书》卷 91《虞喜传》，中华书局 1974 年版，第 2348 页。

③ 同上书，第 2349 页。

重，当世不能决策之礼制问题皆要向虞喜咨访。同乡贺循为司空，达贵显之位，“每诣喜，信宿忘归，自云不能测也”①。永和初年（345），有司奏称十月殷祭，晋宣帝的高祖京兆府君当迁祧室，曾祖至父征西、豫章、颍川三府君初毁主，内外博议不能决。当时虞喜在会稽，朝廷专程遣使就虞喜咨访。

虞喜今存文 16 篇。大多为论礼之作。刘师培评其议礼之文，和虞潭的一样，“明辨畅达，亦文学之足述者”②。如《通疑》：

> 据文云：父税子不当其时，则服之可知也。当时虽服，犹生不相见，则恩义疏，不责非时之恩于人，以情恕之也。若父以他故居异邦生己，复更居一邦生弟，然则例不税服，以生不相见故也。文上言不及而下有弟字者，明生不及相见，理中可有弟矣。已死而兄亦不税，此义两施，非衍也。慈母贱，虽服之如母而明矣。若其父先亡，己养于祖，以祖母之服服之周可也。不得复传重三年同于继祖母也。③

此议文阐明在一些特殊情形下服父丧、母丧、祖母丧该遵循的礼制，明白畅达。

（二）《志林》：第一部学术笔记

《晋书·虞喜传》载：为《志林》30 篇。《隋志》作 30 卷，《唐志》20 卷，并题为《志林新书》。鲁迅据《史记索隐》《史记正义》《三国志·吴书》注、《太平御览》等 10 种古籍校录而成一卷，共 40 则。

据鲁迅辑录《志林》一卷来看，《志林》是一部学术笔记，内容涉及地理、训诂、典故、历史、职官、礼器、神话、传说等，多为考证性札记。

---

① 《晋书》卷 91《虞喜传》，中华书局 1974 年版，第 2348 页。

② 刘师培：《中国中古文学史讲义》，上海古籍出版社 2000 年版，第 67 页。

③ （清）严可均辑：《全上古三代秦汉三国六朝文》（第 2 册），中华书局 1999 年影印本，第 1933—1934 页。

1. 训诂

《志林》解释《史记》中的某些词语或句子。例如，《史记·高祖本纪》："秦，形胜之国，带山河之险，县隔千里，持戟百万，秦得百二焉……夫齐……地方二千里，持戟百万，县隔千里之外，齐得十二焉。此东西秦也。"虞喜《志林》曰：

> 百二者，得百之二。言诸侯持戟百万，秦地险固，百倍于天下，故云得百二也，言倍之也，盖言秦兵当二百万也。齐得十二，亦如之，故为东西秦，言势相敌。但立文相避，故云十二。言余诸侯十万，齐地形势，亦倍于他国，当二十万人。①

又，《史记·邹阳传》："谚曰：有白头如新，倾盖如故。"虞喜《志林》解释曰："倾盖者，道行相遇，軿车对语，两盖相切，小欹之义，故曰倾盖也。"②

又，《史记·司马相如传》："《春秋》推见至隐，《易》本隐以之显。"虞喜解释这句话曰："《春秋》以人事通天道，是推见至隐也；《易》以天道接人事，索引以之明显也。"③

2. 典故

针对史籍的某些记载，会补充典故。例如，《史记·项羽本纪》："故楚南公曰：'楚虽三户，亡秦必楚也。'"虞喜曰：

> 南公者，道士，识废兴之数，知亡秦者必楚也。④

又，《史记·田敬仲完世家》："宣王喜文学游说之士，是以齐稷下学士复盛。"虞喜曰："齐有稷山，立馆其下，以待周游学士，因以为名。"⑤

---

① （晋）虞喜：《志林》，《鲁迅辑录古籍丛编》（第3卷），人民文学出版社1999年版，第363页。

② 同上书，第364页。

③ 同上书，第365页。

④ 同上书，第362页。

⑤ 同上书，第364页。

3. 地理

对史籍中的某些地名，或注明，或辨正。例如，《史记·夏本纪》曰："汶山到江，东别为沱，又东至于醴。"虞喜曰：

> 澧是江沅之别流。①

虞喜指出"醴"当为"澧"。他的解释被后世史学家所采纳。唐司马贞《史记索引》："《志林》以'醴'是江沅之别流，而醴字作澧也。'今据改。"

又，《史记·河渠书》："于吴则通渠三江五湖。"韦昭曰："五湖，湖名耳，实一湖，今太湖是也，在吴西南。"针对韦昭以为五湖，仅是湖名，即太湖。虞喜曰："江于彭范蠡分为三，是即韦说为谬。按江自太湖出于海，屈曲七百里，出鲈，即吴左慈为王钓者。"②

有的则是直接对某一地理的描述。例如，鲁迅辑自《太平寰宇记》九十三：

> 今钱塘江口浙山，正居江中。潮水投山下，折而曲。一云江有反涛，水势所归，故云浙江。③

对钱塘江的水势描述，解释了钱塘江为什么又叫浙江的得名由来。

有的则是对水中物产的描写。例如，辑录自《太平御览》九百三十八：

> 南方有鳄鱼，喙长八尺，秋时最盛。人在舟边者，鱼或出头食人。故人持戈于船侧而御之。④

---

① （晋）虞喜：《志林》，《鲁迅辑录古籍丛编》（第3卷），人民文学出版社1999年版，第362页。

② 同上书，第363页。

③ 同上书，第371页。

④ 同上书，第372页。

写到了南方的鳄鱼的形状大小，吃人的习性，以及人在船上时要如何防御。

4. 辨正史实

关于孙策杀于吉事，虞溥《江表传》载：“时有道士琅邪于吉，先寓居东方，往来吴会，立精舍，烧香读道书，制作符水以治病，吴会人多事之。策尝于郡城门楼上，集会诸将宾客。吉乃盛服杖小函，油漆画之，名为仙人铧，趋度门下。诸将宾客三分之二下楼迎拜之，掌宾客者禁呵不能止。策即令收之。诸事之者，悉使妇女入见策母，请救之。母谓策曰：‘于先生亦助军作福，医护将士，不可杀之。’策曰：‘此子妖妄，能幻惑众心，远使诸将不复相顾君臣之礼，尽委策下楼拜之，不可不除也。’诸将复联名通白事陈乞之。策曰：‘昔南阳张津为交州刺史，舍前圣典训，废汉家法律，常著绛帕头，鼓琴烧香，读邪俗道书，云以助化，卒为南夷所杀。此甚无益，诸君但未悟耳。今此子已在鬼录，勿复费纸笔也。’即催斩之，悬首于市。”

针对此事，裴松之《三国志》注引虞喜《志林》，对韦昭《吴书》和虞溥《江表传》加以辨正。虞喜《志林》辨正曰：

> 初顺帝时，琅邪宫崇诣阙，上师于吉所得神书于曲阳泉水上，白素朱界，号《太平青领道》，凡百余卷。顺帝至建安中，五六十岁。于吉是时近已百年，年在耄悼，礼不加刑。又天子巡狩，问百年者，就而见之，敬齿以亲爱，圣王之至教也。吉罪不及死，而暴加酷刑，是乃谬诛，非所以为美也。喜推考桓王之薨，建安五年四月四日。是时曹、袁相攻，未有胜负。案夏侯元让与石威则书，袁绍破后也。书云：“授孙贲以长沙，业张津以零、桂。”此为桓王于前亡，张津于后死，不得相让，譬言津之死意矣。①

虞喜认为《江表传》所载不实，理由有三：第一，于吉在孙策时

① 《三国志》卷64《孙讨逆传》注引《志林》，中华书局1964年版，第1110页。

已近百岁，年在耄耋，于礼而言不能用刑。第二，天子巡狩，咨问百岁老人，皆会亲近而见之，此乃圣教。第三，于吉罪不至死，而加以酷刑，此为错杀，不能成为孙策的美谈。第四，孙策所言张津为南夷所杀与史实不符。孙策建安五年（200）薨，而张津在建安六年（201）仍为交州牧。可见，对于史书的记载，虞喜有自己独特的思考。

韦昭《吴书》不为丞相孙邵立传，虞喜经常感到疑惑，问博物君子刘声叔。《志林》记载如下：

> 吴之创基，邵为首相，史无其传，窃常怪之。尝问刘声叔，声叔，博物君子也。云："推其名位，自应立传。项峻、丁孚，时已有注记，此云与张惠恕不能。后韦氏作史，盖惠恕之党，故不见书。"①

据刘声叔的看法，以孙邵的名位，当有传记。但是，孙邵与张惠恕不睦，项峻、丁孚在《吴书》中有注。韦昭当是张惠恕之党，后来撰写《吴书》，由于门户之见，不顾历史事实，而不为丞相孙邵立传。

又，诸葛恪不受吕岱告诫，而当时皆谓吕岱失言，虞喜针对一边倒的意见，发表了不同意见。《志林》载：初孙权病笃，召诸葛恪辅政。临去，大司马吕岱戒之曰："世方多难，子每事必十思。"恪曰："昔季文子三思而后行，夫子曰'再思可矣'。今君令恪十思，明恪之劣也。"岱无以答，当时咸谓之失言。虞喜曰：

> 夫托以天下至重也，以人臣行主威至难也，兼二至而管万机，能胜之者鲜矣。自非采纳群谋，询于刍荛，虚己受人，恒若不足，则功名不成，勋绩莫著。况吕侯国之元耆，智度经远，而甫以十思戒之，而便以示劣见拒，此元逊之疏，乃机神不俱者也。若因十思之义，广咨当世之务，闻善速于雷动，从谏急于风

---

① （晋）虞喜：《志林》，《鲁迅辑录古籍丛编》（第3卷），人民文学出版社1999年版，第369页。

移，岂得陨首殿堂，死凶竖之刃？世人奇其英辨，造次可亲，而哂吕侯无对为陋，不思安危终始之虑，是乐春藻之繁华，而忘秋实之甘口也。昔魏人伐蜀，蜀人御之，精严垂发，六军云扰，士马擐甲，羽檄交驰，费祎时为元帅，荷国任重，而与来敏围棋，意无厌倦。敏临别谓祎："君必能办贼者也。"言其明略内定，貌无忧色，况长宁以为君子临事而惧，好谋而成者。且蜀为蕞尔之国，而方向大敌，所规所图，惟守与战，何可矜己有余，晏然无戚？斯乃性之宽简，不防细微，卒为降人郭修所害，岂非兆见于彼而祸成于此哉？往闻长宁之甄文伟，今睹元逊之逆吕侯，二事体同，故并而载之，可以镜诫于後，永为世鉴。①

其一，该文指出辅政者的处境艰难，要面对"二至"："托以天下至重"，既"以人臣行主威至难"，又要处理"万机"之事务，能胜任者鲜少。其二，只有那些广纳群谋，虚心听取各方意见的人，才有可能做到；否则，只能是"功名不成，勋绩莫著"。其三，吕岱乃国家元老，智慧气度，经略遥远，刚"以十思戒之"，诸葛恪就以"示劣"而拒绝，可见诸葛恪个性粗疏，机敏玄妙之思不完备。其四，如果诸葛恪接受"十思"之戒，广咨当世，则何至于"陨首殿堂，死凶竖之刃"？其五，世人赞其英辨，而嘲笑吕岱之言，皆无远见之虑。

5. 神话传说

鲁迅辑录《太平御览》卷十五引《志林》：

黄帝与蚩尤战于涿鹿之野，蚩尤作大雾，弥三日，军人皆惑。黄帝乃令风后法斗机，作指南车以别四方，遂擒蚩尤。②

这是黄帝部落和蚩尤部落之间非常著名的涿鹿之战。《史记·五帝本纪》记载："蚩尤作乱，不用帝命，于是黄帝乃征师诸侯，与蚩

① 《三国志》卷64《诸葛恪传》注引《志林》，中华书局1964年版，第1440—1441页。

② （晋）虞喜：《志林》，《鲁迅辑录古籍丛编》（第3卷），人民文学出版社1999年版，第371页。

尤战于涿鹿之野。”《志林》的记载更加生动：蚩尤作大雾，三日不退，致使军人不辨别南北。黄帝令风后作指南车，以别方向。于是，遂擒蚩尤。虽是神话，可以看到当时战争的艰难，以及指南车的发明在军事上的运用。

6. 出土礼器

《志林》中记载了一些特别的礼器，包括乐器铜鼓、铜钟，酒器牺尊等。

> 建武二十四年，南郡男子献铜鼓，背有铭。及吴时于江中得钟，上有百余字，募求读者，竟无人晓。①

鲁迅辑录自《初学记》卷十六，又《太平御览》卷八百十三。记载了汉建武二十四年（48）有人献出背面有铭文的铜鼓。到孙吴时，在江中得到上面有百余字的钟，而其上的文字竟无人能识。这应该是青铜器时代的器物，上面的文字当是铭文，与当时吴流传的文字不同，故无人能辨识。

> 先代不认识牺樽，但云沙画之饰以翠羽。至魏明帝时，鲁郡于地中得齐大夫子尾送女器，有牺樽作牺牛形，自尔乃知其形矣。②

此则辑录自《太平御览》卷七百六十。牺樽，一种酒器。虞喜记载之前人们并不知道其形状，以为就是翠羽装饰的沙画。到魏明帝时，出土了齐国大夫子尾送女儿的器皿，世人才知道牺樽真是牺牛的形状。

虞喜《志林》内容丰富，涉及历史、神话、地理、礼器等多个方面，是虞喜在平时阅读中记录下的文字，因此，可以称之为第一部学术笔记。

---

① （晋）虞喜：《志林》，《鲁迅辑录古籍丛编》（第3卷），人民文学出版社1999年版，第372页。

② 同上。

（三）天文学上的开创

会稽虞氏多出天文学家。正如前文所述，东吴时虞耸建中国最早的天文台测天楼，经过长期对天象变化的观察，终成《穹天论》。测天楼，也为其族孙虞喜观察天象提供了便利。

1. 发现“岁差”

虞喜根据古星图和经常对星空的观察，发现星星的位置有所偏移。《宋史・律历志》：“虞喜云：尧时冬至日短星昴，今二千七百余年，乃东壁中，则知每岁渐差之所至。”咸和五年（330），虞喜根据《尧典》记载“冬至日短星昴”，而他当时实测冬至点在“东壁中”。从古代冬至点位置，与现在实测数据，发生西退现象，于是，推导出太阳运行一周天并非冬至一周岁。冬至一周岁，比太阳一周天差一小段，虞喜命名为“岁差”。而此前中国天文学家认为，两者是完全一致。虞喜又根据唐尧时代距他所处的时代，“二千七百余年”，由此得出岁差值为约 50 年退一度。“岁差”一词由此而来。

虞喜发现岁差，在中国的天文学史上具有重要意义。南朝宋大明六年（462）祖冲之第一次应用岁差新制《大明历》，经过天文学家们几十年的讨论，于永光元年（465）全国颁布施行。之后，隋代刘悼制《皇历》、宋代杨忠辅制《统天历》、元代郭守敬制《授时历》，继续运用岁差制历，岁差值日趋精确。

2. 主张宇宙无穷

在族祖虞耸“穹天论”的基础，经过测天楼长期的观察记录，在咸康年间完成了天文著作《安天论》六卷。对当时“浑天”和“盖天”学说，作了全面批驳。今存《安天论》一文，论曰：

> 言天体者三家，浑、盖之术具存，而宣夜之法绝灭，有意续之而未遑也。近见姚元道造《昕天论》，又观族祖河间立意《穹天论》，鄙意多嫌。喜以为：天高穷于无穷，地深测于不测。天确乎在上，有常安之形；地魄焉在下，有居静之体。当相覆冒，方则俱方，圆则俱圆，无方圆不同之义也。其光曜布列，各自运

行，犹江海之有潮液，万品之有行藏也。浑、盖之家，依《易》立说，云天运无穷；或谓浑然包地，或谓浑然而盖。愚谓若必天裹地似卵含黄，则地是天中一物，圣人何别为名而配天乎？古之遗语“日月行于飞谷”，谓在地中也，不闻列星复流于地。又“飞谷”一道，何以容此？且谷有水体，日为火精，水炭不共器，得无伤日之明乎？此盖天所以为臣难也。或难曰：《周礼》有“方圆之丘祭天地”，则知乾坤有方圆体也。答曰：郊祭大报天而主日配，日月形圆，丘似之，非天体也。方者别之于天，尊卑异位，何足怪哉！《周髀》之术多是盖天，盖天虽与浑异，而星辰有常数。今陈氏见髀上观周，因言周浑。《周髀》“宣”“夜”，或人姓名，犹星家有甘、石也。盖天之体转四方，地卑不动，天周其上，故云《周髀》。宣，明也，夜，幽也。幽明之数，其术兼之，故曰“宣夜”。①

《安天论》先表明自己的观点：古来言天体者三家，浑天说、盖天说、宣夜说，今见《昕天论》《穹天论》为浑天说、盖天说张目，特要为宣夜说申论。

虞喜主张“天高穷于无穷，地深测于不测”，即天地有无限的空间，日月星辰各自运行。接着指出“浑然包地”的浑天说、“浑然有盖”的盖天说的不合理处。如果“天裹地似卵含黄”，则“地是天中一物”，古人何必再用“地”这一名称来配“天”？这一主张既否定了主张天圆地方的盖天说，又批判了主张天地浑圆、天包地如同鸡子卵裹黄的浑天说。

虞喜赞同宇宙无限的宣夜说，并予以继承和发展，这在天文学史上，占据了重要的地位。宣夜说展示了一幅无穷无尽的宇宙景象，日月众星在气的托浮下自然运行，对宇宙的认识有进步意义。研究中国科学史的著名的英国李约瑟博士，就这样评价过“宣夜

① （清）严可均辑：《全上古三代秦汉三国六朝文》（第2册），中华书局1999年影印本，第1933页。

说”：“这种宇宙观的开明进步，同希腊的任何说法相比，的确都毫不逊色。”①

三　虞预的文史成就

虞预（约285—340），虞喜弟，字叔宁。本名茂，避明穆皇后母讳改。十二而孤，“少好学，有文章”②。与其兄虞喜不同，虞预热衷功名。先是被宗人推荐为余姚县功曹，余姚风俗，各有朋党，虞预《与从叔父书》写出了自己在这种作为小公务员的窘境：

> 近或闻诸君以预入寺，便应委质，则当亲事，不得徒已。然预下愚，过有所怀。邪党互瞻，异同蜂至，一旦差跌，众鼓交鸣。毫厘之失，差以千里，此古人之炯戒，而预所大恐也。③

余姚县内朋党比周，互相倾轧，像黄蜂一样乱飞，稍有差错，就会遭受很多责难。后会稽郡守庾琛命虞预为主簿，纪瞻为会稽太守时复为主簿。转功曹史，察孝廉，不行。司马睿为丞相，召行参军兼记室，及践位称帝，除著作佐郎。大兴（318—321）中琅琊国常侍，迁秘书丞著作郎。咸和（326—334）中从平王含，赐爵西乡侯。假归，太守王舒请为咨议参军，苏峻平，进封平康县侯，迁散骑侍郎，除散骑常侍、致仕。

（一）史学成就

虞预“雅好经史，憎疾玄虚，其论阮籍裸袒，比之伊川被发，所以胡虏遍于中国，以为过衰周之时。著《晋书》四十余卷、《会稽典录》二十篇、《诸虞传》十二篇，皆行于世”④。

---

① ［英］李约瑟：《中国科学技术史》（第4卷《天学》），《中国科学技术史》翻译小组译，科学出版社1975年版，第115页。

② 《晋书》卷82《虞预传》，中华书局1974年版，第2143页。

③ 同上书，第2144页。

④ 同上书，第2143页。

1.《晋书》

虞预著《晋书》44卷，多散佚。《九家晋书辑本》辑录虞预《晋书》39条。鲁迅根据《太平御览》《世说新语》刘孝标注、《文选》李善注、《三国志》裴松之注、《北堂书钞》等古籍，辑录44条。

关于虞预《晋书》和王隐《晋书》历史上有一段公案。

《魏书·李彪传》卷六十二："近僭晋之世有佐郎王隐，为著作虞预所毁，亡官在家，昼则樵薪供爨，夜则观文属缀，集成《晋书》，存一代之事，司马绍敕尚书唯给笔札而已。国之大籍，成于私家，末世之弊，乃至如此，史官之不遇，时也。"①

《晋书·王隐传》卷八十二："太兴初，典章稍备，乃召王隐及郭璞俱为著作郎，令撰晋史。豫平王敦功，赐爵平陵乡侯。时著作郎虞预私撰《晋书》，而生长东南，不知中朝事，数访于隐，并借隐所著书窃写之，所闻渐广。是后更疾隐，形于言色。预既豪族，交结权贵，共为朋党，以斥隐，竟以谤免，黜归于家。贫无资用，书遂不就，乃依征西将军庾亮于武昌。亮供其纸笔，书乃得成，诣阙上之。王隐虽好著述，而文辞鄙拙，芜舛不伦。其书次第可观者，皆其父所撰；文体混漫义不可解者，王隐之作也。"②

王隐、郭璞为著作郎时，受命撰晋史。虞预私撰《晋书》，未知中原事，遂偷偷抄写了王隐《晋书》中所载，于是见闻渐广。之后，虞预竟利用其豪族势力，馋毁王隐，导致其失官。后依附征西将军庾亮于武昌，供给纸笔，《晋书》91卷终于撰成。唐刘知幾在其《史通·曲笔》中评价此事曰："其有舞词弄札，饰非文过，如王隐、虞预毁辱相凌。"③ 有学者在分析了王隐《晋书》、虞预《晋书》的部分文字后，得出这样的结论："虞预虽然卑鄙地抄录了王隐《晋书》未定稿，却非但予以钩稽融会、断以己意，而且增补了部分史料，并至少新设了《何桢传》，亦惟其如此，其所撰《晋书》无论叙事抑或史

---

① 《魏书》卷62《李彪传》，中华书局1974年版，第1396—1397页。

② 《晋书》卷82《王隐传》，中华书局1974年版，第2143页。

③ （唐）刘知幾著，（清）浦起龙通释，王煦华整理：《史通通释》，上海古籍出版社2009年版，第182页。

论，均与王隐《晋书》有所差别。”[①] 也就是说，虞预虽然有窃写的嫌疑，但也有自己的贡献。比如刘知幾《史通·外篇》评王隐、虞预等的史书并为“史官之尤美，著作之妙选也。”[②]

值得一提的是，与虞预同时代的会稽另一位史学家谢沈，史官认为其才学更出虞预之右。谢沈（292—344），字行思，会稽山阴人，“少孤，事母至孝，博学多识，明练经史”。郡命为主簿、功曹，察孝廉，太尉郗鉴辟，并不就。会稽内史何充引为参军，以母老去职。平西将军庾亮命为功曹，征北将军蔡谟版为参军，皆不就。“闲居养母，不交人事，耕耘之暇，研精坟籍。”晋康帝时，征太学博士。以母忧去职。服阕，除尚书度支郎。何充、庾冰并称其有史才，迁著作郎。“撰《晋书》三十余卷。会卒，时年五十二。沈先著《后汉书》百卷及《毛诗》《汉书外传》，所著述及诗赋文论皆行于世。其才学在虞预之右云。”[③] 谢沈的著述涉及经、史、集各个方面。经学方面，包括《尚书注》15 卷，《毛诗注》20 卷，《毛诗释义》10 卷，《毛诗义疏》10 卷。史书著有《后汉书》85 卷，本 122 卷。鲁迅《辑录古籍丛编》辑录 16 条[④]。周天游辑注《八家后汉书辑注》，也收录。集部方面有《谢沈集》10 卷，《文章志录杂文》8 卷。

2.《会稽典录》

虞预亦钟情于越地的文化和名人，著录《会稽典录》24 卷、《诸虞传》12 篇。

《会稽典录》多为后世史书引用，鲁迅《会稽郡故书杂集》根据《太平御览》《嘉泰会稽志》《宝庆四明志》等诸多古籍整理，辑录范蠡、严光、谢承、朱育等 72 人的事迹，以及会稽地理，共 112 则，

① 唐燮军、翁公羽：《汉唐之际的余姚虞氏及其宗族文化》，浙江大学出版社 2010 年版，第 159 页。

② （唐）刘知幾著，（清）浦起龙通释，王煦华整理：《史通通释》，上海古籍出版社 2009 年版，第 288 页。

③ 《晋书》卷 82《谢沈传》，中华书局 1974 年版，第 2152 页。

④ （晋）谢沈：《后汉书》，《鲁迅辑录古籍丛编》第三卷，第 205—211 页。

分上下两卷。

《会稽典录》是一部关于会稽士族历史渊源、士人逸事的掌故合集，并在日后被《裴注三国志》《太平御览》《晋书》及一些地方史志引用，具有重要的文史价值。

（二）文学创作

虞预“雅好经史，憎疾玄虚”[①]。所著诗赋碑诔论难数十篇，行于世。《隋书·经籍志》载：《虞预集》10卷，录1卷。今存疏、表、记、笺、议、书等各体散文共9篇。

虞预为会稽主簿时，陈时政所失，作《奏记会稽太守庾琛》，文曰：

> 军寇以来，赋役繁数，兼值年荒，百姓失业，是轻徭薄敛，宽刑省役之时也。自顷长吏轻多去来，送故迎新，交错道路。受迎者惟恐船马之不多，见送者惟恨吏卒之常少。穷奢竭费谓之忠义，省烦从简呼为薄俗，转相仿效，流而不反，虽有常防，莫肯遵修。加以王途未夷，所在停滞，送者经年，永失播植。一夫不耕，十夫无食，况转百数，所妨不訾。愚谓宜勒属县，若令、尉先去官者，人船吏侍皆具条列，到当依法减省，使公私允当。又今统务多端，动加重制，每有特急，辄立督邮。计今直兼三十余人，人船吏侍皆当出官，益不堪命，宜复减损，严为之防。[②]

先指出战乱以来，赋役繁数，加之年荒，百姓失业的现状，针对此情形当务之急应实行“轻徭薄敛，宽刑省役”。尤其要坚决反对为官者“穷奢竭费谓之忠义，省烦从简呼为薄俗，转相仿效，流而不反”的不良风气。在兵荒之际，要重视农业，认清“一夫不耕，十夫无食，况转百数”的严峻局面。所以宜勒属县，依法减省一些官吏私人的、不必要的迎来送往，指出应当减损多余的编制。

---

① 《晋书》卷82《虞预传》，中华书局1974年版，第2147页。
② 同上书，第2144页。

刘勰《文心雕龙·奏启》："奏者，进也；言敷于下，情进于上也……自汉以来，奏事或称上疏；儒雅继踵，殊采可观。"① "奏之为笔，固以明允笃诚为本，辨析疏通为首，强志足以成务，博见足以穷理，酌古御今，治繁总要，此其体也。"② 徐师曾《文体明辨序说》："按奏疏者，群臣论谏之总名也。奏御之文，其名不一，故以奏疏括之也。"③ 虞预此上书，先从总体上提出"轻徭薄敛，宽刑省役"的建议，之后指出实际生活中的一些浮华之事，最后提出具体建议，如以30余人的督邮为例，指出现行编制的繁冗。此文不仅显示了虞预的政治卓见，同时可看出其安排文章结构的用心。奏记的结果是会稽太守庾琛深以为善，立即按虞预的建议施行。虞预对官员迎送问题，放在当代也有针砭意义。因虞预对时政的眼光独特，切中弊端要害，他得到了太守庾琛的赏识。

荀崧去世，仅赠侍中，时任著作郎的虞预《与丞相王导笺》：

> 伏见前秘书、光禄大夫荀公，生于积德之族，少有儒雅之称，历位内外，在贵能降。苏峻肆虐，乘舆失幸，公处嫌忌之地，有累卵之危，朝士为之寒心，论者谓之不免。而公将之以智，险而不慑，扶侍至尊，缱绻不离。虽无扶迎之勋，宜蒙守节之报。且其宣慈之美，早彰远近，朝野之望，许以台司，虽未正位，已加仪同。至守终纯固，名定阖棺，而薨卒之日，直加侍中。生有三槐之望，没无鼎足之名；宠不增于前秩，荣不副于本望，此一时愚智所慷慨也。今承大弊之后，淳风颓散，苟有一介之善，宜在旌表之例，而况国之元老，志节若斯者乎！④

荀崧是三国魏太尉荀彧玄孙，自小志操清纯，雅好文学，正如虞预所言："生于积德之族，少有儒雅之称。"生前因立功勋，已官至

---

① 范文澜注：《文心雕龙注》卷5，人民文学出版社1958年版，第421—422页。

② 同上书，第422页。

③ （明）徐师曾：《文体明辨序说》，人民文学出版社1998年版，第123页。

④ 《晋书》卷75《荀崧传》，中华书局1974年版，第1979—1980页。

“右光禄大夫、开府仪同三司”，已经相当于正一品，即笺中所言“其宣慈之美，早彰远近，朝野之望，许以台司，虽未正位，已加仪同”。岂料死后仅赠三品“侍中”，所谓“生有三槐之望，没无鼎足之名”，以致一时愚智皆慷慨感叹。虞预笺文指出：在“淳风颓散”的时代，“一介之善”都值得旌表，更何“况国之元老，志节若斯者乎！”笺文陈述清楚，意见明确，可惜丞相王导不从。《文心雕龙·书记》：“记之言志，进己志也。笺者，表也，表识其情也”[①] “原笺记之为式，既上窥乎表，又下睨乎书，使敬而不摄，简而无傲，清美以惠其才，彪蔚以文其响，盖笺记之分也。”[②]

太兴二年（319），大旱，诏求谠言直谏之士，虞预《上书请举贤才》，曰：

> 大晋受命，于今五十余载。自元康以来，王德始阙，戎翟及于中国，宗庙焚为灰烬，千里无烟爨之气，华夏无冠带之人，自天地开辟，书籍所载，大乱之极未有若兹者也。大晋受命，陛下以圣德先觉，超然远鉴，作镇东南，声教遐被，上天眷顾，人神赞谋，虽云中兴，其实受命，少康、宣王诚未足喻。然《南风》之歌可著，而陵迟之俗未改者，何也？臣愚谓为国之要在于得才，得才之术在于抽引。苟其可用，仇贱必举。高宗、文王思佐发梦，拔岩徒以为相，载钓老而师之。下至列国，亦有斯事，故燕重郭隗而三士竞至，魏式干木而秦兵退舍。今天下虽弊，人士虽寡，十室虽寡，十室之邑，必有忠信，世不乏骥，求则可致。而束帛未贲于丘园，蒲轮顿毂而不驾，所以大化不洽而用雍熙有阙者也。[③]

先叙述西晋末年五胡乱华带来的深重灾难，用笔极为沉痛。接着赞颂司马睿坐镇东南的先觉远鉴之明，是“上天眷顾，人神赞谋”。

① 范文澜注：《文心雕龙注》卷5，人民文学出版社1958年版，第456页。

② 同上书，第457页。

③ 《晋书》卷82《虞预传》，中华书局1974年版，第2144—2145页。

然虽曰“中兴”，“陵迟之俗”却未改变。原因何在呢？提出问题后，即作答以表明观点：“臣愚谓为国之要在于得才，得才之术在于抽引。苟其可用，仇贱必举。”作者指出了“仇贱必举”的用人之道，并用历史事实证明这一政策的实际效用。最后，指出此用人之策在当时的可实施性。此上书可见虞预的政治远见，亦可见其以国家现实、前途担忧的一片赤诚之心。全文骈散兼行，富于变化。

第三节　刘宋末南齐虞氏的文化复兴

虞氏是会稽本地的豪族，有大量的土地田产。从东晋到刘宋初年史书中都有虞氏挟藏人口的记载。《晋书·山遐传》载：山遐为余姚令，“时江左初基，法禁宽迟，豪族多挟藏户口，以为私附。遐绳以峻法，到县八旬，出口万余。县人虞喜以藏户当弃市，遐欲绳喜。诸豪强莫不切齿于遐，言于执事，以喜有高节，不宜屈辱。又以遐辄造县舍，遂陷其罪。遐与会稽内史何充笺：‘乞留百日，穷翦逋逃，退而就罪，无恨也。’充申理，不能得。竟坐免官”①。虞喜因藏户，当弃市。余姚豪族联合救助，一方面言虞喜有高节，另一方面诬陷山遐有罪，山遐竟被免官。

自晋中兴以来，权门兼并，百姓流离。刘裕辅政，禁止豪强兼并，余姚虞亮因“藏匿亡命千余人”② 被诛。《宋书·武帝纪》：“晋自中兴以来，治纲大弛，权门并兼，强弱相凌，百姓流离，不得保其产业。桓公颇欲厘改，竟不能行。公既作辅，大示轨则，豪强肃然，远近知禁。至是，会稽余姚虞亮复藏匿亡命千余人。公诛亮，免会稽内史司马休之。”③ 虞亮就没虞喜那么幸运了。田园别墅广大，因此需要大量劳动者，东晋末年虞亮因藏匿亡命千余人被刘裕诛杀，使虞氏

① 《晋书》卷43《山遐传》，中华书局1974年版，第1230页。

② 《南史》卷1《宋本纪上》，中华书局1975年版，第12页。

③ 《宋书》卷2《武帝纪》，中华书局1974年版，第27页。

遭受了自孙吴以来最大的一次家族灾难。不过宋齐之际，又有虞氏人物在史书中出现。

一　虞龢的贡献

虞龢，会稽余姚人。刘宋大明年间（457—464）为太学博士，泰始中迁仪曹郎长兼博士，历中书郎，拜廷尉卿。虞龢能任太学博士，后又任中书郎，与其才学相关。《南史》载：虞通之、虞龢、司马宪、袁仲明等，“皆有才学，与（孔）广埒名”[①]。虞龢少年即好学爱书，“少好学，居贫屋漏，恐湿坟典，乃舒被覆书，书获全而被大湿。时人以比高凤”[②]。《全宋文》辑录其文 8 篇。下面分别论述其礼制、书法。

（一）礼制

《宋书·礼志》记载了虞龢的七条建议，为刘宋的礼制建设作出贡献。

宋孝武大明五年（461）九月，有司奏：“南郊祭用三牛。庙四时祠六室用二牛。明堂肇见，祠五帝，太祖文皇帝配，未详祭用几牛？”太学博士司马兴之谓宜用六牛，博士虞龢谓宜用二牛，祠部郎颜奂谓宜用二牛。虞龢议：

> 祀帝之名虽五，而所生之实常一。五德之帝，迭有休王，各有所司，故有五室。宗祀所主，要随其主而飨焉，主一配一，合用二牛。[③]

《宋书·礼志》中未记载用谁议。但从议文来看，司马兴之用六牛太多，而虞龢郊配用牛数议合情合理，与颜奂议同用二牛。而且虞龢、颜奂议放在后面，应该是采纳了他们二人的建议。

① 《南史》卷 72《丘巨源传附》，中华书局 1975 年版，第 1770 页。
② 同上。
③ 《宋书》卷 16《礼志三》，中华书局 1974 年版，第 435 页。

大明七年（463）正月，有司奏："故宣贵妃加殊礼，未详应立庙与不？"太学博士虞龢、左丞徐爰有议。虞龢议曰：

《曲礼》云："天子有后，有夫人。"《檀弓》云："舜葬苍梧，三妃不从。"《昏义》云："后立六宫，有三夫人。"然则三妃即三夫人也，后之有三妃，犹天子之有三公也。按《周礼》，三公八命，诸侯七命，三公既尊于列国诸侯，三妃亦贵于庶邦夫人，据《春秋传》，仲子非鲁惠公之元嫡，尚得考彼别宫；今贵妃盖天秩之崇班，理应创立新庙。①

虞龢议文引经据典，随手拈来，可见虞龢的深厚礼学功底。参详以虞龢、徐爰议为允。诏可。

大明七年三月，有司奏："新安王服宣贵妃斋衰期，十一月练，十三月缟，十五月祥，心丧三年。未详宣贵妃祔庙，应在何时？入庙之日，当先有祔，为但入新庙而已？若在大祥及禫中入庙者，遇四时便得祭不？"太学博士虞龢、左丞徐爰议。虞龢议：

《春秋传》云："祔而作主，烝尝禘于庙。"尝为吉祭之名，大祥及禫，未得入庙，应在禫除之后也。新安王心丧之内，若遇时节，便应吉祭于庙，亲奉亦在无嫌。祔之为言，以后亡者祔于先庙也。《小记》云："诸侯不得祔于天子。"今贵妃爵视诸侯，居然不得祔于先后。又别考新宫，无所宜祔。且卒哭之后，益无祔理。②

参议虞龢议与徐爰议大体不异。诏可。

大明七年二月，有司奏："銮舆巡搜江左，讲武校猎，获肉先荐太庙、章太后庙，并设醢酒，公卿行事，及献妃阴室，室长行事。"太学博士虞龢提出异议：

① 《宋书》卷17《礼志四》，中华书局1974年版，第477页。
② 同上。

> 检《周礼》，四时讲武献牲，各有所施。振旅春搜，则以祭社；茇舍夏苗，则以享礿；治兵秋狝，则以祀祊；大阅冬狩，则以享烝。按《汉祭祀志》：“唯立秋之日，白郊事毕，始扬威武，名曰‘貙刘’。乘舆入囿，躬执弩以射，牲以鹿麑。太宰令谒者各一人，载获车驰送陵庙。”然则春田荐庙，未有先准。①

兼太常丞庾蔚之反对虞龢之议，曰：“虞龢所言是搜狩不失其时，此礼久废”“参议蒐狩之礼，四时异议，礼有损益，时代不同。”庾蔚之支持有司的建议。诏认同。

宋明帝泰始二年（466）正月，孝武昭太后崩。五月有司奏：“晋太元中，始正太后尊号，徐邈议庙制，自是以来，著为通典。今昭皇太后于至尊无亲，上特制义服。祔庙之礼，宜下礼官详议。”博士王略、太常丞虞愿议，长兼仪曹郎虞龢议。虞龢议曰：

> 《春秋》之义，庶母虽名同崇号，而实异正嫡。是以犹考别宫，而公子主其祀。今昭皇太后既非所生，益无亲奉之理。《周礼·宗伯职》云：“若王不与祭，则摄位。”然则宜使有司行其礼事。又妇人无常秩，各以夫氏为定，夫亡以子为次。昭皇太后即正位在前，宣太后追尊在后，以次序而言，宜跻新祢于上。②

参详王略、虞愿议，以虞龢议为允。诏可。

泰始五年（469）十一月，有司奏：“按晋江左以来，太子昏，纳征，礼用玉一，虎皮二，未详何所准况。或者虎取其威猛有彬炳，玉以象德而有温润。寻珪璋既玉之美者，豹皮亦兼炳蔚，熊罴亦昏礼吉征，以类取象，亦宜并用，未详何以遗文。晋氏江左，礼物多阙，后代因袭，未遑研考。今法章徽仪，方将大备。宜宪范经籍，稽诸旧典。今皇太子昏，纳征，礼合用珪璋、豹皮、熊罴皮与不？下礼官详依经记更正。若应用者，为各用一，为应用两？”博士裴昭明、兼太

---

① 《宋书》卷17《礼志四》，中华书局1974年版，第468页。

② 同上书，第472—473页。

常丞孙诜、长兼国子博士虞龢各有议。虞龢议曰：

> 按《仪礼》纳征，直云玄纁束帛杂皮而已。《礼记·郊特牲》云："虎豹皮与玉璧"，非虚作也。则虎豹之皮，居然用两，珪璧宜仍旧各一也。①

虞龢用《仪礼》《礼记·郊特牲》的两句话，就解决了困扰有司的皇太子婚礼纳征的问题。加珪、璋各一，豹皮、熊罴皮各二，以虞龢议为允。诏可。

《通典》曰：晋武帝时，仪曹关皇太子："某月某日纳妃，依礼旧不作乐。未审至尊明幸东宫，应作鼓吹与不?"舆曹郎虞龢议曰：

> 舆驾度宫，虽为婚行，迹实游情求洽，作鼓吹非嫌。②

（清）严可均《全宋文》卷五十五案："武帝当作明帝，其事在泰始中，因误以为晋时耳。"③《通典》虞龢官职作"舆曹郎"，实际上没有这样的官职名。泰始二年时，虞龢是仪曹郎。疑有误。故严可均的看法应该是有道理的。

（二）书法

据《隋书·经籍志》载：著《法书目录》6卷。受宋明帝刘彧所重，虞龢受命编辑先贤法书名录，因此著有《法书目录》。《法书目录》，已逸亡，但它当是第一部关于书法的目录学著作。现存与书法有关的，是一篇呈给宋明帝的表文《论书表》。看其内容应该是整理好宫中以及各地奉上的书法名品并各自编目之后，对收录书法作品的介绍。

虞龢《论书表》，文曰：

---

① 《宋书》卷14《礼志一》，中华书局1974年版，第341页。

② 《通典》卷147《乐七》，王文锦等点校，中华书局1988年版，第3764页。

③ （清）严可均辑：《全上古三代秦汉三国六朝文》（第3册），中华书局1999年版，第2732页。

臣闻爻画既肇，文字载兴，六艺归其善，八体宣其妙。阙后群能间出，洎乎汉、魏，钟、张擅美，晋末二王称英。羲之书云："顷寻诸名书，钟、张信为绝伦，其余不足存。"又云："吾书比之钟、张，当抗行；张草犹当雁行。"羊欣云："羲之便是小推张，不知献之自谓云何？"又云："张字形不及右军，自然不如小王。"谢安曾问子敬："君书何如右军？"答云："故当胜。"安云："物论殊不尔。"子敬答曰："世人那得知。"夫古质而今妍，数之常也；爱妍而薄质，人之情也。钟、张方之二王，可谓古矣，岂得无妍质之殊？且二王暮年皆胜于少，父子之间又为今古，子敬穷其妍妙，固其宜也。然优劣既微，而会美俱深，故同为终古之独绝，百代之楷式。桓玄耽玩不能释手，乃撰二王氏迹，杂有缣素，正行之尤美者，各为一帙，常置左右。及南奔，虽甚狼狈，犹以自随；擒获之后，莫知所在。刘毅颇尚风流，亦甚爱书，倾意搜求，及将败，大有所得。卢循索善尺牍，尤珍名法。西南豪士，咸慕其风，人无长幼，翕然尚之，家赢金币，竞远寻求。于是京师、三吴之迹颇散四方。羲之为会稽，献之为吴兴，故三吴之近好，偏多遗迹也。又是末年遒美之时，中世宗室诸王尚多，素嗤贵游，不甚爱好，朝廷亦不搜求。人间所秘，往往不少，新渝惠侯雅所爱重，悬金招买，不计贵贱。而轻薄之徒锐意摹学，以茅屋漏汁染变纸色，加以劳辱，使类久书，真伪相糅，莫之能别。故惠侯所蓄，多有非真。然招聚既多，时有佳迹，如献之《吴兴》二笺，足为名法。孝武亦纂集佳书，都鄙士人，多有献奉，真伪混杂。谢灵运母刘氏，子敬之甥，故灵运能书，而特多王法。①

此段分析书法的古今之变。二王比之钟繇、张芝，便为今古。王献之比之王羲之，也有古今之别。二王的前期和后期也有古今之别。

---

① （南朝宋）虞龢：《论书表》，（唐）张彦远《法书要录》卷2，人民美术出版社1984年版，第35—37页。

桓玄、刘毅、卢循等爱收藏书法者，带动了民间的风潮。尤其是王羲之曾任会稽内史，王献之曾任吴兴内史，故三吴之地，二王书流散民间者颇多。但是也有摹写之作，所以真伪混杂。谢灵运的母亲刘氏，是王献之（字子敬）的外甥，所以谢灵运能书，而且特多王法。

> 臣谢病东皋，游玩山水，守拙乐静，求志林壑，造次之遇，遂纡雅顾。预陟泛之游，参文咏之末，其诸佳法，恣意披览，愚好既深，稍有微解。及臣遭遇，曲沾恩诱，渐渍玄猷，朝夕咨训，题勒美恶，指示媸妍，点画之情，昭若发蒙。于时圣虑未存草体，凡诸教令，必应真正。小不在意，则伪谩难识；事事留神，则难为心力。及飞龙之始，戚藩告衅，方事经略，未遑研习。及三年之初，始玩宝迹，既科简旧秘，再诏寻求景和时所散失。及乞左嬖幸者，皆原往罪，兼赐其直。或有顽愚，不敢献书，遂失五卷，多是戏学。伏惟陛下爰凝睿思，淹留草法，拟效渐妍，赏析弥妙。旬日之间，转求精秘，字之美恶，书之真伪，剖判体趣，穷微入神，机息务闲，从容研玩。乃使使三吴、荆、湘诸境，穷幽测远，鸠集散逸。及群臣所上，数月之间，奇迹云萃。诏臣与前将军巢尚之、司徒参军事徐希秀、淮南太守孙奉伯科简二王书。评其品题，除猥录美，供御赏玩。遂得游目环翰，展好宝法，锦质绣章，烂然毕睹。①

此段虞龢写自己与书法的渊源，以及宋明帝在泰始三年（467）下诏各地搜集法书，并命包括自己在内的四位大臣，衡量品题二王书法，以供圣上赏玩。自己曾谢病东山，游玩山水，虽志在丘壑，但时能遇到真迹。此时便恣意披览，于是所好既深，对于书法也有了些见解。后来与宋明帝交流，渐入大道，尤其是听宋明帝品题法书美恶妍丑，于自己的书法修养而言，常有点睛发蒙之效。之后回忆宋明帝逐

① （南朝宋）虞龢：《论书表》，（唐）张彦远《法书要录》卷2，人民美术出版社1984年版，第37—38页。

渐喜爱书法，并于泰始三年开始收藏品玩。除了品玩宫廷秘藏外，下诏寻找景和年间（465）散失的，又下诏三吴、荆、湘各地搜集散佚之书。加之群臣所奉上，于是，数月之间，奇书荟萃。宋明帝命令中书侍郎虞龢、前将军巢尚之、司徒参军事徐希秀、淮南太守孙奉伯，四人科简二王书，品题、录美，以供明帝赏玩。于是，自己才有幸获睹锦质绣章的法书宝墨。

> 大凡秘藏所录，钟繇纸书六百九十七字，张芝缣素及书四千八百廿五字，年代既久，多是简帖。张昶缣素及纸书四千七十字，毛宏八分缣素书四千五百八十八字，索靖纸书五千七百五十五字，钟会书五纸四百六十五字，是高祖平秦川所获，以赐永嘉公主，俄为第中所盗，流播始兴。及泰始开运，地无遁宝，诏庞、沈搜索，遂乃得之。又有范仰恒献上张芝缣素书三百九十八字，希世之宝，潜采累纪，隐迹于二王，耀美于盛辰。别加缮饰，在新装二王书所录之外。由是拓书悉用薄纸，厚薄不均，辄好绉起。范晔装治卷帖小胜，犹谓不精。孝武使徐爰治护，随纸长短，参差不同，且以数十纸为卷，被视不便，不易劳茹，善恶正草，不相分别。今所治缮，悉改其弊。①

此部分介绍了秘藏所录。录入的皆是汉代以来，到魏晋之际的稀世珍宝。包括钟繇纸书、张芝缣素及书、张昶缣素及纸书、毛宏八分缣素书、索靖纸书、钟会书五纸。以及这些书法作品的拓本，原来都用的是薄纸，厚薄不均，现在都重新治缮，改了弊病。尤其提到张芝缣素书398字，稀世之宝，原来隐迹于二王书法之中。现在别加缮饰，在新装二王书所录之外。

> 孝武撰子敬学书，戏习十卷为帙，傅云戏学而不题。或真行章草，杂在一纸，或重作数字，或学前辈名人能书者，或有聊尔

① （南朝宋）虞龢：《论书表》，（唐）张彦远《法书要录》卷2，人民美术出版社1984年版，第38—39页。

戏书。既不留意，亦殊猥劣。徒闻则录，曾不披简，卷小者数纸，大者散十，巨细差悬，不相匹类，是以更裁减以二丈为度。亦取小王书古诗、赋、赞、论，或草或正，言无次第者，入戏学部。亦有恶者，悉皆删去。卷既调均，书又精好。羲之所书紫纸，多是少年临川时迹，既不足观，亦无取焉。今拓书皆用大厚纸，泯若一体同度，翦截皆齐。又补接败字，体势不失，墨色更明。①

此部分介绍的是二王法书的“戏学部”。因后世书法家学二王之作，以及小王书古诗、赋、赞、论，或草或正，遂编有“戏学部”。二王书法，不好的也删去。比如王羲之所书紫纸，多是少年临川时迹，既不足观，亦无取焉。

凡书虽同在一卷，要有优劣。今此一卷之中，以好者在首，下者次之，中者最后。所以然者，人之看书，必锐于开卷，懈怠于将半，既而略进，次遇中品，赏说留连，不觉终卷。又旧书目秩无次第，诸秩中各有第一至于第十，脱落散乱，卷秩殊等。今各题其卷秩所在，与目相应，虽相涉入，终无杂谬。又旧以封书纸次相随，草正混糅，善恶一贯。今各随其品，不从本封，条目纸行，凡最字数，皆使分明，一毫靡遗。②

此部分写进一卷之中，顺序如何编订。虞龢按照书法优劣，即上、下、中的顺序编订，理由是考虑到读者的阅读习惯。作为编撰者，能考虑到读者的阅读习惯，也是颇为有趣。我想大约是因为上呈给帝王所看，所以会考虑如此周详吧。

二王缣素书珊瑚轴二秩二十四卷，纸书金轴二秩二十四卷，

① （南朝宋）虞龢：《论书表》，（唐）张彦远《法书要录》卷2，人民美术出版社1984年版，第39页。

② 同上书，第39—40页。

又纸书玳瑁轴五秩五十卷，皆互秩金题玉躞织成带。又有书扇二秩二卷，又纸书飞白、章草二秩十五卷，并旃檀轴。又纸书戏学一秩十二卷，玳瑁轴，此皆书之冠冕也。自此以下，别有三品书，凡五十二秩，五百二十卷，悉旃檀轴。又羊欣缣素及纸书，亦选取其妙者，为十八秩一百八十卷，皆漆轴而已。二王新入书，各装为六秩六十卷，别充备预。又其中入品之余，各有条贯，足以声华四寓，价轻五都，天府之名珍，盛代之伟宝。①

此部分介绍了二王法书精品的卷帙、装帧，以及羊欣法书的卷帙、装帧。

陛下渊昭自天，触理必镜，凡诸思制，莫不妙极。乃诏张永更制御纸，紧洁光丽，辉日夺目。又合秘墨，美殊前后，色如点漆，一点竟纸。笔则一二简毫，专用白兔，大管丰毛，胶漆坚密；草书笔悉使长毫，以利纵舍之便。兼使吴兴郡作青石圆砚，质滑而停墨，殊胜南方瓦石之器。缣素之工，殆绝于昔。王僧虔寻得其术，虽不及古，不减郗家所制。二王书，献之始学父书正体，乃不相似，至于绝笔，章草殊相拟类，笔迹流怿，宛转妍媚，乃欲过之。羲之书在始未有奇，殊不胜庾翼、郗愔，迨其末年，乃造其极。尝以章草答庾亮，亮以示翼，翼叹服，因与羲之书云："吾昔有伯英章草书十纸，过江亡失，常痛妙迹永绝。忽见足下答家兄书，焕若神明，顿还旧观。"②

这部分写到宋明帝刘彧，有天赋之才，以前思制，皆为妙极。据史书载：刘彧少而和令，风姿端雅，"好读书，爱文义，在藩时，撰《江左以来文章志》，又续卫瓘所注《论语》二卷，行于世"③。可见，

① （南朝宋）虞龢：《论书表》，（唐）张彦远《法书要录》卷2，人民美术出版社1984年版，第40—41页。

② 同上书，第41页。

③ 《宋书》卷8《明帝纪》，中华书局1974年版，第170页。

刘彧确实是有才学之人。接着，写到御纸、秘墨、简毫、长毫、青石圆砚、缣素装帧等。言下之意：刘彧爱书法，如果要练习书写的话，可以用最好的笔墨纸砚。而且，鼓励刘彧完全可以学成，如二王之书，一开始也普通，但是，后来练习多了，便自会有成。

> 旧说羲之罢会稽，住蕺山下，一老妪捉十许六角竹扇出市，王聊问一枚几钱，云："直二十许。"右军取笔书扇，扇为五字，妪大怅惋云："举家朝餐，惟仰于此。何乃书坏?"王云："但言王右军书，字索一百。"入市，市人竞市去。姥复以十数扇来请书，王笑不答。又云，羲之常自书表与穆帝，帝使张翼写效，一毫不异，题后答之。羲之初不觉，更详看，乃叹曰："小人几欲乱真。"又羲之性好鹅，山阴昙醸村有一道士，养好鹅十余。王清旦乘小船故往，意大愿乐，乃告求市易。道士不与，百方譬说，不能得。道士乃言："性好道，久欲写河上公《老子》，缣素早办，而无人能书，府君若能自屈，书《道德经》各两章，便合群以奉。"羲之便住半日，为写毕，笼鹅而归。又尝诣一门生家，设佳馔，供亿甚盛，感之，欲以书相报。见有一新棐床几，至滑净，乃书之，草正相半。门生送王归郡，还家，其父已刮尽，生失书，惊懊累日。桓玄爱重书法，每讌集，辄出法书示宾客。客有食寒具者，仍以手捉书，大点污。后出法书，辄令客洗手，兼除寒具。子敬常笺与简文十许纸，题最后云："民此书甚合，愿存之。"此书为桓玄所宝，高祖后得，以赐王武刚，未审今何在。谢奉起庙，悉用棐材，右军取棐，书之满床，奉收得一大箦。子敬后往，谢为说右军书甚佳，而密已削作数十棐板，请子名书之，亦甚合，奉并珍录。奉后孙履，分半与桓玄，用履为扬州主簿，余一半。孙恩破会稽，略以入海。羲之为会稽，子敬七八岁，学书。羲之从后掣其笔，不脱，叹曰："此儿书后当有大名。"子敬出戏，见北馆新泥垩壁白净，子敬取帚沾泥汁，书方丈一字，观者如市。羲之见叹美，问谁所作?答云：七郎。羲之作书与亲故云："子敬飞白大有意。"是因于此壁也。有一好事年

少，故作精白纱裓，著诣子敬。子敬便取书之，草正诸体悉备，两袖及褾略周。年少觉王左右有凌夺之色，掣裓而走。左右果逐之。及门外，斗争分裂，少年才得一袖耳。子敬为吴兴，羊欣父不疑为乌程令。欣时年十六，书已有意，为子敬所知。子敬往县，入欣斋，欣衣白新绢裙昼眠。子敬因书其裙幅，及带。欣觉，欢乐，遂宝之。后以上朝廷，中乃零失。子敬门生以子敬书种蚕。后人于蚕纸中寻取纸，大有所得。谢安善书，不重子敬。每作好书，必谓被赏，安辄题后答之。朝廷秘宝名书，久已盈积。太初狂迫，乃欲一时烧除，左右怀让者苦相譬说，乃止。①

以上讲了一些民间流传的二王学书、写书以及世人珍重其书的趣事。

臣见卫恒《古来能书人录》一卷，时有不通，今随事改正，并写《诸杂势》一卷。今新装《二王镇书定目》各六卷，又《羊欣书目》六卷，《钟张等书目》一卷，文字之部备矣。谨诣省上表，并上录势新书以闻。六年九月中书侍郎臣虞龢上②

泰始六年（470）中书侍郎虞龢奏上新书。可见，虞龢等人用了三年时间，完成了对法书品题、鉴别、整理、修缮以及编目等工作，表文中所列数种书目，就是他所编的法书目录。

从前述表文的内容，以及最后列出的这些目录来看，这很可能就是虞龢所编《法书目录》的总目，即总述《诸杂势》1卷、《二王镇书定目》各6卷、《羊欣书目》6卷、《钟张等书目》1卷，总共五部分20卷。

---

① （南朝宋）虞龢：《论书表》，（唐）张彦远《法书要录》卷2，人民美术出版社1984年版，第41—44页。

② 同上书，第44页。

二　虞愿、虞玩之、虞悰等的成就

（一）虞愿

虞愿（426—479），字士恭。祖虞赉，给事中，监利侯。父虞望之，早卒。

幼年虞愿，非常聪慧。少时，祖父庭中橘树冬熟，子孙竞来取之。唯虞愿不取，虞赉及家人皆异之。宋元嘉（424—453）末，为国子生，迁湘东王国常侍，转浔阳王府墨曹参军。明帝即位，除太常丞，兼尚书祠部郎通直散骑侍郎，领本郡中正，迁兼中书郎。元徽（473—476）初，出为晋平太守，以母老解职，除后军将军，迁中书郎，领东观祭酒。除骁骑将军，迁廷尉。479年齐受禅，迁宋庙主，虞愿拜辞流涕。建元元年（479）卒，年五十四。

对虞愿的成就下面分礼制、良政和著述三部分论述。

1. 礼制

虞愿在宋礼制中，提出了一些富有建设性的意见。

宋明帝泰始二年（466）正月，孝武昭太后崩。五月有司奏："晋太元中，始正太后尊号，徐邈议庙制，自是以来，著为通典。今昭皇太后于至尊无亲，上特制义服。祔庙之礼，宜下礼官详议。"博士王略、太常丞虞愿议，长兼仪曹郎虞龢议。博士王略、太常丞虞愿议曰：

> 正名存义，有国之徽典。臣子一例，史传之明文。今昭皇太后正位母仪，尊号允著，祔庙之礼，宜备彝则。母以子贵，事炳圣文，孝武之祀，既百代不毁，则昭后之祔，无缘有亏。使有司行事。①

其时，宋太宗宣太后已祔章太后庙。长兼仪曹郎虞龢又议。参详王略、虞愿议和虞龢议，以虞龢议为允。诏可。

① 《宋书》卷17《礼志四》，中华书局1974年版，第472页。

泰始二年（466）六月，有司奏："来七月尝祀二庙，依旧车驾亲奉。又皇后今月二十五日虔见于祢，拜孝武皇帝、昭皇太后，并无明文。下礼官议正。"太学博士刘缇议、太常丞虞愿议。虞愿议曰：

> 夫烝尝之礼，事存继嗣，故旁尊虽近，弟侄弗祀。君道虽高，臣无祭典。案晋景帝之于武帝，属居伯父，武帝至祭之日，犹进觞爵。今上既纂祠文皇，于孝武室谓宜进拜而已，觞爵使有司行事。案《礼》："过墓则轼，过祀则下。"凡在神祇，尚或致恭；况昭太后母临四海，至尊亲曾北面，兄母有敬，谓宜进拜，祝文宜称皇帝讳。寻皇后庙见之礼，本修虔为义，今于孝武，论其嫂叔，则无通问之典；语其尊卑，亦无相见之义。又皇后登御之初，昭后犹正位在宫，敬谒之道，久已前备。愚谓孝武昭太后二室，并不复荐告。①

参议以为虞愿议为允。诏可。

泰始六年（470）五月，诏曰："古礼王者每岁郊享，爰及明堂。自晋以来，间年一郊，明堂同日。质文详略，疏数有分。自今可间二年一郊，间岁一明堂。外可详议。"前兼曹郎虞愿《郊祀议》曰：

> 郊祭宗祀，俱主天神，而同日殷荐，于义为黩。明诏使圜丘报功，三载一享。明堂配帝，间岁昭荐。详辰酌衷，实允懋典。②

曹郎王延秀重议："改革之宜，实如圣旨。前虞愿议，盖是仰述而已，未显后例。谨寻自初郊间二载，明堂间一年，第二郊与第三明堂，还复同岁。愿谓自始郊明堂以后，宜各间两年。以斯相推，长得异岁。"王延秀议在虞愿议的基础上，即郊祀和明堂祀不能在同一天，为防止出现此种情形，应该各间两年，这样就永远不会重复。朝廷同意此议。

---

① 《宋书》卷17《礼志四》，中华书局1974年版，第473页。

② 《宋书》卷16《礼志三》，中华书局1974年版，第430页。

2. 良政

虞愿秉承先祖之风尚，敢于直谏，数忤帝旨。宋明帝刘彧立，因虞愿儒吏学涉，兼藩国旧恩，意遇甚厚。

> 后帝以故宅起湘宫寺，费极奢侈，欲起十层，不可立，分为两刹，各五层，曰："我起此寺，是大功德。"愿在侧曰："陛下起此寺，皆是百姓卖儿贴妇钱，佛若有知，当悲哭哀愍。罪高佛图，有何功德？"①

尚书令袁粲在座，为之失色。宋明帝乃大怒，使人驱逐虞愿下殿。虞愿徐徐离去，面无异容。

出为晋平太守，在郡清廉。琅琊王秀之在其后为郡，与朝士书曰："此郡承虞公之后，善政犹存，遗风易遵，差得无事。"②

3. 著述

虞愿好读书，通《五经》。褚渊拜访虞愿。虞愿不在，见其眠床上积尘埃，有书数帙。褚渊叹曰："虞君之清，一至于此。"③ 令人扫地拂床而去。虞愿做晋平太守时，"立学堂教授"，著《五经论问》。

虞愿关注本土文化，著《会稽记》。善文学，作"文翰数十篇"④。

（二）虞玩之

虞玩之，字茂瑶。祖虞宗，晋库部郎。父虞玫，通直常侍。

虞玩之"少闲刀笔，泛涉书史"⑤，宋大明（457—464）中为东海王参军、乌程令。泰始（465—471）中，除熙国郎中令，尚书起部郎，通直郎。

对虞玩之的成就下面分三个部分论述。

1. 反对朝廷奢华之风

宋后废帝刘昱元徽四年（476），作为尚书右丞的虞玩之，上表呈

---

① 《南齐书》卷53《虞愿传》，中华书局1972年版，第916页。

② 同上书，第917页。

③ 同上。

④ 同上。

⑤ 《南齐书》卷34《虞玩之传》，中华书局1972年版，第607页。

《陈时事表》：

天府虚散，垂三十年。江、荆诸州，税调本少，自顷以来，军募多乏。其谷帛所入，折供文武。豫、兖、司、徐，开口待哺；西北戎将，裸身求衣。委输京都，盖为寡薄。天府所资，唯有淮、海。民荒财单，不及曩日。而国度弘费，四倍元嘉。二卫台坊人力，五不余一；都水材官朽散，十不两存。备豫都库，材竹俱尽；东西二岩，砖瓦双匮。敕令给赐，悉仰交市。尚书省舍，日就倾颓，第宅府署，类多穿毁。视不遑救，知不暇及。寻所入定调，用恒不周，既无储蓄，理至空尽。积弊累耗，钟于今日。昔岁奉敕，课以扬、徐众逋，凡入米谷六十万斛，钱五千余万，布绢五万匹，杂物在外，赖此相赡，故得推移。即今所悬转多，兴用渐广，深惧供奉顿阙，军器辍功，将士饥怨，百官骞禄。署府谢雕丽之器，土木停缇紫之容，国戚无以赡，勋求无以给。如愚管所虑，不月则岁矣。经国远谋，臣所不敢言，朝夕祗勤，心存于匪懈。起伏震遽，事属冒闻。伏愿陛下留须臾之鉴，垂永代之计，发不世之诏，施必行之典，则氓隶齐欢，高卑同泰。①

此表用非常恳切的语气，写出了当前府库钱帛，器械用度，虑不支月的现实。希望能引起帝王的注重，并对目前的奢华之风，予以干涉。朝议优报之。迁安成王车骑录事，转少府。

虞玩之能呈上如此表文，与他向来过着朴素的生活有关，一双木屐能穿20年。《南齐书·虞玩之传》载：太祖萧道成辅政，镇东府，朝廷致敬，虞玩之蹑屐造席。太祖取屐视之，靴黑斜锐，蒵断，以芒接之。问曰："卿此屐已几载？"玩之曰："初释褐拜征北行佐买之，著已二十年，贫士竟不办易。"② 萧道成善之，引为骠骑咨议参军。迁

① 《宋书》卷9《后废帝本纪》，中华书局1974年版，第185页。
② 《南齐书》卷34《虞玩之传》，中华书局1972年版，第607页。

骁骑将军、黄门郎，领郡中正。

2. 改革户籍

户籍制度，一直是东晋以来的大问题。侨姓士族盛占土地，却无赋税之负担，不肯受地方政府的管制。于是在咸康年间（335—342），实行土断。《晋书·成帝纪》："咸康七年，实编户，王公以下皆正土断为白籍。"要求侨姓士族，编入所在地的户籍，遵守地方政府的政令。于是，侨姓士族为白籍，土著实户为黄籍。但是，一直不能实施。后来，在范宁、桓温、刘裕等的主张下，才真正实施土断。"依界土断，诸流域郡、县，多被省并。"[①] 到了宋、齐时代，侨姓士族的特殊待遇，逐渐被消。但是，依然存在士族与庶人的区别。于是又出现了伪造士族籍贯，规避课役的情形，且愈演愈烈。齐高帝建元二年（480），诏朝臣曰："黄籍，民之大纪，国之治端。自顷氓俗巧伪，为日已久，至乃窃注爵位，盗易年月，增损三状，贸袭万端。或户存而文书已绝，或人在而反托死叛，停私而云隶役，身强而称六疾。编户齐家，少不如此。皆政之巨蠹，教之深疵。"虞玩之上表《黄籍革弊表》：

宋元嘉二十七年八条取人，孝建元年书籍，众巧之所始也。元嘉中，故光禄大夫傅隆，年出七十，犹手自书籍，躬加隐校。隆何必有石建之慎，高柔之勤？盖以世属休明，服道修身故耳。今陛下日旰忘食，未明求衣，诏逮幽愚，谨陈妄说。古之共治天下，唯良二千石，今欲求治取正，其在勤明令长。凡受籍，县不加检合，但封送州，州检得实，方却归县。吏贪其赂，民肆其奸，奸弥深而却弥多，赂愈厚而答愈缓。自泰始三年至元徽四年扬州等九郡四号黄籍，共却七万一千余户。于今十一年矣，而所正者犹未四万。神州奥区，尚或如此，江、湘诸部，倍不可念。愚谓宜以元嘉二十七年籍为正。民惰法既久，今建元元年书籍，宜更立明科，一听首悔，迷而不反，依制必戮。使官长审自检

① 钱穆：《国史大纲》（修订本），商务印书馆1996年版，第323页。

校，必令明洗，然后上州，永以为正。若有虚昧，州县同咎。今户口多少，不减元嘉，而板籍顿阙，弊亦有以。自孝建以来，入勋者众，其中操干戈卫社稷者，三分殆无一焉。勋簿所领，而诈注辞籍；浮游世要，非官长所拘录，复为不少。寻苏峻平后，庾亮就温峤求勋簿，而峤不与，以为陶侃所上，多非实录。寻物之怀私，无世不有，宋末落纽，此巧尤多。又将位既众，举恤为禄，实润甚微，而人领数万，如此二条，天下合役之身，已据其太半矣。又有改注籍状，诈入士流，昔为人役者，今反役人。又生不长发，便谓为道人，填街溢巷，是处皆然。或抱子并居，竟不编户，迁徙去来，公违土断。属役无满，流亡不归。宁丧终身，疾病长卧。法令必行，自然竞反。又四镇戍将，有名寡实，随才部曲，无辨勇懦，署位借给，巫媪比肩，弥山满海，皆是私役。行货求位，其途甚易，募役卑剧，何为投补？坊吏之所以尽，百里之所以单也。今但使募制明信，满复有期，民无径路，则坊可立表而盈矣。为治不患无制，患在不行；不患不行，患在不久。①

该表文首先梳理户籍何时、因何开始作伪。宋元嘉二十七年（450）开始，朝廷用固定的八条办法来取人，于是在建元（479）间，户籍就开始作伪。

其次，指出管理者也就是户籍官的重要性。元嘉年间，光禄大夫傅隆年70多岁，依然亲自书户籍。而现在就是缺一个公正、勤恳、明理的良2000石。导致目前黄籍作伪的原因，就是因为在户籍登记时，狡猾之民行贿，官吏贪婪受贿，以致黄籍人口登记越来越少。从泰始三年至元徽四年（467—476），扬州等九郡四次登记黄籍，却少了71000户，至今过了10多年，稽查过的还不到4万。

再次，提出解决的办法。黄籍以元嘉二十七年的为准，进行核正。建元元年（479）的户籍，标注出可以让百姓出面更正，否则，

① 《南齐书》卷34《虞玩之传》，中华书局1972年版，第609—610页。

一经查实，便会严惩。长官亲自检校，然后上州以为正。若有作假，州郡同咎。

复次，分析有哪些人容易作伪。第一类就是兵士。自孝建以来，入勋者众，但其中操干戈卫社稷者，实际连三分之一都没有。而这批人，因有勋簿，诈注户籍，非官长所拘录，复为不少。第二类改变籍贯。有的改注籍状，诈入士流，昔为人役者，今反役人。第三类是诈为道士者。第四类是流民。第五类是四镇戍将名下的随才部曲，皆为私役。

最后，指出要治理，就要有制度。有了制度，就要去执行，而且要坚持去执行。

齐高帝萧道成省看虞玩之表，深以为然。于是，别置板籍官，置令史。但户籍制是一个非常复杂的问题，还要后世不断去解决。

3. 致仕东归

虞玩之个性刚直。宋末，王俭举员外郎山阴孔逷使虏，虞玩之言论不相饶，孔逷、王俭并恨之。虞玩之因此得罪王俭，致仕东归时，王俭不出送，朝廷无祖饯者。其后员外郎孔瑄，就王俭求会稽五官，王俭正盥洗，投皂荚于地，曰：“卿乡俗恶，虞玩之至死烦人。”①

入齐，至永明八年（490）致仕。东归会稽，起大宅。数年后卒。其《上表告退》自叙生平，情感真挚，文曰：

> 臣闻负重致远，力穷则困，竭诚事君，智尽必倾，理固然也。四十仕进，七十悬车，壮则驱驰，老宜休息。臣生于晋，长于宋，老于齐，世历三代，朝市再易。臣以宋元嘉二十八年为王府行佐，于兹三十年矣。自顷以来，衰耗渐笃。为性不懒惰，而倦怠顿来。耳目本聪明，而聋懵转积。脚不支身，喘不绪气。景刻不推，朝昼不保。大功兄弟，四十有二人，通塞寿夭，唯臣独存。朝露末光，宁堪长久。且知足不辱，臣已足矣。禀命饥寒，不求富贵，铜山由命，臣何恨焉，久甘之矣。直道事人，不免缧

① 《南齐书》卷34《虞玩之传》，中华书局1972年版，第607页。

> 绁，属遇圣明，知其非罪，臣之幸厚矣。授命于道消之晨，效节于百揆之日，臣忠之效也。庆降于文明之初，荷泽于天飞之运，臣命之偶也。不谋巧宦而位至九卿，德惭李陵而忝居门下。尧舜无穷，臣亦通矣。年过六十，不为夭矣。荣期之三乐，东平之一善，臣俱尽之矣。经昏践乱，涉艰履危，仰圣德以求全，凭贤辅以申节，未尝厌屈于勋权，畏溺于狐鼠，臣立身之本，于斯不亏。在其壮也，当官不让。及其衰也，毫露靡因。伏愿慈临，赐臣骸骨。非为希高慕古，爱好泉林。特以丁运孤贫，养礼多阙，风树之感，夙自缠心，庶天假其辰，得二三年间，扫守丘墓，以此归全，始终之报遂矣。①

此表先写自己历经晋、宋、齐三代，出仕已经30年；近来感觉身体衰耗，性情本不懒惰，而常觉倦息，加之同曾祖兄弟42人，唯己独存，恐性命朝昼不保。再写通常“直道事人，不免缧绁”，而自己有幸遇到明君免受其苦，而亦能“仰圣德以求全，凭贤辅以申节，未尝厌屈于勋权，畏溺于狐鼠”，立身之本，于斯不亏。及壮年，当官不让，年衰老，则当告退，并非为“希高慕古，爱好泉林”之故。

全文自叙生平，一个经历风霜而欲告老还乡的正直的老官员的形象如在眼前，叙写真诚而令人感动。表文骈体写作，句式灵活，以四言为主，杂以三言、五言、七言。

（三）虞悰

虞悰（435—499），字景豫。祖虞啸父，晋左民尚书。父虞秀之，黄门郎。虞悰“少而谨敕，有至性”②。其父虞秀之亡后，虞悰东出奔丧，水浆不入口。州辟主簿，建平王参军，武帝为中军，引为咨议参军。齐受禅，建元初（479—482）转太子中庶子，迁散骑常侍、太子右卫率。转侍中，迁祠部尚书，出为冠军将军。494年郁林王萧昭业即位，改领右军将军、扬州大中正、兼大匠卿。同年，明帝萧鸾即

---

① 《南齐书》卷34《虞玩之传》，中华书局1972年版，第610—611页。

② 《南齐书》卷37《虞悰传》，中华书局1972年版，第654页。

位，转给事中、光禄大夫，寻加正员常侍。永元元年（499）卒，时年65。

虞悰个性敦实，教人知识，必相存访，亲疏皆有始终，世以此称之。又有识人之鉴。当初，萧赜（齐高帝萧道成之子，后来的齐武帝）只是从官，家尚贫薄。虞悰“推国士之眷，数相分与；每行，必呼上同载”①。萧赜483年即位后，以虞悰为布衣之旧，从容谓其曰：“我当令卿复祖业。”② 转侍中，朝廷咸惊其美拜。迁祠部尚书。

虞悰虽得皇家的重用，但他一如其六世祖虞翻，常因耿直而触犯龙颜。虞悰治家富殖，奴婢无游手。善为滋味，和齐皆有方法，虽在南土，会稽海味无不毕致。萧赜幸芳林园，就虞悰求扁米粣。虞悰献粣及杂肴数十舆，太官鼎味不及。萧赜向虞悰求诸饮食方，虞悰秘不肯出。“上醉后身体不快，悰乃献醒酒鲭鲊一方而已。”③ 后明帝萧鸾立，虞悰称疾不陪位。萧鸾使尚书令王晏赍废立事示虞悰，以其旧人，引参佐命。虞悰谓王晏曰：“主上圣明，公卿戮力，宁假朽老以匡赞惟新乎？不敢闻命。”朝议欲纠之，仆射徐孝嗣曰：“此亦古之遗直。”④ 众议乃止。

今存表文一篇。虞悰称疾笃还东，作《引疾上表》，曰：“臣族陋海区，身微稽土，猥属兴运，荷窃稠私，徒越星纪，终惭报答。卫养乖方，抱疾婴固，寝瘵以来，倏逾旬朔，频加医治，曾未瘳损。惟此朽顿，理难振复，乞解所职，尽疗余辰。”⑤ 此表纯用骈体。

三　虞通之与《妒记》

宋虞通之，秉承家学，善言《易》，能著述。《隋书·经籍志》载：《妒记》2卷，子书《善谏》2卷。宋黄门郎《虞通之集》15卷（梁20卷）。今存诗一首《赠傅昭》，诗曰：“英妙擅山东，才子倾洛

① 《南齐书》卷37《虞悰传》，中华书局1972年版，第655页。

② 同上。

③ 同上。

④ 同上书，第654页。

⑤ 同上书，第655—656页。

阳。清尘谁能嗣，及尔遘遗芳。”[①] 傅昭，少有神情。宋廷尉虞愿闻之，遣车迎傅昭。其时宗亲虞通之也在场。虞通之亦是当世名流，现场作诗《赠傅昭》，可见虞通之才思迅捷。此诗夸赞傅昭不仅是山东才子，而且名动京师，其品性清雅，更是无人能及。

虞通之《妒记》是第一部关注妒妇的著作。史书载：虞通之作该书，出于圣意。《南史·王藻传》载：

> 宋世诸主莫不严妒，明帝每疾之，湖熟令袁慆妻以妒赐死，使近臣虞通之撰《妒妇记》。左光禄大夫江湛孙敩当尚孝武帝女，上乃使人为敩作表让婚曰：“伏承诏旨，当以临汝公主降嫔，荣出望表，恩加典外。顾审牺蔽，伏用惶恐……”[②]

又《宋书·后妃列传》：

> （王偃）子藻，位至东阳太守。尚太祖第六女临川长公主，讳英媛。公主性妒，而藻别爱左右人吴崇祖。前废帝景和中，主谗之于废帝，藻坐下狱死，主与王氏离婚。泰始初，以主适豫章太守皮冲远，未及成礼而冲远卒。宋世诸主，莫不严妒，太宗每疾之。湖熟令袁慆妻以妒忌赐死，使近臣虞通之撰《妒妇记》。[③]

左光禄大夫江湛孙敩当尚世祖女，世祖使人为江敩作表让婚。《艺文类聚》卷十六、《初学记》卷十三、《通志》等书，此表皆为虞通之作。《为江敩让尚公主表》，当与此相关，曰：

> 自晋氏以来，配上王姬者，虽累经美胄，亟有名才，至如王敦慑气，桓温敛威，真长佯愚以求免，子敬炙足以违诏，王偃无仲都之质，而裸露于北阶，何瑀阙龙工之姿，而投躯于深井，谢庄殆自同于蒙叟，殷冲几不免于强锄。彼数人者，非无才意，而

① 逯钦立辑校：《先秦汉魏晋南北朝诗》（中册），中华书局1983年版，第1471页。
② 《南史》卷23《王藻传》，中华书局1975年版，第619页。
③ 《宋书》卷41《后妃传》，第1290页。

> 势屈于崇贵，事隔于闻览，吞悲茹气，无所逃诉。制勒甚于仆隶，防闲过于婢妾。往来出入，人理之常，当宾待客，朋从之义。而扫辙息驾，无窥门之期；废筵抽席，绝接对之理。非唯交友离异，乃亦兄弟疏阔。第令受酒肉之赐，制以动静；监子荷钱帛之私，节其言笑。①

此表写了东晋的几位尚公主者，皆是迫于皇室的压力，才娶公主。正常的来往出入，是人之常情。若都闭门谢客，只会让朋友离异，兄弟疏阔。此表上，宋明帝刘彧遍示诸位公主。

无论虞通之作《为江敩让尚公主表》，还是编撰《妒妇记》，都是南朝宋明帝刘彧希望能让公主们以史为鉴，明白正理，收敛她们的嫉妒心性而编撰。《宋书》《南史》都作《妒妇记》，梁刘孝标注《世说新语》时引为《妒记》。应该是在南朝梁时，《妒妇记》简称《妒记》。后世《隋书·经籍志》等目录学著作，以及《艺文类聚》等类书，皆用《妒记》之名。

《隋书·经籍志》载：虞通之《妒记》二卷，《新唐书·艺文志》载：虞通之《后妒记》四卷。二书皆亡，仅见于《世说新语》刘孝标注及《艺文类聚》等类书，鲁迅《古小说钩沉》辑录《妒记》七则。

第一则桓温妻子南郡公主（晋明帝长女，后晋封为南康长公主）的故事，据《类聚》十八、《世说新语·贤媛》篇注引、《六帖》七十录文：

> 桓大司马平蜀，以李势女为妾。桓妻南郡主凶妒，不即知之。后知，乃拔刀率数十婢往李所，因欲斫之。见李在窗前梳头，发垂委地，姿貌绝丽；乃徐下地结发，敛手向主曰："国破家亡，无心以至今日；若能见杀，实犹生之年。"神色闲正，辞气凄惋。主乃掷刀，前抱之曰："阿姊见汝，不能不怜②，何况老

① 《宋书》卷41《后妃传》，第1290—1291页。

② 鲁迅校注曰："《世说》注引作'阿子'、'我见汝亦怜'。《六帖》引作'我见犹怜'。"（《鲁迅辑录古籍丛编》，人民文学出版社1999年版，第1卷，第444页。）

奴！”遂善遇之。[①]

就内容来看，颇有戏剧张力。桓温娶李势（成汉末代皇帝）女为妾，妻子南康长公主特别嫉妒，所以不敢让她知道。但是，长公主还是知道了。于是拔刀率领几十婢女，去李女的居所，意欲砍她。但是，见到李势女正在窗前梳头，长发委地，容貌绝丽，气度闲正，言辞凛然。长公主被李女的美丽与气度折服，扔掉刀刃，上前拥抱，说我见犹怜。遂相善处。

第二则是王导妻曹夫人的故事，据《世说新语·轻诋》注引、《类聚》五十三整理：

王丞相曹夫人，性甚忌，禁制丞相，不得有侍御，乃至左右小人，亦被检简，时有妍妙，皆加诮责。王公不能久堪，乃密营别馆，众妾罗列，儿女成行。后元会日，夫人于青疏台中，望见两三儿骑羊，皆端正可念。夫人遥见，甚怜爱之。语婢云：“汝出问，是谁家儿？奇可念。”给使不达旨，乃答云：“是第四、五等诸郎。”曹氏闻惊愕，大恚，不能自忍。乃命车驾，将黄门及婢二十人，人持食刀，自出寻讨。王公亦遽命驾，飞辔出门，犹患牛迟，乃左手攀车栏，右手捉麈尾，以柄助御者打牛，狼狈奔驰，方得先至。蔡司徒闻而笑之。乃故诣王公，谓曰：“朝廷欲加公九锡，公知不？”王谓信然，自叙谦志。蔡曰：“不闻余物，唯闻有短辕犊车、长柄麈尾尔。”王大愧。后贬蔡曰：“吾昔与安期、千里，共在洛水集处，不闻天下有蔡充儿。”正忿蔡前戏言耳。[②]

王导的妻子曹夫人，得知丈夫有别馆，在外有子女后，大怒，带着侍卫婢女，持刀寻讨。王导听说后，赶紧出门，嫌牛车慢，左手攀车栏，右手捉麈尾，拿着平时清谈的麈尾柄帮助驾车者打牛赶车，真

---

① （南朝宋）虞通之：《妒记》，《鲁迅辑录古籍丛编》（第1卷），人民文学出版社1999年版，第444页。

② 同上书，第444—445页。

是狼狈不堪。终于先到达，才避免了家庭内部的一场灾祸。后来，这件事成为蔡司徒蔡充嘲笑王导的笑柄。

第三则谢安妻子刘夫人的事迹，据《类聚》三十五、《御览》五百二十一条：

> 谢太傅刘夫人，不令公有别房宠。公既深好声乐，不能令节，后遂颇欲立妓妾。兄子及外生等微达此旨，共问讯刘夫人，因方便称《关雎》《螽斯》有不忌之德。夫人知以讽己，乃问："谁撰此诗？"答云："周公。"夫人曰："周公是男子，乃相为尔；若使周姥撰诗，当无此语也。"①

余嘉锡《世说新语·贤媛》案："自古未闻有以《关雎》《螽斯》为周公撰者。谢氏子弟不应发此无稽之言。且夫人为真长之妹，孙绰就谢公宿，言至款杂，夫人谓'亡兄门未有此客'（见《轻诋篇》）。何至出辞鄙倍如此？疑是时人造作此言，以为戏笑耳。然亦可见其以妒得名，乃有此等传说矣。"② 刘夫人，名士刘惔妹，此条记载了刘夫人不让谢安有别房。谢安特爱音乐，爱上一个乐妓，希望能纳妾。又不敢和刘夫人讲。于是，谢安众侄儿便担此劝夫人的任务。一起来询问刘夫人，《关雎》《螽斯》有不忌之德。言下之意，刘夫人应该做一个贤德夫人。刘夫人自是冰雪聪明，当然知道众子弟欲借此来讽劝自己。便故意问谁做此诗？众人曰："周公。"夫人曰："周公是男子，乃相为尔；若使周姥撰诗，当无此语也。"夫人此言一出，众侄儿定是无言以对吧。

第四则阮修妻子武氏的事迹，录自《类聚》八十六、《御览》九百六十七、《事类赋注》二十六，文曰：

> 武历阳女嫁阮宣子，无道妒忌，禁婢：瓯覆盘盖，不得相

① （南朝宋）虞通之：《妒记》，《鲁迅辑录古籍丛编》（第1卷），人民文学出版社1999年版，第445页。

② 余嘉锡笺疏：《世说新语笺疏》，中华书局2007年版，第818页。

> 合。家有一株桃树，华叶灼耀，宣叹美之，即便大怒，使婢取刀斫树，摧折其华。①

阮修妻子武氏无道嫉妒。家中的盆和盖，令婢女皆不能相合。阮修称赞庭院中的桃花美，就会让武夫人大怒，让人砍桃树，摧折其花朵。这位夫人个性扭曲，已经不是嫉妒的问题了。

第五则记载了京城士人妻子的事迹，录自《类聚》三十五，文曰：

> 京邑有士人妇，大妒忌。于夫小则骂詈，大必捶打。常以长绳系夫脚，且唤，便牵绳。士人密与巫妪为计。因妇眠，士人入厕，以绳系羊，士人缘墙走避。妇觉，牵绳而羊至，大惊怪，召问巫。巫曰："娘积恶，先人怪责，故郎君变成羊。若能改悔，乃可祈请。"妇因悲号，抱羊恸哭，自咎悔誓。师妪乃令七日斋，举家大小悉避于室中，祭鬼神，师祝羊还复本形。婿徐徐还。妇见婿，啼问曰："多日作羊，不乃辛苦耶？"婿曰："犹忆噉草不美，腹中痛尔。"妇愈悲哀。后复妒忌，婿因伏地作羊鸣。妇惊起徒跣，呼先人为誓，不复敢尔。于此不复妒忌。②

这个京城士人的妻子，不是嫉妒，而是变态。对丈夫不仅实行家暴，小则骂詈，大必捶打，更是个控制狂，会用绳子拴住丈夫的脚，牵绳便得前来。士人不堪忍受，才有此计谋对付妻子对自己的控制。

第六则庾氏的事迹，出自《艺文类聚》三十五：

> 泰元中，有人姓荀，妇庾氏，大妒忌。荀尝宿行，便杀二儿。为屋不立斋室，唯有厅事，不作后壁，令在堂上泠然望见外事。凡无须人，不得入门；送书之人，若以手近荀手，无不痛

---

① （南朝宋）虞通之：《妒记》，《鲁迅辑录古籍丛编》（第1卷），人民文学出版社1999年版，第445页。

② （唐）欧阳询撰，汪绍楹校：《艺文类聚》卷35，上海古籍出版社1999年版，第615页。

> 打；客若共床坐，亦宾主俱败。临近有年少径突前诣荀，接膝共坐，便闻大骂，推求刀杖。荀谓客曰："仆狂妇行，君之所闻；君不去，必误君事。"客曰："仆不畏此。"乃前捉荀手，妇便持杖直前向客。客既大健，又有短杖在衣里，便与手。妇老妪，无力，即倒地，客打垂死。荀走叛不敢还。妇密令觅荀，云："近遭狂人，非君之过，君便可还。"荀然后敢出。妇兄来就荀，共方床卧，而妇不知，便来捉兄头，曳着地欲杀，方知是兄，惭惧入内。兄称父命，与杖数百，亦无改悔。①

这位庾氏，大妒忌。因丈夫在外过夜，"便杀儿子"。从上下文看，不可能是杀掉了自己的两个儿子，而是指杀掉了两个和丈夫在一起的男童。庾氏不让丈夫结交任何年轻的男子，可能这位荀姓男子是同性恋。庾氏即使快要被人打死，甚至被父亲派来的兄长杖责几百，也要监督丈夫的行为。

第七则录自诸葛元直妻子刘氏的事迹，录自《类聚》三十五：

> 诸葛元直妻刘氏，大妒忌，恒与元直杖。与杖之法，大罪十，小罪五，然得手摩，不得一一受也。常行杖小重，元直不胜痛，才得一两，仍以手摸，妇误打指节肿。从此作制：每与杖，辄令两手各捉綛跗。元直遇见妇捉綛跗欲成衣，谓当与己杖，失色怖。妇曰："不也，捉此自欲成衣耳。"乃欣然。②

这位诸葛元直的妻子完全有暴力倾向，对丈夫常常杖责。綛跗，应当是妇人裁衣用的某种工具，元直看到那个打他时手里拿着的綛跗，就会吓得心惊胆战，忘记了它本来的用途。

《妒记》记载了两晋妒妇的事迹，主要表现在拒绝丈夫纳妾、限制丈夫的行动交往、打骂杖责等。"这部《妒记》大约是我国第一部

---

① （南朝宋）虞通之：《妒记》，《鲁迅辑录古籍丛编》（第1卷），人民文学出版社1999年版，第446—447页。

② 同上书，第447页。

以夫妇关系为题材的小说集，很值得重视。”[①]钱锺书《管锥编》曰：“盖《记》《表》为一事而发，且出一人之手也。所刻画诸状，每导夫后世院本小说之先路。”[②]

《妒记》对后世影响深远。首先是出现了一些补作。例如，唐王方庆《续妒记》五卷、宋王绩《补妒记》八卷等著作，使妒妇文学一直延续。其次，后代几部大类书受《妒记》影响，皆设有“妒妇”一门，如《艺文类聚》《太平广记》等。

四　虞炎的文学成就

虞炎，初为博士，累迁散骑常侍、骁骑将军。虞炎成就在两方面：一是为南齐的礼制建设出谋划策；二是善文学，永明年间（483—493），编撰《鲍照集》，并参与永明体诗歌的创作。下面分别从礼制、文学两方面论述。

（一）礼制

刘宋初建，虞炎为散骑常侍。《南史·齐本纪上》：齐高帝建元三年（481）十二月，“命散骑常侍虞炎等十二人巡行诸州郡，观省风俗。”[③] 建元年间（479—482），虞炎任散骑常侍，巡视诸州郡，观省各地风俗。

齐明帝萧鸾建武年间（494—497），虞炎为南齐礼制提出建议。《南齐书·礼制上》载：建武二年（495），通直散骑常侍庾昙隆启：“伏见南郊坛员兆外内，永明中起瓦屋，形制宏壮，检案经史，无所准据。寻《周礼》，祭天于圜丘，取其因高之义，兆于南郊，就阳位也。故以高敞，贵在上昭天明，旁流气物。自秦、汉以来，虽郊祀参差，而坛域中间，并无更立宫室。其意何也？政是质诚尊天，不自崇树，兼事通旷，必务开远。宋元嘉南郊，至时权作小陈帐以为退息，泰始薄加修广，永明初弥渐高丽，往年工匠遂启立瓦屋。前代帝皇，

① 向楷：《世情小说史》，浙江古籍出版社1998年版，第35页。

② 钱锺书：《管锥编》（第4册），中华书局1986年版，第1324页。

③ 《南史》卷4《齐本纪上》，中华书局1975年版，第112页。

岂于上天之祀而昧营构，所不为者，深有情意。《记》称‘扫地而祭，于其质也，器用陶匏，天地之性也’。故‘至敬无文’，‘以素为贵’。窃谓郊事宜拟休偃，不俟高大，以明谦恭肃敬之旨。庶或仰允太灵，俯惬群望。”[①] 诏付外议。

国子助教徐景嵩、太学博士贺玚、兼左丞王摛附议。骁骑将军虞炎议，以为：

> 诚悫所施，止在一坛。汉之郊祀，飨帝甘泉，天子自竹宫望拜，息殿去坛场既远，郊奉礼毕，旋幸于此。瓦殿之与帷宫，谓无简格。祠部郎李捴议：“《周礼》‘凡祭祀张其旅幕，张尸次’。尸则有幄。仲师云‘尸次，祭祀之尸所居更衣帐也’。凡祭之文，既不止于郊祀，立尸之言，理应关于宗庙。古则张幕，今也房省。宗庙旅幕，可变为栋宇；郊祀毡案，何为不转制檐甍?”[②]

时任骁骑将军的虞炎，反对众人意见。因此庾昙隆议不行。朝廷采纳了虞炎的建议。

（二）文学

《南齐书·文学传》载：“会稽虞炎，永明中，以文学与沈约俱为文惠太子所遇，意眄殊常，官至骁骑将军。”[③]《隋书·经籍志》载：《虞炎集》7卷。今存文《鲍照集序》，诗4首。

永明年间，时任散骑侍郎的虞炎编成《鲍照集》，并作《鲍照集序》：

> 鲍照字明远，本上党人，家世贫贱，少有文思。宋临川王爱其才，以为国侍郎。王死，始兴王睿又引为侍郎。孝武初除海虞令，迁太学博士兼中书舍人。出为秣陵令，又转永安令。大明五年，除前军行参军，侍临海王镇荆州，掌知内命，寻迁前军刑狱

---

① 《南齐书》卷9《礼制上》，中华书局1972年版，第125—126页。

② 同上书，第126页。

③ 《南齐书》卷52《陆厥传附》，中华书局1972年版，第900页。

参军事。宋明帝初，江外拒命，及义嘉败，荆土震扰，江陵人宋景因乱掠城，为景所杀，时年五十余。身既遇难，篇章无遗。流迁人间者，往往见在。储皇博采群言，游好文艺，片辞只韵，罔不收集。照所赋述，虽乏精典，而有超丽，爰命陪趋，备加研访。年代稍远，零落者多，今所存者，傥能半焉。①

从序文可知，因文惠太子萧长懋游好文艺，喜欢收集。鲍照作品有超丽之风，于是到处搜求。“年代稍远，零落者多，今所存者，傥能半焉。”大概收集到鲍照一半的作品。《隋书·经籍志》录：《鲍照集》10 卷，梁 6 卷。可能就是虞炎所编之本。

虞炎是永明文学的积极参与者，逯钦立据《乐府诗集》《谢宣城诗集》《诗纪》等辑录其诗 4 首。今存诗都是典型的永明体诗歌。

《玉阶怨》是一首四句诗，诗曰：

紫藤拂花树，黄鸟度青枝。
思君一叹息，苦泪应言垂。②

这是一首乐府诗，写思妇的相思之情，以紫藤拂树、黄鸟度枝起兴，引发思妇的相思、叹息、垂泪，写情婉曲有味。

咏物诗《咏帘》是八句诗。谢朓集中《同咏坐上所见一物》，下列有王融咏《幔》，虞炎咏《帘》，柳恽、谢朓咏《席》，沈约、谢朓《咏竹火笼》，谢朓《咏灯》《咏镜台》《咏烛》。可见，这是一次朋友聚会，于是雅兴大发，便由各人选择咏坐上所见一物。虞炎选择咏《帘》，诗曰：

青轩明月时，紫殿秋风日。
曈胧引光辉，晻暧映容质。

① （唐朝梁）虞炎：《鲍照集序》，丁福林、丛玲玲校注《鲍照集校注》，中华书局 2012 年版，第 1 页。

② 逯钦立辑校：《先秦汉魏晋南北朝诗》（中册），中华书局 1983 年版，第 1459 页。

清露依檐垂，蛸丝当户密。

褰开谁共临，掩晦独如失。[①]

一二句吟咏从珠帘远望的景象：明月映照下的青轩、秋风灿日中的紫殿。三四句注意力集中到珠帘：初升的明月在珠帘中透着光辉，昏暗的天气使晶亮的珠帘映出了自己的容颜。五六句透过珠帘望去，看到了依屋檐垂下来的清露、当窗密麻的蛛丝。整日透过珠帘看帘外的景物之变，女子之百无聊赖已见。最后以“褰开谁共临，掩晦独如失”点明了女子的孤独。虽曰咏物，但全诗通过描写女子对透过珠帘的瞻望，写出了闺中女子的孤寂，情韵深曲婉约。

虞炎《奉和竟陵王经刘𤩽墓下》是十句诗。竟陵王萧子良作《登山望雷居士精舍同沈右卫过刘先生墓下作并序》，序曰：“沛国刘子珪，学优未仕，迹迩心遐，履信体仁，古之遗德。潜舟迅景，灭赏沦辉。言念方猷，式怀嗟述。属舍弟随郡有示来篇，弥缜久要之情，益深宿草之叹。升望西山，率尔为答。虽因事雷生，实申悲刘子云尔。”[②] 从序言可见，当时竟陵王与沈约一起出行登山，望见雷次宗精舍，又经过刘𤩽墓下，因此作诗。虞炎、柳恽、沈约、谢朓四人作有奉和诗。虞炎《奉和竟陵王经刘𤩽墓下》诗曰：

下帷闻昔儒，窥园信且逸。

聚学丛烟郊，栖遁事环荜。

戢景谢归年，税驾空悠日。

庭露已沾衣，松门向萧瑟。

悯悯神念周，依依蕙言密。[③]

刘𤩽（434—489），字子珪，沛国人。个性谦率通美，方直有清德，不乐仕进。少笃学，博通五经，儒学冠于当时，尤其长于《礼》。

① 逯钦立辑校：《先秦汉魏晋南北朝诗》，中华书局 1983 年版，中册，第 1459 页。

② 曹融南校注：《谢宣城集校注》卷 4，上海古籍出版社 1991 年版，第 293 页。

③ 逯钦立辑校：《先秦汉魏晋南北朝诗》（中册），中华书局 1983 年版，第 1460 页。

京师学子贵游，多从其受业。家寒俭，屋瓦穿漏。永明七年（489），竟陵王萧子良上表请为他立馆，病卒。前两句用《汉书·董仲舒传》记载：董仲舒下帷讲诵，三年不窥园的典故，借此言刘瓛也像董仲舒一样，不仅儒学精进，而且弟子众多。三四句言刘先生家虽贫寒却不求仕进，但以儒学为事业。五六句言其退而闲居的山居生活。七八句写长久驻足在刘先生萧瑟墓园中的竟陵王，不觉露水已经沾湿了衣服。最后两句写竟陵王对刘先生的哀悯之情，以及浓密的依依怀念之词。

虞炎《饯谢文学》是一首送别诗，八句。永明九年（491），随郡王萧子隆赴荆州就任刺史，谢朓随行。其时沈约、虞炎、范云、王融、萧琛、刘绘皆有送别之作。虞炎《饯谢文学》曰：

> 差池燕始飞，幂历草初辉。离人怅东顾，游子怆西归。
> 清潮已驾渚，溽露复沾衣。一乖当春聚，方掩故园扉。[①]

此诗见于《谢宣城集》，其时虞炎为别驾，是一首为送别谢朓离开京师而作。首句化用送别诗《诗经·邶风·燕燕》中的“燕燕于飞，差池其羽”[②] 之句，已暗含离情别绪。同时，“燕始飞”“草初辉”点明了送别之时间。三四句中的“离人”“游子”皆指谢朓，“东顾”“西归”为互文，写出了游子的怅然别情。五六句写离人已乘舟远去，而送行者瞻望弗及还是久久不愿离去。因为久站，才有“溽露复沾衣”的情形，以送别的具体细致的情节反映了送行者与离人的深厚情意。结句表达离别后重聚的愿望，以“方掩故园扉”作结，给人留下了过往的、将来的丰富想象。正是诗有尽而意无穷。

从以上可见，虞炎为文惠太子萧长懋、竟陵王萧子良所重，又与“竟陵八友”中的沈约、谢朓、范云、王融、萧琛，皆有交往，不仅常有诗词唱和，而且当是关系亲密的友人。沈约作《怀旧诗九首》悼

---

① 逯钦立辑校：《先秦汉魏晋南北朝诗》（中册），中华书局 1983 年版，第 1459 页。

② 程俊英、蒋见元注析：《诗经注析》（上册），中华书局 1991 年版，第 69 页。

念亡友九人：王融、谢朓、庾杲之、王谌、虞炎、李珪之、韦景猷、刘沨、胡谐之。其《伤虞炎》诗曰："东南既擅美，洛阳复称才。携手同欢宴，比迹共游陪。事随短秀落，言归长夜台。"①

第四节　梁陈虞氏的文化繁盛

梁陈之世，虞氏有虞羲、虞骞等能文之世。

一　虞羲的文学成就

虞羲生平，所知甚少。《文选》选虞羲《咏霍将军北伐》李善题下注引《虞羲集序》："羲字子阳，会稽人也。七岁能属文。后始安王引为侍郎，寻兼建安征虏府主簿功曹，又兼记室参军事。天监中卒。"②《南史·王僧孺传》附《虞羲传》写其生平一句："虞羲字士光，盛有才藻，卒于晋安王侍郎。"③

从以上有限的资料可知：虞羲子阳，一说字士光。齐始安王萧道生引为侍郎，不久兼建安征虏府主簿功曹，又兼记室参军事。入梁，为晋安王萧纲侍郎。而钟嵘《诗品》评梁常侍虞羲为下品，诸书并未提及为常侍，未知是否侍郎之误？梁天监（506—513）中卒。《隋书·经籍志》载：齐前军参军《虞羲集》九卷。

虞羲诗歌，被谢朓、钟嵘称为有清拔之气，谢朓常常赞叹吟诵。钟嵘《诗品》列梁常侍虞羲为下品，评曰："子阳诗奇句清拔，谢朓常嗟颂之。"④ 曹旭根据《南史·王融传》卷二十一记载：王融于齐永明十一年（493）被诛时，虞羲是太学生。又据《南齐书·礼志》载："永明三年正月诏立学，创立堂宇，召公卿弟子及员外郎之胤，

① 逯钦立辑校：《先秦汉魏晋南北朝诗》（中册），中华书局1983年版，第1654页。

② 《文选》注引《虞羲集序》，（唐）李善注《文选》（第3册），上海古籍出版社1986年版，第1013页。

③ 《南史》卷59《王僧孺传附虞羲传》，中华书局1975年版，第1463页。

④ 曹旭集注：《诗品集注》（增订本），上海古籍出版社2011年版，第627页。

凡置生二百人，其年秋来集。”又《南史·钟嵘传》载：钟嵘永明三年（485）入国学，“钟嵘齐永明中为国学生”。曹旭根据以上资料推测：“虞羲为钟嵘同学，生年亦相仿佛（入学年龄，《南齐书·礼志》谓在十五以上，二十以还）。与谢朓年龄亦相差无几。钟嵘既言‘朓极与余论诗’，则‘子阳诗奇句清拔，谢朓常嗟颂之’，当为谢朓与钟嵘论诗时所言，为钟嵘亲闻。”[①] 虞羲作品今存文一篇，诗 12 首，残句一。现存诗歌中，正可以见出其清拔之风。

（一）咏物诗

虞羲存诗多为咏物诗，如《见江边竹》《咏秋月》《橘》等。与同时代毫无寄托的咏物诗不同，虞羲的咏物之作多有寄托。如《见江边竹》曰：

> 挺此贞坚性，来树朝夕池。秋波漱下趾，冬雪封上枝。
> 葳蕤防晓露，葱蒨集羁雌。含风自飒飒，负雪亦猗猗。
> 金明无异状，玉洞良在斯。但恨非嶰谷，伶伦未见知。[②]

一二句写出了生长在江边竹子的挺拔风姿和坚贞品性，表明了诗人对竹子的赞誉着重其品性，具有象征意义。三四句具体写竹子要经受秋风洗涤、冬雪封盖等环境的严峻考验。接下来六句写竹子历经了秋冬，依然茂密青葱：秋风中自是飒飒挺拔，寒雪中依旧美丽繁盛，明丽色泽没有任何改变，是制作如玉洞箫的最好材料。结句用伶伦造律吕的传说。据《吕氏春秋·仲夏纪第五·古乐》：“昔黄帝令伶伦作为律。伶伦自大夏之西，乃之阮隃之阴，取竹于嶰溪之谷，以生空窍厚钧者，断两节间，其长三寸九分，而吹之以为黄钟之宫，吹曰舍少。”[③] 嶰谷是伶伦取美竹制作乐器之地。诗人为江边美竹只因未生长于嶰谷而不被伶伦发现而深深惋惜，实则寄托了自己有美才却不为人

① 曹旭集注：《诗品集注》（增订本），上海古籍出版社 2011 年版，第 629—630 页。

② 逯钦立辑校：《先秦汉魏晋南北朝诗》（中册），中华书局 1983 年版，第 1608 页。

③ （东周）吕不韦：《吕氏春秋》卷 5，《诸子集成》（第 6 册），中华书局 1954 年影印本，第 51 页。

所赏的幽怨之情。又《橘》诗：

> 冲飙发陇首，朔雪度炎州。摧折江南桂，离披漠北楸。
> 独有凌霜橘，荣丽在中州。从来自有节，岁暮将何忧。[①]

首联写狂风从西北的陇首向南肆虐，寒雪覆盖了整个炎州。炎州是神话南海炎热岛屿，此处泛指南方炎热地区。次联写狂风寒雪过后摧折了江南的桂树，零落了漠北的楸树。到第三联才出现了吟咏的对象橘树：当漠北的、江南的植物统统被风雪摧残之后，唯有生长在中州的橘树在凌厉霜雪之后依然繁荣美丽。结句以轻松赞赏的口吻写出橘树一直具有不畏严寒的节操，即使严冬岁暮依然不需要任何担忧。此诗构思巧妙，颂橘而先铺写严酷的自然环境和被摧折的万物，经过前面的铺陈映衬来凸显橘树不畏严寒的本性。王夫之评曰："题前生意，一入手即推宕收合，亦古体也。"[②]

虞羲善于写景抒情。有写景诗《春郊》：

> 光风转蕙晦，香雾郁兰津。暄迟蝶弄葩，景丽鸟和春。
> 樵歌喧垄暮，渔枻乱江晨。山中芳杜若，依依独思人。[③]

写春天郊外的和风香雾、鸟蝶兰蕙、樵歌渔枻，画出一幅动态的春日图。形式上对仗工整，造语清丽。送别诗《送友人上湘》，饶有古意，诗曰：

> 濡足送征人，褰裳临水路。共盈一樽酒，对之愁日暮。
> 汉广虽容舠，风悲未可渡。佳期难再得，但愿论心故。
> 沅水日生波，芳洲行坠露。共知丘壑改，同无金石固。[④]

---

① 逯钦立辑校：《先秦汉魏晋南北朝诗》（中册），中华书局1983年版，第1609页。

② （清）王夫之：《古诗评选》卷5，《船山全书》（第14册），岳麓书社1996年版，第792页。

③ 逯钦立辑校：《先秦汉魏晋南北朝诗》（中册），中华书局1983年版，第1609页。

④ 同上书，第1607页。

离别的悲愁，情感真挚，百转千回，情融于景，用典作结而情韵悠长。王夫之评曰："情中百转，自足低回，不更阑入景物，自古体也。轻而不狷，吴均、柳恽亦效此而未臻。入手破题全道后一半，此'携手上河梁'格也。意至文生，殆乎庶矣。"①

另有五言乐府诗《巫山高》，四言赠答诗《敬赠萧咨议》《赠何录事諲之》。还有一首游戏诗《数名》：

> 一去濠水阳，连翩远为客。二毛飒已垂，家贫无所择。
> 三径日荒疏，徭人心不怿。四豪不降意，何事黄金百。
> 五日来归者，朱轮竟长陌。六郡轻薄儿，追随穷日夕。
> 七发动音容，宾从纷奕奕。八表服英严，光光满坟藉。
> 九流意何以，守玄遂成白。十载职不移，来归落松柏。②

每联从一、二、三等数字开始，至十结束。虽与梁陈时代创作游戏诗的风潮一致，但虞羲诗仍然具有清拔之气。

（二）边塞诗

虞羲最大的成就是开拓了咏边塞的内容，如《自君之出矣》：

> 自君之出矣，杨柳正依依。君去无消息，唯见黄鹤飞。
> 关山多险阻，士马少光辉。流年无止极，君去何时归。③

虽然是乐府诗，写的是思妇对出征丈夫的思念之情，但是"关山多险阻，士马少光辉"写出了边塞的艰苦。整首诗语言质朴，但情韵自现。

对后世边塞诗影响颇大的，是被《文选》收录的《咏霍将军北伐》，诗曰：

---

① （清）王夫之：《古诗评选》卷五，《船山全书》（第14册），岳麓书社1996年版，第792页。

② 逯钦立辑校：《先秦汉魏晋南北朝诗》（中册），中华书局1983年版，第1608页。

③ 同上书，第1605页。

拥旄为汉将，汗马出长城。长城地势险，万里与云平。
凉秋八九月，虏骑入幽并。飞狐白日晚，瀚海愁云生。
羽书时断绝，刁斗昼夜惊。乘墉挥宝剑，蔽日引高旍。
云屯七萃士，鱼丽六郡兵。胡笳关下思，羌笛陇头鸣。
骨都先自詟，日逐次亡精。玉门罢斥堠，甲第始修营。
位登万庾积，功立百行成。天长地自久，人道有亏盈。
未穷激楚乐，已见高台倾。当令麟阁上，千载有雄名。①

诗中歌颂汉代名将霍去病讨伐匈奴的战功，并对他的早逝感到惋惜。虽然齐梁间朝廷较弱，但仍然有北伐的举动，此诗反映了诗人希望取得北伐胜利的美好意愿，可以看出诗人的爱国赤诚之心。写沙场烽火，如“长城地势险，万里与云平”“飞狐白日晚，瀚海愁云生，羽书时断绝，刁斗昼夜惊”，颇有气势。

沈德潜评曰：“不为纤靡之习所困，居然杰作。”② 陈祚明评曰：“高壮开唐人之先，已稍洗尔时纤卑习气矣。”③ 此诗无论是诗歌的篇幅还是对边塞风光和战争场面的铺写，都很有唐边塞诗的风味，可看作是唐边塞诗的先导。正如何焯所评：“妙在起伏，非徒铺叙为工。老杜前后《出塞》之祖也。”④

（三）清拔诗风

虞羲诗风清拔，超出同侪，在当时独树一帜，故能引得同代谢朓嗟叹，后世评论家激赏。但这也正是后代诗评家心生疑惑处：虞羲如何能做到超出时俗之风？胡应麟《诗薮》曰：“宋齐之际靡极矣。而虞子阳《北伐》，大有建安风骨，何从得之？”⑤

我以为，虞羲清拔之风，源于其品性贞正。唯其如此，当从事诗

① 逯钦立辑校：《先秦汉魏晋南北朝诗》（中册），中华书局1983年版，第1607—1608页。

② （清）沈德潜：《古诗源》卷13，中华书局1963年版，第275页。

③ （清）陈祚明：《采菽堂古诗选》卷28，清康熙四十五年（1706）刊本。

④ （清）何焯撰，崔高维点校：《义门读书记》卷46，中华书局1987年版，第895页。

⑤ （明）胡应麟：《诗薮》，上海古籍出版社1979年版，第149页。

歌创作时，便是其心性禀赋的自然流露，可以全然不管是否合于流俗。正如王夫之《古诗评选》评《咏橘》曰："子阳留心雅制，于体欲备，老笔沉酣，足以逮之，不问当时俗赏。"①

而虞喜品性的坚贞，来自他的血液，来自虞氏几百年的耿介家风。其诗歌中对具有坚贞品性的竹子的赞誉、对陵霜不凋的橘树的赞颂，正是虞氏耿直家风的形象显现。虞羲通过咏北伐之诗，表达出平定中原的愿望，更与虞翻即使被贬黜到交州，依然对国事念念不忘的爱国为民之心，如出一辙。

虞羲诗歌如此为谢朓赞叹，钟嵘也认同，那么，钟嵘为什么仅仅将其放在下品呢？为什么不像谢朓一样放入中品？曹旭有个有趣的推测："虞子阳《北伐》及《咏橘》诸诗，清拔凌厉、迥出时流，风骨直逼公幹，警遒邻于明远，宜为谢朓嗟赏。未能允为中品之第者，以其同学，要求愈严也。然同学而能入品，亦是虬龙之金甲、凤凰之冠毛。"②

二 虞骞的文学成就

梁陈之世，尚有虞骞善文学。虞骞善五言，与何逊齐名，在山水诗歌的发展上留下了印迹。

会稽虞骞，"工为五言诗，名与（何）逊相埒，官至王国侍郎"，"有文集"③。今存诗5首，皆为山水写景咏物之作。例如，《登钟山下峰望》曰：

冠者五六人，携手岩之际。散意百仞端，极目千里睇。
叠岫乍昏明，浮云时卷闭。遥看野树短，远望樵人细。④

首句点出与五六友人携手共登钟山。三四句写登上钟山的惬意，

① （清）王夫之：《古诗评选》卷5，《船山全书》（第14册），岳麓书社1996年版，第792页。

② 曹旭集注：《诗品集注》（增订本），上海古籍出版社2011年版，第631页。

③ 《梁书》卷49《何逊传》，中华书局1973年版，第692页。

④ 逯钦立辑校：《先秦汉魏晋南北朝诗》（中册），中华书局1983年版，第1610页。

散意峰顶，纵意远眺。后四句描摹远望之景：重叠的山岫忽明忽暗，飘浮的云彩时卷时闭。因距离的遥远，只见远树低矮，樵人纤细。全诗眺望之景皆为长镜头的远景，观察细微，用语生动。陈祚明曰："末押'细'字，韵有致。"[①] 又如，《寻沈剡夕至嵊亭》：

> 命楫寻嘉会，信次历山原。扪天上云纠，搴石[②]下雷奔。
> 澄潭写度鸟，空岭应鸣猿。榜歌唱将夕，商子处方昏。[③]

首二句写出行寻沈剡，经过山原。中间四句写所见所闻：伸手可触到天空中纠集的云朵，采石声有如雷声奔下，澄净的潭水映写出飞越的鸟儿，空旷的山岭响应着猿的鸣声。诗人用四个动词"上""下""度""应"，使得描摹景象宛如四幅图画，形象生动。又如，《游潮山悲古冢》：

> 长林带朝夕，孤岭枕江村。疏松含白水，密筱满平原。
> 荒坟改冻叶，低垅变年根。西光长槚落，促尔膝前尊。[④]

全诗通过对长林、孤岭、疏松、密竹、荒坟、低垄的描画，表现出诗人游潮山时遇见荒坟的淡淡悲伤。

虞骞两首咏物诗，亦善于写景。《视月》曰：

> 清夜未云疲，珠帘聊可发。泠泠玉潭水，映见蛾眉月。
> 靡靡露方垂，晖晖光稍没。佳人复千里，余影徒挥忽。[⑤]

清夜不眠，透过珠帘外望，只见清冽的玉潭水中倒映出娇媚的娥眉月。此时露水正垂，月光稍没。当此月色，不禁思念千里外的佳

① （清）陈祚明：《采菽堂古诗选》卷28，清康熙四十五年（1706）刊本。

② （清）冯惟讷《古诗纪》作"搴石"，《先秦汉魏晋南北朝诗》作"礐石"。此从《古诗纪》。

③ 逯钦立辑校：《先秦汉魏晋南北朝诗》（中册），中华书局1983年版，第1610页。

④ 同上。

⑤ 同上书，第1611页。

人。此诗题为《视月》，却不直接写月，而写水中的倒影，越显月色清泠。陈祚明曰“是新月景色。”[①] 又如，《拟雨》曰：

清风送凉气，薄暮荡炎氛。
虹照涟漪水，电出嵯峨云。
落晖散长足，细雨织斜文。[②]

全诗写出了炎暑薄暮时分从清风吹拂，到彩虹照水，再到电闪云层，最后细雨斜织的整个过程，描摹雨状鲜活，用语奇特，“电出嵯峨云”尤奇。正如陈祚明所评：“雨景甚活，画亦不能出。六朝诗写景每有佳者，以古质故活。”[③]

三　虞荔、虞寄兄弟的著述

虞荔、虞寄兄弟在梁陈易代之际，因德行才华，深得陈武帝陈霸先、陈文帝陈蒨伯侄器重。

（一）虞荔

虞荔（503—561），字山披。祖虞权，梁廷尉卿、永嘉太守。父虞检，平北始兴王咨议参军。仕梁为西中郎、行参军，迁通直散骑侍郎兼中书舍人，领大著作。太清（547—549）中，除镇西咨议参军。台城陷，遁还乡里，10余年不应征。

陈蒨平据守会稽的张彪之后，陈霸先《给虞荔书》曰：“丧乱已来，贤哲凋散，君才用有美，声闻许、洛，当今朝廷惟新，广求英隽，岂可栖迟东土，独善其身？今令兄子将接出都，想必副朝廷虚迟也。”陈蒨《又与书》曰：“君东南有美，声誉洽闻，自应翰飞京许，共康时弊，而削迹丘园，保兹独善，岂使称空谷之望邪？必愿便尔俶装，且为出都之计。唯迟披觏，在于兹日。”[④] 虞荔迫于君王赏识的压

① （清）陈祚明：《采菽堂古诗选》卷28，清康熙四十五年（1706）刊本。
② 逯钦立辑校：《先秦汉魏晋南北朝诗》（中册），中华书局1983年版，第1611页。
③ （清）陈祚明：《采菽堂古诗选》卷28，清康熙四十五年（1706）刊本。
④ 《陈书》卷19《虞荔传》，中华书局1972年版，第257页。

力，不得已乃应命至都。陈文帝陈蒨即位，除太子中庶子侍读，领大著作，东扬、扬州大中正。天嘉二年（561）卒，时年五十九。“及丧柩还乡里，上亲出临送，当时荣之。”①

1. 有志操

虞荔有志操，一生靖退清白。为士林学士时，左右之任，多参权轴，内外机务，互有带掌，唯虞荔与顾协淡然靖退，居于西省，但以文史见知，当时号为清白。得文帝陈蒨深器重，常引左右，朝夕顾访。虞荔个性沉密，少言论，凡所献替，莫有见其际者，故不列于后。侯景之乱，虞荔母随荔入台，卒于台内，不久城陷，情礼不申。于是终身蔬食布衣，不听音乐，虽任遇隆重，而居止俭素，淡然无营。

2. 善经学

虞荔自幼聪敏，善经学。9 岁时，随从伯虞阐，拜访太常陆倕。陆倕问《五经》10 事，虞荔随问辄应，无所遗失，陆倕甚异之。

虞荔“博览坟籍，善属文”②。梁武帝置士林馆，虞荔制碑文，奏上，深得萧衍的赞赏，令刻之于馆。今仅存《鼎录序》《梁同泰寺刹下铭》二文。

（二）虞寄

虞寄（510—579），字次安，虞荔弟。梁中大通（529—534）初，举秀才，对策高第，除宣城王国左常侍。大同（535—545）中，引疾归。岳阳王为会稽太守，以为行参军，迁记室参军。领郡五官掾，转中记室。太清中，除镇南湘东王咨议参军。加贞威将军。台城陷，遁还乡里，依张彪，寻奔陈宝应。承圣初，除和戎将军、中书侍郎，宝应不遣。及陈天嘉（560—565）中，陈宝应平，入为衡阳王掌书记，除国子博士，引疾归。569 年宣帝陈顼即位，除东中郎、建安王咨议，加戎昭将军，又加太中大夫。太建十一年（579）卒，年七十。

虞寄少聪敏。数岁，有客造访其父，门前遇到虞寄，因嘲之曰：“郎君姓虞，必当无智。”虞寄应声答曰：“文字不辨，岂得非愚？”

---

① 《陈书》卷 19《虞荔传》，中华书局 1972 年版，第 258 页。

② 同上书，第 256 页。

客大惭。客入谓其父曰："此子非常人，文举之对不是过也。"①

虞寄有笃行，行为必存仁厚。虽僮仆未尝加以声色，至于临危执节，则辞气凛然，白刃不惮。常出游近寺，闾里传相告语，老幼罗列，望拜道左。有人为誓约，但指虞寄便不欺。其至行如此感化百姓。

虞寄性冲静，有栖遁之志。大同中，尝骤雨，殿前往往有杂色宝珠，梁武观之甚有喜色，虞寄上《瑞雨颂》。帝谓其兄虞荔曰："此颂典裁清拔，卿家之士龙也。将如何擢用?"虞寄闻之，叹曰："美盛德之形容，以申击壤之情耳。吾岂买名求仕者乎?"② 乃闭门称疾，唯以书籍自娱。陈宝应爱虞寄之才，欲引为僚属，委以文翰，虞寄固辞。后陈宝应潜有逆谋，虞寄微知其意，言说之际，每陈逆顺之理，因以讽谏，宝应辄引说他事以拒之。虞寄知陈宝应不可谏，虑祸及己，乃为居士服以拒绝之。居东山寺，伪称脚疾，不复起。前后所居官，未尝至秩满，才期年数月，便自求解退。常曰："知足不辱，吾知足矣。"

虞寄好学，善属文，"所制文笔，遭乱多不存"③。今仅存《谏陈宝应书》。陈宝应与留异欲称兵，行谋逆之事，虞寄作书竭力劝诫。

此书先写陈宝应对己有知遇之恩，现在有机会报答："寄流离世故，飘寓贵乡，将军待以上宾之礼，申以国士之眷，意气所感，何日忘之。而寄沈痼弥留，愒阴将尽，常恐卒填沟壑，涓尘莫报，是以敢布腹心，冒陈丹款，愿将军留须臾之虑，少思察之，则瞑目之日，所怀毕矣。"接着，表明安危祸福事在人为："夫安危之兆，祸福之机，匪独天时，亦由人事。失之毫厘，差以千里。"再写众人愿追随陈宝应的原因："将军文武兼资，英威不世，往因多难，仗剑兴师，援旗誓众，抗威千里，岂不以四郊多垒，共谋王室，匡时报主，宁国庇民乎？此所以五尺童子，皆愿荷戟而随将军者也。"再写高祖陈霸先草创陈朝之时，陈宝应与其结盟，并指出高祖继业后对陈宝应不薄的事实："及高祖武皇肇基草昧，初济艰难。于时天下沸腾，民无定主，

---

① 《陈书》卷19《虞荔传》，中华书局1972年版，第258页。
② 同上。
③ 同上。

豺狼当道，鲸鲵横击，海内业业，未知所从。将军运动微之鉴，折从衡之辩，策名委质，自托宗盟，此将军妙算远图，发于衷诚者也。及主上继业，钦明睿圣，选贤与能，群臣辑睦，结将军以维城之重，崇将军以裂土之封。”强调此时“君臣之分定矣，骨肉之恩深矣”。意料不到的是陈宝应“惑于邪说，遽生异计”，自己“疾首痛心，泣尽继之以血”，而今冒死劝诫，“使得尽狂瞽之说，披肝胆之诚，则虽死之日，由生之年也”。

接着列出十条明显的事实：其一，梁世寰宇分崩，英雄互起，而南面称帝者唯有陈氏，说明天命在陈；其二，强大的王琳、侯瑱起兵都没有好的结果；其三，现在宝应已具有藩戚之重；其四，朝廷宽厚待人，改过自新者都有擢拔；其五，北方周、齐和睦，境外无虞，若并兵南向则后果不堪；其六，合谋者留异声名狼藉，其他部下皆首鼠两端，唯利是图；其七，在侯景、王琳兵革之后，百姓厌战，恐无人愿万死不顾，从白刃之间；其八，以数郡之地挡天子之兵，以诸侯之资拒绝天子之命，强弱顺逆自判；其九，合谋者留异非我族类，其心必异，危急之日，恐难共同患难；其十，在本地作战，是拔本塞源，很难成功。接着指明出路“绝亲留氏，秦郎、快郎，随遣入质，释甲偃兵，一遵诏旨”，且朝廷必定会讲信用，恳求陈宝应三思。最后以“气力绵微，余阴无几，感恩怀德，不觉狂言，鈇钺之诛，甘之如荠”① 结束。

此书文笔朴实，骈散兼行。全文出自一片诚心，语气恳切，罗列不利陈宝应的十条理由，一气呵成，条分缕析，入情入理。可惜陈宝应身处其中，不能听从。直到败走，夜至莆田（今属福建），才后悔，发出“早从虞公计，不至今日”的感慨。

梁陈时代，会稽余姚虞氏善文者尚有数人。虞履，为梁上林馆学士，今存文一篇。虞僧虬，梁天监（502—519）初为法官，存文《断景慈证母事启》一篇。虞爵，梁天监中为治书侍御史迁尚，书祠部郎，有集十卷。今存奏文一篇。

---

① 《陈书》卷19《虞荔传》，中华书局1972年版，第259—261页。

综上所述，会稽虞氏在中古时期儒学、史学、礼制、文学、天文学等方面，都作出了卓越的贡献。虞氏子弟在隋唐之世，传承家族文化传统，继续学术事业。虞荔子虞世基、虞世南，皆是隋唐文化名人，尤其虞世南，又一次创造了虞氏家族的辉煌。虞世南是初唐书法名家、诗人、史学家，编著类书《北堂书钞》，在文史、书法上成就突出，影响深远。

第六章　会稽孔氏家族及其文化贡献

关于会稽山阴孔氏，最早据《晋书·孔愉传》载：

> 孔愉字敬康，会稽山阴人也。其先世居梁国。曾祖潜，太子少傅，汉末避地会稽，因家焉。祖竺，吴豫章太守。父恬，湘东太守。从兄侃，大司农。俱有名江左。①

可见会稽山阴孔氏本居梁国，于东汉末年避乱会稽。

山阴孔氏是儒学世家。孔氏南迁后可查考的最早的儒学大师是孔冲。《晋书·孝友·许孜传》载："许孜字季义，东阳吴宁人也。孝友恭让，敏而好学。年二十，师事豫章太守会稽孔冲，受《诗》《书》《礼》《易》及《孝经》《论语》。学竟，还乡里。冲在郡丧亡，孜闻问尽哀，负担奔赴，送丧还会稽，蔬食执役，制服三年。"② 作为孔氏南徙后的第三代，孔冲有如此精深的学术修养，当与其家族南移前的文化积累有关。

中古时期，会稽孔氏著述兼及经、史、集部。

经学方面，《隋志》著录1部：晋孔伦《集注丧服经传》四卷。《隋志》未录的有孔子祛6部，分别是《五经讲疏义证》《孔子正言义证》《尚书义》20卷、《集注尚书》30卷、续朱异《集注周易》

---

① 《晋书》卷78《孔愉传》，中华书局1974年版，第2051页。

② 《晋书》卷88《许孜传》，中华书局1974年版，第2279页。

100卷、续何承天集《礼论》150卷。《梁书·孔子祛传》载："武帝撰《五经讲疏》及《孔子正言》，专使子祛检阅群书，以为义证。"又"著《尚书义》二十卷、《集注尚书》三十卷、续朱异《集注周易》一百卷、续何承天集《礼论》一百五十卷"①。

史学方面，《隋志》著录3部：晋孔愉《晋咸和咸康故事》4卷、南齐孔稚珪《陆先生传》1卷、孔逭《三吴决录》。

集部方面，《隋志》记载7种：晋侍中《孔坦集》17卷、晋吴兴太守《孔严集》11卷、晋太常卿《孔汪集》10卷、宋太常卿《孔琳之集》9卷、宋侍中《孔宁子集》11卷、宋国子博士《孔欣集》9卷、齐金紫光禄大夫《孔稚珪集》10卷。另外，《隋志》未收，史书中记录的有4种：《孔休源传》15卷、《孔翁归集》《孔奂集》15卷、《弹文》4卷。《梁书·孔休源传》载：（孔休源）"凡奏议弹文勒成十五卷。"②《梁书·何逊传》载：孔翁归工为诗，"有文集"③。《陈书·孔奂传》载："有集十五卷，弹文四卷。"④

第一节 东晋会稽孔氏文化大族地位的确立

东晋会稽孔氏重儒学，奉道教，善文艺，确立了其在会稽的文化大族地位。会稽孔氏本居梁国，太子少傅孔潜于东汉末年避乱会稽。会稽孔氏第四代多任高职。孔侃任大司农，孔群任御史中丞，孔愉因军功封侯，后迁侍中，尚书仆射，任会稽内史。孔愉、孔坦、孔严、孔沈等人皆善文史。

一 孔愉的贡献

在东晋初年山阴孔氏首先登场的是孔愉，也是史书中山阴孔氏的

---

① 《梁书》卷48《孔子祛传》，中华书局1973年版，第680页。
② 《梁书》卷36《孔休源传》，中华书局1973年版，第522页。
③ 《梁书》卷49《何逊传》，中华书局1973年版，第693页。
④ 《陈书》卷21《孔奂传》，中华书局1972年版，第283—284页。

第一位立传者。

孔愉（268—342），字敬康。孔愉遵循礼制，以忠孝闻名。年十三而孤，奉养祖母以孝闻名。苏峻反，孔愉朝服守宗庙。与同郡张茂（字伟康）、丁潭（字世康）被时人称为“会稽三康”[①]。

吴平，迁洛阳。惠帝末年，归乡里。至江淮间，遇到石冰、封云为乱。封云逼迫孔愉为参军，不从，将杀之，赖封云司马张统营救豁免。东还会稽，入新安山中，改姓孙氏，以稼穑读书为务。

建兴初年（313），46岁始应元帝召为丞相掾，仍除驸马都尉，参丞相军事。因讨华轶功封馀不亭侯。建武（317—318）初长兼中书郎。大兴（318—321）中出为司徒左长史，累迁吴兴太守。明帝时拜御史中丞，迁侍中，成帝时为太常，徙尚书，转尚书右仆射，领东海王师，迁左仆射，后为尚书仆射。转护军将军，加散骑常侍，复徙领军将军，加金紫光禄大夫，领国子祭酒，出为镇军将军会稽内史，致仕，咸康八年（342）卒，年七十五。下面分别从其个性、栖隐和著述三方面论述。

（一）个性守正

孔愉个性守正，不怕得罪权贵。为司徒长史时，以平南将军温峤母亡遭乱不葬，乃不提升其品级。至苏峻平，温峤有重功，孔愉往石头诣温峤。温峤执孔愉手而流涕曰：“天下丧乱，忠孝道废。能持古人之节，岁寒不凋者，唯君一人耳。”[②] 时人咸重孔愉之守正。

咸和八年（333），召赐孔愉20人。孔愉上疏固让，优诏不许。孔愉以百姓为念，拒绝赏赐，遭王导嘲讽“责问”。后王导欲以赵胤为护军，孔愉谓王导曰：“中兴以来，处此官者，周伯仁、应思远耳。今诚乏才，岂宜以赵胤居之邪！”王导不从。于是为王导所衔恨。孔愉因守正，数次得罪王导。

孔愉表现出的守正亮直，正是汉代形成的会稽本土士风重要的一

① 《世说新语》注引《晋阳秋》，余嘉锡笺疏《世说新语笺疏》，中华书局2007年版，第606页。

② 《晋书》卷78《孔愉传》，中华书局1974年版，第2052页。

面。孔愉为会稽内史时亦是良吏。兴修水利，惠泽百姓。“句章县有汉时旧陂，毁废数百年。愉自巡行，修复故堰，溉田二百余顷，皆成良业。”①

（二）栖隐

孔氏虽然是儒学世家，但同时信奉天师道，孔氏子弟多有栖隐之愿。天师道信仰的家族“于周孔世法，并无冲突之处”②。孔愉未出仕时，有道术，百姓以为神人，为其立生庙。《世说新语·栖逸》载：“孔车骑少有嘉遁志，四十余，始应安东命。未仕宦时，常独寝，歌吹自箴诲，自称孔郎。游散名山。百姓谓有道术，为生立庙。今犹有孔郎庙。”③《晋书》本传载：“东还会稽，入新安山中，改姓孙氏，以稼穑读书为务，信著乡里。后忽舍去，皆谓为神人，而为之立祠。”④

（三）著述

孔愉善文学。据《隋书·经籍志》载：孔愉撰野史《晋咸和咸康故事》4卷。今存文《重表让禀赐》《奏日蚀伐鼓非旧典》《为旧君服议》3篇。

《重表让禀赐》曰：

> 臣以朽暗，忝厕朝右，而以惰劣，无益毗佐。方今强寇未殄，疆埸日骇，政烦役重，百姓困苦，奸吏擅威，暴人肆虐。大弊之后，仓库空虚，功劳之士，赏报不足，困悴之余，未见拯恤，呼嗟之怨，人鬼感动。宜并官省职，贬食节用，勤抚其人，以济其艰。臣等不能赞扬大化，纠明刑政，而偷安高位，横受宠给，无德而禄，殃必及之，不敢横受殊施，

① 《晋书》卷78《孔愉传》，中华书局1974年版，第2053页。

② 陈寅恪：《陶渊明思想与清谈之关系》，《金明馆丛稿初编》，生活·读书·新知三联书店2001年版，第217页。

③ 余嘉锡笺疏：《世说新语笺疏》，中华书局2007年版，第769页。

④ 《晋书》卷78《孔愉传》，中华书局1974年版，第2051页。

以重罪戾。①

此表朴实真诚，一如孔愉为人。

二　孔坦的成就

孔坦（286—336），字君平。祖孔冲，丹阳太守。父孔侃，大司农。晋元帝为晋王，以孔坦为世子文学。下面从其经世之才、至死忧国和文学三方面论述。

（一）经世之才

东宫建，补太子舍人，迁尚书郎。其时尚书郎初到，皆要策试。元帝策问："吴兴徐馥为贼，杀郡将。郡今应举孝廉不?"孔坦《初到尚书郎对策》对曰：

> 四罪不相及，殛鲧而兴禹。徐馥为乱，何妨一郡之贤?②

又问："奸臣贼子弑君，污宫潴宅，莫大之恶也。乡旧废四科之选，今何所依?"坦曰：

> 季平子逐鲁昭公，岂可以废仲尼也!

可见孔坦在处理问题时，颇有见地。

在东晋初创的政策中，孔坦对于如何取孝廉秀才，提出了合理的建议，被朝廷采纳。朝廷先是由于兵乱之后，务存慰悦，远方秀才孝廉到，皆不策试，直接除署。太兴元年（318）晋元帝司马睿申明旧制，皆令策试经书，有不中科，刺史、太守免官。太兴三年（320），秀才孝廉多不敢行，其中到达的人，也多托疾。晋元帝欲除署孝廉，而秀才比如前制。孔坦《奏议策除秀孝》曰：

---

① 《晋书》卷78《孔愉传》，中华书局1974年版，第2052页。

② 《晋书》卷78《孔坦传》，中华书局1974年版，第2054页。

臣闻经邦建国，教学为先，移风崇化，莫尚斯矣。古者且耕且学，三年而通一经，以平康之世，犹假渐渍，积以日月。自丧乱以来，十有余年，干戈载扬，俎豆礼戢，家废讲诵，国阙庠序，率尔责试，窃以为疑。然宣下以来，涉历三载，累遇庆会，遂未一试。扬州诸郡，接近京都，惧累及君父，多不敢行。其远州边郡，掩诬朝廷，冀于不试，冒昧来赴，既到审试，遂不敢会。臣愚以不会与不行，其为阙也同。若当偏加除署，是为肃法奉宪者失分，侥幸投射者得官，颓风伤教，惧于是始。

夫王言如丝，其出如纶。临事改制，示短天下，人听有惑，臣窃惜之。愚以王命无贰，宪制宜信。去年察举，一皆策试，如不能试，可不拘到，遣归不署。又秀才虽以事策，亦泛问经义，苟所未学，实难暗通，不足复曲碎垂例，违旧造异。谓宜因其不会，徐更革制。可申明前下，崇修学校，普延五年，以展讲习，钧法齐训，示人轨则。夫信之与法，为政之纲，施之家室，犹弗可贰，况经国之典而可玩黩乎?①

先提出当时下令秀孝要策试时自己的疑惑。认为经邦建国，移风崇化，教学为先。在古代既耕且学，三年才能通一经。在太平时期，只能假以日月，慢慢积累。而现在丧乱十多年，到处有战事，祭礼被迫中断，家中讲诵停止，官办学校缺少。在此种情形下，秀孝突然开始策试，内心颇为怀疑。

再写政策出台之后的现状及原因。政策虽然出台三年，但是经常遇到喜庆宴会，所以实际上没有一次朝廷策试。扬州诸郡，接近京都，对于这些地方的人才而言，担心累及父兄，所以多不敢行。边远的州郡，不知朝廷的政策，希望不试，冒昧来京，知道要策试，又不敢参加。不参加和不行动，其为阙的原因都是一样的。如果现在又提出要特别除署，那么会那些奉法者失去机会，而侥幸投射者得官。那么，颓风伤教，可能从此开始。

① 《晋书》卷78《孔坦传》，中华书局1974年版，第2055页。

接着进一步强调，如果临事改制，人会迷惑。“王命无贰，宪制宜信”，也就是宪令公布后，最重要的就是一个字“信”。去年察举孝廉，全部策试，如未试中，皆遣归不署。秀才虽然以事策问，也会泛问经义。如果没学，也难暗通。所以，今年也不应违背政策，特殊对待。

最后，提出目前的应对措施。应该是慢慢改革，重修学校，继续申明三年前下的法令，但应普遍延迟五年再实行。如此则一方面继续强调学校讲析的重要，另一方面在法令面前人人均等，这才是朝廷应该树立的轨则。诚信之与法令，是为政之纲纪。在一个家中都不能反复有贰，何况是经国之典范呢？

孔坦此奏疏，重申法令不能朝令夕改，遇到问题，朝廷千万不能自己违背政令来解决。相反，“宪制宜信”，应该在重申法令的基础上，针对实际情况如何变通。孔坦针对孝廉秀才的政策，提出的对策，既有理又实用。于是，晋元帝采纳。孝廉策问延迟到七年，秀才如旧制。

孔坦非常正直，宁愿弃官，也绝对不会加害无罪的同僚。其时，典客令万默领导诸胡地。胡人有人诬陷，朝廷怀疑万默有所偏助，拟实行死刑。岂料孔坦就是不签署，于是被谴责。孔坦便弃官，东归会稽。后来，除领军司马，未赴。正值王敦谋反，与右卫将军虞潭一起在会稽起兵，讨伐叛军沈充。平叛后，才又开始做官。扬州刺史王导请为扬州别驾。咸和元年（326），为迁尚书左丞，深为台中所忌惮。

孔坦不仅有文策，而且对于军事颇有谋略。在苏峻之乱中，不仅料事如神，而且最后在平苏峻的决策中起了关键作用。咸和二年（327），历阳内史苏峻反。孔坦与司徒司马陶回向王导陈述：“及峻未至，宜急断阜陵之界，守江西当利诸口，彼少我众，一战决矣。若峻未至，可往避其城。今不先往，峻必先至。先人有夺人之功，时不可失。”王导认同。但是，庾亮以为按苏峻的路线，袭击朝廷是虚。所以，没有按照孔坦的计策部署。结果，苏峻的队伍攻破姑孰，取盐米。庾亮才后悔。孔坦对人说：“观苏峻之势，必破台城。自非战士，不需戎服。”不久台城被攻陷，戎服者多死，白衣者无事。时人称其有先见。及苏峻挟制晋成帝幸石头城，孔坦奔赴陶侃。陶侃以为长史。当时陶侃等正在连夜赶筑白石垒，至晓而成。听到苏峻军紧密的声音，都担心来攻。孔坦曰："不然。若峻攻垒，必须东北风急，令我水军不得往救。今天清静，贼必不动，决遣军出江乘，掠京口以东矣。"① 果然如孔坦所料。当时，郗鉴镇京口，陶侃等各自带兵会和。会和之后，孔坦又建议说：本不应该召郗鉴，使得东门无限，今急需遣还，虽晚，犹胜不为。陶侃等人还在犹豫。孔坦非常坚决地说服，最终依孔坦计而行。令郗鉴还据京口，郭默屯据大业，骁骑将军李闳、曹统、周光与之并力。遂使苏峻军势力分散，最终正如孔坦所谋划。

苏峻事平，以孔坦为吴郡太守。孔坦自陈：吴多贤豪族，自己年少，不当临之。于是王导、庾亮欲用孔坦为丹阳尹。乱离之后，百姓疲敝，孔坦固辞。王导等还是没有允许。孔坦慨然曰："昔肃祖临崩，诸君亲临御床，并蒙眷识，共奉遗诏。孔坦疏贱，不在顾命之列。既有艰难，则以微臣为先，今犹俎上腐肉，任人脍截耳！"② 于是拂衣而去，王导诸公亦止。于是，改迁吴兴内史，封晋陵男，加建威将军。时岁饥，运家中米以振穷乏，深得百姓信赖。

咸康元年（335），石聪寇历阳（今安徽和县）。大司马王导讨伐，请孔坦为司马。其时石勒新死，石虎（字季龙）专恣，石聪、谯郡太守彭彪等各遣使以降。孔坦《与石聪书》：

> 华狄道乖，南北回邈，瞻河企宋，每怀饥渴。数会阳九，天祸晋国，奸凶猾夏，乘衅肆虐。我德虽衰，天命未改。乾符启再集之庆，中兴应灵期之会；百六之艰既过，惟新之美日隆。而神州振荡，遗氓波散，誓命戎狄之手，局蹐豺狼之穴，朝廷每临寐永叹，痛心疾首。天罚既集，罪人斯陨，王旅未加，自相鱼肉。岂非人怨神怒，天降其灾！兰艾同焚，贤愚所叹，哀矜勿喜，我

---

① 《晋书》卷78《孔坦传》，中华书局1974年版，第2056页。

② 余嘉锡笺疏：《世说新语笺疏》，中华书局2007年版，第376页。

后之仁，大赦旷廓，唯季龙是讨。彭谯使至，粗具动静，知将军忿疾丑类，翻然同举。承问欣豫，庆若在己。何知几之先觉，砎石之易悟哉！引领来仪，怪无声息。

将军出自名族，诞育洪胄。遭世多故，国倾家覆，生离亲属，假养异类。虽逼伪宠，将亦何赖！闻之者犹或有悼，况身婴之，能不愤慨哉！非我族类，其心必异，诚反族归正之秋，图义建功之日也。若将军喻纳往言，宣之同盟，率关右之众，辅河南之卒，申威赵魏，为国前驱，虽窦融之保西河，黥布之去项羽，比诸古今，未足为喻。圣上宽明，宰辅弘纳，虽射钩之隙，赏之故行，雍齿之恨，侯之列国。况二三子无曩人之嫌，而遇天启之会，当如影响，有何迟疑！

今六军诫严，水陆齐举，熊罴踊跃，龁噬争先，锋镝一交，玉石同碎，虽复后悔，何嗟及矣！仆以不才，世荷国宠，虽实不敏，诚为行李之主，区区之情，还信所具。夫机事不先，鲜不后悔，自求多福，唯将军图之。[①]

此书信言辞恳切，典故平实，骈散皆行。《与石聪书》是东晋著名尺牍，被王文儒收入《六朝尺牍》。

（二）至死忧国

孔坦“少方直，有雅望”[②]，到老依然方正不改。任侍中时，孔坦因方正，多次得罪王导，出为廷尉。《晋书·卞壶传》载：其时王导以勋德辅政，晋成帝司马衍每幸其宅，尝拜王导妇曹氏。侍中孔坦密表不宜拜。王导闻之曰：“王茂弘驽痾耳，若卞望之之岩岩，刁玄亮之察察，戴若思之峰岠，当敢尔邪！”[③]《晋书》本传中也有记载：晋成帝司马衍每幸丞相王导府，拜王导妻曹氏，有如家人。孔坦以为此乃有违君臣之礼，每每切谏。成帝委政王导，孔坦每发愤，

① 《晋书》卷78《孔坦传》，中华书局1974年版，第2059页。
② 同上书，第2054页。
③ 《晋书》卷70《卞壶传》，中华书局1974年版，第1871页。

以国事为己忧，尝从容言于帝曰："陛下春秋以长，圣敬日跻，宜博纳朝臣，咨诹善道。"[①] 因此而触忤了王导，出为廷尉，怏怏不悦，以疾去职。

孔坦归会稽疾笃，临终犹以国家为念。时任会稽内史的庾冰前来探视，相问讯甚至为之流涕。庾冰既下床，孔坦慨然曰："大丈夫将终，不问安国宁家之术，乃作儿女子相问!"[②] 庾冰闻之，返回致歉，请其话言。又《临终与庾亮书》曰：

> 不谓疾苦，遂至顿弊，自省绵绵，奄忽无日。修短命也，将何所悲！但以身往名没，朝恩不报，所怀未叙，即命多恨耳！足下以伯舅之尊，居方伯之重，抗威顾眄，名震天下，榱椽之佐，常愿下风。使九服式序，四海一统，封京观于中原，反紫极于华壤，是宿昔之味咏，慷慨之本诚矣。今中道而毙，岂不惜哉！若死而有灵，潜听风烈。[③]

此书将统一中国的重任寄于庾亮。虽是短篇，但孔坦四海一统的慷慨之怀，溢于言辞，而尤其是最后"若死而有灵，潜听风烈"的期望，一如陆游《示儿》中死后期盼能将统一中原的好消息在被祭祀时告知的爱国情怀。庾亮收到书信时，孔坦已亡，犹作《追报孔坦书》，以告慰亡魂曰：

> 廷尉孔君，神游体离，呜呼哀哉！得八月十五日书，知疾患转笃，遂不起济，悲恨伤楚，不能自胜。足下方在中年，素少疾患，虽天命有在，亦祸出不图。且足下才经于世，世常须才，况于今日，倍相痛惜。吾以寡乏，忝当大任，国耻未雪，夙夜忧愤。常欲足下同在外藩，戮力时事。此情未果，来书奄至。申寻往复，不觉涕陨。深明足下慷慨之怀，深痛足下不遂

① 《晋书》卷78《孔坦传》，中华书局1974年版，第2058页。

② 余嘉锡笺疏：《世说新语笺疏》，中华书局2007年版，第382页。

③ 《晋书》卷78《孔坦传》，中华书局1974年版，第2059页。

之志。邈然永隔，夫复何言！谨遣报答，并致薄祭，望足下降神飨之。[①]

（三）文学

孔坦“通《左氏传》，解属文”[②]。《隋书·经籍志》载：晋侍中《孔坦集》17卷，梁五卷，录一卷。今存文五篇，四篇已见前引。

另有《谢赐酒柑表》：“天恩例赐灵酒黄柑，不胜受遇，谨表以闻。”[③]

三　孔严、孔汪、孔安国的著述

（一）孔严

孔严[④]（？—370），字彭祖，孔群兄孔伦之子，因曾封西阳侯，史亦称孔西阳。祖父孔奕，全椒令，明察过人。在官有惠化，及卒，百姓如丧父母。父孔伦，黄门郎。下面分别从孔严调和桓殷矛盾、礼制政务和耿直三方面论述。

1. 调和桓殷矛盾

孔严少仕州郡，历司徒掾、尚书殿中郎。殷浩任扬州刺史，请为扬州别驾，迁尚书左丞。朝廷崇树殷浩，以抗衡桓温，桓温深以不平。殷浩又谋立功于边境。桓温与殷浩的矛盾越深。针对朝廷将相不和的局面，孔严言于殷浩曰：

当今时事艰难，可谓百六之运，使君屈己应务，属当其会。圣怀所以日昃匪懈，临朝斤斤，每欲深根固本，静边宁国耳，亦岂至私哉！而处任者所志不同，所见各异，人口云云，无所不至。顷来天时人情，良可寒心。古人为政，防人之口甚于防川。

① 《晋书》卷78《孔坦传》，中华书局1974年版，第2059页。

② 同上书，第2054页。

③ （清）严可均辑：《全上古三代秦汉三国六朝文》（第3册），中华书局1999年影印本，第2185页。

④ 《世说新语》及注皆作“孔岩”，今从《晋书》本传。

> 间日侍座，亦已粗申所怀，不审竟当何以镇之？《老子》云“夫唯不争，则万物不难与之争”，此言不可不察也。愚意故谓朝廷宜更明授任之方，韩彭可专征伐，萧曹守管籥，内外之任，各有攸司。深思廉蔺屈申之道，平勃相和之义，令婉然通顺，人无间言，然后乃可保大定功，平济天下也。又观顷日降附之徒，皆人面兽心，贪而无亲，难以义感。而聚著都邑，杂处人间，使君常疲圣体以接之，虚府库以拯之，足以疑惑视听耳。[①]

孔严此论，先指出当今时事艰难，静边宁国是上策，而处任大臣各怀其志，致使朝廷异说纷纭。再引《老子》“夫唯不争，则万物不难与之争”的哲学依据，并列举了历史中只有将相各司其职，和睦之道，才能“保定大功，平济天下”的史实。最后指出要远离小人，休信谗言。从时事到历史，娓娓道来，明言将相之和的重要，极力劝说殷浩不要与桓温争权。殷浩深纳之。

2. 礼制政务

孔严为晋礼制建设，提出不少合理建议。晋哀帝司马丕刚即位(362)，议所承统，多有异议。孔严与丹杨尹虞龢议曰：“顺本居正，亲亲不可夺，宜继成皇帝。”[②] 诸位儒生皆以孔严议为长，都从之。

隆和元年（362），诏曰：“天文失度，太史虽有禳祈之事，犹衅眚屡彰。今欲依鸿祀之制，于太极殿前庭亲执虔肃。”孔严《谏鸿祀》曰：

> 鸿祀虽出《尚书大传》，先儒所不究，历代莫之兴，承天接神，岂可以疑殆行事乎！天道无亲，唯德是辅。陛下祗顺恭敬，留心兆庶，可以消灾复异。皆已蹈而行之，德合神明，丘祷久矣，岂须屈万乘之尊，修杂祀之事！君举必书，可不慎欤！[③]

---

① 《晋书》卷78《孔严传》，中华书局1974年版，第2059—2060页。

② 同上书，第2060页。

③ 同上。

孔严此建议，不同意晋哀帝计划在太极殿前亲自执鸿祀。理由有三：其一，鸿祀虽出自《尚书大传》，但先儒少有人研究，故历代没有再兴，祭祀怎么能用有疑殆之礼而行事？其二，天道无亲，唯德是辅。只要陛下恭敬天道，留心百姓，那么，灾异自会消除。其三，以万乘之尊，修杂祀一定要谨慎。晋哀帝嘉许而止。

以为扬州大中正，不就。有司奏免，诏特以侯领尚书。太和（366—370）中，拜吴兴太守，加秩中两千石，“善于宰牧，甚得人和”①。在郡褒奖善举，甄赏才能之士。太和五年（370），因疾病去职，卒于家。

3. 耿直

孔严为人耿直，不仅在朝廷中敢于匡正，在平常亦能直言人过。《世说新语·品藻》注引《中兴书》曰：“岩字彭祖，会稽山阴人。父俭，黄门侍郎。岩有才学，历丹阳尹、尚书、西阳侯，在朝多所匡正。为吴兴太守，大得民和。”②《世说新语·规箴》载：

> 王右军与王敬仁、许玄度并善。二人亡后，右军为论更克。孔严诫之曰：“明府昔与王、许周旋有情，及逝没之后，无慎终之好，民所不取。”右军甚愧。③

王羲之与王修、许询并善，二人亡后，王羲之为论更苛刻。孔严戒之：您生前与二人周旋有情，人死之后，苛求他人，这是无慎终之好，不应该这样做。王羲之甚是惭愧。

孔严不仅有“学义”④，也“有才学”⑤，善文学。《隋书·经籍志》载：吴兴太守《孔严集》11卷，录1卷。

---

① 《晋书》卷78《孔严传》，中华书局1974年版，第2061页。

② 余嘉锡笺疏：《世说新语笺疏》，中华书局2007年版，第620页。

③ 同上书，第672页。

④ 同上书，第620页。

⑤ 《世说新语·品藻》注引《中兴书》，余嘉锡笺疏：《世说新语笺疏》，中华书局2007年版，第620页。

（二）孔汪

孔汪（？—392），字德泽，孔愉子。好学有志行，孝武帝时位至侍中，以“直亮”见称①。后为广州刺史，甚有政绩，为岭表百姓所称赞。孔汪善文学。《隋书·经籍志》载：《太常卿孔汪集》十卷。

在晋礼制建设中，提出建议。晋孝武帝太元十二年（387），诏曰：“昔建太庙，每事从简约，思与率土，致力备礼。又太祖虚位，明堂未建。郊祀，国之大事，而稽古之制阙然。便可详议。”祠部郎徐邈、侍中车胤、中书令王珉意同车胤、太常孔汪、吏部郎王忱议。太常孔汪四府君郊配议曰：

> 泰始开元，所以上祭四府君，诚以世数尚近，可得飨祠，非若殷、周先世，王迹所因也。向使京兆尔时在七世之外，自当不祭此四王。推此知既毁之后，则殷禘所绝矣。②

王忱议：“明堂则天象地，仪观之大，宜俟皇居返旧，然后修之。”骠骑将军会稽王司马道子、尚书令谢石同王忱议。于是奉行无所改。

孔汪又有与范宁，关于丧服礼的问答。《通典》卷九十六“出后者却还为本父服及追服所后父议”条记载。范宁问孔德泽云：“甲无子，取其族子乙为后。所生父没，降服周。甲晚自生子，乙归本家。后甲终，乙当有服否？若服，当制何服？”孔汪答曰：“代人行之，似当无服。继母尝为母子，既出服周。推此粗可相况。”

范又难：“必当有服，未辨服之定准。云继母既出服周，此礼所出为分明释耳。”孔又答云：“继母出为服周，是父没而嫁，贺循要记亦谓之出。当以舍此适彼，不独在嫁，可以意领，故不必继于本也。”③

---

① 《晋书》卷78《孔安国传》，中华书局1974年版，第2054页。

② 《宋书》卷16《礼志三》，中华书局1974年版，第453页。

③ 王文锦等点校：《通典》卷96，中华书局1988年版，第2586页。

（三）孔安国

孔安国（？—408），孔愉第六子。“少而孤贫，能善树节，以儒素见称”[①]。孝武帝礼遇有加，为太常、侍中。后帝驾崩，孔安国“形素羸瘦，着重服，竟日涕泗流涟，见者以为真孝子”[②]。晋安帝时为会稽内史、领军将军。隆安（397—401）中下诏称其“贞慎清正”。后历尚书左仆射。义熙四年（408）卒。

在晋礼制建设中，孔安国提出建议被采纳。义熙二年（406）六月，白衣领尚书左仆射孔安国启云：

> 元兴三年夏，应殷祠。昔年三月，皇舆旋轸。其年四月，便应殷，而太常博士徐乾等议云：“应用孟秋”。台寻校自太和四年相承皆用冬夏，乾等既伏应孟冬，回复追明孟秋非失。御史中丞范泰议：“今虽既祔之后，得以烝尝，而无殷荐之比。太元二十一年十月应殷，烈宗以其年九月崩。至隆安三年，国家大吉，乃修殷事。又礼有丧则废吉祭，祭新主于寝。今不设别寝，既祔，祭于庙。故四时烝尝，以寄追远之思，三年一祇，以习昭穆之序，义本各异。三年丧毕，则合食太祖，遇时则殷，无取于限三十月也。当是内台常以限月成旧。”就如所言，有丧可殷。隆安之初，果以丧而废矣。月数少多，复迟速失中。至于应寝而修，意所未譬。[③]

孔安国关于殷祠时间的启文，提出殷祠应在夏天，认为博士徐乾等人提出孟秋，是失误。又启云：

> 范泰云：“今既祔，遂祭于庙，故四时烝尝。”如泰此言，殷与烝尝，其本不同，既祔之后，可亲烝尝而不得亲殷也。太常刘瑾云：“章后丧未一周，不应祭。”臣寻升平五年五月，穆皇帝

---

① 《世说新语·德行》注引《续晋阳秋》，余嘉锡笺疏《世说新语笺疏》，第62页。

② 余嘉锡笺疏：《世说新语笺疏》，中华书局2007年版，第62页。

③ 《宋书》卷16《礼志三》，中华书局1974年版，第453—454页。

崩，其年七月，山陵，十月，殷。兴宁三年二月，哀皇帝崩，太和元年五月，海西夫人庾氏薨，时为皇后，七月，葬，十月，殷。此在哀皇再周之内，庾夫人既葬之后，二殷策文见在庙。又文皇太后以隆安四年七月崩，陛下追述先旨，躬服重制，五年十月，殷。再周之内，不以废事。今以小君之哀，而泰更谓不得行大礼。臣寻永和十年至今五十余载，用三十月辄殷，皆见于注记，是依礼，五年再殷。而泰所言，非真难臣，乃以圣朝所用，迟速失中。泰为宪司，自应明审是非，若臣所启不允，即当责失奏弹，而愆惰稽停，遂非忘旧。请免泰、瑾官。①

此启文指出范泰认为，殷祠和烝尝不同。孔安国根据50多年来的皇室殷祠，指出范泰的意见自是失中。启文上后，诏皆按白领领职。于是博士徐乾等皆免官。

第二节　刘宋时期孔氏家族的繁荣

刘宋以后，会稽士族在政治上进入低落期，只有孔氏仍然在朝廷上担任侍中等清显之职，保持着会稽第一家族的声望。这与刘裕起事的过程中，孔靖给予支持有很大的关系。此时期的孔氏子弟，亦重才学文艺，出现孔灵符、孔琳之、孔宁子、孔欣、孔璠之等。

一　孔靖在刘宋立国时的功绩

孔靖（347—422），字季恭，祖孔愉，父孔訚。因与刘裕祖名同，故以字行。始察举郡孝廉，功曹史，著作佐郎，太子舍人，镇军司马，司徒左西掾。未拜，遭母忧。隆安五年（401）于丧中被起建威将军，山阴令，不就。

刘裕东征孙恩，屡次至会稽，孔靖多次接待，赡给甚厚。孔靖不

① 《宋书》卷16《礼志三》，中华书局1974年版，第454页。

仅在经济上给予刘裕大力支持，而且在起事地点和时间上提出了重要建议。史载：刘裕欲在山阴建义军征讨桓玄。孔靖认为：山阴据京师路远，且桓玄未居极位，不如待其篡逆事彰显，在京口徐图谋。刘裕深以为然。①

孔靖继任会稽内史，善待前任会稽内史虞啸父。当初，虞啸父为征东将军、会稽内史，孔靖求为府司马，不得。及刘裕定桓玄，以孔靖为会稽内史。夜扣扉告虞啸父。虞啸父闻桓玄败，震惧，开门请罪。孔靖慰勉，使其暂安所在，明早乃移。到任会稽内史，务存治实，敕止浮华，剪罚游惰，于是寇盗衰止，境内肃清。

义熙八年（412），复都督会稽五郡军事，征虏将军、会稽内史。修饰学校，督课诵习。义熙十年（414），复为尚书右仆射，加散骑常侍，又让不拜。不久，除领军将军，加散骑常侍，本州大中正。义熙十二年（416），致仕，拜金紫光禄大夫，散骑常侍如故。同年，刘裕北伐，孔靖求从，以为太尉军咨祭酒、后将军，从平关、洛。宋台初建，为尚书令，加散骑常侍，又让不受，乃拜侍中、特进左光禄大夫。

辞事东归山阴，高祖刘裕在戏马台饯行，百官皆赋诗以述其美。及高祖受命，加开府仪同三司，辞让多年，终以不受。

正是孔靖在刘裕立国的过程中功绩显著，使得孔氏子弟在刘宋朝多得清显之职。

二　孔灵符与《会稽记》

孔灵符（？—465），孔愉曾孙。祖孔訚，父孔靖。元嘉（424—453）末，为南谯王义宣司空长史、南郡太守，尚书吏部郎。宋孝武帝大明初，自侍中为辅国将军、郢州刺史，入为丹阳尹。后出为会稽太守，寻加豫章王子尚抚军长史。因家业广大，为有司所纠，诏原之，而孔灵符答对不实，坐以免官。后复旧官，又为寻阳王子房右军长史，太守如故。前废帝景和（465）中，因犯忤近臣，被谗构，鞭

① 《宋书》卷54《孔季恭传》，中华书局1974年版，第1531页。

杀之。二子孔湛之、孔渊之，皆赐死。宋明帝465年即位，追赠孔灵符金紫光禄大夫。

《宋书》本传载："灵符家本丰，产业甚广，又于永兴立墅，周回三十三里，水陆地二百六十五顷，含带二山，又有果园九处。"[①] 但其实孔灵符居官，还是做实事的。《宋书》本传载：孔灵符"悫实有材干，不存华饰，每所莅官，政绩修理"[②]。山阴县土境褊狭，民多田少，孔灵符任丹阳尹时，上表建议迁徙无资之家于余姚、鄞、鄮三县界，垦起湖田。朝廷议论，多以为不可。宋孝武帝违众议，接受孔灵符徙民的建议，后皆成良业。

孔灵符著《会稽记》。虽《隋书·经籍志》及《旧唐书·经籍志》《新唐书·艺文志》均不录，但是《会稽记》多为古书所引用。鲁迅《会稽记序》曰："诸书引《会稽记》，或云孔灵符，或云孔晔。晔当是灵符之名。如射的谚一条，《御览》引作灵符，《寰宇记》引作晔，而文辞无甚异，知为一人。《艺文类聚》或作孔皋，则皋字传写之误。"[③] 鲁迅根据《太平御览》《艺文类聚》《太平寰宇记》《初学记》《嘉泰会稽志》《剡录》等古籍，辑录《会稽记》佚文一卷，共55条，异文作辨正，收入《会稽郡故书杂集》。

《会稽记》为记载古代会稽地理传说的重要资料，多记述会稽境内名山的方位、景致、得名。每个名称的背后，或有美丽的传说，或有历史掌故。

会稽城周围的诸山，包括怪山、重山、会稽山、宛委山、秦望山、亭山、侯山等。例如，第六则会稽山出自《太平御览》卷四十一：

> 会稽山在县东南，其上，石状似覆釜。禹梦玄夷仓水使者，

① 《宋书》卷54《孔灵符传》，中华书局1974年版，第1533页。

② 同上书，第1534页。

③ 鲁迅：《会稽记·序》，《鲁迅辑录古籍丛编》（第3卷），人民文学出版社1999年版，第309页。

却倚覆釜之上是也。今禹庙在其下。秦始皇尝配食此庙。[①]

此则记载了会稽山的形状，以及山形的传说，还有禹庙在其山下。又第七则宛委山录自《艺文类聚》卷八：

会稽山南有宛委山，其上有石，俗呼石匮。壁立干云，有悬度之险，升者累梯然后至焉。昔禹治洪水，厥功未就，乃跻于此山。发石匮，得金简玉字，以知山河体势，于是疏导百川，各尽其宜。[②]

宛委山，距今绍兴市东南十里，这则地记以“壁立干云，有悬度之险，升者累梯然后至焉”三句写出了宛委山的高险之后，介绍了宛委山又名“石匮”是与大禹治水的传说相关。又如，第八则秦望山录自《艺文类聚》卷八：

秦望山在州城正南，为众峰之杰，入境便见。扳萝扪葛，然后能升。山上无甚高木，当由地迥多风所致。昔秦始皇登此，使李斯刻石，其碑见在。[③]

秦望山位于今诸暨市枫桥镇乐山村东北部，是会稽山脉的名山。此则地志介绍了秦望山所处之位置以及只有借助“扳萝扪葛”才能登上山的幽险，并分析形成山上植被无高木的原因，最后以秦始皇登山刻石结束，突出了此山的悠久历史。又如，第九则亭山出自《太平御览》卷四十七：

亭山。晋司空何无忌临郡，起亭山椒，极望严阜，基址犹

---

① （南朝宋）孔灵符：《会稽记》，《鲁迅辑录古籍丛编》（第3卷），人民文学出版社1999年版，第310页。

② 同上书，第311页。

③ 同上。

存，因号亭山。①

亭山的得名，来自何充任会稽内史时建造的在山顶的一座亭子。

又如，永兴县诸山，包括射的山、白鹤山、箭羽山、土城山、铜牛山、洛思山、牛头山、北干山、许玄度岩等。第十二则射的山录自《艺文类聚》卷八、《太平寰宇记》卷九十六：

（永兴）县东南十八里，有射的山。东高岩临潭，有射的石，远望有如白点，的的如射侯，形甚圆明，视之如镜。射的之西有石室，壁方三丈，谓之射堂，传云："羽客之所游憩。"士人常以此占米谷贵贱，射的明则米贱，暗则米贵。谚曰："射的白，斛一百；射的玄，斛一千。"②

此则先介绍了射的山的地理位置，再写射的石远望如白点似射侯，以及圆且明的形态。之后视角移到射的西面的石室射堂，并记载了据说是羽客游憩之所的传说。最后，写民间流传射的石能预示米之贵贱的神奇。

上虞县的龙头山，余姚县的太平山、四明山、罗壁山、灵绪山等。例如，第二十三则罗壁山录自《嘉泰会稽志》卷六：

罗壁山。山有虞国墅，襟带山溪，表里畴苑。洛阳人来，云："岩囿天势，具体金谷。"郗太宰遍游诸境，栖情此地，每至良辰，携子弟游憩。后以司空临郡，遂卜居之。③

他如剡县的白石山、嵊山，诸暨县乌带山、罗山，始宁县的坛醮山，以及天台山、赤城山、陈音山等。

《会稽记》每则读来，从地理到传说内容丰富，文字清新流畅，

---

①（南朝宋）孔灵符：《会稽记》，《鲁迅辑录古籍丛编》（第3卷），人民文学出版社1999年版，第311页。

② 同上书，第312页。

③ 同上书，第314页。

有如山水游记，故《会稽记》可看作南朝地理游记小品文。

三　强正有力的孔琳之

孔琳之（369—423），字彦琳，孔群曾孙。祖孔沈，父孔廞，侍至吴兴太守，廷尉。元兴（402—404）中辟本国常侍，迁楚台员外散骑侍郎。义熙（405—418）初除司徒左西掾，后为司马休之会稽内史府长史，历太尉主簿、尚书左丞、扬州治中从事史，迁尚书吏部郎。又为武帝平西长史大司马琅琊王从事中郎。又除武帝平北征西长史，迁侍中。宋台建，除宋国侍中，出为吴国太守。公事免。永初二年（421）为御史中丞，领本州大中正，迁祠部尚书。景平元年（423）卒，年五十六。

孔琳之"强正有志力，好文义"①。《隋书·经籍志》载：宋太常卿《孔琳之集》9卷，并目录，梁10卷，录1卷。

孔琳之的议论文逻辑严密，气势逼人。桓玄辅政为太尉，孔琳之为西阁祭酒。桓玄时议欲废钱用谷帛，孔琳之个性秉直方正，不喜阿附，作《废钱用谷帛议》提出反对意见，文曰：

> 《洪范》八政，以货次食，岂不以交易之所资，为用之至要者乎？若使不以交易，百姓用力于为钱，则是妨其为生之业，禁之可也。今农自务谷，工自务器，四民各肆其业，何尝致勤于钱。故圣王制无用之货，以通有用之财，既无毁败之费，又省运置之苦，此钱所以嗣功龟贝，历代不废者也。谷帛为宝，本充衣食，今分以为货，则致损甚多。又劳毁于商贩之手，耗弃于割截之用，此之为敝，著于自曩。故钟繇曰："巧伪之民，竟蕴湿谷以要利，制薄绢以充资。"魏世制以严刑，弗能禁也。是以司马芝以为用钱非徒丰国，亦所以省刑。钱之不用，由于兵乱积久，自至于废，有由而然，汉末是也。今既用而废之，则百姓顿亡其财。今括囊天下之谷，以周天下之食，或仓庾充衍，或粮靡斗

① 《宋书》卷56《孔琳之传》，中华书局1974年版，第1559页。

储，以相资通，则贫者仰富，致之之道，实假于钱。一朝断之，便为弃物，是有钱无粮之民，皆坐而饥困，此断钱之立敝也。且据今用钱之处不为贫，用谷之处不为富。又民习来久，革之必惑。语曰："利不百，不易业。"况又钱便于谷邪？魏明帝时，钱废谷用，三十年矣。以不便于民，乃举朝大议。精才达治之士，莫不以为宜复用钱，民无异情，朝无异论。彼尚舍谷帛而用钱，足以明谷帛之弊，著于已试。世或谓魏氏不用钱久，积累巨万，故欲行之，利公富国。斯殆不然。昔晋文后舅犯之谋，而先成季之信，以为虽有一时之勋，不如万世之益。于时名贤在列，君子盈朝，大谋天下之利害，将定经国之要术。若谷实便钱，义不昧当时之近利，而废永用之通业，断可知矣。斯实由困而思革，改而更张耳。近孝武之末，天下无事，时和年丰，百姓乐业，便自谷帛殷阜，几乎家给人足，验之事实，钱又不妨民也。顷兵革屡兴，荒馑荐及，饥寒未振，实此之由。公既援而拯之，大革视听，弘敦本之教，明广农之科，敬授民时，各顺其业，游荡知反，务末自休，固以南亩竞力，野无遗壤矣。于此以往，升平必至，何衣食之足恤？愚谓救弊之术，无取于废钱。①

议文先指出如果百姓因为钱而妨害了为生之业，那么禁用钱币是可以的。但是"农自务谷，工自务器，四民各肄其业，何尝致勤于钱"，言下之意不需要废钱币。接着，明言圣王用钱币的缘由是"既无毁败之费，又省运置之苦"，这正是历代用钱币而不用龟贝等实物作为流通的原因。

再指出弃用钱币而改用谷帛作为流通的六种弊端：其一，谷帛会"劳毁于商贩之手，耗弃于割截之用"；其二，一旦废钱，钱便为废物，那些"有钱无粮之民"，皆会陷入饥饿困顿；其三，百姓已经习惯用钱，一旦改用谷帛，必带来诸多困惑；其四，历史上的诸多弃谷帛改用钱币的事例证明了钱作为流通的媒介比谷帛要方便得多；其

① 《宋书》卷56《孔琳之传》，中华书局1974年版，第1559—1560页。

五，改用谷帛可能会带来短期的利益，但不如钱币有“万世之益”。其六，回到桓玄欲废钱用谷帛的政策本身，指出桓玄本出自拯救“兵革屡兴，荒馑荐及，饥寒未振”的时局，但是，“弘敦本之教，明广农之科，敬授民时，各顺其业，游荡知反，务末自休，固以南亩竞力，野无遗壤矣”，如此则“升平必至，何衣食之足恤”。

最后的结论是不用废钱同样可以挽救时弊。孔琳之这篇议文结合当时实际情形提出明确观点，逻辑推理严密，又不时用史实证明，最后提出解决的办法。全文一气呵成，可以见出孔琳之组织文章的深厚功力。

后桓玄提出恢复肉刑，孔琳之又作《复肉刑议》反对。孔琳之因不喜附悦于人，所以不被桓玄见知。

永初二年（421）孔琳之为御史中丞，更是明宪直法，无所屈挠。宰相徐羡之纵容属下，孔琳之上《奏劾徐羡之》，文曰：

臣闻事上以奉宪为恭，临下以威严为整。然后朝典为明，莅众必肃。斯道或替，则宪纲其颓。臣以今月七日，预皇太子正会。会毕车去，并猥臣停门待阙。有何人乘马，当臣车前，收捕驱遣命去。何人骂詈收捕，谘审欲录。每有公事，臣常虑有纷纭，语勿令问，而何人独骂不止，臣乃使录。何人不肯下马，连叫大唤，有两威仪走来，击臣收捕。尚书令省事倪宗又牵威仪手力，击臣下人。宗云：“中丞何得行凶，敢录令公人？凡是中丞收捕，威仪悉皆缚取。”臣敕下人一不得斗，凶势辀张，有顷乃散。又有群人就臣车侧，录收捕樊马子，互行筑马子顿伏，不能还台。臣自录非，本无对校，而宗敢乘势凶恣，篡夺罪身。尚书令臣羡之，与臣列车，纷纭若此，或云羡之不禁，或云羡之禁而不止。纵而不禁，既乖国宪。禁而不止，又不经通。陵犯监司，凶声彰赫，容纵宗等，曾无纠问，亏损国威，无大臣之体，不有准绳，风裁何寄？羡之内居朝右，外司辇毂，位任隆重，百辟所瞻。而不能弘惜朝章，肃是风轨。致使宇下纵肆，凌暴宪司，凶赫之声，起自京邑，所谓已有短垣，而自逾之。又宗为篡夺之主，纵不纠问，二三亏违，宜有裁贬。请免羡之所居官，以公还第。宗等篡夺之愆，已属掌故御史，随事检处。[①]

此奏议先言“臣闻事上以奉宪为恭，临下以威严为整。然后朝典惟明，莅众必肃。斯道或替，则宪纲其颓”。接着，一一细述在参加皇太子正会后，发生的种种事实：“有何人乘马，收捕驱遣命去”“何人骂詈收捕，咨审欲录”“何人不肯下马，连叫大唤”“尚书令省事倪宗又牵威仪手力，击臣下人”，等等。而尚书令臣羡之，与臣列车，纷纭若此，或云羡之不禁，或云羡之禁而不止。“纵而不禁，既乖国宪；禁而不止，又不经通。陵犯监司，凶声彰赫，容纵宗等，曾无纠问，亏损国威，无大臣之体，不有准绳，风裁何寄。”徐羡之“内居朝右，外司辇毂，位任隆重，百辟所瞻。而不能弘惜朝章，肃是风轨。致使宇下纵肆，凌暴宪司，凶赫之声，起自京邑，所谓已有短垣，而自逾之。又宗为篡夺之主，纵不纠问，二三亏违，宜有裁贬”。直接奏请免去徐羡之所居官，以公还第。“宗等篡夺之愆，已属掌故御史随事检处。”

此弹劾宰相徐羡之文，义正词严。朝廷虽没有免去徐羡之官，但徐羡之还是心生忌讳。时徐羡之领扬州刺史，孔琳之弟孔璩之为治中，徐羡之使孔璩之向孔琳之解释，停寝其事。孔琳之不许。孔璩之固陈，孔琳之依然不屈，谓曰：“我触忤宰相，正当罪止一身尔，汝必不应从坐，何须勤勤邪！”[②] 从此，百僚震肃，莫敢犯禁。孔琳之刚直如此。

孔琳之多才，“解音律，能弹棋，妙善草隶”[③]。今《淳化阁帖》三存其《书》：

日月深酷，抚膺崩叫，心肝分脍，寻绎懊恼，触感陨绝，孤思悒悒，自郡地最。当奈何？不孝奈何？念痛悼难胜，得去月二

① 《宋书》卷56《孔琳之传》，中华书局1974年版，第1564页。
② 同上。
③ 同上书，第1559页。

示。知君所患故尔不差，甚有幽悒，热甚，比复何似？想已转佳，眠食极胜也，善将治之。孤子并疾患，叹具悒悒，脚中转剧。近服散未觉益，惙顿何赖扶力。迷甚不次，孤子孔琳之奈何？顿首。①

姜夔《绛帖平》卷四评："此帖纵意亦可喜。窦臮《述书赋》亦称其紧速也。"从内容来看，书中两次提到自己，都用"孤子"代替，当是父亲去世后，丁忧期间，写给某位家中长辈的一篇书。孔琳之此书用字异常浓烈。岁月如此残酷，抚胸崩裂地大叫，心肝破碎成了细肉，只感到懊丧、绝望、抑郁。不知怎么办？从此再不能尽孝怎么办？"痛悼难胜"！以上是写父亲去世后，那种天崩地裂、摧肝伤心的绝望感受。接着问候对方，以及叙述自己的现状："上个月两次收到您的信。知道您原来的病还没有好，不知现在怎样了？想来已经转好，睡觉和吃饭都可以，一定要好好治。我现在也生病了，心中悒悒，腿脚更严重了。近来服用五石散，没觉得有用，还是委顿无力。其他迷惑就不详细说了。"

全书弥漫着的强烈情感，也和孔琳之的强烈个性相一致。

四　晋宋间其他孔氏的成就

下面分五部分介绍晋宋年间其他六位孔姓人的成就。

（一）孔宁子

孔宁子（？—425），会稽山阴人。义熙（405—419）初为何无忌会稽掾属，后为宋武帝太尉主簿。永初中为宋文帝刘义隆镇西咨议参军，丁艰去职。景平末，会稽太守褚淡之起为将军。文帝即位，以为黄门侍郎，领步兵校尉，进侍中。元嘉二年（425）卒。

孔宁子为刘义隆镇西咨议参军，"以文义见赏"②。《隋书·经籍

① （清）严可均辑：《全上古三代秦汉三国六朝文》（第3册），中华书局1999年影印本，第2585页。

② 《宋书》卷63《王华传》，中华书局1974年版，第1676页。

志》载：《宋侍中孔宁子集》11卷。今存《棹歌行》《前缓声歌》两首乐府诗，文《牦牛赋》《陈损益》《井颂》《水赞》4篇。《棹歌行》曰：

君子乐和节，品物待阳时。上位降繁祉，元巳命水嬉。
仓武戒桥梁，旄人树羽旗。高樯抗飞帆，羽盖翳华枝。
佽飞激逸响，娟娥吐清辞。溯洄缅无分，欣流怆有思。
仰瞻翳云缴，俯引沉泉丝。委羽漫通渚，鲜染中填坻。
鹢鸟感（一作“威”）江使，扬波骇冯夷。夕影虽已西，□□终无期。[①]

此诗描写了春日佳节写乘舟鼓棹的盛大场面。又《水赞》曰：“澄鉴无虚，积之成川。湍飞莹谷，激石泠然。”[②] 虽然只存四句，却也写出了水的澄澈、力量及声响。

（二）孔欣

孔欣，会稽山阴人。仕晋，入宋为国子博士。景平中，会稽太守褚淡之以为参军。《隋书·经籍志》载：《国子博士孔欣集》9卷。今存诗《置酒高堂上》《相逢狭路间》《猛虎行》《祠太庙》4首，文《七诲》一篇。其中《相逢狭路间》曰：

相逢狭路间，道狭正踟蹰。
如何不群士，行吟戏路衢。
辍步相与言，君行欲焉如。
淳朴久已凋，荣利迭相驱。
流落尚风波，人情我迁渝。
势集堂必满，运去庭亦虚。
竞趋尝不暇，谁肯眷桑枢。

---

① 逯钦立辑校：《先秦汉魏晋南北朝诗》（中册），中华书局1983年版，第1138页。

② （清）严可均辑：《全上古三代秦汉三国六朝文》（第3册），中华书局1999年影印本，第2587页。

无为肆独往，只将困沦胥。
未若及初九，携手归田庐。
躬耕东山畔，乐道咏玄书。
狭路安足游，方外可寄娱。①

此诗写尘世淳朴凋零、荣利相驱，不如归田庐，躬耕东山，乐道咏玄书。

(三) 孔璠之

又有孔璠之②，今存《艾赋》《艾赞》二文。其中《艾赋》：

良药弗达，妙针莫宣，奇艾急病，靡身挺烟，治匪君臣，得用神火。振淹固于一烂，气绝息乎无假，淳建投而招祟，钳椒梼而贻祸，伊兹艾之淑粹，仍索质于中野。嗟乎！贞灰与邪烬迭御，芳烟与苦兰竞薰，是以艾正而贱，兰妖而珍，故言尧则桀对，举兰则艾因。③

写艾草不仅具有针灸作用，还有驱邪的功用。但是艾草因自己的正气而卑贱，兰草却因妖娆而珍贵。愤激不平之意溢于言表，显然寄托了作者没有得到公正待遇的愤恨情感。

(四) 孔祐、孔道徽

孔愉后代多出隐士。孔祐，孔愉三世孙，至行通神，隐于四明山。尝见山谷中有数百斛钱，视之如瓦石不异，采樵者竞取，入手即成沙砾。有中箭的鹿来投孔祐，孔祐为之养伤，伤愈后去。太守王僧虔与张绪书曰："孔祐，敬康曾孙也，行动幽祇，德标松桂，引为主簿，遂不可屈此，古之遗德也。"④

① 逯钦立辑校：《先秦汉魏晋南北朝诗》（中册），中华书局 1983 年版，第 1135 页。
② 爵里未详，严可均疑为孔琳之昆弟。今从严说。
③ （清）严可均辑：《全上古三代秦汉三国六朝文》（第 3 册），中华书局 1999 年影印本，第 2586 页。
④ 《南史》卷 65《孔道徽传》，中华书局 1975 年版，第 1881 页。

孔道徽，孔愉四世孙。孔道徽少厉高行，能世其家风，守志业不仕，隐居南山，终身不窥都邑。与隐士钱塘杜京产友善。豫章王萧嶷为扬州，辟西曹书佐，不至。乡里宗慕之。

（五）孔觊

孔觊（？—466），字思远，孔琳之孙。父孔邈“有父风”[①]，延续了孔琳之的个性。孔觊少骨梗有风力，以是非为己任。正是承袭了乃祖之风。

孔觊为人使酒仗气，每醉辄弥日不醒，僚类之间，多所凌忽。尤不能曲意权幸，权贵莫不畏而疾之。为官严正秉直。为二府长史，典签咨事，不呼不敢前，不令去不敢去。虽醉日居多，而明晓政事，醒时判决，未尝有壅。众咸云：“孔公一月二十九日醉，胜他人二十九日醒也。”[②]

孔觊为御史中丞，衣冠器用，都为粗率之物。兰台令史多为三吴富人，多有轻视之意。孔觊依然蓬首缓带，风貌清严，众人皆重迹屏气，莫敢欺犯。

孔觊不治产业，居常贫罄。性真素，不尚矫饰。时吴郡顾觊之亦尚俭素，衣裘器服，皆择其陋者。宋世言清约，称此二人。孔觊弟孔道存、从弟孔徽，颇营产业。二弟请假东还，孔觊出渚迎之，辎重十余船，皆是绵绢纸席之属。孔觊见之，伪喜，谓曰：“我比困乏，得此甚要。”因命上置岸侧，既而正色谓道存等曰：“汝辈忝预士流，何至还东作贾客邪！”[③] 命左右取火烧之，烧尽乃去。

孔觊“好读书，早知名”[④]。今存《辞署记室笺》一文。

---

① 《宋书》卷56《孔琳之传》，中华书局1974年版，第1564页。

② 《宋书》卷84《孔觊传》，中华书局1974年版，第2153页。

③ 同上书，第2155页。

④ 同上书，第2153页。

第三节　南齐梁陈孔氏的文化发展

南齐梁陈孔氏儒学和文学的兴盛，保持了其家族地位。南齐有孔稚珪、孔广、孔逭等才学之士。梁孔休源、孔翁归，陈孔奂、孔范等皆通涉经史百家，善属文。孔休源官至御史中丞、代监扬州，孔奂任吏部尚书、侍中等清显要职。

一　南齐孔稚珪的文学成就

孔稚珪（447—501），字德璋，祖孔道隆，位侍中。少学涉，有美誉。宋泰始（465—471）中会稽太守王僧虔颇为见重，引为主簿，举秀才。萧道成为骠骑将军时，“以稚珪有文翰，取为记室参军，与江淹对掌辞笔”①。入齐，为尚书左丞本郡中正，转骁骑将军，复领左丞，迁黄门郎，转太子中庶子、廷尉，转御史中丞，迁骠骑长史、辅国将军。499 年东昏侯即位，为都官尚书，迁太子詹事，加散骑常侍。永元三年（501）卒，年五十五。

（一）朝隐

会稽孔氏世奉道教，多有隐逸情结。孔稚珪父孔灵产亦有隐遁之怀，详见本书第 186 页。元徽（473—476）中为中散大夫、太中大夫。颇解星文，好术数。

孔稚珪从出仕到晚年病亡一直为官，但他也喜欢栖隐的生活。不乐世务，居宅盛营山水，常凭几独酌，傍无杂事。门庭之内，草莱不剪，中有蛙鸣。或问之曰：“欲为陈蕃乎？”孔稚珪笑曰：“我以此当两部鼓吹，何必期效仲举？”② 与当时著名隐士杜京产经常有书信交往。并在永明十年（492）与陆澄、虞悰、沈约、张融上表《荐杜京产》。

---

① 《南齐书》卷 48《孔稚珪传》，中华书局 1972 年版，第 835 页。

② 同上书，第 840 页。

钱塘杜京产，少恬静，闭意荣宦。郡召主簿，州辟从事，皆称疾去。除奉朝请，不就。会稽人孔觊，清慎刚直，有峻节，与杜京产一见如故，相交甚密。“与同郡顾欢同契，始宁东山开舍授学。”经孔稚珪等当时名流推荐为官，不报。建武（494—498）初，征员外散骑侍郎，杜京产曰：“庄生持钓，岂为白璧所回?”① 称疾不就。终身未仕。此表由孔稚珪起草，盛赞杜京产遁舍家业，隐遁山林，“确尔不群，淡然寡欲，麻衣藿食”20余年，认为古来难寻的“志士”应该走出幽谷，做官登朝，如此则“岩谷含欢，薜萝起抃”。孔稚珪以隐逸为高，同时希望真正有才华的隐士能出仕为官，可以如他一般边为官边隐逸。

（二）文学

孔稚珪风韵清疏。与外兄张融情趣相得，又与琅琊王思远、庐江何点、何胤并款交。不乐世务，居宅盛营山水，凭几独酌，傍无杂事。尚书令王晏带着一部鼓吹去孔稚珪家中拜访，闻群蛙鸣，曰：“此殊聒人耳。”孔稚珪曰：“我听鼓吹，殆不及此。”② 王晏甚有惭色。孔稚珪又好文咏。《隋书·经籍志》载：齐金紫光禄大夫《孔稚珪集》10卷。明人张溥辑有《孔詹事集》1卷。

今存诗三首，残句二则，详见本书第186页。

孔稚珪文15篇，其中表五、奏二、启四、移文一、碑文二、祭文一。值得关注的是被《文选》收入的《北山移文》。

宋、齐时代谐隐诗文盛行，《北山移文》堪称南齐时代谐隐文的代表。此文谐隐之趣主要呈现在两方面：一是文中的事迹与史实不符。据史书记载周颙一直为官，并未栖隐。二是此文是以钟山万物的角度来审视周颙的栖居和为官，作为主体的山水嘲讽周颙先隐后官，从而使钟山众物皆蒙羞。此文多处写景，在孔稚珪的笔下山水有灵性，尤其是知周颙要下山之时山中景物的孤独情感让人印象深刻。此文以山水的视角来看周颙的隐居与出山的奇特笔法，应当与孔氏信奉

① 《南齐书》卷48《孔稚珪传》，中华书局1972年版，第840页。

② 《南史》卷49《孔稚珪传》，中华书局1975年版，第1216页。

道教认为山水有灵有关。全文句式灵活，富于变化，以四六言为主，杂以三言、七言，成为六朝骈体文的代表之一，在文体学上具有一定的意义。

（三）其他才学之士

南齐孔氏多出才学之士。除孔稚珪外，会稽孔广、孔逭皆有才学知名。二人虽世系不明，但史书记载皆属会稽孔氏。

孔广，字淹源，美容止，善吐论。王俭、张绪皆称美。王俭常云："广来使人废簿领，匠不须来，来则莫听去。"国子祭酒张绪数巾车诣之，每叹云："孔广使吾成轻薄祭酒。"① 仕至扬州中从事。

孔逭，抗直有才藻，制《东都赋》，于时才士称美。谢瀹年少时游会稽还，父谢庄问："入东何见，见孔逭不?"② 见重如此。著《三吴决录》，不传。卒于卫军将军、武陵王萧晔东曹掾。

二　梁孔休源、孔子祛等人的经学成就

梁代，山阴孔氏更以经学闻名，有孔休源、孔佥、孔子祛、孔翁归等善著述。

（一）清介强直的孔休源

孔休源（469—532），字庆绪，孔冲八世孙，曾祖孔遥之为宋尚书水部郎，父孔佩，齐通直郎。孔休源年十一而孤，居丧尽礼。每见父所写手书，定然哀恸流涕，不能自胜，见者莫不为之垂泣。后就吴兴沈麟士学经，略通大义。州举秀才，太尉徐孝嗣看其策，非常欣赏，谓同坐曰："董仲舒、华令思何以尚此，可谓后生之准也。观其此对，足称王佐之才。"③ 与琅琊王融雅相友善，王融荐之于司徒竟陵王萧子良，为西邸学士。梁台建，与南阳刘之遴同为太学博士，当时以为美选。

---

① 《南史》卷72《孔广传》，中华书局1975年版，第1770页。
② 同上。
③ 《梁书》卷36《孔休源传》，中华书局1973年版，第519页。

孔休源因其才学识度，深为范云、沈约等当时通人所重。初到京师，暂居于同宗少府卿孔登府第。因祠事入庙，侍中范云一见大加赞赏，曰：“不期或觏清颜，顿祛鄙吝，观天披雾，验之今日。”① 范云后专程到少府卿，孔登以为诣己，拂筵整带，备水陆之品。范云径直去见孔休源，取其长膳，只有赤仓米饭、蒸鲍鱼。范云只吃孔休源食，不食主人孔登精心准备之馔。高谈尽日，同载还家。孔登深以为愧。尚书令沈约当朝贵显，轩盖盈门，孔休源有时迟来，沈约必“虚襟引接，处之坐右，商略文义”②。

梁初建，孔休源在一些礼制的变革中起了重要作用。梁武帝萧衍尝求一有学艺解朝仪者，为尚书仪曹郎。吏部尚书徐勉曰：“孔休源识具清通，谙练故事，自晋、宋《起居注》，诵略上口。”③ 梁武帝素闻其名，即日除兼尚书仪曹郎。当时多有改革，每访前朝事，孔休源即以所记随机决断，不会迟疑。吏部郎任昉常谓之为“孔独诵”。太子詹事周舍撰《礼疑义》，自汉魏至于齐梁，并皆搜采，“休源所有奏议，咸预编录”④。

孔休源风范强正，明练治体，持身俭约，学穷文艺，当官理务，不惮强御，常以天下为己任。迁建康狱正，秉公执法，没有冤案。为尚书左丞，弹肃礼闱，雅允朝望。再迁长兼御史中丞，正色直绳，无所回避，百僚莫不惮之。除少府卿，兼行丹阳尹事。先后为晋安王萧纲、始兴王萧憺长史，南郡太守，行荆州府州事。在州甚有政绩，平心决断，请托不行。多次辅佐名藩，甚得百姓赞誉。两次为晋安王萧纲长史，深得萧纲倚重，军民机务，经常找其谋划。常在中斋别施一榻，云“此是孔长史坐”⑤，他人不得坐。

征为太府卿，授都官尚书，领太子中庶子。普通七年（526），扬州刺史临川王萧宏薨，王公贵戚，咸望迁授，结果梁武帝曰：“孔休

① 《梁书》卷36《孔休源传》，中华书局1973年版，第519页。
② 同上书，第520页。
③ 同上。
④ 同上。
⑤ 同上书，第521页。

源才识通敏，实应此选。”[①] 授宣惠将军、监扬州刺史。中大通二年(530)，加授金紫光禄大夫，继续监扬州。昭明太子薨，夜召入宫，参与群臣商议，建议立晋安王萧纲为太子。大通四年（532）卒，遗言令薄葬。武帝为之流涕，谓谢举曰：“孔休源奉职清忠，当官正直，方欲共康治道，以隆王化。奄至殒殁，朕甚痛之。”谢举曰：“此人清介强直，当今罕有，微臣窃为陛下惜之。”[②] 谥号贞子。

孔休源累居显职，纤毫无犯。性缜密，寡嗜好。出入帷幄，未尝言禁中事，世以此重之。好读书，经常“昼决辞讼，夜览坟籍”[③]。聚书7000多卷，亲自校练，“凡奏议弹文，勒成十五卷”[④]。可惜的是，孔休源的文章今皆不存。

（二）经学大家孔子袪

孔子袪（496—546），会稽山阴人。少孤贫好学，耕耘樵采，常怀书自随，役闲则诵读。勤苦自励，遂通经术。尤明《古文尚书》，为兼国子助教。讲《尚书》40遍，听讲者常数百人。中书舍人贺琛撰《梁官》，启用孔子袪为西省学士，助撰录。书成，兼司文侍郎，不就。累迁兼中书通事舍人，加步兵校尉。

梁武帝撰《五经讲疏》及《孔子正言》，专使孔子袪检阅群书以为义证。事毕，敕孔子袪与朱异、贺琛于士林馆递日执经。累迁通直正员郎，舍人如故。中大同元年（546），卒官，年五十一。

孔子袪“著《尚书义》二十卷，《集注尚书》三十卷，续朱异《集注周易》一百卷，续何承天集《礼论》一百五十卷”[⑤]。

（三）其他孔氏善著述者

会稽孔氏支系庞杂，孔佥、孔翁归等人虽世系不明，但史书明确指出是会稽人。

---

① 《梁书》卷36《孔休源传》，中华书局1973年版，第521页。
② 同上。
③ 同上。
④ 同上书，第522页。
⑤ 《梁书》卷48《孔子袪传》，中华书局1973年版，第680页。

孔佥，会稽山阴人。少师事何胤，通《五经》，尤明《三礼》《孝经》《论语》。讲说并数十遍，生徒亦数百人。历官国子助教，三为《五经》博士，迁尚书祠部郎。后为海盐、山阴二县令。孔佥儒者，不长政术，在县无绩。太清年间（547—549）乱，卒于家。子孔淑玄，颇涉文学，官至太学博士。孔佥兄子孔元素，又善《三礼》，有盛名，早卒。①

孔翁归，会稽人，为南平王大司马府记室，“工为诗”“有文集”②。作品仅存《奉和湘东王教班婕妤》被《玉台新咏》收入。

三　陈孔奂等人的成就

到了陈代，会稽孔氏依然承袭家风。善文者有孔奂、孔仲智、孔范等。

（一）刚正孔奂

孔奂（514—583），字休文。孔冲八世孙，曾祖孔琇之，齐左民尚书、吴兴太守。祖孔臶，太子舍人、尚书三公郎。父孔稚孙，梁宁远枝江公主簿、无锡令。

孔奂数岁而孤，为叔父孔虔孙所养。为尚书仪曹侍郎。陈高祖陈霸先受禅，累迁晋陵太守。文帝陈蒨即位，征为御史中丞，为扬州大中正。567 年废帝陈伯宗即位，除散骑常侍、国子祭酒。569 年高宗陈顼即位，累迁侍中、中书令、领左骁骑将军、扬、东扬、丰三州大中正，转太常卿，迁散骑常侍、金紫光禄大夫，领前军将军，未拜，改领弘范宫卫尉。至德元年（583）卒，年七十。

孔奂在寇乱中，守持礼法。遭母忧，哀毁过礼，以孝闻。天下丧乱，皆不能终三年孝，只有孔奂与吴国张种坚持守孝。

孔奂性刚正。侯景之乱，京城陷落，朝士被拘絷，众人见侯景之子侯子鉴，莫不卑俯屈折，孔奂独敖然自若。有人劝孔奂曰：“当今

① 《梁书》卷 71《孔佥传》，中华书局 1973 年版，第 677 页。

② 《梁书》卷 49《何逊传》，中华书局 1973 年版，第 693 页。

乱世，人思苟免，獯羯无知，岂可抗之以义?”孔奂曰：“吾性命有在，虽未能死，岂可取媚凶丑，以求全乎?”[①] 孔奂为御史中丞，善持理，多所纠劾，朝廷甚敬惮之。深达治体，百司滞事，皆付孔奂决断。孔奂性耿介，拒绝请托，虽然太子陈叔宝以储副之尊，始兴王陈叔陵以公侯之重，但凡涉及私情，终不为之屈。史载：陈叔宝在东宫时，欲让孔奂推荐江总为太子詹事。孔奂以“江有潘、陆之华，而无园、绮之实”为由，指出江总不胜任辅弼储宫之重任。陈叔宝深以为恨，自言于高宗。高宗将许之，孔奂奏曰：江总文华之人，太子不缺文才。故江总不宜担此重任，宜选敦重之才为辅导，推荐“世有懿德，识性敦敏”的都官尚书王廓。其时，陈叔宝也在场，极力争取，终任江总。但孔奂以天下为重，敢于犯颜，耿直如此。

孔奂历任官职，在职清俭，多所规正。晋陵自宋、齐以来为大郡，虽经寇扰，犹为全实，前后太守多行侵暴。孔奂任晋陵太守，清白自首，未带妻子，唯以单船监郡，所得秩俸，随即分赡孤寡，郡中百姓大悦，号曰“神君”。曲阿富人殷绮，见孔奂居处素俭，送衣一袭，氈被一具。孔奂曰：“太守身居美禄，何为不能办此，但民有未周，不容独享温饱耳。劳卿厚意，幸勿为烦。”[②]

孔奂少“好学，善属文，经史百家，莫不通涉”[③]。沛国刘显时称“学府”，每共孔奂讨论，深相叹服，乃执孔奂手曰：“昔伯喈坟素悉与仲宣，吾当希彼蔡君，足下无愧王氏。”所保书籍，全部赠予孔奂。侯景初平，每事草创，宪章故事，无复存者。孔奂博物强识，甄明故实，问无不知，仪注体式，笺表书翰，皆出于孔奂。据《陈书》本传载：“有集十五卷，弹文四卷。”[④] 今仅存一诗，《赋得名都一何绮》：

---

① 《陈书》卷21《孔奂传》，中华书局1972年版，第283页。
② 同上书，第285页。
③ 同上书，第283页。
④ 同上书，第283—284页。

京洛信名都，佳丽拟蓬壶。

九华雕玳瑁，百福上椒途。

黄金络骙袅，莲花装鹿卢。

咸言仪服盛，无胜执金吾。①

陈代沈炯、周弘正等人皆作《名都一何绮》诗，铺写都城的繁华。“赋得”，是赋诗得题之意，取前人成句为诗题，此诗题名出自陆机《拟青青陵上柏》曰：“名都一何绮，城阙郁盘桓。”孔奂此诗前两句总写京洛确是名都，佳丽之多可比蓬莱仙界。中间四句着重写百官仪服之盛：华服上雕缀着玳瑁，绣着福字的百官一起步上椒途，黄金缠绕着骙袅马，莲花装饰着鹿卢剑。结句写百官仪服虽隆盛，但都比不过随从帝王出巡的“执金吾”，前面的铺陈是为了衬托帝王出巡场面的威仪。

（二）孔范

正直耿介的孔氏家风代代传承，但在陈出现了例外。陈都官尚书孔范在历史上留下了奸佞谄惑之名。

孔范，字法言，孔安国五世孙。② 曾祖孔景伟，齐散骑常侍。祖孔滔，梁海盐令。父孔岱，历职清显。孔范“少好学，博涉书史”③。陈太建（569—582）中，位宣惠将军、江夏王陈伯义长史。583 年陈后主即位，为都官尚书。与江总等并为狎客。后主性愚狠，恶闻过失。每有恶事，孔范必曲为文饰，称扬赞美。当时孔贵人得宠，孔范与孔贵人结为兄妹，宠遇优渥，言听计从。朝廷公卿皆畏孔范。孔范越发骄矜，以为文武才能举朝莫及。隋师将渡江，群官请为防备。施文庆沮坏之，陈后主未决。孔范奏曰：“长江天堑，古来限隔。虏军岂能飞度？边将欲作功劳，妄言事急。臣自恨位卑，虏若能来，定作

① 逯钦立辑校：《先秦汉魏晋南北朝诗》（下册），中华书局 1983 年版，第 2536 页。

② （唐）林宝撰，岑仲勉校记，郁贤皓、陶敏整理：《元和姓纂》卷 6，中华书局 1994 年版，第 806 页。

③ 《南史》卷 77《孔范传》，中华书局 1975 年版，第 1941 页。

太尉公矣。"[1] 后主笑以为然，故不深备。陈亡后入长安，隋文帝杨坚因其奸佞谄惑，并暴露其过恶，流之远裔，以谢吴越之人。

孔范"容止都雅，文章赡丽，又善五言诗"[2]。今存《赋得白云抱幽石》《和陈主咏镜》二诗，皆为典型的宫体诗。其中《赋得白云抱幽石》曰：

白云浮远盖，飘飘绕石飞。
带莲萦锦色，拂镜下仙衣。
阵结香炉隐，罗成玉女微。
能感荆王梦，阳台杂雨归。[3]

诗题出自谢灵运《过始宁墅》"白云抱幽石，绿筱媚清涟"。首句写远望白云如盖，飘飘环绕幽石。中间四句写云仙玉女之服饰、香炉、体态。结句用宋玉《高唐赋》"朝朝暮暮，阳台之下"之典，以楚王与巫山高唐神女梦中相会，暗示诗人与玉女的人神之恋。被刘师培评为"惟工藻艳"[4]。

综上所述，会稽孔氏在中古文化的发展史上做出了独特的贡献，其后代子孙在隋唐时代继续文化的传承。孔奂子孔绍安，任监察御史、内史舍人，与其子孔祯、族孙孔若思三人名列《旧唐书·文苑传》。孔休源曾孙孔德绍，入《隋书·文学传》，是隋代著名诗人。孔德绍三世孙孔述睿，以德行显名，官至秘书少监、史官修撰。其子孔敏行，集贤殿学士、谏议大夫。

① 《南史》卷77《孔范传》，中华书局1975年版，第1941—1942页。
② 同上书，第1941页。
③ 逯钦立辑校：《先秦汉魏晋南北朝诗》（下册），中华书局1983年版，第2610页。
④ 刘师培：《中国中古文学史讲义》，上海古籍出版社2000年版，第95页。

第七章　会稽贺氏家族及其文化贡献

关于会稽贺氏的来源，最早见于虞预《晋书》，曰：

贺氏本姓庆氏。（贺）齐伯父纯，儒学有重名，汉安帝时为侍中、江夏太守；去官，与江夏黄琼、汉中杨厚俱公车征。避安帝父孝德皇帝讳，改为贺氏。（贺）齐父辅，永宁长。①

又《晋书·贺循传》载：

其先庆普，汉世传《礼》，世所谓庆氏学。族高祖纯，博学有重名，汉安帝时为侍中，避安帝父讳，改为贺氏。②

又《元和姓纂》卷九“贺氏”条曰：

姜姓，齐公族庆氏之后。庆克生庆封，以罪奔吴。汉末，徙会稽山阴。后庆仪为汝阴令，庆普之后。曾孙纯，避汉安帝父讳，始改贺氏。③

从以上史籍记载可知，贺氏有深厚的儒学传统。贺氏本姓庆，齐

---

① 《三国志》卷65《贺齐传》注引虞预《晋书》，中华书局1964年版，第1377页。

② 《晋书》卷68《贺循传》，中华书局1974年版，第1824页。

③ （唐）林宝撰，岑仲勉校记，郁贤皓、陶敏整理：《元和姓纂》卷9，中华书局1994年版，第1313页。

公族庆氏之后。其先庆普，汉代世传《礼》，世称庆氏学。《汉书·儒林传》载："（后）仓说《礼》数万言，号曰《后氏曲台记》，授沛闻人通汉子方、梁戴德延君、戴圣次君、沛庆普孝公。孝公为东平太傅……由是《礼》有大戴、小戴、庆氏之学。"庆克生庆封，以罪奔吴。西汉末，迁来会稽山阴。

会稽贺氏自东汉以来，即为经学之家，文化家族的地位开始显现。东汉末庆纯以儒学显名，官侍中、江夏太守。庆纯因避汉安帝父刘庆讳，改为贺氏。谢承《后汉书》："纯字仲真，会稽山阴人。少为诸生，博极群艺。十辟公府，三举贤良方正，五征博士，四公车征，皆不就。后征拜议郎，数陈灾异，上便宜数百事，多见省纳。迁江夏太守。"①

中古时期，会稽贺氏子弟著述遍及经、史、子、集。

经学方面，历代皆有著述，且高达14部。《隋志》记载的有9部：晋贺循《丧服要记》10卷、《丧服谱》1卷，宋贺道养《春秋序》1卷，梁贺游《丧服图》1卷，梁贺玚《丧服义疏》2卷、《礼记新义疏》20卷、《礼论要钞》100卷、《孝经义疏》2卷、《五经异同评》1卷。《隋志》未录的有5部，贺玚《宾礼仪注》145卷、《五经义》《周易讲疏》，贺琛《三礼讲疏》《五经滞义》。《南史·贺玚传》：贺玚"《宾礼仪注》一百四十五卷"。《梁书·贺玚传》：贺玚"兼五经博士""撰《五经义》"。《梁书·贺玚传》：贺玚"著《礼》《易》《老》《庄》讲疏"。《梁书·贺琛传》：贺琛"撰《三礼讲疏》《五经滞义》及诸仪法，凡百余篇。"可见，会稽贺氏尤善经学。

史学方面，著作共有9部。《隋志》录有7部：东吴贺氏《会稽先贤像赞》5卷、贺氏《会稽先贤传像赞》4卷、贺氏《会稽太守像赞》2卷，晋贺循《会稽记》1卷，梁贺玚《梁宾礼》1卷、《梁宾礼义注》9卷，贺琛《谥法》2卷。《隋志》载：《谥法》5卷（梁太府卿贺玚）。误，当为"贺琛"。理由如下：其一，贺玚未任太府卿，贺琛曾任；其二，《旧唐书·经籍志》《新唐书·艺文志》载："贺琛

① 《后汉书》卷63《李固传》注引谢承《后汉书》，中华书局1973年版，第2082页。

《谥法》三卷。”朱彝尊《经义考》载：《谥法》4卷，贺琛撰。王谟《汉魏遗书钞》辑录100条。故《谥法》当为贺琛撰。《隋志》未录的有两部：贺玚《朝廷博议》、贺琛《梁官》。《梁书·贺玚传》：“著《朝廷博议》数百篇。”《梁书·孔子袪传》：“中书舍人贺琛受敕撰《梁官》，启子袪为西省学士，助撰录。”可见，会稽贺氏也擅长史学。

子学方面，著作3部。《隋志》录有一部：刘宋贺道养《贺子述言》10卷。《隋志》未录尚有两部：梁贺玚《老子讲疏》《庄子讲疏》。《梁书·贺玚传》曰：贺玚“著《礼》《易》《老》《庄》讲疏。”贺氏子弟研究专精于经史，鲜少兼及广博的子学。

集部方面，有别集4部。《隋志》著录四部：晋司空《贺循集》18卷、刘宋《贺道养集》10卷、《贺颇集》11卷、《贺弼集》16卷。以上别集都集中在晋宋。可见，南齐之后，贺氏子弟更少在文学上用力。

第一节　东吴时贺氏的成就

会稽山阴贺氏的成长，与其在孙吴政权中建立时的功业密不可分。大约是东汉末战乱之故，会稽贺氏在东吴时不以经学著称，而转向以武传家。贺氏子弟较早与孙氏兄弟合作，对孙吴始终尊崇如一。所以，在孙吴初年多出名将。贺齐军功显赫，拜安东将军，封山阴侯；子贺达、贺景皆为佳将；贺达子贺质为虎牙将军。贺齐祖孙三代皆为东吴名将。贺景子贺邵，则以家传儒学显，为中书令，领太子少傅，因奉公贞正，被谗毁谤国事，后被孙皓所杀。

一　东吴名将贺齐

贺齐是贺氏在正史《三国志》中第一个立传者。

（一）初显声威

贺齐（？—227），字公苗，伯父贺纯，父贺辅，永宁长①。贺齐

① 《三国志》卷60《贺齐传》注引虞预《晋书》，中华书局1964年版，第1377页。

少为郡吏，守剡长。县吏斯从轻侠为奸，贺齐欲处理他，主簿劝谏曰："从，县大族，山越所附，今日治之，明日寇至。"[①] 贺齐大怒，立即处决斯从。于是，斯从族党纠结千余人众，举兵攻打县城。贺齐率领吏民，开城门突袭，大破之，因此威震山越。后来，太末（今浙江龙游）、丰浦民反，转为太末长，诛恶扬善，一月尽平。

（二）多次立战功

建安元年（196），孙策引兵渡江，据会稽郡，察举贺齐为孝廉。孙策"居会稽、屠东冶"[②]，征服闽越故地，领会稽太守。于是朝廷设立建安、汉兴、南平三县，这是汉王朝第一次正式在福建东冶地区立县。贺齐是此三县得以创立的关键人物。

建安五年（200），贺齐用计谋平福建侯官，立郡县。

建安八年（203），建安、汉兴、南平复乱，贺齐进兵建安，立都尉府。历任威武中郎将、偏将军、后将军。

自建安初年至黄武中期的二三十年时间里，贺齐大部分时间投身于征讨山越和抗御曹魏的战争之中，军功显赫，拜安东将军，封山阴侯。

（三）二子贺达、贺景

贺齐战功显赫，祖孙三代皆为吴将领。子贺达、贺景皆有令名，"为佳将"[③]。虞预《会稽典录》载：

> 景为灭贼校尉，御众严而有恩，兵器精饰，为当时冠绝，早卒。达颇任气，多所犯忤，故虽有征战之劳，而爵位不至，然轻财贵义，胆烈过人。子质，位至虎牙将军。[④]

贺达任气，多忤逆，虽有征战之劳，而爵位不至，然轻财贵义，胆烈过人。贺达子贺质，位至虎牙将军。贺景为灭贼校尉，带兵严而有恩，兵器精饰，为当时冠绝。

---

① 《三国志》卷60《贺齐传》，中华书局1964年版，第1377页。
② 《三国志》卷46《孙策传》，中华书局1964年版，第1104页。
③ 《三国志》卷60《贺齐传》，中华书局1964年版，第1380页。
④ 《三国志·贺齐传》卷六十注引虞预《会稽典录》，第1381页。

二　奉公贞正的贺邵

贺邵（226—275），字兴伯，贺齐之孙，贺景之子。孙休即位，从中郎为散骑中常侍，出为吴郡太守。孙皓时，入为左典军，迁中书令，领太子太傅。

贺邵对自我形象的要求很高，衣冠必正，瞻视要尊，举止有常。所以，与他交往的人，皆对其心怀敬重。虞预《会稽典录》载：

> 贺邵字兴伯，山阴人也。为人美容止，正其衣冠，尊其瞻视，动静有常。与人交，久而敬之。至在官府，左右莫见其洗沐。坐常着袜，希见其足。①

贺邵为官，也如同对自我的要求，奉公贞正。任吴郡内史时，吴中豪强对他颇为轻视。他直接检查出顾氏、陆氏私藏流民，全部言于上，定罪者甚众。《世说新语·政事》载：

> 贺太傅作吴郡，初不出门。吴中诸强族轻之，乃题府门云："会稽鸡，不能啼。"贺闻故出行，至门反顾，索笔足之曰："不可啼，杀吴儿！"于是至诸屯邸，检校诸顾、陆役使官兵及藏逋亡，悉以事言上，罪者甚众。陆抗时为江陵都督，故下请孙皓，然后得释。②

孙皓凶暴骄矜，政事日弊，贺邵上疏劝谏《谏吴主皓疏》。疏文先写孙皓应当虚心纳谏："臣闻兴国之君乐闻其过，荒乱之主乐闻其誉；闻其过者过日消而福臻，闻其誉者誉日损而祸至。是以古之人君，揖让以进贤，虚己以求过，譬天位于乘奔，以虎尾为警戒。至于陛下，严刑

---

①（晋）虞预：《会稽典录》，《鲁迅辑录古籍丛编》（第3卷），人民文学出版社1999年版，第289—290页。

② 余嘉锡笺疏：《世说新语笺疏》，中华书局2007年版，第196页。

法以禁直辞，黜善士以逆谏臣，眩耀毁誉之实，沉沦近习之言。”①

次言要认清身边小人、远离他们：“何定本趋走小人，仆隶之下，身无锱铢之行，能无鹰犬之用，而陛下爱其佞媚，假其威柄，使定恃宠放恣，自擅威福，口正国议，手弄天机，上亏日月之明，下塞君子之路。夫小人求入，必进奸利，定间妄兴事役，发江边戍兵以驱麋鹿，结罝山陵，芟夷林莽，殚其九野之兽，聚于重围之内，上无益时之分，下有损耗之费。而兵士罢于运送，人力竭于驱逐，老弱饥冻，大小怨叹。臣窃观天变，自比年以来阴阳错谬，四时逆节，日食地震，中夏陨霜，参之典籍，皆阴气陵阳，小人弄势之所致也。”②

再言百姓是治国之根本：“传曰‘国之兴也，视民如赤子；其亡也，以民为草芥。’陛下昔韬神光，潜德东夏，以圣哲茂姿，龙飞应天，四海延颈，八方拭目，以成康之化必隆于旦夕也。自登位以来，法禁转苛，赋调益繁；中宫内竖，分布州郡，横兴事役，竞造奸利；百姓罹杼轴之困，黎民罢无已之求，老幼饥寒，家户菜色，而所在长吏，迫畏罪负，严法峻刑，苦民求办。是以人力不堪，家户离散，呼嗟之声，感伤和气。”所以，一定要体恤百姓：“愿陛下宽赋除烦，振恤穷乏，省诸不急，荡禁约法，则海内乐业，大化普洽。夫民者国之本，食者民之命也，今国无一年之储，家无经月之畜，而后宫之中坐食者万有余人。内有离旷之怨，外有损耗之费，使库廪空于无用，士民饥于糟糠。”③

最后提出，要居安思危，认清形势：“北敌注目，伺国盛衰，陛下不恃己之威德，而怙敌之不来，忽四海之困穷，而轻虏之不为难，诚非长策庙胜之要也。昔大皇帝勤身苦体，创基南夏，割据江山，拓土万里，虽承天赞，实由人力也。余庆遗祚，至于陛下，陛下宜勉崇德器，以光前烈，爱民养士，保全先轨，何可忽显祖之功勤，轻难得之大业，忘天下之不振，替兴衰之巨变哉？臣闻否泰无常，吉凶由

---

① 《三国志》卷65《贺邵传》，中华书局1964年版，第1456页。

② 同上书，第1456—1457页。

③ 同上书，第1457—1458页。

人，长江之限不可久恃，苟我不守，一苇可航也。昔秦建皇帝之号，据殽函之阻，德化不修，法政苛酷，毒流生民，忠臣杜口，是以一夫大呼，社稷倾覆。近刘氏据三关之险，守重山之固，可谓金城石室，万世之业，任授失贤，一朝丧没，君臣系颈，共为羁仆。此当世之明鉴，目前之炯戒也。愿陛下远考前事，近鉴世变，丰基强本，割情从道，则成康之治兴，而圣祖之祚隆矣。"①

贺邵此疏敢于直谏，直接指出孙皓任用小人致使"上亏日月之明，下塞君子之路"，更指出其执政以来"法禁转苛，赋调益繁"的毫不体恤百姓的严苛政策，最后直言其若不修威德而心存侥幸，恐怕万世之业将"一朝丧没"。用语虽然直白而少委婉，但其忠诚于孙吴的一番苦心自然呈现。书奏，不但没有引起孙皓对政局的思考和改变，相反孙皓对贺邵深加忌恨。

贺邵因"奉公贞正，亲近所惮。乃共谗邵与楼玄毁谤国事，俱被诘责"②。贺邵官复原职。后贺邵中风，口不能言，去职数月。孙皓怀疑其托病，收付酒藏，掠拷千所，卒无一语。天策元年（275）被锯杀，家属被迁徙临海县（今属浙江）。

第二节　贺循与两晋会稽贺氏学术大族地位的确立

贺邵子贺循，有高德，尤精《礼》传，在东晋被称为一世儒宗，官至太常、司空，善属文。

一　清操礼让

贺循（260—319），字彦先。父贺邵被杀后，家属被流放临海，其时贺循十六岁。五年之后，吴平，还乡里。贺循少年遭此家难，虽还像父亲一样志尚高操，却在言行举止中更加谦让。虞预《晋书》

① 《三国志》卷65《贺邵传》，中华书局1964年版，第1458—1459页。
② 同上书，第1459页。

载：贺循“节操高厉，童龀不群，言行举动，必以礼让。好学博闻，尤善三礼。”① 又《晋书·贺循传》载：“操尚高厉，童龀不群，言行进止，必以礼让”②。薛兼少与同郡纪瞻、广陵闵鸿、吴郡顾荣、会稽贺循齐名，号为“五俊”③。《世说新语·言语》载时人评价：“会稽贺生，体识清远，言行以礼。不徒东南之美，实为海内之秀。”④

礼让的性情，使得贺循做官时主张宽和。西晋太康中，会稽国相丁乂请为五官掾，扬州刺史嵇喜举为秀才。除阳羡令，“以宽惠为本，不求课最”⑤。任武康令时，禁止厚葬之风，使政教大行，邻城宗之。然因朝中无人，久不晋升。著作郎陆机上表举荐贺循，评其“德量邃茂，才鉴清远，服膺道素，风操凝峻，历践三城，刑政肃穆”，可惜“守职下县，编名凡萃，出自新邦，朝无知己，恪居遐外，志不自营，年时倏忽，而邈无阶绪，实州党愚智所为恨恨”。提出“诚以庶士殊风，四方异俗，壅隔之害，远国益甚。至于荆、扬二州，户各数十万，今扬州无郎，而荆州江南乃无一人为京城职者，诚非圣朝待四方之本心”⑥。朝廷对陆机的建议，深以为然，采纳任用江东士人的办法，以笼络南土人心。惠帝时召补太子舍人。《世说新语·任诞》记载了贺循入洛的一件趣事：

> 贺司空入洛赴命，为太孙舍人，经吴阊门，在船中弹琴。张季鹰本不相识，先在金阊亭，闻弦甚清，下船就贺，因共语，便大相知说。问贺：“卿欲何之?”贺曰：“入洛赴命，正尔进路。”张曰：“吾亦有事北京，因路寄载。”便与贺同发。初不告家，家追问，乃知。⑦

---

① 《三国志》卷65《贺邵传》注引虞预《晋书》，中华书局1964年版，第1459页。
② 《晋书》卷68《贺循传》，中华书局1974年版，第1824页。
③ 《晋书》卷68《薛兼传》，中华书局1974年版，第1832页。
④ 余嘉锡笺疏：《世说新语笺疏》，中华书局2007年版，第113—114页。
⑤ 《晋书》卷68《贺循传》，中华书局1974年版，第1824页。
⑥ 同上书，第1824—1825页。
⑦ 余嘉锡笺疏：《世说新语笺疏》，中华书局2007年版，第870页。

贺循赴洛，经吴阊门，在船上弹琴。吴郡张翰正在金阊亭，被贺循高洁清越的琴声所吸引，便来共语，于是大相知悦。张翰便与贺循一同进京。《世说新语》作“太孙舍人”，《晋书·贺循传》作“太子舍人”。余嘉锡笺疏引程炎震云：“《晋书》六十八《循传》作‘太子舍人’，是愍怀太子也。永康元年，愍怀太子死，后立其子为皇太孙，太子官属即转为太孙官属。”① 晋怀帝时，诏王公举贤良方正，刺史王敦《举贺循为贤良、杜夷为方正疏》：“伏见太孙舍人会稽贺循、处士卢江杜夷履道弥高，清操绝俗，思学融通，才经王务。循宰二县，皆有名绩，备僚东宫，忠恪允著。夷清虚冲淡，与俗异轨，考盘空谷，肥遁匿迹。盖经国之良宝，聘命之所急。若得待诏公车，承对册问，必有忠谠良谟，弘益政道矣。”②

贺循重节操，不居功，常谦退。赵王司马伦篡位，转侍御史，辞疾去，回会稽。后除南中郎长史，不就。中州乱时，江南两次乱事。先是李辰起兵江夏，别帅石冰略有扬州，驱逐会稽相张景，以程超代之，其长史宰与为山阴令。王钜、顾祕、周玘等人倡议讨贼，贺循合众响应。当时石冰的大将抗宠带兵数千，屯据在会稽郡讲堂。贺循作檄文，陈述顺逆，于是抗宠逃走，程超、宰与投降，会稽郡复归平静。贺循将会稽相张景迎回后，“即谢遣兵士，杜门不出，论公报赏，一无预焉”③。其后陈敏乘中州之乱，借机据有江东，历两年。诈称诏书，以贺循为丹阳内史。贺循以脚疾拒绝，“手不制笔，又服寒食散，露发袒身，示不可用”④。陈敏竟不敢逼。而此时扬州内豪杰无不受陈敏官职，只有贺循与同郡朱诞不豫其事。陈敏乱平后，领会稽相，除吴国内史，公车征贤良，皆不就。琅琊王司马睿为安东将军，复上为吴国内史，东海王司马越命为参军，征拜博士，并不就。琅琊王承制，以为军咨祭酒，建武初拜太常；及践阼，拜太子太傅，改授左光禄大夫开府仪同三司。大兴二年（319）卒，年六十。

---

① 余嘉锡笺疏：《世说新语笺疏》，中华书局 2007 年版，第 870 页。

② 《晋书》卷 91《杜夷传》，中华书局 1974 年版，第 2353 页。

③ 《晋书》卷 68《贺循传》，中华书局 1974 年版，第 1825 页。

④ 同上。

司马睿初到江东，顾荣、贺循成为第一批被王导笼络的江南士人，从此百姓归心，君臣名分始定。《晋书·王导传》载："及徙镇建康，吴人不附，居月余，士庶莫有至者，导患之。会敦来朝，导谓之曰：'琅邪王仁德虽厚，而名论犹轻。兄威风已振，宜有以匡济者。'会三月上巳，帝亲观禊，乘肩舆，具威仪，敦、导及诸名胜皆骑从。吴人纪瞻、顾荣，皆江南之望，窃觇之，见其如此，咸惊惧，乃相率拜于道左。导因进计曰：'古之王者，莫不宾礼故老，存问风俗，虚己倾心，以招俊义。况天下丧乱，九州分裂，大业草创，急于得人者乎！顾荣、贺循，此土之望，未若引之以结人。二子既至，则无不来矣。'帝乃使导躬造循、荣，二人皆应命而至，由是吴会风靡，百姓归心焉。自此以后，渐相崇奉，君臣之礼始定。"①

贺循虽然一生谦退，但是，当真的需要为百姓出面时，他也会审慎地去做。《世说新语·规箴》载：

> 元皇帝时，廷尉张闿在小市居，私作都门，早闭晚开。群小患之，诣州府诉，不得理，遂至檛登闻鼓，犹不被判。闻贺司空出，至破冈，连名诣贺诉。贺曰："身被征作礼官，不关此事。"群小叩头曰："若府君复不见治，便无所诉。"贺未语，令且去，见张廷尉当为及之。张闻，即毁门，自至方山迎贺。贺出见，辞之曰："此不必见关，但与君门情，相为惜之。"张愧谢曰："小人有如此，始不即知，早已毁坏。"②

《晋书·贺循传》云："廷尉张闿住在小市，将夺左右近宅以广其居，乃私作都门。"廷尉张闿为了扩大自己的住宅，欲强占左右邻居宅，私设都门，早闭晚开，给左邻右舍带来极大的不便。左右邻居到州府诉告，却诉到哪里都无用，因为张闿是廷尉（最高司法官），州府都不敢受理，致使百姓无处说理。于是，百姓只能联名来找贺循。

① 《晋书》卷65《王导传》，中华书局1974年版，第1745—1746页。

② 余嘉锡笺疏：《世说新语笺疏》，中华书局2007年版，第663—664页。

贺循说："我一个礼官，也管不了这事。"百姓说："您要不管，便无处可诉。"贺循只能答应说："见到张廷尉，跟他提及此事。"张闿听说此事后，马上毁都门，并亲自到方山见贺循。贺循出来相见，跟张闿说："这件事本与我无关，但与君有世交，才为君感到遗憾。"张闿感到惭愧的同时，还要感谢贺循。一件棘手的事，贺循处理得恰到好处。既对百姓有了交代，也与张闿说明自己这样做并非过多干涉，而是出于世交之情义。可见，贺循因其高操，不仅为百姓所重，也为同僚所敬。

二　礼学贡献

贺循博览众书，尤精礼传，被尊称为"当世儒宗"①。其礼学贡献主要表现在两方面：一是为东晋礼制乐制建设提出了很多合理的建议；二是相关礼学著述。《隋志》载：《丧服要记》10卷，梁有《丧服要记》6卷，《丧服谱》1卷。《隋志》未录的还有《丧礼》。

（一）礼制

贺循在礼制方面的贡献分为宗庙制度、诸祭礼和大学三方面。

1. 宗庙制度

东晋朝廷初建，宗庙制度多有凝滞，都向贺循咨询。贺循总是依傍经书、举出史实，再结合当时实际情况而提出意见。既有典籍、历史支撑，又能根据当时权变，故其建议多被采纳。

关于天子宗庙，几次提出合理建议。西晋末年，晋怀帝蒙尘，崩于平阳，梓宫未返京师。晋元帝立庙之时，欲迁其神位入庙，但丧已过三年。太常贺循议：

> 怀帝梓宫未返，遭时之故，事难非常，不得以常礼自拘，宜以时入太庙，修祭祀之礼。②

---

① 《晋书》卷68《贺循传》，中华书局1974年版，第1830页。

② （唐）杜佑撰，王文锦等点校：《通典》卷51，中华书局1988年版，第1430页。

贺循以为，晋怀帝神位未及时入太庙，已超三年，但那是特殊情况，怀帝遭难，不能用常礼自拘。

东晋初年，有人提出晋惠帝、晋怀帝应各为世，则自颍川府君算世数过七，宜在迭毁。尚书符云："武皇帝崩，迁征西府君；惠皇帝崩，迁章郡府君；怀帝入庙，当迁颍川府君。"贺循提出反对意见，议曰：

古者帝各异庙，庙之有室，以象常居，未有二帝共处之义也。如惠、怀二主，兄弟同位，于禘祫之礼，会于太祖，自应同列异坐而正昭穆。至于常居之室，不可以尊卑之分，义不可黩故也。昔鲁夏父弗忌跻僖公于闵上，《春秋》谓之逆祀。僖公，闵之庶兄，闵公先立，尝为君臣故也。《左氏传》曰："子虽齐圣，不先父食。"怀帝之在惠帝代，居藩积年，君臣之分也；正位东宫，父子之义也。虽同归昭穆，尊卑之分与闵僖不异，共室亵渎，非殊尊卑之礼。以古义论之，愚谓未必如有司所列，惠帝之崩，当已迁章郡府君，又以怀帝入庙，当迁颍川府君，此是两帝兄弟各迁一祖也。又，主之迭毁，以代为正，下代既升，则上代稍迁，代序之义也。若兄弟相代，则共是一代，昭穆位同，不得兼毁二庙，礼之常例也。又殷之盘庚，不序阳甲之庙，而上继先君，以弟不继兄故也。既非所继，则庙应别立。由此言之，是惠帝应别立，上祖宜兼迁也。故汉之光武，不入成帝之庙，而上继元帝，义取于此。今惠、怀二帝，不得不上居太庙。颍川未迁，见位余八。非祀之常，不得于七室之外假立一神位。

循又议曰：

殷人六庙，比有兄弟四人袭为君者，便当上毁四庙乎？如此四代之亲尽，无复祖祢之神矣。又案《殷纪》，成汤以下至于帝乙，父子兄弟相继为君，合十二代，而正代唯六。《易·乾凿度》

曰："殷帝乙，六代王也。"以此言之，明不数兄弟为正代。①

《礼记·祭统》："夫祭有昭穆。昭穆者，所以别父子、远近、长幼、亲疏之序，而无乱也。是故有事于大庙，则群昭群穆咸在，而不失其伦。此之谓亲疏之杀也。"② 郑玄注："昭穆咸在，同宗父子皆来。"孔颖达疏："昭穆，谓尸主行列于庙中。所以至无乱者，谓父南面子北面，亲者近，疏者远，又各有次序""杀，渐也。列昭穆存亡，名有远近，示天下亲疏有渐也。"又《周礼·春官·小宗伯》："辨庙祧之昭穆。"郑玄注："父曰昭，子曰穆。"贺循结合《春秋》《左传》《殷纪》等典籍，并以鲁国、殷之史实，提出："主之迭毁，以代为正，下代既升，则上代稍迁，代序之义也。若兄弟相代，则共是一代，昭穆位同，不得兼毁二庙，礼之常例也。"虽然兄弟前后相代为帝王，但是同一代人，所以昭穆位同。当时，尚书仆射刁协与贺循异议，贺循答义深备。最后，朝廷按照贺循的建议来实施。《通典》卷四十七天子宗庙载："大兴三年，将祭愍帝之主，乃更定制，还复章郡、颍川于昭穆之位。"③

关于后妃庙。晋元帝为琅琊王，纳虞氏为妃，虞氏先亡。帝为晋王，追谥为后。但是，晋元帝之子晋明帝自有母。时以此疑，故必涉及兄弟昭穆之义。王导《与贺循书》论虞庙云："王所崇惜者体也，未敢当正位入庙及毁废之数，不知便可得尔不?"贺循《答王导书论虞庙》：

> 汉光武于属，以元帝为父，故于昭穆之叙，便居成帝之位，而迁成帝之主于长安高庙。今圣上于惠帝为兄弟，亦当居惠帝之位，而上继武帝。惠帝亦宜别庙，则虞妃庙位，当以此定。④

---

① （唐）杜佑撰，王文锦等点校：《通典》卷 51，中华书局 1988 年版，第 1425 页。

② （唐）孔颖达正义：《礼记正义》卷 49，《十三经注疏》，中华书局 1980 年影印本，第 1605 页。

③ （唐）杜佑撰，王文锦等点校：《通典》卷 47，中华书局 1988 年版，第 1306 页。

④ 同上书，第 1319 页。

贺循根据汉光帝故事，以及元帝与惠帝为同曾祖兄弟，上继堂伯武帝。惠帝宜别庙，则虞妃庙位同此。王导又曰："戴若思欲于七庙立后别室。"

> 愚以尊王既当天之正统，而未尽宸居之极称。既名称未极，更于事宜为难。或谓可立别庙，使进退无犯。意谓以尊意所重施于今，宜如有可尔理。若全尊寻备。昭穆既正，则俯从定位，亦无拘小别。然非常礼，无所取准。于名则未满，于礼则变常。窃以戴所斟酌，于人情为未安。

贺循以为戴若思所言，不太符合人情。

2. 诸祭礼

第一，告礼。《宋史·礼志五》："告礼：古者天子将出，类于上帝，命史告社稷及圻内山川。又天子有事，必告宗庙，历代因之。"晋元帝为琅琊王，将即位告庙，王导《与贺循书》问即位告庙："或谓宜祭坛拜受天命者，或谓直当称亿兆群臣告四祖之庙而行者，若尔，当立行庙。主今固辞尊号，俯顺群情，还依魏晋故事。然魏晋皆禀命而行，不知今进玺当云何？"贺循《答王导书》曰：

> 愚谓告四祖之庙而行。《蜀书》刘先主初封汉王时，群臣共奏上勋德，承以即位。今虽事不正同。然议可方论。①

当时的争议，有的认为应该祭坛拜受命，有的认为应该告四祖之庙。贺循认为当告四祖之庙，比之刘备当年封汉王时。王导又问："得刁仆射书曰如此：京兆是宣帝祖，章郡是父也。至惠帝，为七庙。至怀帝，京兆府君应落，想足下亦是识。刁侯不欲告惠、怀二帝，不知于礼云何？"贺循《又答王导书》：

> 古礼及汉氏之初，皆帝帝异庙，即位大事，谒于太祖。故晋

① （唐）杜佑撰，王文锦等点校：《通典》卷55，中华书局1988年版，第1539页。

文朝于武宫，汉文谒于高庙也。至光武之后，唯有祖宗两庙而已。祖宗两庙，昭穆皆共堂别室。魏晋依之，亦唯立一庙。则一庙之中，苟在未毁，恐有事之日，不得偏有不告。然人不详太庙定议，不敢必据欲依古礼，唯告宣帝一庙。人意以祖宗非一，且太庙合共，事与古异，不得以古礼为断。

贺循以为，古礼即位大事，告谒于太祖。今有变化，魏晋以来有事之日，不得偏有不告。当依此为据，不得以古礼为断。

第二，籍田。又称藉田，吉礼之一，春耕前天子率诸侯亲自耕田的典礼。晋元帝将修耕籍事，尚书符问："藉田至尊应躬祠先农不?"贺循答：

汉仪无，正有至尊应自祭之文。然则《周礼》王者祭四望则毳冕，祭社稷、五祀则冕，以此不为无亲祭之义也。宜立两仪注。[①]

贺循等所上两仪注，又未详允。事竟不行。

第三，郊天。古吉礼之一，郊天之礼最为隆重，冬至日天子亲率众臣祭于南郊。晋元帝即为于建康，议立南郊于巳地。"太常贺循定制度，多依汉及晋初仪注。三月辛卯，帝亲郊，祀飨如泰始故事。"[②]

3. 大学

晋元帝时，太常贺循上言诸经宜分置博士：

尚书被符，经置博士一人。又多故历纪，儒道荒废，学者能兼明经义者少。且《春秋》三传，俱出圣人，而义归不同，自前代通儒，未有能通得失兼而学之者也。况今学义甚颓，不可令一人总之。今宜《周礼》《仪礼》二经置博士二人，《春秋》三传

① 《晋书》卷19《礼志上》，中华书局1974年版，第589页。

② （唐）杜佑撰，王文锦等点校：《通典》卷42，中华书局1988年版，第1174页。

置博士三人，其余则经置一人，合八人。①

贺循提出，五经博士中，《周礼》《仪礼》二经宜各置博士一人，《春秋》三传各置一人，合八人。

（二）乐制

《通典·乐一》载：永嘉之末，伶官乐器皆没于刘聪、石勒。至江左初立宗庙，尚书下太常祭祀所用乐名。太常贺循答曰：

> 魏氏增损汉乐以为一代之礼，未审大晋乐名所以为异。遭离丧乱，旧典不存，然此诸乐，皆和之以钟律，文之以五声，咏之于歌词，陈之于舞列；宫县在下，琴瑟在堂；八音迭奏，雅乐并作；登歌下管，各有常咏：周人之旧也。自汉氏以来，依放此礼，自造新诗而已。旧京荒废，今既散亡，音韵曲折，又无识者，则于今难以意言。②

贺循说明了魏晋以来的雅乐盛况，遗憾的是音韵曲谱散亡，但今难以意言。但贺循积极参与作乐。“于时以无雅乐器乃伶人，省太乐并鼓吹令。是后颇得登歌，食举之乐，犹有未备。”而此“登歌”，就是贺循制定。《隋书·音乐志下》：“江左之初，典章堙紊，贺循为太常卿，始有登歌之乐。”《太平御览》卷五百七十六引《通礼义纂》：“晋贺循奏登歌之，采玉造小磬，宗庙殿用玉，郊丘用石，本法堂上乐以歌焉。故名歌钟、歌磬。”

《通典·乐七》“大臣丧废乐议”条载：贺循议曰：

> 上车骑大将军未葬表，不应作鼓吹。鼓吹之兴，虽本为军之凯乐，有金革之音，于宫廷发明大节，以此为盛，与乐实同。案《礼》：于贵臣，比卒哭不举乐。今车骑未葬，不宜作也。③

---

① （唐）杜佑撰，王文锦等点校：《通典》卷53，中华书局1988年版，第1465页。
② （唐）杜佑撰，王文锦等点校：《通典》卷141，中华书局1988年版，第3599页。
③ （唐）杜佑撰，王文锦等点校：《通典》卷147，中华书局1988年版，第3769页。

贺循以为，车骑大将军未葬，不应作鼓吹。鼓吹虽起于军中，但也是音乐。《礼》曰：贵臣在未葬前不举乐。

（三）著述

贺循著有《葬礼》，《隋志》未录。清马国翰《玉函山房辑佚书》辑录一卷8条。《通典》丧制中，在论到葬礼的某一环节时，6次引用贺循的话，其中有一次注明是贺循《葬礼》。可见，《葬礼》一书对丧葬礼仪的流程做了较为详细的记载。

《通典·凶礼八》丧制之四“荐车马明器及饰棺”条载，晋贺循云：

> 饰棺衣以布，玄上纁下。画帷荒云气，不为龙。笭帷易布以绀缯。池以象承溜，以竹为笼，如今车笭，帷以青绢代布。纽，玄纁为二。其明器：凭几一，酒壶二，漆屏风一，三谷三器，瓦唾壶一，脯一箧，屦一，瓦樽一，履一，瓦杯盘杓杖一，瓦烛盘一，箸百副，瓦奁一，瓦灶一，瓦香炉一，釜二，枕一，瓦甑一，手巾赠币玄三纁二，博充幅，长尺，瓦炉一，瓦盥盘一。①

此则是祭奠时车马明器棺饰的说明。

《通典·凶礼八》丧制之四“祖奠”条载，晋贺循云：

> 载柩于辅，未明而行迁于祖庙者，乃将告辞于先君也。登自西阶，正柩于两楹间，北首，纳輴车于阶下，载之以适墓。启奠从设于西方。质明，灭烛，更设迁奠如启奠。②

此条记载了下葬前一晚的祖奠，以及下葬当天的启奠过程。

《通典·凶礼八》丧制之四“遣奠”条载，晋贺循云：

---

① （唐）杜佑撰，王文锦等点校：《通典》卷86，中华书局1988年版，第2325—2326页。

② 同上书，第2329—2330页。

祖奠竟，厥明又大奠。大奠者，加于常一等，士以少牢，大夫太牢，盛葬礼也，是谓遣奠。奠毕，包牲下体以为藏备，大夫苞五，士苞三，遂行如墓。初设遣奠，士陈五鼎，用少牢，庶物备苞之以葬。今虽不能备礼，宜加于常奠，以盛送终也。其以葬日晨而设之。①

此条记载了祖奠结束后，第二天即下葬日凌晨大奠。各级士、大夫加常一等，是葬礼中最盛大的礼仪，就是“遣奠”。

《通典·凶礼八》丧制之四“器行序”条载，晋贺循云：

丧车前后四引，引十人，合四十人。十人一伥，合四十四人。皆素服白帽。伥手执练幡以部伍所主，禁欢呼嬉戏。四伥，一吏主之也。②

此条记载了出殡时丧车前后引的人数，伥人的人数，伥手执白幡，以及丧车行走时不能欢呼，而当肃穆。

《通典·凶礼八》丧制之四“葬仪”条载，晋贺循《丧礼》云：

至墓之位，男子西向，妇人东向。先施幔屋于埏道北，南向。柩车既至，当坐而住。遂下衣几及奠祭。哭毕柩进，即圹中神位。既窆，乃下器圹中，荐棺以席，缘以绀缯，植翣于墙，左右挟棺，如在道仪。③

此条记载了灵柩下葬墓中的具体仪式。

《通典·凶礼八》丧制之五“祔祭”条载，晋贺循云：

卒哭祭之明日，以其班祔于祖庙，各以昭穆之次，各有牲牢，所用卒哭。今无庙，其仪：于客堂设亡者祖坐，东向；又为

① （唐）杜佑撰，王文锦等点校：《通典》卷86，中华书局1988年版，第2335页。
② 同上书，第2338页。
③ 同上书，第2346页。

> 亡者坐于北，少退。平明持馔具设及主人之节，皆如卒哭仪。先向祖座拜，次向祔座拜，讫，西面南上伏哭。主人进酌祖座，祝曰："曾孙某，敢用洁牲嘉荐于曾祖某君，以跻祔某君之孙某。"又酌亡者座，祝曰："哀子某，夙兴夜处不宁，敢用洁牲嘉荐，祔事于皇祖某君，适明祖某君，尚飨。"皆起再拜，伏哭尽哀，复各再拜，以次出。妻妾妇女以次向神座再拜讫，南向东上，异等少退，哭尽哀，各再拜还房。遂彻之。自祔之后，唯朔日月半殷奠而已，其馔如来时仪，即日彻之。①

此条记载了卒哭后祔祭的具体过程。

从以上几条可以看到，贺循《丧礼》对丧葬中的各种礼仪，都有详细的描述，"不失为现代学者研究晋代丧葬礼仪的活化石"②。

三　文学成就

贺循善文学。《隋志》录其《会稽记》1卷，《贺循集》18卷。

贺循"少玩篇籍，善属文"③。《隋书·经籍志》载：《晋司空贺循集》18卷（梁20卷，录1卷）。今存文40余篇，多为礼制文章。例如《祭仪》：

> 祭以首时及腊，岁凡五祭。将祭，前期十日散斋不御，不乐不吊。前三日，沐浴改服，居于斋室，不交外事，不食荤辛，静志虚心，思亲之存。及祭，施位。牲，大夫少牢，士以特豕。祭前之夕及腊，鼎陈于门外。主人即位西面。宗人袒，告充。主人视杀于门外，主妇视饎于西堂下，设洗于阼阶东南，洒醴甒于房户。牲皆体解。平明设几筵，东面为神位。进食，乃祝。祝乃酌。奠，拜。祝讫，拜退西面立。少顷，酌酳醴。一献毕，拜受酢，饮毕拜。妇亚献，荐枣栗，

① （唐）杜佑撰，王文锦等点校：《通典》卷87，中华书局1988年版，第2374页。
② 吴从祥：《六朝会稽贺氏家族》，中国社会科学出版社2015年版，第138页。
③ 《晋书》卷68《贺循传》，中华书局1974年版，第1830页。

受酢如主人。其次长宾三献，亦以燔从，如主人。次及兄弟献，始进俎、庶羞。众宾兄弟行酬，一遍而止。彻神俎羹饭为宾食，食物如祭。如馂毕，酌酳一周止。佐彻神馈，馔于室中西北隅，以为厌祭。既设，闭牖户，宗人告毕，宾乃退。凡明日将祭，今夕宿宾。祭日，主人、群子孙、宗人、祝、史皆诣厅事西面立，以北为上。有荐新，在四时仲月。大夫士有田者，既祭而又荐；无田者荐而不祭。礼贵胜财，不尚苟丰，贫而不逮，无疑于降。大夫降视士，士从庶人可也。又不及，饭菽饮水皆足致敬，无害于孝。①

此文详细写祭祀前斋戒、祭祀的准备、祭祀时的前后顺序，以及祭祀后的饮食和宾客的离去等典礼的仪式。条理清晰，文辞畅达。贺循论礼文章，多具有明辨畅达的特征。

又有多篇书信，其中《报虞预书论杨方》对同郡贤才对大加褒赞，曰：

此子开拔有志，意只言异于凡猥耳，不图伟才如此。其文甚有奇分，若出其胸臆，乃是一国所推，岂但牧竖中逸群邪！闻处旧党之中，好有谦冲之行，此亦立身之一隅。然世衰道丧，人物凋敝，每闻一介之徒有向道之志，冀之愿之。如方者乃荒莱之特苗，卤田之善秀，姿质已良，但沾染未足耳；移植丰壤，必成嘉谷。足下才为世英，位为朝右，道隆化立，然后为贵。昔许子将拔樊仲昭于贾竖，郭林宗成魏德公于畎亩。足下志隆此业，二贤之功不为难及也。②

虞预以同郡杨方所为文示贺循，此为贺循报书。贺循认为杨方“开拔有志”“其文甚有奇分，若出其胸臆，乃是一国所推”，并以

① （清）严可均辑：《全上古三代秦汉三国六朝文》（第2册），中华书局1999年影印本，第1972页。

② 《晋书》卷68《杨方传》，中华书局1974年版，第1831页。

“荒莱之特苗，卤田之善秀”形容杨方，指出其资质优良，假以时日，必成嘉谷。最后颂美虞预若能拔擢，则其功不下前贤许子将和郭林宗。其时同郡杨方处于卑陋，贺循雅有知人之鉴，后杨方果然成名于世。

会稽贺氏与孔氏、虞氏一样，重视本土文化，关注本郡人物。据《隋书·经籍志》载：贺氏撰《会稽先贤像赞》5 卷、《会稽太守像赞》2 卷。可惜书已零落，贺氏亦未留下其名，但为会稽贺氏所撰是无疑义的。《隋书·经籍志》：贺循撰《会稽记》1 卷。《旧唐书·经籍志》《新唐书·艺文志》不载，鲁迅根据《史记正义》《太平御览》《嘉泰会稽志》等辑录 5 条。

第一条辑录自《史记·越王勾践世家》注引《史记正义》：

> 少康封其少子，号曰于越。越国之称始于此。[①]

此则记录了越国的第一位国王以及国名的由来。

第二条《会稽三赋》周世则注：

> 会稽山有禹井，去禹穴二十五步。谓禹穿凿，故因名之。[②]

写到了会稽山禹井的得名。

第三条出自《太平御览》卷四十七、《太平寰宇记》卷九十六，鲁迅根据二书作了文字辨正，文如下：

> 石篑其形似篑，在宛委山上。《吴越春秋》云：“在于九山东南，曰天柱山，号曰宛委。其岩之巅，承以文玉，覆以磐石。其书金简青玉为字，编以白银，皆篆其文。禹乃东巡，登衡山，杀白马以祭之。因梦见赤绣文衣男子，自称玄夷仓水使者，谓禹曰：‘欲得我简书，知导水之方者，斋于黄帝之岳。’禹乃斋三

---

① （晋）贺循：《会稽记》，《鲁迅辑录古籍丛编》（第 3 卷），人民文学出版社 1999 年版，第 307 页。

② 同上。

月，等石篑山，果得其文。乃知四渎之脉，百川之理，凿龙门，通伊阙，遂周行天下，到名山大泽，召其神问之。使伯益疏而记之，名为《山海经》。"①

此则记载了石篑山的得名，大禹治水得金简的传说，以及《山海经》一书的由来。

第四条出自《舆地纪胜》卷十、《嘉泰会稽志》卷十、《会稽三赋》注：

防风氏身长三丈，刑者不及，乃筑高塘临之。故曰刑塘。②

此则记载了刑塘得名的由来。

第五条出自《宋书·州郡志》：

（始宁）顺帝永建四年，分上虞南乡立。③

此则记载了始宁县建立的时间。

从以上几条可以看到，贺循《会稽志》大抵记录了上古会稽之地，相关的传说、立国的历史，以及一些地名、山名的由来。

第三节　南朝贺氏的文化发展

一　刘宋时贺氏著述

刘宋时会稽贺氏并不显达，但贺循孙辈仍继承了贺氏的礼学传统。

---

① （晋）贺循：《会稽记》，《鲁迅辑录古籍丛编》（第3卷），人民文学出版社1999年版，第307页。

② 同上书，第308页。

③ 同上。

贺道期，晋司空贺循孙，元嘉初为太学博士。元嘉六年（429）七月，太学博士徐道娱对太庙烝尝礼仪提出疑问。有司奏下礼官详判。博士江邃、贺道期、荀万秋各有议。其中博士贺道期作《太庙送神议》：

> 乐以迎来，哀以送往。《祭统》："迎牲而不迎尸。"《诗》云："钟鼓送尸。"郑云："尸，神像也。"与今《仪注》不迎而后送，若合符契。①

议文写到太庙送神当营造哀伤的氛围。虽只有几句，就用到了三种关于礼学的文献，可见贺道期礼学素养深厚。江邃、贺道期、荀万秋皆以旧制为是，只有博士陈珉同徐道娱议。朝廷采纳贺道期等三人议，"江邃等议虽未尽，然皆依拟经礼。道娱、珉所据难从。今众议不一，宜遵旧制体"。诏可。

贺道养，道期弟，工卜筮，为太学博士。《隋书·经籍志》载：《春秋序》1卷，梁有《贺子述言》10卷，又有《宋贺道养集》10卷。今存一篇《浑天记》，曰：

> 昔记天体者有三，浑仪莫知其始。书以齐七政，盖浑体也；二曰宣夜，夏殷法也；三曰周髀，当周髀之所造，非周家之术也。近世复有四术：一曰方天，兴于王充；二曰轩天，起于姚信；三曰穹天，由于虞喜。皆以臆断浮说，不足观也。惟浑天之事，征验不疑。②

该文先回顾了历史上的浑仪、宣夜、周髀三种关于天体的认识，又总结近世出现四种观点。前三种为方天、轩天、穹天，认为以上观点皆不足观，唯对浑天说征验不疑。可见，贺道养支持浑天说。

---

① 《宋书》卷17《礼志四》，中华书局1974年版，第462页。

② （清）严可均辑：《全上古三代秦汉三国六朝文》（第2册），中华书局1999年影印本，第2673页。

贺道力，道养弟，“善三礼，有盛名”[①]，仕宋为尚书三公郎、建康令。

另有贺道庆，会稽山阴人。疑与贺道期兄弟为宗族同辈。今存一首《离合》诗。

二 梁贺玚的礼学贡献

梁有贺玚、贺琛伯侄，皆善礼，有文学。

贺玚（452—510），字德琏。贺循玄孙，祖贺道力。贺氏世代以儒术显，父贺损，亦传家业。贺玚少传家业。齐时沛国刘瓛为会稽府丞，见贺玚深器异之。一起造访吴郡张融，指贺玚谓张融曰：“此生神明聪敏，将来当为儒者宗。”[②] 刘瓛推荐为国子生。举明经，扬州祭酒、兼国子助教。历奉朝请、太学博士，太常丞。梁天监（502—519）初，为太常丞。

在齐梁礼制建设中，贺玚提出了不少建议。

《南齐书·礼制上》载：建武二年（495），通直散骑常侍庾昙隆启：“伏见南郊坛园兆外内，永明中起瓦屋，形制宏壮，检案经史，无所准据。寻《周礼》，祭天于圜丘，取其因高之义，兆于南郊，就阳位也。故以高敞，贵在上昭天明，旁流气物。自秦、汉以来，虽郊祀参差，而坛域中间，并无更立宫室。其意何也？政是质诚尊天，不自崇树，兼事通旷，必务开远。宋元嘉南郊，至时权作小陈帐以为退息，泰始薄加修广，永明初弥渐高丽，往年工匠遂启立瓦屋。前代帝皇，岂于上天之祀而昧营构，所不为者，深有情意。《记》称‘扫地而祭，于其质也，器用陶匏，天地之性也。’故‘至敬无文’，‘以素为贵’。窃谓郊事宜拟休偃，不俟高大，以明谦恭肃敬之旨。庶或仰允太灵，俯惬群望。”[③] 齐明帝萧鸾诏付外议。国子助教徐景嵩、太学博士贺玚、兼左丞王摛皆附议。贺玚《郊坛瓦屋议》：

① 《南史》卷62《贺玚传》，中华书局1975年版，第1507页。
② 《梁书》卷48《贺玚传》，中华书局1973年版，第672页。
③ 《南齐书》卷9《礼制上》，中华书局1972年版，第125—126页。

《周礼》"王旅上帝，张毡案，设皇邸。"国有故而祭，亦曰旅。毡案，以毡为床于幄中，不闻郊所置宫宇。①

贺玚赞同庾昙隆的提议，又补充《周礼》的材料证明。但是，骁骑将军虞炎议，以为祭祀的场所随着时代的变化，应该可以改变。所以，庾昙隆等人的建议未被施行。

入梁，复为太常丞。天监元年（502），梁武帝萧衍制五礼。《通典·礼序》卷四十一载："至梁武帝，命群儒又裁成焉。吉礼则明山宾，凶礼则严植之，军礼则陆琏，宾礼则贺玚，嘉礼则司马褧。又命沈约、周舍、徐勉、何佟之等参会其事。"② 经过6年编撰，贺玚《宾礼仪注》于天监六年（507）上尚书，"合十有七秩，一百三十三卷，五百四十五条"③。

梁天监四年（505），召开五馆，建立国学，总以《五经》教授，置《五经》博士各一人。"于是以平原明山宾、吴郡陆琏、吴兴沈峻、建平严植之、会稽贺玚补博士，各主一馆。馆有数百生，给其饩禀，其射策通明经者，即除为吏，于是怀经负笈者云会矣。"④ 其中贺玚"馆中生徒常百数，弟子明经封策至数十人"⑤。

又"别召为皇太子定礼，撰《五经义》。贺玚悉礼旧事，时高祖方创定礼乐，玚所建议，多见施行"⑥。《通典》卷一百四十七"东宫宴会奏金石轩悬及女乐等议"条记载了贺玚的三条关于东宫宴会用乐的建议：

梁武帝天监六年，东宫新成，皇子出宫后，于崇政殿宴会。兼殿中郎司马褧议谓："既于崇政殿宴会，太子临座，其事重，宜依礼会奏金石轩悬之乐。"旧东宫元会仪注，宫臣先入，入时

① 《南齐书》卷9《礼制上》，中华书局1972年版，第126页。

② （唐）杜佑撰，王文锦等点校：《通典》卷41，中华书局1988年版，第1121页。

③ 《梁书》卷25《徐勉传》，中华书局1973年版，第382页。

④ 《南史》卷71《儒林序》，中华书局1975年版，第1730页。

⑤ 《梁书》卷48《贺瑒传》，中华书局1973年版，第672页。

⑥ 同上。

> 无乐，至上宫客人，方奏乐。天监中，掌宾礼贺玚议："按礼，宾入而悬兴，示易以敬也，和易以敬，宫人皆然，谓不应有异，愚以宫人始入，便应奏乐。"制曰："宜。"①

关于崇政殿宴会用乐，从前东宫宫臣先入是不奏乐的，上宫客人进入时方奏乐。贺玚建议：依礼而言，宾客入内奏乐，以示和易尊敬，不管是宫臣，还是上宫客人，不应该差别对待，宫人始入便应奏乐。建议被采纳。

> 玚又议："上宫元会，奏《大壮》武舞、《大观》文舞。旧东宫仪注既不奏，问乐府有，恐是旧仪注阙。"制曰："学者今止云应犹未见，其仪更可议。"议曰："按《礼记》云：'天子为乐也，以赏诸侯之有德。其治人劳者，舞行缀远；其治人逸者，舞行缀短。天观其舞，知其德。'以此而求，诸侯舞时，王之乐可知也。况皇储养德春宫，式瞻攸属，谓宜备二舞，以宣文武之德焉。"制曰："依议。"② 贺玚又议："上宫元会始作乐，先奏《相和》五引。今未审东宫元会同不?"制曰："宜同。"

《隋书·音乐志上》亦有记载：

> 天监四年，掌宾礼贺玚，请议皇太子元会出入所奏。帝命别制养德之乐。玚疑东宫所奏舞，帝下其议。玚以为，天子为乐，以赏诸侯之有德者。观其舞，知其德。玚谓宜名《元雅》，迎送二傅亦同用之。取《礼》"一有元良，万国以贞"之义。明山宾、严植之及徐勉等，以为周有九《夏》，梁有十二《雅》。此并则天数，为一代之曲。今加一雅，便成十三。玚又疑东宫所奏舞，帝下其议。玚以为，天子为乐，以赏诸侯之有德者。观其舞，知其德。况皇储养德春宫，式瞻攸属，谓宜备《大壮》《大

---

① （唐）杜佑撰，王文锦等点校：《通典》卷41，中华书局1988年版，第3763页。
② 同上。

观》二舞，以宣文武之德。帝从之。于是改皇太子乐为《元贞》，奏二舞。是时礼乐制度，粲然有序。[①]

关于上宫元会的舞蹈，贺玚提出宜奏《大壮》武舞、《大观》文舞，应备此二舞，以宣文舞之德。建议被采纳。关于上宫元会的音乐，出入所奏的音乐名称，贺玚提出名为《元雅》，明山宾、严植之、徐勉等人认为，多加《元雅》，便成十三“雅”。故改皇太子乐为《元贞》。又上宫元会开始的音乐，贺玚提出应先奏《相和》五引。建议被采纳。

贺玚于《礼》尤精。著《礼》《易》《老》《庄》讲疏，《朝廷博议》数百篇，《宾礼仪注》145卷。

三　梁贺革、贺琛的儒学成就

贺玚二子贺革、贺季，弟之子贺琛，并传家业。

（一）贺革、贺季兄弟

贺革（479—540），字文明，贺玚长子，梁礼学家。少以家贫，躬耕供养。

20岁才开始学礼，终日学习、思考，想不通便不吃饭。“辍耒就父受业，精力不怠。”[②] 有6尺方床，思义未达，则横卧其上，不尽其义，终不肯食。“通《三礼》。及长，遍治《孝经》《论语》《毛诗》《左传》。”[③] 起家晋安王国侍郎，为兼太学博士，湘东王萧绎侍读。

贺革长七尺八寸，风度雍容都雅，吐纳蕴藉，奉敕于永福省为邵陵王、湘东王、武陵王讲《礼》。后为国子博士，于学讲授，生徒常数百人。出为西中郎将、湘东王谘议参军，带江陵令。“王初于府治学，以革领儒林祭酒，讲《三礼》，荆楚衣冠听者甚众。”[④] 前后监南

① 《隋书》卷13《礼乐志上》，中华书局1973年版，第304页。

② 《南史》卷62《贺革传》，中华书局1975年版，第1508页。

③ 同上。

④ 同上。

平太守，为民吏所德。

贺革性至孝，常恨贪禄代耕，不及养。在荆州历任郡县，所得俸禄，不及妻儿，专拟还乡造寺，以申感思。其子贺徽，“美风仪，能谈吐”①，深为贺革所爱。先贺革而卒，哭之，因积郁成病而卒。大同六年（540）卒于官，年六十二。

贺季，贺玚次子，“亦明《三礼》”②，历官尚书祠部郎，兼中书通事舍人，累迁步兵校尉，中书黄门郎，兼著作郎。

（二）贺琛

贺琛（481—549），字国宝，贺玚侄子。贺琛深谙礼学，又善经学。下面分别介绍其远见卓识和礼学贡献。

1. 远见卓识

幼年贺琛，天赋异禀。幼孤，伯父贺玚授其经业，一闻便通义理。贺玚异之，常曰：“此儿当以明经致贵。”③ 贺玚卒后，贺琛因家贫而常常往来于诸暨贩米以养母。余闲则习业，尤精《三礼》。二十余岁时，就有贺玚生前的门徒从其问道。

三十岁的贺琛，开馆讲授。《南史》本传载：

> 初，玚于乡里聚徒教授，四方受业者3000余人。玚天监中卒，至是复集。琛乃筑室郊郭之际，茅茨数间，年将三十，便事讲授。既世习礼学，究其精微，占述先儒，吐言辩絜，坐之听受，终日不疲。④

伯父贺玚的去世，使得贺玚当年在乡里教授的三千弟子又聚在一起，为老师奔丧。大约是这些弟子希望继续就学，于是，贺琛在城郊之间，筑几间茅屋，继续伯父的讲授事业，其时还不到30岁。贺琛是一个好老师。一是因家学深厚，二是他常探究精微，占述先儒，三

① 《南史》卷62《贺革传》，中华书局1975年版，第1508页。
② 《梁书》卷48《贺革传》，中华书局1973年版，第673页。
③ 《南史》卷62《贺琛传》，中华书局1975年版，第1507页。
④ 同上书，第1509页。

则言谈有辩理又简洁。所以，受业听讲者，终日不疲。

贺琛讲学的风采，使湘东王上佐到溉折服。《南史》本传载：

> 湘东王幼年临郡，彭城到溉为行事，闻琛美名，命驾相造。会琛正讲，学侣满筵。既闻上佐忽来，莫不倾动，琛说理无辍，曾不降意。溉下车，欣然就席，便申问难。往复从容，义理该赡。溉叹曰："通儒硕学，复见贺生。今且还城，寻当相屈。"琛了不酬答，神用颓然。①

这个记录可以看到贺琛讲授的风采。一是听讲者座不虚席。二是上佐到来，内心丝毫不受影响。当听讲者得知上佐前来，莫不倾动，只有贺琛继续讲授，没有一丝慌乱。三是从容论辩。面对到溉的问难，贺琛不仅从容论辩，而且义理该备丰赡。四是面对赞扬，神色自若。贺琛的论辩，使到溉当场感叹贺琛是通儒硕学，并说下次再来。而贺琛淡淡地回答，没有欣喜之色，神情依旧平静自若。

到溉见其风采，言于湘东王萧绎，请补会稽郡功曹史。贺琛以母年老辞。不久母亲去世，服母忧期间，他住在墓侧。三年期满不还家，学生弟子继续跟从其侧。贺琛哀伤多年，形销骨立，身体不堪讲授。学生多方营救，身体慢慢恢复，才又开始讲学。

普通（520—526）中，太尉临川王萧宏临扬州，召补祭酒从事，贺琛已40余岁，始应辟命。梁武帝闻其有学术，在文德殿召见，与语悦之，谓仆射徐勉曰："琛殊有世业。"② 后为通直散骑常侍，领尚书左丞。每次召见贺琛，都要谈很久。《梁书》本传载：

> 每觐见武帝，与语常移晷刻，故省中语曰："上殿不下有贺雅。"③

① 《南史》卷62《贺琛传》，中华书局1975年版，第1509页。

② 《梁书》38《贺琛传》，中华书局1973年版，第541页。

③ 同上书，第542页。

“贺雅”，是时人对贺琛的雅称。贺琛容貌、行止、言谈都娴雅，故有此称。

贺琛敢于直言，针对当时时弊，奏书《条奏时务封事》。其时，梁武帝年事已高，任职的官员，多“缘饰奸谄”，妨害时政。贺琛出于对国家前途命运的担忧而上奏，主要从以下四方面针对时弊并提出建议：

> 其一事曰：今北边稽服，戈甲解息，政是生聚教训之时，而天下户口减落，诚当今之急务。虽是处雕流，而关外弥甚，郡不堪州之控总，县不堪郡之裒削，更相呼扰，莫得治其政术，惟以应赴征敛为事。百姓不能堪命，各事流移，或依于大姓，或聚于屯封，盖不获已而窜亡，非乐之也。国家于关外赋税盖微，乃至年常租课，动致逋积，而民失安居，宁非牧守之过？东境户口空虚，皆由使命繁数。夫犬不夜吠，故民得安居。今大邦大县，舟舸衔命者，非惟十数；复穷幽之乡，极远之邑，亦皆必至。每有一使，属所搔扰；况复烦扰积理，深为民害。驽困邑宰，则拱手听其渔猎；桀黠长吏，又因之而为贪残。纵有廉平，郡犹掣肘。故邑宰怀印，类无考绩，细民弃业，流冗者多，虽年降复业之诏，屡下蠲赋之恩，而终不得反其居也。

第一，贺琛认为目前朝廷没有边境之事，正是国家休养生息之时，当务之急是改变天下户口减少的局面。但是州郡使命频繁，征敛繁重，使得百姓不堪其扰，各自流徙，致使户口空虚。若不从根源上改变，纵使朝廷履下复业、蠲赋之诏，百姓终不得返其居。

> 其二事曰：圣主恤隐之心，纳隍之念，闻之遐迩，至于翾飞蠕动，犹且度脱，况在兆庶？而州郡无恤民之志，故天下颙颙，惟注仰于一人，诚所谓“爱之如父母，仰之如日月，敬之如鬼神，畏之如雷霆”。苟须应痛逗药，岂可不治之哉？今天下宰守所以皆尚贪残，罕有廉白者，良由风俗侈靡使之然也。淫奢之

弊，其事多端，粗举二条，言其尤者。夫食方丈于前，所甘一味。今之燕喜，相竞夸豪，积果如山岳，列肴同绮绣，露台之产，不周一燕之资，而宾主之间，裁取满腹，未及下堂，已同臭腐。又歌姬儛女，本有品制，二八之锡，良待和戎。今畜妓之夫，无有等秩，虽复庶贱微人，皆盛姬姜，务在贪污，争饰罗绮。故为吏牧民者，竞为剥削，虽致资巨亿，罢归之日，不支数年，便已消散。盖由宴醑所费，既破数家之产；歌谣之具，必俟千金之资。所费事等丘山，为欢止在俄顷。乃更追恨向所取之少，今所费之多。如复傅翼，增其搏噬，一何悖哉！其余淫侈，著之凡百，习以成俗，日见滋甚，欲使人守廉隅，吏尚清白，安可得邪！今诚宜严为禁制，导之以节俭，贬黜雕饰，纠奏浮华，使众皆知，变其耳目，改其好恶。夫失节之嗟，亦民所自患，正耻不及群，故勉强而为之，苟力所不至，还受其弊矣。今若厘其风而正其失，易于反掌。夫论至治者，必以淳素为先，正雕流之弊，莫有过俭朴者也。

第二，针对主上有体恤下民之心，但州郡无安抚百姓之志。现在州郡宰首个个贪残，少有廉洁清白者，而其根源在于风俗侈靡。奢侈表现在很多方面，贺琛举了具体而又最常见的两个实例来说明。首先，宴会上竞相夸豪，积果如山，列肴如绮，极为铺张。其次，家中蓄养歌妓舞女本有品制之分，而目前却毫无品制，即使微贱之人也要盛养美姬，争饰罗绮。所以郡守州吏竞相剥削，即使聚敛巨亿资财，罢归之后不到数年，便全消散，于是追恨以前贪取太少。如此则难有清廉之官。针对这种侈靡风俗的深重危害，贺琛指出要贬黜雕饰，纠正浮华，只有提倡简朴，才能厘正风俗。

其三事曰：圣躬荷负苍生以为任，弘济四海以为心，不惮胼胝之劳，不辞癯瘦之苦，岂止日昃忘饥，夜分废寝。至于百司，莫不奏事，上息责下之嫌，下无逼上之咎，斯实道迈百王，事超千载。但斗筲之人，藻棁之子，既得伏奏帷扆，便欲诡竞求进，不说国之大体。不知当一官，处一职，贵使理其紊乱，匡其不及，心在明恕，事乃平章。但务吹毛求疵，擘肌分理，运挈瓶之智，徼分外之求，以深刻为能，以绳逐为务，迹虽似于奉公，事更成其威福。犯罪者多，巧避滋甚，旷官废职，长弊增奸，实由于此。今诚愿责其公平之效，黜其谗愚之心，则下安上谧，无侥幸之患矣。

第三，做官者只知诡竞求进，不以国家为念，更不知为官者肩负的责任是要理紊乱、匡不及。但务吹毛求疵，以法律为务，看似奉公，实则成就其威福，从而导致犯罪滋生。针对此现象，贺琛提出只有官员废黜谗愚之心，而持公平之心，才能上下相安。

其四事曰：自征伐北境，帑藏空虚。今天下无事，而犹日不暇给者，良有以也。夫国弊则省其事而息其费，事省则养民，费息则财聚，止五年之中，尚于无事，必能使国丰民阜。若积以岁月，斯乃范蠡灭吴之术，管仲霸齐之由。今应内省职掌，各检其所部。凡京师治、署、邸、肆应所为，或十条宜省其五，或三条宜除其一；及国容、戎备，在昔应多，在今宜少。虽于后应多，即事未须，皆悉减省。应四方屯、传、邸、治，或旧有，或无益，或妨民，有所宜除，除之；有所宜减，减之。凡厥兴造，凡厥费财，有非急者，有役民者；又凡厥讨召，凡厥征求，虽关国计，权其事宜，皆须息费休民。不息费，则无以聚财；不休民，则无以聚力。故蓄其财者，所以大用之也；息其民者，所以大役之也。若言小事不足害财，则终年不息矣；以小役不足妨民，则终年不止矣。扰其民而欲求生聚殷阜，不可得矣。耗其财而务赋敛繁兴，则奸诈盗窃弥生，是弊不息而其民不可使也，则难可以语富强而图远大矣。自普通以来，二十余年，刑役荐起，民力雕流。今魏氏和亲，疆埸无警，若不及于此时大息四民，使之生聚，减省国费，令府库蓄积，一旦异境有虞，关河可扫，则国弊民疲，安能振其远略？事至方图，知不及矣。①

第四，贺琛开头就提出和平时期要息费养民，如此则国丰民富。具体的建议是各部门、各级政府开销都要尽量减灭。并进一步强调若不息费则不能聚财，不休民则不能聚力。聚财聚力并非小事，乃是国之大事。扰民而想富强则不可得，耗财而必然赋敛繁兴，则民不可使，如此则很难国富图远。贺琛从正面、侧面、反面来证明自己观点的重要性。接着切中时弊，指出目前国家的状况恰恰相反，20 多年来行役频起，民力凋敝。并进一步指出目前的情形可能会导致的严重后果，边境一旦有变，则国弊民疲，到那时再图谋，恐怕已来不及。

贺琛此奏疏针对四种时弊，并提出建设性的意见，若能实行确实可富国强民。每个观点又各有不同的谋篇布局，可见贺琛经过了反复斟酌，但是其言论还是比较直露，正如贺琛自己所言是“辞无粉饰”，如此直白地批判时弊，难免会触到在上者的痛处。

梁代的灭亡，主要源于官吏的腐败、奢华之风导致的经济问题等。贺琛此疏已全部指出来，但是，平日对贺琛颇为看重的梁武帝在读其奏后不仅没有反思，反而大怒，口述敕令责怪贺琛，逐条驳斥，《梁书·贺琛传》中记载了这篇长达两千多字的驳斥文。贺琛奉敕，只有谢过，不敢再有任何辩解。

2. 礼学贡献

贺琛在梁代的礼制建设中，作出不少贡献。他历官中书通事舍人，参礼仪事，累迁至尚书左丞，梁武帝令贺琛撰《新谥法》，撰成便即施用。《崇文总目》卷一载：

《谥法》十卷，梁贺琛撰。初（沈）约本周公之《谥法》，至琛又分君、臣、美、恶、妇人之谥，各以其类标其目。曰旧谥者，周公之《谥法》；曰《广谥》者，约所撰也；曰《新谥》者，琛所增也。

① 《梁书》38《贺琛传》，中华书局 1973 年版，第 543—546 页。

贺琛的《新谥法》，在周公《谥法》、沈约《广谥法》的基础上，第一次对谥号进行分类。以谥主身份而言，分为君、臣、妇人；以谥号的名称而言，分为美、恶、平。他任御史中丞时，参礼仪事如先。后为通直散骑常侍，领尚书左丞，依旧参礼仪事。

贺琛前后任职，“凡郊庙诸仪，多所创定”①。任尚书左丞时，皇太子萧统议，大功之末，可以冠子嫁女。贺琛驳议曰：

> 令旨“以大功之末可得冠子嫁女，不得自冠自嫁。”推以《记》文，窃犹致惑。案嫁冠之礼，本是父之所成，无父之人，乃可自冠，故称大功小功，并以“冠子嫁子”为文，非关惟得为子，已身不得也。小功之末，既得自嫁娶，而亦云“冠子娶妇”，其义益明。故先列二服，每明“冠子嫁子”，结于后句，方显自娶之义。既明小功自娶，即知大功自冠矣，盖是约言而见旨。若谓缘父服大功，子服小功，小功服轻，故得为子冠嫁，大功服重，故不得自嫁自冠者，则小功之末，非明父子服殊，不应复云“冠子嫁子”也。若谓小功之文言已可娶，大功之文，不言已冠，故知身有大功，不得自行嘉礼，但得为子冠嫁。窃谓有服不行嘉礼，本为吉凶不可相干。子虽小功之末，可得行冠嫁，犹应须父得为其嫁冠。若父于大功之末，可以冠子嫁子，是于吉凶礼无碍。吉凶礼无碍，岂不得自冠自嫁？若自冠自嫁，于事有碍，则冠子嫁子，宁独可通？今许其冠子，而塞其自冠，是琛之所惑也。②

《礼记·杂记下》载：“大功之末，可以冠子，可以嫁子。父，小功之末，可以冠子，可以嫁子，可以取妇。已虽小功，既卒哭，可以冠取妻。下殇之小功，则不可。”③ 贺琛驳议立足于原典，可见其深厚

① 《梁书》38《贺琛传》，中华书局1973年版，第543页。

② 同上书，第541页。

③ （唐）孔颖达正义：《礼记正义》，《十三经注疏》，中华书局1980年影印，第1564页。

的礼学造诣。

大同五年（539），御史中丞、参礼仪事贺琛奏议南北二郊及藉田宜用御辇：

> 今南北二郊，及藉田往还，并宜御辇，不复乘辂。二郊请用素辇，藉田往还乘常辇，皆以侍中陪乘，停大将军及太仆。①

诏付尚书博议施行，改素辇为大同辇，祭祀宗庙用玉辇。

贺琛作《毛诗义》、参与《制旨礼记中庸》义。萧纲《请尚书左丞贺琛奉述制旨毛诗义表》曰："臣闻乐由阳来，性情之本，诗以言志，政教之基。故能使天地咸亨，人伦敦序，故东鲁梦周，穷兹删采，西河卲魏，著彼缵述，叶星辰而建诗，观斗仪而命礼，以为陈徐雅颂，膏肓匪一，燕韩篇什，痼疾多端，北海郑君，徒逢笺释，南郡太守，空为异序，庶今中和永播，硕学知宗，大胥负师，国子咸绍，孝敬之德，化洽天下，多识之风，道行比屋。"② 大同十年（544），"是时城西开士林馆聚学者，（张）绾与左卫朱异、太府卿琛递述《制旨礼记中庸》义"③。

贺琛所撰"《三礼讲疏》《五经滞义》及诸仪法，凡百余篇"④。

四　梁陈贺德基等人的礼学

梁代开始，贺氏另一支系兴起，贺德基祖孙三代为祠部郎，掌管祭祀、天文、医药等。

贺德基，字承业，"世传《礼》学"⑤。祖贺文发，父贺淹，仕梁俱为祠部郎，并有名当世。贺德基于《礼记》称为精明，居以传授，累迁尚书祠部郎。贺德基虽不至大官，而三世儒学，俱为祠部，时论

---

① 《梁书》卷3《武帝纪下》，中华书局1973年版，第83页。

② （清）严可均辑：《全上古三代秦汉三国六朝文》（第3册），中华书局1999年影印本，第3003页。

③ 《梁书》34《张绾传》，中华书局1973年版，第504页。

④ 《南史》卷62《贺琛传》，中华书局1975年版，第1513页。

⑤ 《陈书》卷33《贺德基传》，第442页。

美其家学不坠。贺德基少年时，游学京邑，积年不归，衣资罄乏，又耻服故弊，盛冬只穿夹襦袴。曾于白马寺前逢一妇人，容服甚盛，呼贺德基入寺门，脱白纶巾以赠之。仍谓贺德基曰："君方为重器，不久贫寒，故以此相遗耳。"① 贺德基问妪姓名，不答而去。

贺德仁，越州山阴人。父贺朗，陈散骑常侍。贺德仁少与从兄贺德基，俱事国子祭酒周弘正，都以文学见称。时人语曰："学行可师贺德基，文质彬彬贺德仁。"② 贺德仁兄弟八人，时人方之荀氏。陈鄱阳王陈伯山为会稽太守，改其所居甘滂里为高阳里。德仁事陈，官至吴兴王友。

综上所述，贺氏在中古时期以礼学传家，尤其是东晋贺循，梁贺瑒、贺琛等礼学大师，在礼学方面作出了卓越的贡献。隋唐时，贺德仁一系累世仕宦，贺氏地位大为提高。贺德仁入隋，仆射杨素推荐，授豫章王（隋炀帝次子杨暕）府记室参军。王以师资礼之，恩遇甚厚。及隋炀帝即位，豫章王改封齐王，又授齐王府属。及齐王获谴，府僚皆被诛责，唯贺德仁以忠谨免罪，出补河东郡司法。素与隐太子李建成善，及高祖李渊平京师，隐太子封陇西公，用贺德仁为陇西公友。寻迁太子中舍人，以衰老不习吏事，转太子洗马。时萧德言亦为洗马，陈子良为右卫率府长史，皆为东宫学士。有文集 20 卷。贺德仁弟之子贺纪、贺敳，皆博学知名。贺纪官至太子洗马，修《五礼》；贺敳至率更令，兼太子侍读。兄弟俱为同文馆学士。贺知章，贺德仁族孙③，官至太子宾客、银青光禄大夫、秘书监，诗文皆佳，书品颇高，尤擅草隶，创造了贺氏的文化高峰。

---

① 《陈书》卷 33《贺德基传》，第 442 页。

② 《旧唐书》卷 190 上《贺德仁传》，中华书局 1975 年版，第 4987 页。

③ 《旧唐书》卷 190 中《贺知章传》，中华书局 1975 年版，第 5033 页。

附录一　中古会稽余姚虞氏世系*

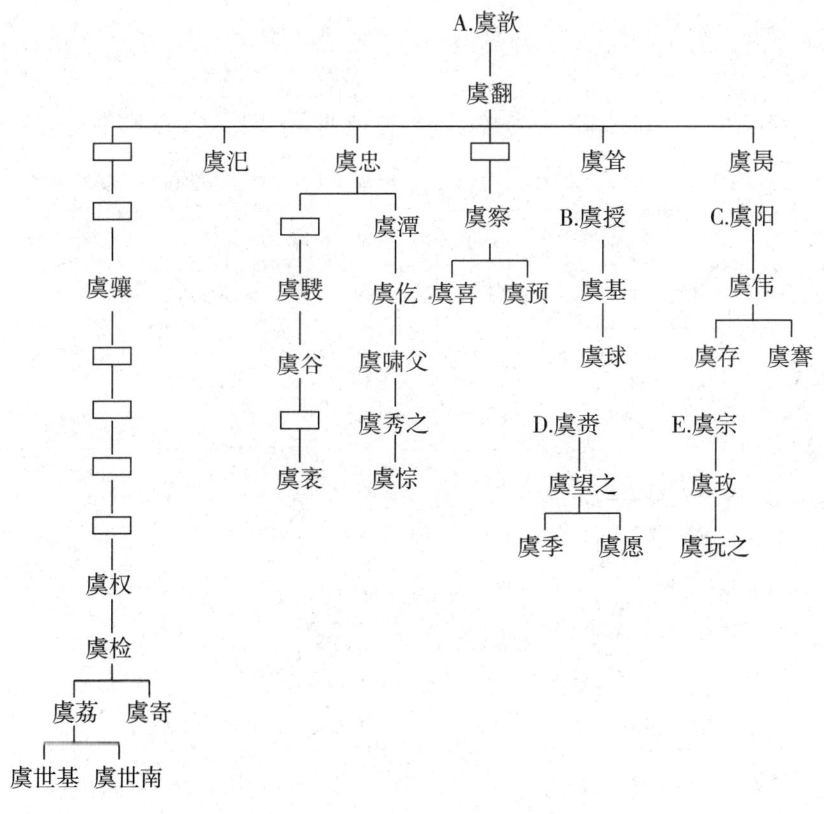

* 此表据拙著《六朝文学与越地文化》（人民出版社 2010 年版）附录四《六朝会稽余姚虞氏世系表》，并在此基础上作了修订。有的世系只有三代，故分为 A、B、C、D、E 来表示。

附录二　中古会稽山阴孔氏世系*

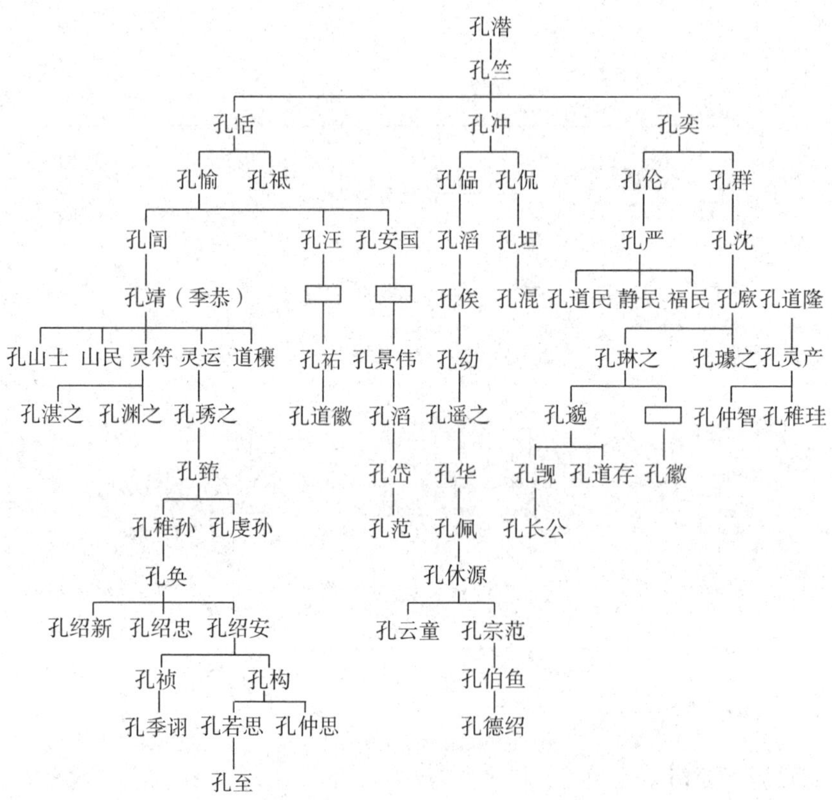

---

* 此表据拙著《六朝文学与越地文化》（人民出版社 2010 年版）附录三《六朝会稽山阴孔氏世系表》，并在此基础上作了修订。

附录三　中古会稽山阴贺氏世系*

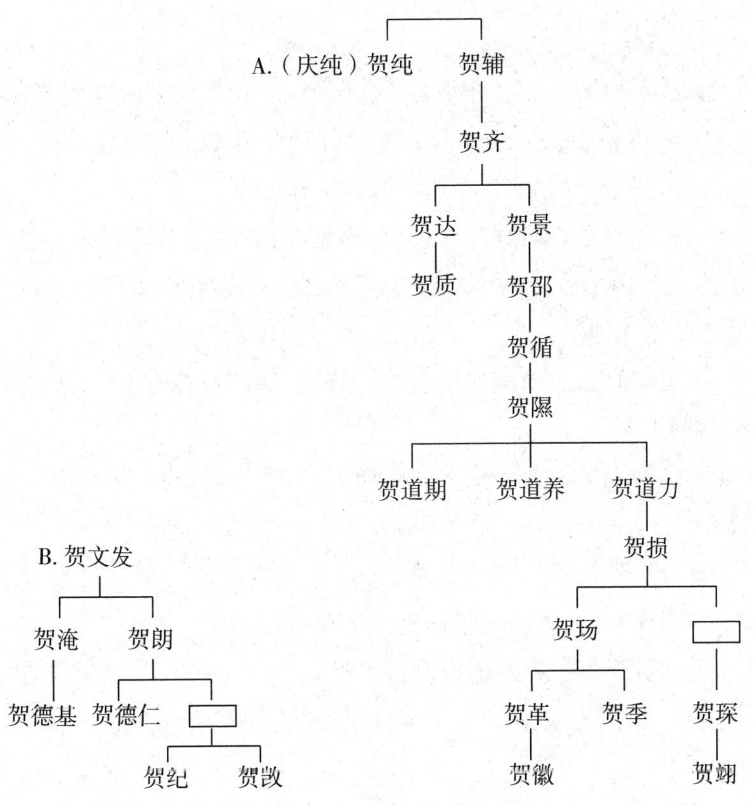

* 此表据拙著《六朝文学与越地文化》（人民出版社 2010 年版）附录五《六朝会稽山阴贺氏世系表》，并在此基础上作了修订。有的世系只有三四代，故分为 A、B 来表示。

参考文献

一 古籍

《吕氏春秋》，《诸子集成》（第 6 册），中华书局 1954 年影印本。

（汉）司马迁：《史记》，中华书局 1982 年版。

（汉）班固：《汉书》，中华书局 1962 年版。

（汉）王充著，黄晖校释：《论衡校释》，中华书局 1990 年版。

（汉）袁康、吴平辑录，李步嘉校释：《越绝书校释》，武汉大学出版社 1992 年版。

（汉）赵晔撰，周生春辑校：《吴越春秋辑校汇考》，上海古籍出版社 1997 年版。

（三国魏）王弼著，楼宇烈校释：《王弼集校释》，中华书局 1999 年版。

（东吴）贺氏撰，鲁迅辑录：《会稽先贤像传》，《鲁迅辑录古籍丛编》（第 3 卷），人民文学出版社 1999 年版。

（晋）陈寿撰，陈乃乾校点：《三国志》，中华书局 1959 年版。

（晋）葛洪：《抱朴子》，《诸子集成》（第 8 册），中华书局 1954 年影印本。

（晋）虞喜撰，鲁迅辑录：《志林新书》，《鲁迅辑录古籍丛编》（第 3 卷），人民文学出版社 1996 年版。

（晋）虞预撰，鲁迅辑录：《晋书》，《鲁迅辑录古籍丛编》（第 3 卷），人民文学出版社 1999 年版。

（晋）虞预撰，鲁迅辑录：《会稽典录》，《鲁迅辑录古籍丛编》

（第3卷），人民文学出版社1999年版。

（北魏）郦道元著，陈桥驿校证：《水经注校证》，中华书局2007年版。

（南朝宋）鲍照著，丁福林、丛玲玲校注：《鲍照集校注》，中华书局2012年版。

（南朝宋）范晔：《后汉书》，中华书局1965年版。

（南朝宋）孔灵符撰，鲁迅辑录：《会稽记》，《鲁迅辑录古籍丛编》（第3卷），人民文学出版社1999年版。

（南朝宋）刘义庆著，（南朝梁）刘孝标注，余嘉锡笺疏：《世说新语笺疏》，中华书局2007年版。

（南朝宋）谢灵运著，顾绍柏校注：《谢灵运集校注》，中州古籍出版社1987年版。

（南朝宋）虞通之撰，鲁迅辑录：《妒记》，《鲁迅辑录古籍丛编》（第1卷），人民文学出版社1999年版。

（南朝齐）沈约：《宋书》，中华书局1974年版。

（南朝齐）谢朓著，曹融南校注：《谢宣城集校注》，上海古籍出版社1991年版。

（南朝梁）萧子显：《南齐书》，中华书局1972年版。

（南朝梁）萧统编，（唐）李善注：《文选》，上海古籍出版社1986年版。

（南朝梁）徐陵编，（清）吴兆宜注、程琰删补，穆克宏点校：《玉台新咏笺注》，中华书局1985年版。

（南朝梁）僧祐编，李小荣校笺：《弘明集校笺》，上海古籍出版社2013年版。

（南朝梁）慧皎撰，汤用彤校注：《高僧传》，中华书局1997年版。

（南朝梁）刘勰著，范文澜注：《文心雕龙注》，人民文学出版社1958年版。

（南朝梁）任昉：《述异记》，中华书局1985年版。

（南朝梁）钟嵘著，曹旭集注：《诗品集注》（增订本），上海古籍出版社 2011 年版。

（南朝陈）夏侯曾先：《会稽地志》，《鲁迅辑录古籍丛编》（第 3 卷），人民文学出版社 1999 年版。

（北齐）魏收：《魏书》，中华书局 1974 年版。

（唐）白居易著，朱金城笺校：《白居易集笺校》，上海古籍出版社 1988 年版。

（唐）杜光庭：《历代崇道记》，《道藏》，文物出版社、上海书店出版社、天津古籍出版社 1987 年影印本。

（唐）房玄龄等：《晋书》，中华书局 1974 年版。

（唐）道宣撰，郭绍林点校：《续高僧传》，中华书局 2014 年版。

（唐）杜佑撰，王文锦等点校：《通典》，中华书局 1988 年版。

（唐）孔颖达正义：《礼记正义》，清阮元校刻《十三经注疏》，中华书局 1980 年影印本。

（唐）孔颖达正义：《周易正义》，清阮元校刻《十三经注疏》，中华书局 1980 年影印本。

（唐）李延寿：《南史》，中华书局 1975 年版。

（唐）林宝撰，岑仲勉校记，郁贤皓、陶敏整理：《元和姓纂》，中华书局 1994 年版。

（唐）刘知幾著，（清）浦起龙通释，王煦华整理：《史通通释》，上海古籍出版社 2009 年版。

（唐）欧阳询撰，汪绍楹校：《艺文类聚》，上海古籍出版社 1999 年版。

（唐）魏徵等：《隋书》，中华书局 1973 年版。

（唐）许嵩撰，孟昭庚、孙述圻、伍贻业点校：《建康实录》，上海古籍出版社 1987 年版。

（唐）许敬宗编，罗国威整理：《日藏弘仁本文馆词林校证》，中华书局 2001 年版。

（唐）姚思廉：《梁书》，中华书局 1973 年版。

（唐）姚思廉：《陈书》，中华书局 1972 年版。

（唐）张彦远：《法书要录》，人民美术出版社 1984 年版。

（唐）张彦远：《历代名画记》，人民美术出版社 1963 年版。

（后晋）刘昫等：《旧唐书》，中华书局 1975 年版。

（宋）郭茂倩编：《乐府诗集》，中华书局 1979 年版。

（宋）欧阳修、宋祁撰：《新唐书》，中华书局 1975 年版。

（宋）苏轼著，孔凡礼点校：《苏轼文集》，中华书局 1986 年版。

（宋）《宣和书谱》，毛晋辑《津逮祕书》，上海博古斋民国十一年（1922）影印本。

（宋）乐史撰，王文楚等点校：《太平寰宇记》，中华书局 2007 年版。

（宋）张敦颐撰，王进珊校点：《六朝事迹编类》，南京出版社 1989 年版。

（明）胡应麟撰：《诗薮》，上海古籍出版社 1979 年版。

（明）张溥著，殷孟伦注：《汉魏六朝百三家集题辞注》，中华书局 2007 年版。

（清）陈祚明选：《采菽堂古诗选》，清康熙四十五年（1706）刊本。

（清）程树德撰，程俊英、蒋见元点校：《论语集释》，中华书局 2014 年版。

（清）方东树：《昭昧詹言》，人民文学出版社 1961 年版。

（清）顾炎武著，（清）黄汝成集释：《日知录集释》（外七种），上海古籍出版社 1985 年版。

（清）郭庆藩撰，王孝鱼点校：《庄子集释》，中华书局 1961 年版。

（清）何焯撰，崔高维点校：《义门读书记》，中华书局 1987 年版。

（清）何文焕辑：《历代诗话》，中华书局 1981 年版。

（清）李慈铭撰，由云龙辑：《越缦堂读书记》，中华书局 1963 年版。

（清）刘熙载撰，袁津琥校注：《艺概注稿》，中华书局 2009 年版。

（清）马国瀚辑：《玉函山房辑佚书》，上海古籍出版社 1990 年版。

（清）汤球、黄奭辑，乔治忠校注：《众家编年体晋史》，天津古籍出版社 1989 年版。

（清）汤球辑，杨朝明校补：《九家旧晋书辑本》，中州古籍出版社 1991 年版。

（清）王夫之评选：《古诗评选》，《船山全书》（第 14 册），岳麓书社 1996 年版。

（清）王夫之等撰：《清诗话》，上海古籍出版社 1999 年版。

（清）王鸣盛著，黄曙辉点校：《十七史商榷》，上海书店出版社 2005 年版。

（清）王先谦集解：《荀子集解》，《诸子集成》（第 2 册），中华书局 1954 年影印本。

（清）严可均辑：《全上古三代秦汉三国六朝文》，中华书局 1999 年影印本。

（清）赵翼著，王树民校正：《廿二史札记校正》（订补本），中华书局 1984 年版。

（清）周嘉猷：《南北史世系表》，《二十五史补编》，中华书局 1986 年版。

二　专著

曹道衡：《中古文学史论文集》，中华书局 1986 年版。

曹道衡、沈玉成编著：《南北朝文学史》，人民文学出版社 1991 年版。

曹道衡、刘跃进：《南北朝文学编年史》，人民文学出版社 2000 年版。

陈寅恪：《金明馆丛稿初编》，生活·读书·新知三联书店 2001 年版。

陈寅恪：《隋唐制度渊源略论稿》，生活·读书·新知三联书店 2001 年版。

陈桥驿：《吴越文化论丛》，中华书局1999年版。

陈传席：《六朝画论研究》，中国青年出版社2014年版。

程俊英、蒋见元注析：《诗经注析》，中华书局1991年版。

程章灿：《世族与六朝文学》，黑龙江教育出版社1998年版。

董楚平：《吴越文化新探》，浙江人民出版社1988年版。

方立天：《魏晋南北朝佛教论丛》，中华书局1995年版。

方北辰：《魏晋南朝江东世家大族述论》，（台北）文津出版社1999年版。

费君清、王建华主编：《海峡两岸越文化研究》，人民出版社2005年版。

傅佩荣：《国学的天空》，岳麓书社2014年版。

高利华、邹贤尧、渠晓云：《越文学艺术论》，人民出版社2011年版。

葛剑雄、曹树基、吴松弟：《简明中国移民史》，福建人民出版社1993年版。

葛晓音：《山水田园诗派研究》，辽宁大学出版社1993年版。

郭绍虞编：《清诗话续编》，上海古籍出版社1999年版。

郭绍虞：《照隅室古典文学论集》，上海古籍出版社1983年版。

郭英德：《中国古代文人集团与文学风貌》，北京师范大学出版社1998年。

龚鹏程：《书艺丛谈》，山东画报出版社2007年版。

华东师范大学古籍整理研究室选编校点：《历代书法论文选》，上海书画出版社1979年版。

胡阿祥：《魏晋本土文学地理研究》，南京大学出版社2001年版。

胡晓明：《诗与文化心灵》，中华书局2006年版。

胡适：《中国中古思想史长编》，上海古籍出版社2013年版。

李修建：《风尚——魏晋名士的生活美学》，人民出版社2010年版。

刘师培：《中国中古文学史讲义》，上海古籍出版社2000年版。

刘汝霖：《汉晋学术编年》，《民国丛书》第3编，上海书店出版社 1948 年版。

刘汝霖：《东晋南北朝学术编年》，《民国丛书》第 3 编，上海书店出版社 1948 年版。

刘跃进：《门阀士族与永明文学》，生活·读书·新知三联书店 1996 年版。

刘跃进、范子烨：《六朝作家年谱辑要》，黑龙江教育出版社 1999 年版。

刘正成主编：《中国书法全集》，荣宝斋 1991 年版。

刘淑芬：《六朝的城市与社会》，台湾学生书局 1992 年版。

陆侃如：《中古文学系年》，人民文学出版社 1985 年版。

罗宗强：《魏晋南北朝文学思想史》，中华书局 1996 年版。

罗宗强：《玄学与魏晋士人心态》，浙江人民出版社 1991 年版。

逯钦立辑：《先秦汉魏晋南北朝诗》，中华书局 1983 年版。

卢云：《汉晋文化地理》，陕西人民教育出版社 1991 年版。

毛汉光：《中国中古社会史论》，上海书店出版社 2002 年版。

毛汉光：《中国中古政治史论》，上海书店出版社 2002 年版。

梅新林：《中国古代文学地理形态与演变》，复旦大学出版社 2006 年版。

孟文镛：《越国史稿》，中国社会科学出版社 2010 年版。

潘承玉：《中华文化格局中的越文化》，人民出版社 2010 年版。

普慧：《南朝佛教与文学》，中华书局 2002 年版。

钱穆：《中国文学论丛》，生活·读书·新知三联书店 2002 年版。

钱穆：《国史大纲》（修订本），商务印书馆 1996 年版。

钱锺书：《管锥编》，中华书局 1986 年版。

渠晓云：《六朝文学与越地文化》，人民出版社 2010 年版。

渠晓云：《魏晋散文研究》，中国社会科学出版社 2013 年版。

任继愈：《中国佛教史》，中国社会科学出版社 1988 年版。

苏绍兴：《两晋南朝的士族》，台北联经出版公司 1987 年版。

孙昌武：《佛教与中国文学》，上海人民出版社 2007 年版。

汤用彤：《魏晋玄学论稿》，上海古籍出版社 2001 年版。

汤用彤:《汉魏两晋南北朝佛教史》,北京大学出版社 1997 年版。

唐长孺:《魏晋南北朝史论丛》,生活·读书·新知三联书店 1955 年版。

唐长孺:《魏晋南北朝史论拾遗》,中华书局 1983 年版。

唐翼明:《魏晋清谈》,人民文学出版社 2002 年版。

唐燮军、翁公羽:《汉唐之际的余姚虞氏及其宗族文化》,浙江大学出版社 2010 年版。

田余庆:《东晋门阀政治》,北京大学出版社 1989 年版。

王伊同:《五朝门第》,中华书局 2006 年版。

王仲荦:《魏晋南北朝史》,上海人民出版社 1979 年版。

王钟陵:《中国中古诗歌史》,人民出版社 2005 年版。

王瑶:《中古文学史论》,北京大学出版社 1998 年版。

王永平:《中古士人迁移与文化交流》,社会科学文献出版社 2005 年版。

吴正岚:《六朝江东士族的家学门风》,南京大学出版社 2003 年版。

吴从祥:《六朝会稽贺氏家族研究》,中国社会科学出版社 2015 年版。

向楷:《世情小说史》,浙江古籍出版社 1998 年版。

徐复观:《中国艺术精神》,华东师范大学出版社 2001 年版。

严耀中:《中国东南佛教史》,上海人民出版社 2005 年版。

杨义:《鲁迅作品综论》,人民出版社 1998 年版。

叶岗、陈民镇、王海雷:《越文化发展论》,中华书局 2015 年版。

余英时:《士与中国文化》,上海人民出版社 2003 年版。

张可礼:《东晋文艺综合研究》,山东大学出版社 2002 年版。

章太炎著,傅杰编校:《章太炎学术史论集》,中国社会科学出版社 1997 年版。

朱伯崑:《易学哲学史》,华夏出版社 1995 年版。

宗白华:《意境》,北京大学出版社 1997 年版。

三　译著

［美］爱莲心：《向往心灵转化的庄子：内篇分析》，周炽成译，江苏人民出版社 2004 年版。

［法］程抱一：《中国诗画语言研究》，涂卫群译，江苏人民出版社 2006 年版。

［美］格尔兹：《文化的解释》，纳日碧力戈等译，上海人民出版社 1999 年版。

［德］黑格尔：《美学》，朱光潜译，商务印书馆 1996 年版。

［德］伽达默尔：《真理与方法》，洪汉鼎译，上海译文出版社 2002 年版。

［英］马凌诺斯基：《文化论》，费孝通译，华夏出版社 2002 年版。

［美］孙康宜：《抒情与描写：六朝诗歌概论》，钟振振译，上海三联书店 2006 年版。

［日］兴膳宏：《六朝文学论稿》，岳麓书社 1986 年版。

后　记

这部书稿的撰写，经历了一个漫长的过程。课题下来之后，一直在犹豫，迟迟没有动笔。这一方面正如我在前言中所述，对所研究对象的范畴难以确定；另一方面，也与我自身的成长有关。

有那么两三年，我感觉压力超大，主要是来自科研的。这个压力，像紧箍咒一样一直戴在我的头上。我时时提醒自己要作研究，但是，我却无法写论文，无法做课题，只要一拿起与研究课题相关的书，就会心烦意乱。这种压力压得我难以喘息，心想：这样的日子何时才能到头啊？何时才能退休啊？那时我大约39岁，距离退休还有20多年。我觉得我在一个漫长的孤独的旅途中踽踽独行，看不到尽头。我甚至怀疑、否定从前的自己。从上大学到读研究生再到博士，辛苦读书10年。当同学去工作的时候，我在读书；当同学去生孩子的时候，我还在读书。这样努力的结果，就是为了让自己过着压力大到无法呼吸的人生吗？于是心想：大概20岁的我，选择的道路并不合适我。那时我对那些全职妈妈，还有其他不用从事太多脑力劳动的人，生出羡慕：多好啊！可以过着轻松的生活。对古代的女性也生出羡慕：多有人性的时代！母亲只要照顾孩子就好，不需要工作。

那时，我不知道我为什么会有这样的情绪。与人说，别人也难以理解，况且，没有人愿意与一个负面情绪的人多交流，那时的我充满了太多负面情绪。这些负面情绪产生于生孩子之后。所有的育儿书上说：高龄产妇更容易得抑郁症。我那时不知道为什么。后来，终于明白了。生下孩子后，家人都去关注孩子了，而我感到了明显的失落。也许，他们觉得孩子小，需要多照顾，我是大人，自己可以照顾自己。但是，对于一个耗尽精力的高龄产妇而言，比平时可能更需要身心的关爱。我非常感激公公、婆婆帮忙带孩子；如果没有他们，我的情形肯定会更糟糕。别的不说，单就休息而言，自从孩子出生后的整整三四年，我晚上再没有睡过一个完整的觉。我睡眠太轻，操心太多。婴儿时自不必说，稍大些了，孩子翻个身，我都要问问：是不是要起夜？醒来的我，不可能一下再入睡。如此日积月累，身体和精神都难以承受了。再加上，还有工作的压力。科研虽然不做，但时刻提醒着自己应该要做，也就是说，不做但并不放松。我的一个师姐，以前热爱女性主义，给大学生开过女性文学的课程，也颇受学生欢迎，但她现在不开了，她说与她现在的思想相违背不愿再讲。一次她发给我一条材料：现代社会女性生育之后，有忧郁倾向的占到70%。这是一个非常庞大的数据。做妈妈之后女性的身心关怀是何等的重要！她对我说："这才是女性主义应该需要深入思考的问题。"现在回想：其实是我休息不好的身体影响了我的情绪，情绪得不到缓减，又影响了身体。于是，身心日日煎熬，终于让自己躲进了黑暗的屋子，找不到活着的意义何在？家人并没有察觉，只是觉得我脾气变大了，和从前不一样。只有我的母亲，发现了我的异常。一年暑假回去，她和我聊日常。经过很普通的交谈，我落泪了。母亲问我到底发生了什么。于是我向她倾诉了我生活中的感受，包括日常的委屈、科研的压力等。母亲是个非常通达的人，她安慰我："没事，你在各方面已经做得很好了。至于你的研究，我也不懂，你想做就做，不想做就不要逼自己做。身心的健康，比其他一切都重要。"因母亲的理解，我得到了些安慰。

那几年的生活，只有两个乐趣：一是陪着孩子慢慢成长中的惊喜；二是在大自然中得到美的享受。陪孩子成长，那是天性，哪个母亲不希望陪着孩子成长？但是，于我而言，不仅仅是陪伴，而是我和他一起成长，透过孩子的眼，我看到了一个完全不同于成人世界的全新世界。孩子的世界，是爱的世界！他会因为书中小鼹鼠的森林被砍伐了无处可去而大哭；他会因为见到一只小蝙蝠找不到妈妈而担心，难以入睡；他会因为玩做饭游戏而不小心拔掉了野草的根而心生歉意。我常常因为他的善良和同情心而感动。孩子的世界，是哲学的世界！四周岁时，持续半个月每天幼儿园放学路上，他问我各种关于生死的问题。妈妈会不会变老死去？孩子长大变老了会不会死去？刚出生的孩子会不会死去？是不是人都会死去？死去到了哪里了？人类会不会像恐龙一样灭绝？地球是否会毁灭？稍长大后，偶尔还会问到此类问题。天堂是怎样的世界？是用云朵做成的吗？我常常小心地回答他提出的关于生死的一切问题，既要尽量以我的理解来回答，又希望不要伤害到他小小的心灵。孩子的世界，是幻想的世界！喜欢神话、童话，爱画画，画中的主角，常是怪兽、细菌、仙子、城堡。而小马故事，则是在旅途中、疲累时，父子永远都编不完的奇妙故事。孩子的世界，是好奇的世界！经常会问各式各样的问题。香蕉为什么叫香蕉？张老师为什么姓张？冰块为什么化成的是水，而不是木头或者墙？在大人回答之后，只要有机会还要亲自观察。寒假回山西，他见到了雪。用杯子盛水下楼，观察雪倒上水能否融化。铲雪回家，观察雪在室内是否融化。杯又放窗外，观察融化了的雪能否结冰。孩子的世界，是万物皆有情的灵性世界！晚上在大雨中行走，孩子说："多么了不起的雨啊！""为什么了不起?""下雨了，所有的植物花草都可以喝个饱了。"幼儿园放学后，一只狗在草地上追着一个小孩在跑。孩子脱口而出："多么欢快的狗啊！"这不就是庄子体会到的"鱼之乐"的情境吗？孩子的世界，是诗意的世界！孩子经常会在不经意间发现并欣赏大自然的美。幼儿园小班，他放学后在操场玩沙，突然大喊："妈妈快看，夕阳！"我抬头，只见红红的大夕阳正要落下去，很美。幼儿园大班，某日穿过公园去上学。一夜的风雨，小径落花满地。孩子说："多美的落花啊！把我埋了吧。"孩子的世界如此丰富多彩，通过孩子的眼，我发现了一个完全不同的、活泼泼的美好世界。一直有个念头，等有时间了，我一定要写一部关于孩子的书，记录我透过孩子的眼看到的世界，题目我都想好了，就叫"孩子开启的世界"。看着孩子的世界，让我真正理解了如果一个成人还被形容为具有童心、赤子之心是多么的难能可贵，理解了尼采所说的人的精神的三段变化中最后为什么变成的是孩子。

另一个乐趣，便是去游山水。幸亏我居住在绍兴、杭州，一年四季大自然的美景不断。春天，可去宛委山、太子湾赏樱花，去吼山看桃花；夏天，可去十里荷塘、西湖赏荷；秋天，就去陶隐岭、九溪赏枫；冬天，便去沈园、植物园看腊梅；冬末早春，可去王坛寻梅、灵峰探梅。庄子说："天地有大美而不言。"若不去寻找、亲临，真得无法体会天地万物的大美。犹记得我第一次去王坛赏梅，纵目所及，漫山遍野皆是白梅。那种美，如此强烈地震撼着我，让我久久沉浸在其中，胸中有如热浪，只觉不填词不能表达内心的喜悦。这种美带来的强烈情感，促使我第一次学着填了两首《忆江南》。题记曰："春节初一初二赏梅后，意犹未尽，但觉非词不能达心意，于是试填两阙。"第一阕："春来也，寂寂望梅林。魂梦不知归去路，山峦漠漠雨霖霖。独立亦微吟。"第二阕："春来也，多谢种梅人。素影绰姿香暗动，绿湖澄静气氤氲。沉醉忘归津。"从前对于能写诗作词的人很是佩服，觉得他们很有才华。现在自己试着做了，虽然笨拙，但还是感受到了创作的甘苦。之后，又试着填了几首。也因此对古代文人面对山水美景为何要写诗有了更切身的体会。再去读诗词、讲诗词时，便有了不同角度的领悟。

这两种乐趣，正是我那几年困境中的甘露。孩子喜欢植物，去了花店便要买。家里的植物都是他买来的。他买来，便是我养。孩子真是上天派来的天使，这样又为我打开了一扇门，养花便成了我的新乐趣。那一日读书，回头看阳台上的植物，绿得郁郁葱葱，很是悦目。蓦然发现，只有一盆茉莉在开着白花。原来孩子买来的其他植物，非草即树。所幸，杭州到处有花，每天走过的小区、马路、公园、校园，一年中总有花可看。现在外面马路上的紫薇尚在开，桂花已经到处飘香了。日日与大自然、与花草树木的亲密接触，不自觉地影响着我的审美、我的心灵。早晨去上课，阴霾中看着校园的二月兰开得明艳，不觉莞尔。下课后，时见乌鸦、喜鹊在草地上踱步，心也会跟着慢下来。

与此同时，我也在寻找人生的出路，后来我跟学生讲那是一场“精神突围”。有一年在绍兴开王阳明的国际学术研讨会，我坐着旁听，拿过论文集随意翻看，翻到了王阳明龙场悟道一段：

《王阳明年谱》记载：“（明正德）三年戊辰，先生三十七岁，在贵阳。春，至龙场。先生始悟格物致知。龙场在贵州西北万山丛棘中，蛇虺魍魉，蛊毒瘴疠，与居夷人鴃舌难语，可通语者，皆中土亡命。旧无居，始教之范土架木以居。时瑾憾未已，自计得失荣辱皆能超脱，惟生死一念尚觉未化，乃为石墩自誓曰：‘吾惟俟命而已！’日夜端居澄默，以求静一；久之，胸中洒洒。而从者皆病，自析薪取水作糜饲之；又恐其怀抑郁，则与歌诗；又不悦，复调越曲，杂以诙笑，始能忘其为疾病夷狄患难也。因念：‘圣人处此，更有何道？’忽中夜大悟格物致知之旨，寤寐中若有人语之者，不觉呼跃，从者皆惊。始知圣人之道，吾性自足，向之求理于事物者误也。乃以默记《五经》之言证之，莫不吻合，因著《五经臆说》。”

读罢，不觉已是泪流满面，心生悲凉。生死一念，本难觉悟，王阳明在困境中，终于悟道。而我要在何时才能觉悟人生？好在除了科研无法展开，我还可以上课。我给学生讲授中国古代文学，先秦经典《论语》《孟子》《老子》《庄子》，每年都要重读。作为大学老师，如果不能从教学科研中获得乐趣，那真是痛苦。那几年我的处境，至今想来都是煎熬。终于，我先在讲课中寻到了出路。原本我没那么喜欢上课。上课只是必须完成的工作，能出科研才是你的个人成就。于是，好多大学老师的大量精力都投在科研上。从前的我，也是如此。一个偶然的机会，我听了台湾大学哲学系傅佩荣教授给台大哲学系学生开设的《周易》课。傅佩荣教授，通五门语言，50 岁后，致力于传播博大精深的中华传统文化，讲课深入浅出，颇受启发。于是，我又听了他讲的《先秦儒家哲学》，对孔子、孟子思想有了更深刻的认识。我买来他的《国学的天空》《哲学与人生》，读后很有启示。于是又买了他对《论语》《孟子》《大学》《中庸》《周易》《老子》《庄子》的所有注释和分析的著作，尽管这些书我已有很多个版本。而我最常听的是傅佩荣教授讲授的《向庄子问道》，以及同样是台湾大学中文系蔡璧名教授讲授的《正是时候读庄子》。他们二人讲课风格完全不同。傅教授是哲学教授，气质和善亲切，讲课逻辑清晰，富有哲人的智慧，使听者如沐春风；蔡教授是中文教授，女性高知，气质端庄典雅，讲课娓娓道来，让听者不知疲倦。两位先生对庄子的理解，也多不同。一个是哲学的，常常通过西方哲学反观儒道哲学，颇能启智；另一个是文学的，常讲日常的修身养性，多有感悟。他们的不同理解，加上历代的不同注释，常常引发我多面向的思考。经过一年多的熏染，不断地思考与反省，终于领悟了我作为存在者的价值，知道了给大学生上课的目的和意义。我想通了讲授和学习古代文学作品的意义，在于三点，且是逐渐深入：第一，激发出学生的审美情趣。美是每个人都向往的，但美的感受需要熏陶开启。通过阅读优秀文学作品，培养自我的审美；结合我的日常感悟，启发学生在日常生活中发现美，拥有发现美的眼睛和心灵。人生除了工作学习的艰辛外，还可以享受到生活中的美的情趣。第二，读书是交友，是与古人的交流。古代的作品，都是经过了几百年上千年历史淘洗的精品。在这些精品中，承载着一个个活泼泼的生命。他们向我们展示着他们的人生，有快乐，有困境，有成长，也有顿悟。透过他们，我们可以发现自己、反观自己，甚至找到能与你心意相通的友人。第三，一切古代文献，包括文学、历史、哲学，呈现的是人的生命和价值，而在一个人的背后正是厚重的中华传统文化。所以，阅读每部书，研究某个人，到最后都要归结到他的文学展现的思想以及他的人生信念和实践，这些都反映出一个人对传统文化的理解和传承。基于以上三点认识，我知道了自己上课的目的何在。从此，我的课堂便更加有了情致，有了生命，有了厚重。当我拈花，有人微笑，我便满足。

我从困境中走了出来，上课不再是负担，而是喜悦。每次我在课堂上讲孔子“十五而志于学”，总会提到那个少年时就颇有追求的自己。高中时，政治老师让每个同学写个纸条，上写你的理想。我写的是：要成为像鲁迅一样有思想的人。鲁迅，少年大多读不懂，而我却渴望像他一样深刻。现在回想，那时的我也真是不简单。我身体一向瘦弱，吃饭不太好。父亲说：“人活着不好好吃饭，还能干什么？”我回答："人吃饭是为了活着，但活着不是为了吃饭。"多有哲理的话。有亲戚夸我长得美，我便笑笑，心想：心灵的美，才更长久。所以，我读书非常用功。每天要从家里到学校往返八趟，早晨去学校早读，回家吃早饭；中午放学，回家吃午饭；下午放学，回家吃晚饭；晚上下自习，回家睡觉。每天早读后回家，我总是晚一些。父亲说："你就不能早回来五分钟？"我说："不能。每天多学五分钟，一个月多少？一年是多少？两年是多少？"终于在努力下，考上了大学。大一时，班主任老师说："要当老师就当大学老师，更自由。"因为我们是师范学院，所以老师才有此说。当时，我便下定决心要考研，将来做大学老师，从事一个时间上更自由的工作。这一自我期许，便需要继续努力。这一努力读书又是10年。终于在孔子所说"三十而立"的年纪，我做了大学老师，也算是能立足社会了。但是，在孔子所说"四十不惑"的年纪，我却正处在困惑期。当我受身心的影响，在工作中只有压力，甚至一度否定年少时自己的努力和选择时，我是痛苦的。我躲得很远很远，看着自己的同事，会心生羡慕：她们是大学老师，多好啊！好像我已经不再是其中的一个。虽然如此，我还是感谢那个自己。她虽然把自己丢失，但还知道羡慕，说明年少的自己还没有完全消失。终于，我在42岁走出了困惑，并知道了我此生活着以及作为大学老师的使命和责任。

当我课堂上越来越自在时，我对我的科研也在积极思考着出路。那段时间，我只能无目的地阅读和思考。这种情况，既受当时身心的影响，也与我那时对科研的认识有关。有一段时间，我在想：如果我的研究没有价值，无人问津，那么，我做科研还有什么意义？做研究不等同于浪费生命？于是，更加提不起兴致去做课题。我对我从事的研究年代，也有过疑惑。比如，有的老师会建议："你转到清代吧，这个时期资料多，可做的东西多。先秦魏晋都被研究完了，没什么好研究的了。"我反复问自己：科学研究真的是为了研究而研究吗？先秦、魏晋真得没什么好研究的了吗？怀疑的同时，我在思考出路：研究对象能与个人兴趣相结合吗？我喜欢山水自然，是否可以研究山水自然的文学，而不管有多少人研究过？正当我还在苦苦思索的时候，

《中国社会科学》杂志的王兆胜老师来我们学院作讲座，题目是“关于学术创新的问题”。那个讲座，讲到的好多问题都是我那阵子在思考的学术问题。王老师作为重要刊物的编辑，阅稿无数，高屋建瓴，讲得兴致盎然，我听得如痴如醉。他做人也是极有趣味，从学术到人生，讲得妙趣横生；他口吐莲花，我微笑不语。这一场讲座听下来，我无比兴奋，喜悦之情溢于言表。那天我用微信记录了自己的心情：“下午听了个讲座，很开心。边听边作笔记边微笑，是会心的笑。很多我正在思考的问题，包括精神突围的问题，都听到了生动的表述。最兴奋的是，老师讲的出路正是我最近思考的结果，只是还在未知如何实践的困惑中。听过后，大有茅塞顿开的澄明。”回家后，还是难掩兴奋，我竟然隔着屏幕，看着听讲座时记录的笔记，给远在英国访学的先生又讲了一遍，并加上了我的体会，就这样喋喋不休讲了一个多小时。第二天我总结听讲座后的心情变化：“开始是平静，随后是高兴，继而是兴奋，最后是喜悦。到第二天，复归于平静。”

就这样我在学术上找到了出路，个人的兴趣和文学背后的传统文化，才是最重要的。这个思考也与我对讲课的认识相一致。看来无论是教学，还是科研，最终都是殊途同归。至此，我便彻底自由。上大学时，想做大学老师，就是喜欢大学的自由。可是，当我做了大学老师，却深知其实并不自由。它和现代社会的任何一份工作一样，周围的一切裹挟你往前走，你无法停留。当你要评职称、要考核，你便需要课题、论文；当你没有课题，你很焦虑，你必须申请；当你有了课题，你可能还会焦虑，怎么在规定的时间内完成。如此循环往复，没有尽头。如何才能从这个无休止的转轮中跳脱出来？我的觉悟是，我终于明白了我做科研的意义。孔子曰：“古之学者为己，今之学者为人。”我读书、研究，不是为了别人，而是为了自己。与一个自己喜欢的古代作家，或者喜欢的某部书，日日相对，既有无穷的乐趣，又会有潜移默化的影响，那么，每一次研究都会是人生的一次提升。我喜欢山水，便去研究山水文学；我喜欢陶渊明，我便去研究陶渊明；我喜欢魏晋士人，我便去研究《世说新语》。不需要再去管是否有多少人研究过？别人研究过，那是他们的，对他们的个人成长有意义；

而我研究，会对我的成长有助益，这与别人无关。如此想时，便真的自由了，可以随心所欲地去研究自己喜欢的对象，我内心充满无限欣喜。

觉悟后，再从事研究时，果然与此前不同。大概心灵开放了，就会看到好多有趣的人和事。回头再去研究中古会稽士族时，便有很多自己的体会。我甚至觉得连我写出的文字也变得活泼了，不像以前那样刻板。从课题下来到现在，将近六年，至此总算完成。但对于我来说，其实只是个开始。因我觉悟得太晚，所以书稿还是残留了很多从前的痕迹，在著述的过程中，还有很多问题，需要进一步的思考和完善。但是，课题有时间限制，不能再拖，再拖被撤，那更是一种不负责任。就这样吧，也许留下遗憾，才会有进步的空间。幸运的是，在研究的过程中，我走出了困境，成长了，觉悟了。这才是最重要的。

一本书的完成总有很多背后的力量在支持。首先，我要感谢在困境中给我启迪的孔子、庄子、傅佩荣教授、蔡璧名教授、王兆胜先生。他们虽然不认识我，但我依然要感谢他们。尤其感谢庄子，与他日日夜夜、无数次地反复交流，终于让我觉悟了人生。感谢我们有这么优秀的传统文化，在那里我安顿了我的心灵。其次，我要感谢我的父亲母亲。他们在我成长的道路上，当我每一次作出选择时，都能尊重我，让我始终没有远离自己。尤其我的母亲，当我处于困境，谁都不知道也不理解，而她敏锐地发现了，安慰我、鼓励我，让我知道我无论身处何处，她始终站在我的身后支持着我。再次，我要感谢我的孩子刘一铉。在我处在困境的时候，他就像一缕阳光，为我打开了一个属于孩子的活泼泼的生动的世界。复次，我要感谢我的先生刘小刚。他一人辛苦地带着孩子在英国访学，让我有八个月的时间独处。每日与自己相处，面对自己，日日思考，日日反省，终于有所觉悟。当然，我也要感谢那个前几年处在困境中的我。若没有身处困境，怎么会拨开迷雾又见晴天？感谢那个虽处黑暗，却依然在寻找光明，常常阅读、思考，最终凭借着哲学的力量，找回了迷失的自己，更重获了觉悟的人生。

最后，非常感谢浙江省越文化研究中心的潘承玉教授，从课题的申报，到最后出版经费的资助，都得益于他的帮助。感谢浙江大学中文系徐永明教授，在出版资助评审中为我的书稿提出了中肯的意见。感谢越文化研究中心的莫尚葭博士，在课题进行和书稿出版过程中传递信息。感谢中国社会科学出版社的郭晓鸿女士，为拙著的审稿付出辛勤的劳动。

在众人的帮助下，使我的这本小书得以顺利面世。我心怀感恩！

渠晓云

2017 年 10 月记于钱塘江畔虚室

2018 年 1 月补记